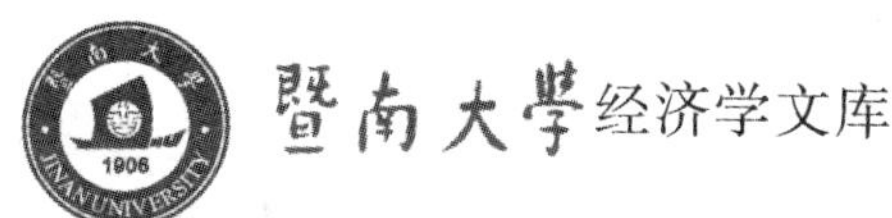

本书是广东省社科规划基金项目——“珠三角市场化进程中的资本分化与劳资关系演进”（编号：GD10CYJ003）与广东省普通高校人文社会科学重大攻关项目——“广东经济社会转型期的劳资关系研究”（编号·11ZGXM79002）两个课题的综合研究成果，受到暨南大学中国经济发展与创新战略研究中心经费资助

资本分化与珠三角劳资关系的演进

——广东经济社会转型期劳资关系研究

Capital Differentiation and the Evolution of the Industrial Relations in the Pearl River Delta

The Study of the Industrial Relations in the Period of Economic and Social Transformation in Guangdong

吴江　等著

图书在版编目（CIP）数据

资本分化与珠三角劳资关系的演进：广东经济社会转型期劳资关系研究/吴江等著．—北京：经济管理出版社，2017.6

ISBN 978-7-5096-5259-6

Ⅰ.①资… Ⅱ.①吴… Ⅲ.①劳资关系—研究—广东 Ⅳ.①F249.276.5

中国版本图书馆 CIP 数据核字(2017)第 173535 号

组稿编辑：杨雅琳
责任编辑：杨雅琳
责任印制：司东翔
责任校对：赵天宇

出版发行：经济管理出版社
（北京市海淀区北蜂窝 8 号中雅大厦 A 座 11 层 100038）
网　址：www.E-mp.com.cn
电　话：（010）51915602
印　刷：三河市延风印装有限公司
经　销：新华书店
开　本：720mm×1000mm/16
印　张：21.25
字　数：410 千字
版　次：2017 年 6 月第 1 版　2017 年 6 月第 1 次印刷
书　号：ISBN 978-7-5096-5259-6
定　价：69.00 元

序　言

劳动和资本的关系是现代社会运行的最基本关系。恩格斯曾经指出："资本和劳动的关系，是我们全部现代社会体系所围绕旋转的轴心。"自产业革命以来，西方市场经济国家的劳资关系伴随着工业化、市场化、全球化的进程，发生了深刻的变化。当代市场经济国家劳资关系的基本现状和格局，是经历了两个多世纪的历史演变而逐渐形成的。我们在新中国成立后很长一段时间内，选择了没有劳资关系的发展路径，没有资本所有者的"企业"制度，国家大工厂组织了全部城市的劳动大军。因此我们在工业化初期没有受到劳资矛盾的困扰。改革开放以后的经济体制改革加快了经济发展的速度，推进了市场经济体制的发育，劳资关系的魔盒才被重新打开，在短短的三十年里，中国现代化进程中的劳资关系经历了从无到有，从简单到复杂，迅速扩张成为社会经济主要关系的发展历程。当今中国，随着各种非公有制经济的发展以及国有企业改革的深入，公有制经济所占的比重已下降到50%以下，非公有制经济大量增加，已在企业户数和就业协调的对象发生了重大的变化。根据国家统计局数据显示，截至2010年，全国有私营企业845.5万户，就业人数9417.6万人，个体户数3452.9户，个体就业人员7077.6万人，两者相加吸纳的就业人数达到了16425.2万人，接近2010年国有企业就业人数6516.4万人的3倍。国有企业已经不是主要的用工体，集体企业也已完全沦为补充用工主体，非公企业成为主要的用工体。因此，私营企业在发展中也再生产和扩大再生产了与自身相适应的存在内在矛盾的劳资关系。劳资关系作为一种内容广泛的社会关系，从宏观上看，它是现代工业社会中最主要的一种社会经济关系；从微观上看，它贯穿于企业的生产、经营、分配的各个环节。

尽管当前劳资关系博弈、各方利益差别和效用函数不同而选择不合作战略和斗争性占主流，但在新形势下由于博弈各方共同利益的存在以及驱使，加之和谐社会对和谐劳资关系诉求的宏观社会背景和政府目标，劳资关系博弈各方可能走出"零和博弈"的狭隘空间，去寻求一种建立在合作和多赢基础上的真正的可持续劳资关系模式。本书试图从资本分化的角度，通过对多层次劳资关系的考察，解释虽然劳资双方既有矛盾和冲突的一面，但通过发挥政府作用调整资本结构，可以为合作和共赢带来新的机遇，并为这种合作和共赢的可持续发展的劳资关系奠定理论基础。研究劳资关系对于构建社会主义和谐劳资关系，对于国民经济的健康发展，对于经济方式的转变具有战略意义；对于非公有制经济的健康发展，对于维护劳动者权益，特别显维护农民工、下岗职工等弱势群体的权益，对于规范企业的用工行为，对于建立规范的劳动力市场具有指导意义；有助于认识社会主义初级阶段劳资关系特征、存在的问题及其发展变化的规律，为制定规范劳资关系的科学政策提供理论依据。

本书将资本的多样化发展趋势概括为资本分化，从资本分化角度分析珠江三角洲地区（以下简称珠三角）劳资关系的演进轨迹和发展趋势，将劳资关系划分为基于物质资本支配地位的劳资关系、基于人力资本支配地位的劳资关系、基于社会资本支配地位的劳资关系三类，并从资本结构的角度分别对劳资关系进行考察，不仅提出了资本分化和相互制约关系决定了劳资关系从冲突走向合作的演进趋势，也提出了资本分化、资本形式、资本结构、第一资本、第二资本、第三资本、嵌入型劳资关系、内源型劳资关系等范畴，及资本本质的统一化与资本形式的多样化等命题，探讨了物质资本、人力资本、社会资本的演进及对劳资关系的影响。从资本分化的过程把握劳资关系有助于把握劳资关系的复杂性和多样性，避免将物质资本看作资本的唯一形式，把基于物质资本的支配地位形成的劳资关系看作劳资关系的唯一类型，把劳资对抗看作劳资作用的唯一形式，从而更深刻地认识各种类型的劳资关系及其运行规律，为劳资合作提出更有针对性的对策措施。研究珠三角市场化进程中劳资关系的演进，研究广东省经济社会转型期的劳资关系，可以弄清各类劳资关系的特点、发展趋势及存在的问题，揭示我国劳资关系的发展类型和规律，对现阶段我国非公有制经济中劳资合作的基础从理论上做出科学的说明，探索适合中国国情的劳资关系管理模式及其相应的政策、法律制度。

本书确定了市场化进程中资本分化的含义与实质，资本的本质及不同类型资本（物质资本、人力资本、非物质非人力资本）的相互关系，以此作为分析珠三角劳资关系的视角和出发点；从物质资本、人力资本、社会资本等方面考察珠三角市场化中资本的不同类型对劳资关系的影响及存在的问题，指出劳资关系演化的趋势；按照劳资关系演进的规律，提出构造和谐社会微观基础的劳资关系具体模式及政策建议。本书重点考察了资本分化的必然性，各种不同类型的资本的含义及相互关系，资本分化对劳资关系的影响，包括不同类型的资本在劳动力市场、财产权利、企业治理结构、分配结构等方面对劳资关系的影响，在现代劳资关系中，资本的内涵与资本主义早期有了很大的差别，资本不仅包含物质资本，而且包含人力资本，以及基于物质资本与人力资本之上的其他各类资本，包括社会资本、知识资本、智力资本等，它们既非物质资本也非人力资本。不同的资本组合形成了不同的资本结构，相应形成了不同类型的劳资关系，不同类型的劳资关系都有自身的特点和演化轨迹。资本的分化决定了当代劳资关系的复杂性和多样性。资本的分化和相互制约决定了劳资关系从冲突走向合作的演进趋势，它是各类劳资关系演化的共同特征，是市场化进程中劳资关系的发展趋势；以利润分享为特征的劳资双边治理结构的最终形成，构成和谐劳资关系的核心及和谐社会的微观基础。

本书还把劳资关系置于广东经济社会转型的独特背景之下，分析了嵌入型劳资关系的形成、表现形式及存在的问题，揭示了中国劳资关系发展的独特规律。珠三角市场经济发育充分，资本分化的过程与作用比较明显，劳资关系的类型齐全，在全国有普遍性和典型性。珠三角还是劳资关系各种形式最集中的地方，也是近年来劳资冲突最集中的地区。从“民工潮”到“民工荒”，从农民工讨薪到富士康员工跳楼，乃至与劳资关系密切的转变经济发展方式等问题都在珠三角表现特别突出。广东作为我国沿海开放省份和市场经济最发达的省份，劳资关系具有时空压缩的性质，本书将广东省经济社会转型期的劳资关系概括为嵌入型的劳资关系。本书深入分析了嵌入型劳资关系的成因、表现形式及存在的问题，并针对其存在的问题，从工会、劳动合同、劳动条件、劳动力市场、最低工资、群体事件与罢工等方面提出了具体的完善对策。通过系统分析珠三角市场化进程中劳资关系的演进，揭示我国劳资关系的发展类型和规律；探索不同类型的劳资关系的不同特点，对现阶段我国非公有制经济中劳资合作的理论基础做出科学的说明；探索适合中国国情的劳资关系管理模式及其相应的政策、法律制度；探讨政府在协调劳资关系中的重要作用和具体措施，为有关政策、法律的制定提供依据。

在劳资关系的历史演进中，社会经济的发展状况、政治制度的民主化程度以及劳资双方博弈力量的对比，都影响和制约着劳资关系的状态和格局，决定着劳资关系不同阶段的内容和特征。对于中国经济社会转型时期的劳资关系这样一个复杂的命题，需要综合考察各方面的因素，全方位、多视角、多学科地加以分析研究。目前的研究涉及的学科已比较多，但还应进一步拓展和深入，才能深刻揭示问题的本质，才能对解决现实问题起到指导作用。广东作为中国改革开放的前沿省份，劳资关系集中，种类齐全，矛盾尖锐，有待深入研究。本书只是选取了比较少的厂家当作调查研究的对象，数据无法齐全，无法完全代表全部的非公有制厂家，希望以后进一步研究改善。

本书从资本与经济发展的矛盾运动中，突出分析了经济发展与资本本质、资本形式、资本结构、工业化进程、分享经济的内在联系及对劳资关系的影响。各部分内容归纳如下：

（1）劳资关系及资本总论（第一章至第四章）。本部分概述了理论界劳资关系研究的现状、劳资关系的含义与分析维度、资本的本质与资本形式的多样化，考察了资本理论由物质资本到人力资本再到社会资本的发展过程。本部分提出，正确判断我国社会经济形态和经济社会发展阶段是正确分析劳资关系的前提；劳资关系有不同层次之别，社会主义市场经济的劳资关系是中国特色社会主义政治经济学的重要研究内容；劳资关系有四个分析维度，分别是一般与特殊、正式制度与非正式制度、生产与分配、冲突与合作，前两个维度也是其他问题的分析维度，后两个维度是劳资关系所特有的分析维度；马克思对资本的研究表明，资本是作为生产要素的资本与作为社会关系的资本的统一；资本理论的发展经历了从物质资本到人力资本，再到知识资本、社会资本的发展过程。

（2）资本形式与劳资关系（第五章至第七章）。本部分根据资本形式将劳资关系划分为三种基本类型，分别是基于物质资本支配的劳资关系、基于人力资本支配的劳资关系和基于社会资本支配的劳资关系。本部分详细考察了这三种类型的劳资关系。每一种资本都可以从自然形态与社会关系两个方面去认识，物质资本的自然形态包括生产资料（劳动工具、劳动对象）、产品等的运动，包括物质资料的生产、再生产过程；物质资料的生产关系则包括物质资本的运动过程表现的生产关系。人力资本的自然形态是劳动力拥有的知识与技能，人力资本的生产关系则是知识与技能的生产与应用中体现的生产关系。社会资本的自然形态是组织与社会所拥有的网络关系、信用、规则等，社会资本的生产关系则是这些网络、信用、规则所体现的生产关系。

（3）资本结构与劳资关系（第八章至第十章）。本部分将物质资本、人力资本、社会资本之间的相互关系定义为资本结构，从资本结构方面考察了广东省经济社会转型期劳资关系的演化，关注了新生代劳动力的新变化对劳资关系的影响。第八章提出，根据资本—劳动替代的“拐点论”，经济发展的初期总是伴随着物质资本的积累，物质资本将在相当长的时期占据经济增长的主导地位；由于资本劳动的边际替代率递减，当物质资本积累处于一定阶段，产生对人力资本更多需求，人力资本则成为这个时期的主要资本；只有在经济持续发展，政治文明发展到一定程度，信任、规范、网络和社会公德等社会资本才有可能成为推动经济发展的主导力量。第九章基于广东省 21 个地级市 2001 ~ 2012 年的面板数据，从资本分化的视角研究了物质资本、人力资本、社会资本对广东全省、珠三角、东西两翼及北部山区劳资关系的影响。研究表明，就物质资本对劳资关系的影响而言，广东省大部分城市的物质资本在各资本形式中占据主导地位，且存量处于上升阶段，其中，东西两翼及北部山区“资强劳弱”态势尤为明显，劳资关系趋于紧张；就人力资本对劳资关系的影响而言，珠三角物质资本与人力资本的地位相当，相比其他地区劳资关系相对缓和，人力资本地位的提升显著改善了劳资关系；就社会资本对劳资关系影响而言，东西两翼及北部山区的社会资本对劳资关系呈负向影响，说明该地区社会资本存在着不利于改善劳资关系的方面。因此，大力提升人力资本及社会资本对劳资关系的改善及经济发展具有重要的意义。

第十章指出，尽管我国已经开始产业的转型与升级，物质资本的主导地位正在向人力资本过渡，但物质资本在劳资关系中仍然处于支配地位，"强资本、弱劳动"的格局仍没有发生根本变化，由此我国新生代劳动力在劳资关系中仍面临一些老问题，而又由于新生代劳动力自身的特点，这些问题冲突甚至变得更为激烈。伴随新生代劳动力大举进入劳动力市场的是我国经济产业转型升级所导致的资本结构的变化，这些资本结构的变化主要体现为人力资本的大幅度上升。资本结构的这些变化会在新生代劳动力的身上得到具体的体现，这些新生代劳动力与他们的上一辈相比，呈现出以下新的特点：知识文化水平有所提高；维权意识明显增强；信息传播效率大幅提高；法律意识有所提高但仍然不足；对媒体保障自己权益有所期待；工作稳定性下降；个性更加彰显；自我定位发生变化。与上一辈劳动力将自身定位为打工者和城市的过客不同，新生代劳动力认为自己也是城市发展的一部分，也可以成为城市的新主人。这一思想观念上的改变，导致了新一代劳动力对城市经济产业发展与劳资关系的新要求，新一代劳动力要求与城市人平等、和谐相处的意识已经觉醒。

（4）嵌入型劳资关系的形成及具体形式（第十一章至第十三章）。嵌入型劳资关系是广东省经济社会转型期劳资关系的重要形式，与内源型劳资关系形成了明显的区别，本部分考察了劳动力市场的变化与嵌入型劳资关系的形成，归纳了在华欧美企业、日韩企业以及中国港台地区企业嵌入型劳资关系的特点。第十一章基于我国外资企业劳资关系外源性、嵌入性的特点，分析了劳动力市场与外资企业劳资关系的演进机理。在劳动力无限供给状态下，劳资双方在劳动力市场上的博弈力量严重失衡，政府对劳动力市场的社会性规制失灵，形成了外资企业"资强劳弱"的劳资关系。由于劳动力市场供给状况变动，外资企业劳动力资源约束趋紧，但"资强劳弱"的劳资关系并未发生根本转变，劳资双方矛盾和冲突不断凸显。第十二章指出，经济全球化的浪潮推动中国不断融入世界分工体系，纷至沓来的外资企业为中国带来了新的管理理念、企业文化和处事规则等，它们为中国创造出巨大物质财富的同时形成了新的劳资关系，本书称为嵌入型劳资关系，它是一种兼容并蓄的开放型的劳资关系，吸纳舶来企业文化和管理制度的特点，应用于本土企业和员工，而这种劳资关系中表现出的文化、理念、处事的规则体现出本土特色。第十三章提出，不同国家的劳资关系因政治、文化、经济和法律环境的不同而有所差异。跨国公司在华企业因其资金来源的不同，各企业的劳资关系状况也不尽相同。研究和比较发达国家及地区的劳资管理实践与其在我国开设的跨国企业中形成的嵌入型劳资关系，对我国劳资关系的管理具有十分重要的启示意义。

（5）工业化、市场化、经济全球化、城市化与嵌入型劳资关系（第十四章至第十七章）。本部分考察了工业化、市场化、经济全球化、城市化对嵌入型劳资关系的复杂影响，它们既为嵌入型劳资关系的形成提供了条件与机遇，也促进了劳资关系的多样化和复杂化。工业化对劳资关系有着深刻的影响。第一，就其对劳动者的影响而言，它造就了现代产业工人，造就了有组织、有纪律的劳动者，造就了资本主义制度的掘墓人。同时，它使劳动者隶属于资本，成为资本的附属品，经历了从形式隶属到实质隶属两个阶段。第二，就其对资本的影响而言，它造成了资本扩张和资本形式的多样化，使得资本的作用更为重要。第三，就其对就业的影响而言，它提供了新的就业岗位，扩大了就业的范围，改变了就业结构。第四，就其对收入分配的影响而言，它扩大了收入分配的范围和对象，对收入分配格局产生着重大的影响，往往加剧了两极分化。第五，就其对劳资双方力量对比的影响，它加剧了劳动的社会化与资本的社会化，劳资双方力量增强，加强了劳资双方力量对比与平衡的矛盾运动。

市场化对劳资关系产生深远的影响，主要表现在如下几个方面。一是对劳动者的影响，市场经济是一所伟大的学校，市场化也是教育化的过程，使劳动技能更加精益求精；同时产生对物的崇拜；使劳动者两极分化。二是对资本的影响，市场经济加快财富的创造，促进资本的积累。三是对就业的影响，市场经济的发展扩大就业范围，同时也对就业者的素质提出了更高要求，促进了就业技能分层。四是对收入分配的影响，市场经济的发展扩大了收入分配的对象，即做大了蛋糕；多劳多得是按劳分配的有效实现形式；收入分配上的两极分化，产生剥削；等量劳动互换与等价交换之间的关系。五是对劳资双方力量对比的影响；与工业化作用相同，即加剧了劳动的社会化与资本的社会化，劳资双方力量增强，力量对比与平衡发生了深刻的变化。

经济全球化是工业化与市场化相互作用、共同发展的必然产物，因而，它对劳资关系的影响既包括工业化作用，又包括市场化的作用，而且是以放大的形式和发展了的形式影响劳资关系。一是对劳动者的影响：扩大了劳动者的范围，使劳动者出现了地区分化，区分为工业化国家的劳动者与工业化进程国家的劳动者两部分；劳动者隶属于资本，成为资本的附属品，从形式隶属到实质隶属扩大到世界的范围；使劳动技能更加精益求精，同时出现分工的片面化；扩大了对物的崇拜；出现了劳动者整体之间的两极分化，使劳动者两极分化表现在发达国家劳动者与发展中国家的劳动者之间。二是对资本的影响：资本扩张和资本形式的多样化扩大到了世界范围，使得资本的作用更为重要；加快财富的创造，促进资本的积累，途径通过跨国公司和对外直接投资。三是对就业的影响：提供了新的就业岗位，扩大了就业的范围，改变了就业结构，对就业者的素质提出了更高要求，促进就业技能分层。四是对收入分配的影响：扩大了收入分配的范围和对象，对收入分配格局的影响需要进一步分析；扩大了收入分配的对象，即做大了蛋糕；收入分配上的两极分化既表现在国内劳动者之间，也表现在资本输出国与输入国之间，加剧了发达国家对发展中国家的剥削。五是对劳资双方力量对比的影响：与工业化、市场化作用相同，即加剧了劳动的社会化与资本的社会化，劳资双方力量增强，力量对比与平衡更加复杂化，出现了劳—劳之间、资—资之间的力量对比。

（6）分享经济与嵌入型劳资关系的总体评价（第十八章至第二十章）。和谐劳资关系的构建呼唤着分享经济，广东省经济社会转型期为利益分享解决劳资冲突提供了契机。本部分考察了建立分享经济的可能途径，以及嵌入型劳资关系的总体评价。

在我国当前劳资关系中，劳方利益受损严重，资方独享利益的现象较为突出，劳资冲突显性化。和谐劳资关系实际上是劳资双方利益分配问题，在一个对立的利益格局中，资方必须要有合理盈利；而劳方则要能体面地工作。资本相对短缺而劳动力无差别大量供给，加剧了劳资力量失衡。因此，加快建立利益分享机制，推动劳资关系和谐，成为当务之急。从利益分享的角度平衡劳资关系，促进双方互利共赢，政府可以发挥重要作用。

利益分享思想在劳资关系领域中的运用，显著改善了劳动关系，促进了西方发达国家由工业革命时期的劳资尖锐对立演变为当代劳资关系的相对和谐。要抓住劳资关系转型期的契机，加快建立利益分享机制，推动劳资关系和谐，倡导劳动者并非只是作为一个劳动力要素的所有者和被雇佣者的身份出现，而应该通过利益引导机制来发挥其主动性和积极性，实现双方的合作和“双赢”。

（7）实证研究与规范嵌入劳资关系的政策建议（第二十一章至第二十四章）。对广东省民营企业劳资关系的预警研究、珠三角经济增长对劳资关系的影响以及区域劳资关系进行了实证分析，提出了规范劳资关系的政策建议。

第二十一章首先基于珠三角民营企业实际情况及劳资关系理论基础，确定了预警指标体系，并对指标进行筛选。其次通过主成分分析对指标数据进行降维，得到 G1——“收入保障因子”、G2——“工作环境因子”及 G3——“劳动合同—争议因子”三个主成分作为预警模型的输入层。再次计算劳资关系综合得分值 G 并对企业劳资关系进行分类为 2（重警）、1（轻警）、0（无警）作为预警模型的输出层。最后运用神经网络建立劳资关系预警模型，共选取珠三角地区 9 个城市 32 家民营企业为样本，以调查问卷的形式获得企业劳资关系满意度数据。结果表明，基于主成分—神经网络（PCA—ANN）的预警模型准确性较高，其中劳资关系重警企业 6 家，集中分布在佛山地区。

第二十二章利用珠三角的面板数据，采用混合估计模型、固定效应模型和广义矩估计实证检验了经济增长水平对劳资关系的影响，得到的结果是显著且稳健的，表明珠三角劳资关系变化趋势遵循发达国家的演化路径，即随着经济增长从冲突走向和解，且从 2002 年起已经越过拐点，进入缓和阶段。此外，工资增长率和对外开放水平对劳资关系也有一定影响，而物质资本水平对劳资关系的影响不显著。据此提出要严格推行最低工资制度、完善社会保险制度、加强对企业的监督等政策建议。

第二十三章从生物进化理论的自适应性角度出发，探究我国区域经济社会各个主要方面的逐步发展与劳资关系之间的联系，多角度、分层次、分区域对我国劳资关系的发展进程进行剖析，针对各地区经济发展与劳资关系的实证结果提出适应性的路径选择，从而为我国和谐劳资关系的构建提供有针对性、适应性的政策建议。

第二十四章从讨薪与规范劳动力市场、工资标准与最低工资、罢工与群体性事件三个方面来探讨规范嵌入型劳资关系的政策建议。本章认为“讨薪”现象的出现主要是由于劳动力市场发展扭曲所造成的，资方强势，劳方处于弱势地位。因此要从规范劳动力市场入手合法保障劳动者的正当权益。尽管各地的工资标准有所调升，但是工资水平却迟迟没有上升，这主要是由于工资标准算法不科学、执行不严格等造成的。本章认为，政府和企业应当充分认识到保障劳动者的合法权益是和自己的利益息息相关的。至于罢工和群体性事件则是与嵌入型企业的公司治理理念和排外的企业文化相关的，劳动者应当成立工会来保障自己的合法权益，同时政府也应该制定相关的法规和政策合法保障劳动者的正当权益。

本书是吴江主持的广东省社科规划基金项目——“珠三角市场化进程中的资本分化与劳资关系演进”（编号：GD10CYJ003）和广东省普通高校人文社会科学重大攻关项目——“广东经济社会转型期的劳资关系研究”（编号：11ZGXM79002）两个课题的综合研究成果。其中，第一部分至第三部分（第一章至第十章）主要属于第一个课题的内容，第四部分至第七部分（第十一章至第二十四章）主要属于第二个课题的内容。各章分工情况如下：第一章——吴江、孟凡强；第二章——吴江、张司平；第三章——吴江；第四章——黄晶；第五章——吴江、吴灏；第六章——梁辉、张东彪；第七章——刘恋、程元生；第八章——郑慧娟；第九章——陈运广；第十章——王景；第十一章——梁宏忠；

第十二章——孙妍；第十三章——王思桦；第十四章——陈运广；第十五章——关国瑞；第十六章——程志群；第十七章——田涛、徐娟、李艳；第十八章——易顺；第十九章——关国瑞；第二十章——彭婷接；第二十一章——李茜；第二十二章——何意銮；第二十三章——张项；第二十四章——艾兴勇、李程飞。吴江负责课题的设计、修改与本书的统稿、定稿等事宜。本书在出版过程中得到了暨南大学中国经济发展与创新战略研究中心经费资助，经济管理出版社杨雅琳女士承担了本书的编辑工作。在此，谨对为本书的写作和出版付出辛勤劳动的各位同仁表示衷心的感谢！

吴 江

2017 年 6 月 23 日

暨南园惜时轩

目　录

第一部分　劳资关系及资本总论

第二部分　资本形式与劳资关系

第三部分　资本结构与劳资关系

第四部分 嵌入型劳资关系的形成及具体形式

第五部分　工业化、市场化、经济全球化与嵌入型劳资关系

第六部分　分享经济与嵌入型劳资关系的总体评价

第一部分　劳资关系及资本总论

第一章　劳资关系研究概述

为了对广东省非公有制企业劳资关系提供研究基础和理论分析平台，并对其进行深入研究，有必要了解理论界对劳资关系研究的现状，分析劳资关系的基本理论，并对我国非公有制企业劳资关系情况进行总体分析。从理论上看，马克思对资本主义上升阶段的劳资关系进行过深入研究之后，西方学者对之后的资本主义不同发展阶段的劳资关系也进行了广泛研究，他们对国外劳资关系的发展历程和相关理论进行了深入研究。从现实情况来看，改革开放以来，随着我国非公有制经济的发展，劳资关系错综复杂，出现了许多问题，引起了学者的关注，他们也对我国非公有制企业的劳资关系状况进行了深入的调查和细致的分析。本章在对劳资关系现状进行梳理的基础上，对劳资关系的基本问题进行理论分析，提出对我国当前劳资关系研究的理论框架。

第一节　劳资关系系统理论综述

劳资关系学是在人们对社会劳动问题进行研究的基础上产生的，劳动问题主要是指资本主义社会雇主和雇员两大集团的利益冲突以及由此导致的罢工、暴力行动和社会动乱。第二次世界大战以后，西方各国社会劳动问题层出不穷，工人运动的强大压力迫使西方国家相继废除禁止结社的法律，由此工会组织获得了空前发展，劳资关系的力量对比发生了变化。与此同时，随着社会经济的发展和政治民主化进程的推进，西方各国逐渐改变了资本主义发展初期放任或纵容资方的政策，转而采取建设性的干预政策。在这一时代背景下，劳资关系系统理论应运而生。劳资关系系统理论将一个雇佣组织视为社会的缩影，承认劳资双方具有各自不同的利益，认为劳资关系理论研究的关键问题在于如何协调劳资双方之间不同的利益关系。劳资关系系统理论是为缓解资本主义社会的劳资矛盾而产生的。它将系统理论的研究方法应用于劳资关系研究领域，为劳资关系问题的研究建立了一个全面的理论框架，它首次将劳资关系的主体确定为雇主与雇主组织、雇员与雇员组织和政府三方，并强调规则在劳资冲突解决中的重要作用。自邓洛普于

1958 年首先提出劳资关系系统理论起，劳资关系系统理论经过克雷格、安德森、伍德、桑德沃、寇肯等学者的努力，不断得以发展和完善，并成为西方劳资关系领域的主流理论，为西方劳资问题的解决做出了重要贡献。

一、劳资关系系统理论的提出

最早提出劳资关系系统理论的是美国学者约翰·邓洛普。1958 年，他出版了《劳资关系系统》（*Industrial Relations Systems*）一书。在这部书中，邓洛普将劳资关系系统定义为“管理者、工人和政府机构之间相互关系的综合体”，在这一综合体里，“不同的部分和要素相互依存，每一要素都有可能影响到其他要素乃至整个系统的产出”①。邓洛普设计的劳资关系系统包括四个构成要素。第一个构成要素是主体，即政府、雇员与雇员组织和雇主与雇主组织。这些主体被一种共同的理念连接在一起。主体之间的互动形成了产业关系系统中工作地和社会的“规则网络”。第二个构成要素是环境，包括工作场所和社区的技术特征；劳资关系主体所受到的市场和财政预算方面的制约；系统外部社会中的权力重心和分布。这些环境对劳资关系系统的规则和主体之间的互动具有重要影响。主体之间的共同理念是劳资关系系统的第三个构成要素，这套理念将整个系统维系在一起。邓洛普认为，在一个劳资关系系统内，各个主体可以有自己的一套理念，不过在各自的理念中，应当有一些与其他主体相似或相容的理念。共同理念的存在使得劳资冲突可以通过制定规范主体行为的程序性规则来解决。这种规则就是劳资关系系统的第四个构成要素，也是劳资关系系统理论的核心。邓洛普认为，劳资关系系统是社会经济系统中的一个独立的子系统。在一些特定的技术、市场和权力等外部环境影响和制约下，具有某种共同理念的劳资关系三方主体通过互动形成了工作场所和社会的规则。邓洛普认为，这些规则是一个网络，包括程序性规则和实体性规则，程序性规则是劳资关系主体互动中的行为规范，如集体谈判的程序等，实体性规则是劳资关系主体互动行为的成果，如工资、福利、工作时间、工作条件等。

邓洛普是第一个将劳资关系作为一个系统进行研究的学者，劳资关系系统理论的提出引起了学界的广泛关注，学者们在对这一理论表示认可的同时，也提出了一些批评。第一，怀疑这一理论的实用性，例如，斯蒂芬·伍德等认为，这个理论只是一种劳资关系的分类，只能用来描述劳资关系而不能用来解释劳资关系。第二，邓洛普的劳资关系系统是静态的，因此，在解释劳资关系系统的演变时存在困难。第三，劳资关系系统理论将三个主体作为整体看待，忽视了个体的

---

① Bruce E. Kaufman. The Future of Employment Relations: Insights from Theory [J]. Working Paper, 2010: 8.

差异，也没有对三个主体的互动做出解释和探讨。虽然存在诸多批评，但是邓洛普的劳资关系系统理论对劳资关系的研究仍然意义重大，他不仅首创了系统理论，而且将对三个主体的研究引入劳资关系研究的核心。后人对劳资关系系统理论的改造主要是将邓洛普提出的劳资关系外部环境加以完善，并将劳资双方的矛盾引入系统。另外，加强劳资关系系统的动态性，使之可以用来解释劳资关系的变化。

二、劳资关系系统理论的发展

1. 克雷格模型

克雷格应用投入—产出分析法研究劳资关系模型，他将受环境影响的主体的目标、价值、权力作为投入，将雇员的回报作为产出，投入经过一定的转换机制转化为产出，然后产出再反馈回环境系统中。

克雷格模型是受邓洛普模型的启发而建立起来的，两者在主体、环境等方面有相似之处，但是克雷格模型较邓洛普模型有进步之处：第一，克雷格模型将劳资关系系统中各组成部分的结构型分布转变为一种由转换机制连接的循环型分布。第二，与邓洛普模型不同，克雷格模型不再假定各主体有相同的理念，而是具有各自不同的价值观。第三，克雷格模型认为，冲突是确实存在的，如果转化过程失败，有一反馈回路提供给环境系统。

2. 安德森模型

受克雷格模型的启发，约翰·安德森等提出了一个劳资关系系统的投入—产出模型。

模型由投入、主体、转换过程和产出四个部分组成，在这一模型中，仍然将雇主与雇主组织、雇员与雇员组织和政府作为劳资关系系统的三方主体，主体的行为受经济、法律、政治和社会文化等投入的影响，三方主体通过集体谈判、利益仲裁等转换过程，形成工资福利、工作条件、工作态度等产出。同时，投入和主体两个部分也受到产出的间接影响，因而，安德森模型考虑了系统内各组成部分之间的相互作用。

安德森模型是在邓洛普模型和克雷格模型的基础上建立起来的，这一模型具有邓洛普模型所不具备的优点：第一，它扩展了劳资关系系统的外部环境因素，认为劳资关系不是一个独立的系统，经济、法律、政治和社会文化等投入对劳资关系均有重要影响。第二，它将程序性规则视为转换过程，将实体性规则视为产出，从而明确了两者之间的区别，并认为实体规则网络不仅包括工资、福利和工作条件，还包括生产力、劳资矛盾、管理方权力、辞职、缺勤、工作态度等转换机制的其他产出。第三，它揭示了劳资关系系统是一个动态的系统，任何一个层次或时期的产出都有可能成为其他层次或时期的投入。

3. 伍德模型

1975年，伍德等发表了题为《作为劳资关系学基础的劳资关系系统的概念》① 的文章，试图重构劳资关系系统理论。伍德等认为，有必要厘清劳资关系系统的中心到底是规则（产出）还是规则的制定（转换过程）。他们认为，规则的制定应当是劳资关系系统的中心。据此，他们区分了劳资关系系统与生产系统，认为劳资关系系统是生产规则的系统，而生产系统是受这些规则规制的系统。劳资关系系统的目标应当是维持生产系统基本运行所需的秩序，而不是邓洛普所说的维持劳资关系系统的基本生存与稳定。

在劳资关系系统的环境因素方面，伍德等也与邓洛普的观点有不同之处。伍德等认为，技术和市场环境只是劳资关系系统的约束条件，应该放在劳资关系系统之外，权力因素则应作为影响劳资关系系统的环境因素，放在系统之内。另外，伍德等还认为，影响劳资关系系统的环境还应包括政治、法律和社会文化环境。

4. 桑德沃模型

受邓洛普模型的启示，美国学者桑德沃在其1987年出版的《劳动关系：过程与结果》一书中提出了一种分析劳资关系的理论模型。在这一模型中，桑德沃认为，导致工作紧张冲突的因素主要包括外部环境、工作场所和个人需要。工作紧张冲突的解决需要依靠管理、个人撤出和劳工运动。在劳工运动中，集体谈判是基本手段。工会主要就工资、工时、工作条件等与雇主进行集体谈判，并在此基础上制定劳动合同和相关协议。劳动合同与协议的制定与实施能够使工作场所得到改善，工作场所的改善进而影响外部环境的改善，而外部环境的改善又反过来影响劳资关系的运行。

桑德沃模型是建立在多学科基础上的、多因素的理论模型，这一模型在理论上较为全面地分析了劳资关系的具体影响因素以及工作紧张冲突的解决方法。但这一模型也存在局限性。它将劳资关系的处理仅仅看作冲突的解决，这显然是片面的。实际上，劳资关系的运作主要表现为两种形式：既有可能是冲突，也有可能是合作。由于桑德沃模型忽视了劳资之间的合作，因此，也就缺少对劳资合作形式的研究。

5. 寇肯的策略选择模型

从20世纪60年代开始，美国的劳资关系发生了巨大变化，私有企业工会会员率大幅下降。劳资关系的这一变化使得学界开始探讨工会和集体谈判制度能否

---

① Wood Stephen, et al. The Industrial Relations System's Concept as a Basic of Theory in Industrial Relations [J]. British Journal of Industrial Relations, 1975, 13 (3).

在美国社会继续承担重要的角色。美国的劳资关系系统理论是在产业关系稳定时期发展起来的，因此难以对劳资关系的这一变化做出合理解释。寇肯等认为，只要环境和参与主体的实践保持稳定，邓洛普模型相当管用，但很难解释劳资关系的动态方面，例如，邓洛普模型将工会设想为雇佣关系中的永久参与者，并未预见到工会会员下降的趋势；传统的劳资关系系统分析视管理方为被动地应对工会提出的要求，但是，实际上很多管理方的策略变化都影响了美国产业关系的转型。因此，寇肯等开始从策略的角度分析美国劳资关系的转型，提出了策略选择模型。

这一模型与其他模型一样，是从分析影响产业关系的外部环境入手的，雇主在外部环境变化时，会调整企业策略。策略的调整受决策者本身价值观、信仰等的影响，同时，这些策略选择还可能受到历史和制度环境的影响。在传统的劳资关系研究中，集体谈判被认为是劳资关系的主要调整机制，寇肯等认为，仅仅从集体谈判一种机制难以对劳资关系不同的结果做出全面的解释。因此，他们将劳资关系的调整机制发展为一个三层的机制框架：①最高层级：战略决策制定层级；②中间级或职能级：集体谈判和人事政策制定；③基层或工作场所级：政策实施并影响工人个体、监管者和工会代表的日常工作。在这一框架中，中间层级是劳资关系最传统的范畴，关注集体谈判时间和人事政策，以及规制劳资关系的关键公共政策的发展和执行。不过，寇肯等指出，对这些传统内容的研究已经不足以对劳资关系的变化做出解释。例如，在欧洲，政府、工会和雇主代表的三方谈判更经常地出现，这一调整机制属于最高层次的决策制定机制。寇肯等认为，最高层次的调整机制代表美国产业关系实践和研究的前沿，成为产业关系分析的核心。

三级制度框架虽然不能构成劳资关系充分成熟的新理论，但是这一框架认识到系统不同层次的活动的相互关联，并且有助于解释三个层次中任何常见的内部矛盾，并且这个框架考虑了不同的战略决策对系统的不同主体的影响。

三、劳资关系系统理论述评

劳资关系系统理论将系统理论引入劳资关系的研究领域中，用系统的分析方法来探讨劳资关系问题，为劳资关系的研究提供了一个全面的理论框架。劳资关系系统理论不但对美国劳资关系学的发展做出了重大贡献，而且对欧洲劳资关系的研究也有重大影响，它开创了劳资关系研究的一种新的途径，为劳资关系理论的发展提供了新的平台。劳资关系系统理论的主要贡献表现在以下几方面：

1. *为劳资关系的研究提供了一个全面的理论框架*

当代西方劳资关系理论开始和形成于20世纪40年代，韦伯夫妇和康芒斯之后，很多学者开始研究劳资关系问题。到40年代中期，有关劳动关系的概念、方法和理论渐趋成熟。但是在邓洛普的劳资关系系统理论建立之前，有关劳资关系的理论研究是零散的，没有形成统一的思想体系。劳资关系系统理论的提出，为劳资关系的研究提供了一个全面的理论框架，为之前分散的理论研究建立了一个系统化的思想体系。

2. 劳资关系三主体划分的首创性

在邓洛普的劳资关系系统理论中，首次将劳资关系的主体确定为雇主与雇主组织、雇员与雇员组织和政府的三方主体。这一主体的确定具有首创性，其后虽然劳资关系理论不断发展和完善，但是劳资关系三方主体的划分一直没有发生过改变。

3. 强调规则在劳资冲突解决中的作用

劳资关系系统理论承认劳资双方有各自不同的利益，劳资双方既有冲突，也有合作。冲突虽然是劳资关系固有的，但是通过劳资双方的协调与妥协，形成各种规则和制度，劳资之间的冲突可以得到解决。因此，劳资关系系统理论强调规则在劳资冲突解决中的重要作用。在劳资关系系统的构成要素中，规则始终处于劳资关系系统的核心地位。

当然，劳资关系系统理论也有其局限性。其目的是通过在资本主义生产方式范围内对生产关系的部分调整，在资本主义体制内调节劳资关系，缓和劳资矛盾，实现劳资和谐，从而维护资产阶级的政治统治。

第二节　劳动与资本形态的变化及双方的博弈关系

深入研究广东省非公有制企业的劳资关系，除了认真梳理理论界对劳资关系的研究现状外，还有必要对劳资关系的基本问题进行认真研究。劳资关系的基本问题包括劳资关系的不同层次、劳动与资本形态的变化、劳资双方的博弈关系，弄清这些基本问题，就可以为研究广东省非公有制企业劳资关系提供必要的理论前提。

一、劳动与资本形态的变化

第二次世界大战以后，随着科学技术在生产中的应用，特别是信息技术和智能自动技术在几乎所有领域对人类劳动的不断代替，人类劳动的形态正发生深刻的变化。按照一些学者的话来说，人类劳动正在面临着一场革命，即在人类历史上第一次出现了劳动开始被排除在经济过程之外的现象。对于这一现象，美国经济学家杰里米·里夫金认为，建立在新技术基础之上的劳动革命实质上是人类劳动结束的进程，并预言，再过一个多世纪，在多数工业化国家，很可能就不需要劳动了。① 这种观点把劳动革命理解为人类劳动的结束进程，这虽然不符合社会发展的趋势，但它揭示了人类劳动的巨大变化。劳动革命的实质不是人类劳动进程的结束，而是人类劳动形态的变化，即从体力劳动转变为脑力劳动，从直接生产过程的劳动转向间接生产过程的劳动，从个体劳动转向社会劳动的变化。劳动是人类社会存在的永恒基础，马克思对此有着深刻的论述，指出："劳动过程……是人类生活的永恒的自然条件，因此，它不以人类生活的任何形式为转移，倒不如说，它是人类生活的一切社会形式所共有。"② 因此，在许多领域中迅速出现的智能机械排挤工人工作岗位的现象并不意味着劳动的结束，而是意味着劳动形态的变化。

劳动革命已在发达国家日益明显地显露出来，这突出表现在，智能机械已在各个领域代替人的体力劳动、简单劳动和重复性的劳动。据里夫金提供的数字，在发达国家，75%的就业人口从事的工作或多或少都是重复性的劳动，而越来越完善的自动化系统、机械人和计算机完全可以从事这类劳动。例如，在今后若干年内，美国1.2亿个工作岗位将由自动化系统去完成。如果像亚伯拉罕·莫尔斯那样假定，1972年，发达国家里人口的5%、世界人口的3%从事智能劳动的话，那么，明天科学城从事智能劳动的总人口将达到1亿。③ 越来越多的人将脱离简单的、重复的、以体力为主的劳动，转而从事复杂的、创造性的、以脑力为主的劳动。以工业劳动为例，劳动者从站在机器体系前面操作机器转向站到机器后面设计控制机器。

不仅劳动的形态发生了巨大变化，而且资本的形态也发生了巨大变化。从资本主义发展初期到现代资本主义时期，资本的形态及其作用发展发生了革命性变革。主要表现是，物质资本的作用逐渐弱化，在经济社会发展中的支配作用逐步为人力资本所代替，人力资本逐渐成为一个国家和地区经济及社会发展的支配因素。马克思分析的是19世纪资本主义国家的劳资关系，即资本和劳动的关系，或者说是生产资料所有者和劳动力所有者的关系。他当时分析的"资本"是物质资本，即劳动工具、劳动对象等各种生产资料。他在《资本论》中研究的商品资本、货币资本和生产资本等，都是物质资本的不同形态。④ 马克思研究之所

---

① 杰里米·里夫金．劳动：走向革命［N］．参考消息，1997－02－28.

② 中共中央马克思恩格斯列宁斯大林著作编译局．马克思恩格斯全集（第23卷）［M］．北京：人民出版社，1975：208－209.

③ 亚伯拉罕·莫尔斯．1972年的科学城［M］//后工业社会的来临．北京：新华出版社，1996：273.

④ 马克思．资本论（第二卷）［M］．北京：人民出版社，1975：31－37.

以研究物质资本，一方面，是因为19世纪的资本主义还处于早期发展阶段，物质资本短缺比较严重①，物质资本的多寡对国家和地区的经济和社会发展起着重要的作用。另一方面，物质资本是一种“看得见，摸得着”的有形实体，容易为人们观察和研究。

进入20世纪五六十年代以后，人力资本的作用凸显，引起了西方学者研究的兴趣。西奥多·W. 舒尔茨提出：“人力资本的显著标志是它属于人的一部分。它是人类的，因为它表现在人的身上；它又是资本，因为它是未来满足或未来收入的源泉或两者的源泉。”② 加里·S. 贝克尔、雅各布·明塞尔也对人力资本做出了深入的研究③。人力资本理论的渊源可以追溯到古典经济学家亚当·斯密和近代庸俗经济学家马歇尔等人。亚当·斯密指出，“一种费去许多工夫和时间才学会的需要特殊技巧和熟练的职业，可以说等于一台高价机器。学会这种职业的人，在从事工作的时候，必然期望，除了获得普通劳动工资外，还收回全部学费，并至少取得普通利润”④；马歇尔说：“一切资本中最有价值的莫过于投在人身上面的资本。”⑤ 这个时期对人力资本研究的兴起，主要是因为：一是西方国家经过数百年的经济发展积累了大量的物质财富，物质资本的短缺不像早期那样始终困扰着人们的经济活动；二是现代金融体系的发展与完善，它的资金调剂的手法可以解决暂时的、局部的资金匮乏；三是第三次科技革命以前所未有的力量改变着人们的经济生活，特别是第二次世界大战后的日本、德国在重视教育国策下的迅速崛起，使得教育和人才的作用日益变得明朗。

劳动与资本的形态及其作用的变化表明，当代社会的劳资关系较之马克思考察的19世纪的劳资关系更为复杂，资本与劳动的关系不再单纯是传统意义上的物质资本所有者同普通劳动者的关系，物质资本所有者与人力资本所有者的关系也成为劳资关系的重要内容。当然，物质资本同普通劳动之间的关系仍然是劳资关系的基本内容，因而，不能把劳资关系简单概括为物质资本与人力资本的关系。物质资本与人力资本的关系不能全面反映当代企业的劳资关系，它忽视了企

---

① 马歇尔．经济学原理（下卷）［M］．北京：商务印书馆，1981：460－467.

② 西奥多·W. 舒尔茨．人力资本投资——教育和研究的作用［M］．北京：商务印书馆，1990：40.

③ 参见：加里·S. 贝克尔．人力资本投资［M］．北京：北京大学出版社，1987；雅各布·明塞尔．人力资本研究［M］．北京：中国经济出版社，2001. 就三人的贡献来说，西奥多·W. 舒尔茨主要集中在人力资本的概念、内容及其对经济增长的重要作用；加里·S. 贝克尔主要集中在人力投资分析，提出了一套较为系统的人力资本理论框架；雅各布·明塞尔主要是对收入分配、劳动力市场行为和人力资本的方法等的研究，所以三人的研究重点有所不同。

④ 亚当·斯密．国民财富性质与研究（上）［M］．北京：商务印书馆，1981：93；具体参考《论工资与利润随劳动与资本用途不同而不同》一章。

⑤ 马歇尔．经济学原理（下卷）［M］．北京：商务印书馆，1981：232；关于马歇尔有关人力资本的讲解，参考下卷第228～238页。

业中“劳动”的存在。当代企业的劳资关系既包括资本与劳动的关系，还包括物质资本与人力资本的关系，即物质资本所有者与人力资本所有者的关系。

当然，人力资本所有者与劳动力所有者之间并不是完全相等的概念。人力资本与劳动力都与人的身体不可分离，但人力资本是指人们掌握的技能、知识或才能，它们往往通过教育培训得以形成。劳动力是存在于人身的体力和脑力的综合，当然这种体力和脑力的综合也可以表现为人的技能、知识或才能。人力资本属于资本的一种类型，物质资本与社会资本则属于其他类型。劳动力则属于劳动的一种状态，即潜在劳动，此外还有流动劳动和物化劳动。人力资本与物质资本结合后形成企业，劳动力与生产资料结合后则形成劳动过程。劳动力还可以通过转化为商品形成可变资本。这些情况表明，人力资本与劳动力之间存在着密切的关系。但是二者毕竟是不同体系的范畴，前者是西方经济学的范畴，后者是马克思主义政治经济学的范畴。

资本就其本质来说，是带来剩余价值的价值，体现一定的社会关系。资本的形式是多样的，不是唯一的，物质资本是资本的重要形式，也是基本形式，但不是唯一形式。资本的形式经历了从物质资本到人力资本，从知识资本到社会资本，从金融资本到虚拟资本等不断分化的过程。从资本分化的过程把握劳资关系有助于把握劳资关系的复杂性和多样性，避免将物质资本看作资本的唯一形式，把基于物质资本的支配地位形成的劳资关系看作劳资关系的唯一类型，把劳资对抗看作劳资作用的唯一形式，从而更深刻地认识各种类型的劳资关系及其运行规律，为劳资合作提出更有针对性的对策措施。珠三角市场经济发育充分，资本分化的过程与作用比较明显，劳资关系的类型齐全，在全国有普遍性和典型性。研究珠三角市场化进程中劳资关系的演进，有助于把握各类劳资关系的特点、发展趋势及存在的问题，揭示我国劳资关系的发展类型和规律，对现阶段我国非公有制经济中劳资合作的基础从理论上做出科学的说明，探索适合中国国情的劳资关系管理模式及其相应的政策、法律制度。

二、劳资双方的博弈关系

劳资关系是企业运行过程中劳动力所有者与物质资本所有者之间形成的互动关系，这种互动关系是通过劳动力所有者与资本所有者力量对比及其博弈过程形成的。劳资关系的形成过程也就是一个契约落实的过程。劳资双方选择什么契约，契约的内容及其实现很大程度上取决于劳资双方的力量或讨价还价的能力。劳资双方作为市场经济中的两个独立的利益主体，他们都是遵循平等自愿的原则签订劳动合同，缔结劳动关系的。同样，双方在遵循一定的法律规定的情况下，也可以解除劳动关系，即劳动者可以辞职，企业可以辞退。劳方同资方①签订劳动合同，缔结劳动关系后，就有义务在工作场所接受资方的管理和监督，按照资方规定的纪律、要求付出劳动，让渡自己的人身自由权力。双方在履行劳动合同过程中，劳动者按管理方的要求提供劳动后，资方有义务支付给劳动者工资福利等形式的劳动报酬。

劳资双方博弈起因于劳资双方表面上平等，实际上不平等的复杂性质。表面上看，劳资双方是一种权力平等关系。实际上，由于劳方与资方的力量差异，劳资关系实质上却是不平等的。劳方与资方的力量是指各自所拥有的优势或有利的因素，这种力量的差异是影响劳资关系形成的基本因素。② 劳资双方各自所拥有的优势或有利的因素包括三方面的内容。

第一，劳资双方各自拥有的生产要素的稀缺程度及供给状况。劳方拥有的生产要素也就是劳动力，劳动力的差异化形成了人力资本。劳动力与人力资本虽然是两种不同体系的概念，但它们并不是完全对立的，它们之间有着密切的联系。劳动力是存在于人的身体之中的体力和脑力的总和，虽然人们之间的体力和脑力有差异，但这种差异不大，所以一般认为，劳动力的供给是同质的，劳动者之间具有很大的替代性。人力资本则是体现在人身上的技能和生产知识的存量。③ 与人们之间的体力、脑力不同，人们之间的技能和知识存量有很大的不同，因此，劳动者之间具有较大的不可替代性。人力资本的大小便成为衡量劳动力差异程度的重要尺度。资方拥有的生产要素是以货币为代表的各种生产资料。劳动力是原生的，是以人的身体为载体自然形成的，它的储存需要劳动者身体健康作为条件，要不断保养维护才能保值；而各种资本则是经过人的劳动创造出来的，是次生的，可以相对独立存在。相对于劳动力而言，各种资本往往更显得稀缺，而劳动力相对处于供过于求的状况。

第二，他们拥有的生产要素在生产中的作用。以货币为代表的各种生产资料是企业的基本支撑，因而，生产资料的所有者在企业中发挥核心和关键作用。由于普通劳动者并不拥有企业发展的关键要素，即资金和技术，加上他们的劳动力是同质的，因而，他们在企业中处于被支配地位；拥有较高人力资本的管理者往往代表资本所有者的利益，发挥资本的职能，因而往往和资本所有者一起构成了

---

① 所谓“资方”是这样一个概念：它是生产经营权与管理权的载体。在这一系列里有多个心态、期望和不同人际关系的群体，其政策主张和行为从总体上讲是体现雇主愿望的，但内中有异。“劳方”系列也是由心态、期望和人际关系不同的许许多多群体构成的。该群体构成及其表现则更为复杂。有关“资方”与“劳方”的详细讨论可参见中国劳动社会保障出版社 2000 年出版的杨体仁、李丽林所著的《市场经济国家劳动关系——理论·政策·制度》一书第 1 ~7 页。

② 卢现祥．转轨时期我国非公有制企业劳资关系形成的特征［J］．经济问题，1999（11）：13.

③ 伊特韦尔．新帕尔格雷夫经济学大辞典（第 2 卷）［M］．北京：经济科学出版社，1996：736.

劳资关系的一极。

第三，他们拥有的生产要素赋予他们各自的权力。劳动力的所有者由于不占有任何生产资料，他们只能行使退出的权力和罢工的权力。“退出”的权力即劳动者行使辞职的权力，它会给雇主带来额外成本，如招聘和培训顶替辞职员工的费用。“罢工”的权力即劳动者行使停止工作的权力，它也会给雇主带来损失或成本。劳动者这些权力的行使往往是以自身的损失为代价的。生产资料的所有者赋予资本家生产监督权、解雇工人权、剩余索取权。劳动者行使他们的权力时虽然可以给雇主带来损失，但给他们自身带来的损失会更大。而资本所有者行使自己的权力时，只会给劳动者带来损失，不会给资本带来任何损失。

这三方面的内容说明，资本所有者比劳动者具有更多的优势，劳资双方在进入生产过程前后的博弈关系是不对称的、不平等的博弈关系。

劳动力所有者与资本所有者力量对比及其博弈的过程具体表现为劳方与资方的合作与冲突过程。双方的合作与冲突源于资本与雇佣劳动之间的矛盾运动。产品普遍采取商品生产需要两个前提：工人成为雇佣工人，货币成为资本。在市场经济中，资本与雇佣劳动互为存在的前提，也就是说，资本以雇佣劳动为前提，雇佣劳动又以资本为前提，二者相互制约，相互依存。首先，资本与雇佣劳动具有高度同一性，它们相互依赖，相互贯穿。资本与雇佣劳动在商品生产中结合成利益共同体——企业，一损俱损，一荣俱荣。只有企业持续经营，不断发展，才能实现资方利润最大化的目标与工人和工人收入最大化的目标。另外，资本与雇佣劳动相互转化，劳动通过人力资本转化为物质资本，资本本身也是劳动的凝结。这说明，老板与员工的地位是可以转化的。资本与雇佣劳动的同一性，既是企业生存与发展的基础，也是企业实行以人为本管理的前提条件。其次，资本与雇佣劳动也存在着严重的对立性。[①] 资本的本性是最大限度地追求剩余价值，工人则是要获得维持劳动力生产和再生产所需要的消费资料的价值，他们作为消费者和交换价值的实现者与资本相对立。企业新创造的价值分为剩余价值和工资两部分，在新创造的价值一定的情况下，剩余价值增加意味着工资的减少；相反，工资的增加则意味着剩余价值的减少，两者呈此消彼长的关系。由于资本与工人作为商品交换的对立面存在着，他们都追求自身利益的最大化，因此，劳资双方就会产生各种各样的冲突。

早期的劳资关系特别是资本原始积累时期的劳资关系表现为资本对劳动的残酷剥削，资本与劳动处于尖锐的对立状态，劳资冲突剧烈。随着企业由古典私有制向现代私有制的发展，资本与雇佣劳动之间的冲突经历了一个由剧烈趋向缓和

① 刘秀华. 从劳资关系看当代中国私营经济的基本性质［J］. 山西财经大学学报，2000（5）：14.

的过程。经过工人阶级同资产阶级之间的长期斗争，资本与雇佣劳动之间两方面的关系逐渐演化为工人及其代表组织工会、雇主及其代表组织雇主协会和政府三方面的关系，在此基础上，形成了解决劳资冲突的三方协议机制，劳资关系逐步走向缓和。与此同时，劳资关系经历了由不成熟到成熟的发展过程。在当今社会市场经济比较发达的西方国家，无论是政府，还是代表职工权益的工会组织，抑或是代表雇主权益的雇主协会，都在解决劳资冲突方面发挥着不可替代的作用。

可以看出，劳资双方力量的此消彼长、劳资关系的对抗或缓和是多种因素共同作用、动态博弈的结果。这些互动关系通过企业运行中劳动者与管理者之间形成的正式制度与非正式制度表现出来，具体表现在劳动力市场、劳动合同、劳动条件、劳动报酬、工会的角色等方面。因此，要研究劳资关系的现实，就需要对这些方面进行深入的研究。

第三节　劳资关系的研究框架

西方学者运用系统的观点研究劳资关系，把劳动关系看成在各种内部条件和外部因素的作用下发生变化和进行自我调整的过程。其研究结果形成了“投入—产出”模式[①]和“产业关系系统”模型和克雷格模型，它们得到了西方社会的认同，构成了研究劳资关系的基本框架，也为我们研究劳资关系提供了借鉴。“投入—产出”模型、产业关系系统模型和克雷格模型为研究现阶段非公有制企业劳资关系提供了有益启示。本书除了借鉴已有的研究模型外，还坚持用马克思主义的基本方法和基本观点分析劳资关系存在的问题，并试图将产业组织理论S—C—P分析框架用于劳资关系研究之中。本书将劳资关系置于经济发展过程之中，将其看作一个以企业为载体，与外界进行物质与能量交换的演进系统。其中，劳动力市场、劳动合同、劳动条件与劳动时间、劳动报酬与福利、工会等构成了劳资关系的内在结构；劳方与资方互动过程表现出来的对立与冲突、合作与统一倾向，以及工会与政府面对面对这两种倾向的行为过程则构成劳资关系的行为；劳资双方互动博弈中表现出来的“双输”、“一赢一输”、“双赢”则是劳资关系的绩效。在劳资关系的S—C—P框架中，结构、行为、绩效三者之间都存在一定的互动关系。

本书对广东经济社会转型时期劳资关系的研究，其基本理论前提包括以下几个方面：第一，劳资关系作为生产关系的重要方面和现代社会一切关系的轴心，

① 为了与计量经济学中的“投入—产出模型”相区别，此处用“投入—产出模式”。

它伴随着整个工业化进程。第二，劳资关系是有层次的，既包括抽象层次的劳动与资本的关系，也包括具体层次的劳动者与管理者和资本所有者之前的关系，还包括居于这两种层次之间的各种劳资关系。第三，劳资关系既受企业内部因素的影响，又受企业外部因素的影响，劳资关系的现状是企业内部和外部诸多因素相互作用的结果。第四，劳资关系既是一种状态，也是一种过程的结果，是种种投入的结果。劳资关系是一个由政府、商界和劳动者组成的“规则网”（Web of Rules），它受现有的和潜在的经济制度和技术因素的影响。一个国家的劳资关系不是突变（Caprice）或偏见（Prejudice）的结果，劳资关系依赖于产生它的社会。基于这些前提，本书拟把劳资关系看作一个具有“投入—产出”功能的可控的系统，既分析其影响因素，又分析其内在结构，并将其置于中国独特的背景之下，即中国独特的工业化、市场化、国际化的背景之下，将劳资关系的研究与中国经济发展结合起来，揭示中国劳资关系发展的独特规律；本书重点关注雇主群体、就业群体和待业失业群体的现状和面临的问题。

本书研究总体框架如图 1 – 1 所示：

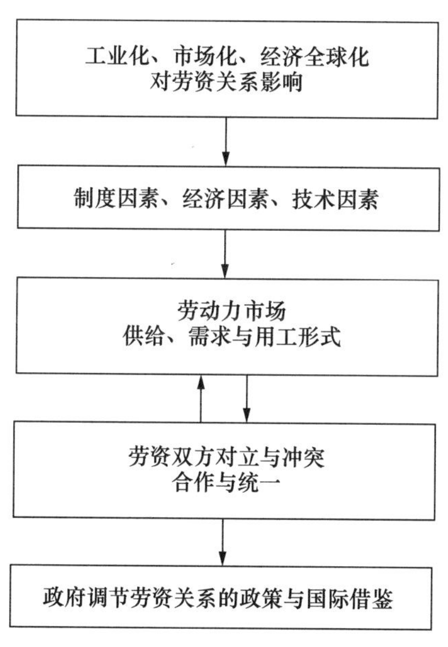

图 1 – 1 本书研究总体框架

据此，本书分七个部分开展研究：劳资关系及资本理论总论；资本形式与劳资关系；资本结构与劳资关系；嵌入型劳资关系的形成及具体形式；工业化、市场化、经济全球化与嵌入型劳资关系；分享经济与嵌入型劳资关系的总体评价；

实证研究与规范嵌入劳资关系的政策建议。

劳资关系是劳动与资本劳动这两种生产要素的互动关系。劳动与资本的互动过程，具体表现在企业内部与企业外部劳动力所有者（劳动者或劳方）与资本所有者（雇主或资方）之间的对立与冲突、合作与协调两个方面。企业外部主要表现在劳动力市场上劳动者与资本所有者之间供给关系和劳动合同的签订上，它们反映了劳动者与资本所有者之间的相互关系，并对劳动者与资本所有者的现实关系构成一定的影响。企业内部主要表现在劳动过程（劳动条件与劳资时间）与劳动结果（工资与剩余价值的占有）上。劳动状况与劳动结果的分配直接体现了劳动者与资本所有者之间的关系。从某种意义上说，劳资关系是一种劳方与资方的博弈关系，但是这种博弈关系是一种天然的不平等的博弈关系。代表工人利益的工会组织和代表社会利益的政府对劳动者与资本所有者之间的互动起着不同的作用，它们是确保劳动者与资本所有者之间的博弈能处于平等地位的重要方面。政府可以在协调劳资关系中发挥重要作用，通过政府的作用，可能建立起和谐的劳资关系。

经济发展过程伴随着劳资关系的发展过程，劳资关系是经济发展的重要因素，必须把劳资关系置于经济发展过程中，才能深刻认识劳资关系中存在的一系列问题，包括剥削问题。经济发展是各种生产要素在一定技术水平和制度框架下相互作用的过程和结果。企业是经济增长与经济发展的重要主体，也是劳资关系的载体。劳动与资本是构成企业的两种主客观因素，它们的互动过程就表现为经济增长和经济发展过程。同样，经济发展过程也对劳资关系产生重大影响，这在现阶段突出表现在经济全球化背景下企业社会责任运动及其对劳资关系的影响上。劳资关系是劳动者与资本所有者以及他们与经济发展环境之间相互作用中形成的一系列正式制度与非正式制度，它是经济增长与经济发展所需要的制度框架的基础。

第二章　劳资关系的含义及分析维度

深入研究广东省非公有制企业的劳资关系，除了认真梳理理论界对劳资关系的研究现状外，还有必要对劳资关系的基本问题进行认真研究。劳资关系的基本问题包括劳资关系的不同层次、劳动与资本形态的变化、劳资双方的博弈关系，弄清这些基本问题，就可以为研究广东省非公有制企业劳资关系提供必要的理论前提。

第一节　劳资关系含义

一、对劳资关系含义的不同认识

普遍认为，劳资关系是劳动者与资本家之间的关系，是资本家剥削工人的关系。这种看法影响极大，存在着一定的危害。其进一步的发展就是，劳资关系是资本家与工人阶级之间“你死我活”的对立关系，因而，工人阶级要获得解放，就必须打倒资本家，推翻私有制，并将此种观点归结为马克思的观点。进而认为，社会主义初级阶段要发展社会生产力，需要大力发展非公有制经济，而马克思关于劳资关系的观点与现实要求相矛盾。因此，马克思的观点已经过时，应予以放弃。这种看法把马克思观点绝对化了，没有看到事物的辩证发展过程。

劳资关系只在私有制企业存在，公有制企业不存在劳资关系，公有制企业存在的是劳动关系。因而，劳资关系研究仅局限于非公有制企业，包括私营、外资企业，不包括国有企业和事业单位。殊不知，非公有制企业、外资企业乃至国有企业甚至是事业单位都是一个国家和社会的劳资关系的表现形式。

劳资关系是劳动力的所有者与资本所有者之间的关系，劳动力与资本作为两种生产要素，二者不可分离，但也存在着矛盾，二者既合作又博弈。劳资关系是人类社会最基本的关系，人类不同的社会形态和发展阶段是依据劳资关系的状况来划分的。劳资关系发展状况是人类社会发展情况的重要标志。人类社会发展的基本规律是从野蛮到文明，从低级到高级，从原始社会到奴隶社会，从奴隶社会到封建社会，从封建社会到资本主义社会，从资本主义社会到共产主义社会的发展过程。社会主义社会是资本主义向共产主义社会过渡的中间环节或过渡阶段。五种社会形态由于生产资料的所有制不同，导致劳动者与生产资料的结合方式不同，进而使得人们在生产中的地位不同，产品的分配形式不同。

劳资关系就是劳动与资本之间的关系，生产方式是劳动与资本结合的方式，资本并不是只有资本主义社会才出现或才具有的，并不是资本主义社会所特有的，它与人类的劳动相伴随，只要有劳动，就存在资本，资本是永恒的范畴。资本的本质是社会关系，资本的生命在于运动，资本不是物，它必须通过物才能表现出来。在不同的社会，资本表现着不同的社会关系。在市场经济条件下，资本是带来剩余价值的价值；在资本主义社会，资本反映着资本家剥削工人的关系。

二、正确判断我国社会形态和经济社会发展阶段是正确分析我国现阶段劳资关系的前提

从社会经济发展阶段上及现实生产关系来看，我国正处在物本主义快速发展阶段。当然，由于我国幅员辽阔和外部资本的影响，我国不同地方、行业、产业所处的资本主义具体阶段都有所不同，需要进一步把握，但客观地、实事求是地判断我国所处的经济发展阶段对于解决我国经济发展中的现实问题有着重要的意义。矛盾是普遍存在的，我国正处于物本主义发展阶段的现实与我们要坚持社会主义，坚持走中国特色社会主义道路的目标要求是相矛盾的，这正是事物发展的普遍规律的具体反映。名与实是一对矛盾，名与实完全一致只是一种理想状态，现实中虽有但很少，普遍存在的情况是名与实存在矛盾，或既有相符的方面，又有相矛盾的方面。而且目标和道路往往存在着矛盾，这也就存在“退一步进两步”，目标是进，往往需要退。

承认我国现在正处于物本主义发展阶段也符合我国社会发展规律。我国经济发展中出现的两极分化、大面积腐败，食品、环境、能源危机等都表明我国正处于物本主义阶段。也符合马克思的有关论述。社会占有生产资料的理解：社会既与个人相对，也与集体、国家相对，社会占有生产资料既是对个人、集体占有生产资料的否定，从而是对个体所有制和集体所有制的否定，也是对国家占有生产资料的否定从而是对国有制的否定。因而只有全世界这些所有制消亡后才能进入社会主义。因而，社会主义经济形态不可能在一个国家单独出现，但是这不否认“社会主义革命”首先在一个国家单独爆发并取得胜利，也不否认“社会主义制度”可以在这些国家率先建立并取得胜利。似乎名实不符，但这正是事物发展的辩证法。

第二节　劳资关系的不同层次

劳资关系包含着不同层次的内容，把握劳资关系的复杂含义，需要弄清劳资关系、资本主义劳资关系、社会主义初级阶段非公有制企业劳资关系的相互联系及不同内容。

一、劳资关系

劳资关系也称劳工关系或产业关系，它是与商品经济或市场经济相联系的范畴。劳资关系的载体是企业，它是企业运行过程中劳动力所有者与物质资本所有者之间形成的互动关系。企业是商品经济或市场经济的主体，是市场经济中商品的生产者和生产要素的消费者。可以说，企业是市场经济的基础，没有企业也就没有市场经济，由此可以得出，市场经济必定存在企业，必定存在相应的劳资关系。按照新制度经济学的研究，企业与市场一样都是组织。企业是市场的替代，通过企业这种组织将生产要素结合起来可以节省交易费用。如果不存在市场，自然也就不存在企业。[①] 因而，没有市场也就没有真正的企业，也就没有相应的劳资关系。

劳资关系还称为劳工关系、产业关系、劳动关系等。其实，它们之间还是存在细微差别的。劳工关系（Labor - Management Relation）强调的是就业组织内部雇员和管理人员的关系。当代企业是一个由雇员和管理人员组成的社会。在工业化过程以前，人们一般为他们自己或他们的家庭成员工作，但这不再是工业化国家的现象了。相反，许多人为规模或大或小的组织工作，其中有些组织是私营企业，有些组织是国有企业，有些是政府部门。这些组织有大有小，雇员和管理人员的关系都是其基本关系。劳工关系实际上就是劳资关系，因为管理者实际上代表着资本所有者的利益。同时由于管理者往往也是雇员（但他们不是普通的、一般的雇员，而是高级雇员），因而，劳工关系与劳资关系有不同之处。劳工关系是产业关系系统的一部分。[②]

劳资关系也被译为“产业关系”（Industrial Relation）。“产业关系”可以定义为人们和他们的组织在工作场所——更广泛地说——在整个社会的相互作用，以确定就业条件和就业待遇的过程。它强调的是人与组织之间的关系，而不是作

① 科斯. 企业的性质［M］//盛洪. 现代制度经济学. 北京：北京大学出版社，2003；有关市场与企业关系的研究还可参见程承坪. 论企业与市场的区别［J］. 财经科学，2004（3）.

② 丹尼尔·奎因·米尔斯. 劳工关系（中文版）［M］. 北京：机械工业出版社，2000：3.

用的结果。[①]《新帕尔格雷夫经济学大辞典》对 Industrial Relation 的解释说明是：“劳资关系是19世纪伴随着两大历史性进步，即产业革命和政治民主及公共教育的扩大而出现的，其中，工厂制度导致大批工人集中在大型企业中，工人在那里不得不服从以机器运转速度决定的专制式纪律，并且其经济利益也日益得不到保障；但是政治民主及公共教育的扩大则提高了作为依附性劳动力大军成员的公民们人期望。”[②] 马克思在分析19世纪的劳资关系时认为，资本主义制度下劳动与资本之间的关系从来就是一种剥削与被剥削的关系。但是，人们在分析20世纪的劳资关系时更多学者认为，劳资关系可描述为是以雇佣劳动者努力抗拒经济衰退期间货币工资的下降趋势为特点的，在企业和工人的关系中，不一定存在“一边倒”或经济效率低下的情况。它们是为相互有利的人力资本投资的证明，而不是马克思所说的剥削关系。产业关系的核心内容是劳资关系，劳资关系也就是产业关系的重要组成部分。

二、劳资关系与劳动关系

在多数情况下，“劳资关系”与“劳动关系”含义是相同的，但它们存在一定的区别。简单而言，两者揭示的内容是相同的，但它们处于不同层次上，劳资关系是更为具体的范畴，它是劳动关系的一种表现形式。我们可以说，“劳资关系是劳动关系”，但不能倒过来说，“劳动关系是劳资关系”。在人们的研究中，劳资关系被视为在就业组织中由雇佣行为而产生的关系，雇佣关系是劳资关系的核心。就业组织包括企业和事业单位。雇佣行为是指对生产要素的雇佣行为，其中既包括对劳动力的雇佣行为——资本雇佣劳动，也包括对生产资料的雇佣行为——劳动雇佣资本。在企业发展的早期阶段，物质资本在生产过程中居于支配地位，因此，雇佣行为往往是指资本雇佣劳动，即生产资料所有者对劳动力所有者的雇佣行为，或者是物质资本所有者对人力资本所有者的雇佣行为。其中，生产资料私有制和劳动力成为商品是资本雇佣劳动的基础，也是资本主义劳资关系的基础。随着人力资本在生产过程中重要性的增加，也出现了劳动雇佣资本的现象。理论界关于资本雇佣劳动有效还是劳动雇佣资本有效的争论即反映了这种情况。[③] 可以看出，劳资关系强调的是在劳动者与生产资料分离的情况下劳动的确立过程中形成的劳动者与生产资料的所有者之间的关系。

人们经常在相同的意义上使用劳资关系与劳动关系，实际上二者之间是有区

---

① 丹尼尔·奎因·米尔斯．劳工关系（中文版）［M］．北京：机械工业出版社，2000：3.

② 伊特韦尔．新帕尔格雷夫经济学大辞典（第2卷）［M］．北京：经济科学出版社，1996：872.

③ 有“资本雇佣劳动”与“劳动雇佣资本”的讨论，可参见张维迎、周其仁、方竹兰等人的文章，本书第二章对“资本雇佣劳动”进行了专门评述。

别的。劳资关系是劳动关系的一种表现形式或者说存在形式。劳资关系也不限于劳动过程中形成的各种经济联系，劳动过程之外形成一些经济联系，如在劳动力的供求、就业、失业等，也属于劳资关系范畴。劳资关系存在的基础是雇佣劳动制度，前提是劳动者与生产资料相分离，以及相应的劳动力成为商品，在此基础上形成的劳动关系则是劳资关系。如果劳动者与生产资料统一为一体，换句话讲，劳动者是生产资料的主人，不存在两者之间的分离，就不可能存在雇佣劳动，也就不可能存在劳资关系。显然，不能把生产资料公有制和联合劳动基础上形成的劳动关系看成是劳资关系。

在马克思看来，劳资关系是指劳动与资本之间的关系。对于资本与劳动的关系，马克思在《资本论》这部巨著中进行了详尽的论述。整个《资本论》都在论述劳资关系，都在论述资本与劳动之间的关系。他认为，劳动过程中要素的不同地位决定着人与人之间的不同地位及其相互关系，资本主义生产过程中资本与劳动之间的关系实质上是一种剥削与被剥削的关系，对此，他在《资本论》第一卷第五章中做了系统的科学说明。他指出，在资本主义劳动过程中，资本居于支配地位，劳动过程是资本消费劳动力的过程，这就决定了资本家与工人的关系是剥削与被剥削的关系。由此出现的两个后果是：一是工人在资本家的监督下劳动，他的劳动属于资本家。二是剩余索取权归资本家，产品归资本家所有，而不是归直接生产者工人所有。① 可以说，《资本论》就是论资本，中心就是揭露资本对劳动的剥削关系，论述的是资本和劳动的关系，也就是劳资关系。需要指出的是，正确理解马克思的“资本”概念，对于理解社会主义初级阶段的劳资关系有很大帮助。马克思认为，资本不是物，而是社会生产关系。马克思指出资本不是物，强调的是不能仅从物的角度来认识资本，而应从社会生产关系的角度来认识。换言之，对于社会主义初级阶段存在的资本，需要从社会主义社会的生产关系上来认识。资本的固有特征是它的价值增殖，是它能带来剩余价值，而不是资本主义生产关系（它只是在资本主义社会中才表现为资本主义生产关系）。在社会主义社会，资本同样要增殖，要带来剩余价值，但资本自身体现的关系要受到社会主义生产关系的制约。

对于劳资关系，资产阶级经济学开山鼻祖亚当·斯密最早进行了研究，他关于资本与劳动的相对地位的思想还对马克思产生了感染力。② 在马克思之后，一些西方经济学家对劳动与资本的关系进行了更精确的分析，建立了一系列模型，这都对以后的研究产生了深刻的影响。应该看到，马克思研究的劳资关系是19

---

① 中共中央马克思恩格斯列宁斯大林著作编译局. 马克思恩格斯全集（第23卷）[M]. 北京：人民出版社，1975：210.

② 周新军. 社会主义社会的劳资关系研究 [J]. 经济评论，1999（1）.

世纪的劳资关系，是处于自由竞争阶段的资本主义的劳资关系，马克思的结论无疑是适合当时情况的。在此之后，资本主义世界的劳资关系发生了深刻变化，马克思的结论未必完全适合现代社会劳资关系的情况。

三、社会主义市场经济的劳资关系

从理论上来说，社会主义是建立在资本主义提供的物质生产力基础上的崭新的社会制度，是劳动主体和劳动解放的社会。在劳动自主和劳动解放的社会，劳动者是生产资料的所有者，劳动者与生产资料不需要通过雇佣劳动的形式结合起来，而是直接地结合。因此，不能把社会主义社会的劳动关系看作劳资关系，换言之，社会主义社会是不应该存在劳资关系的。但从现实来看，全世界的社会主义制度并没有建立在资本主义提供的物质生产力基础之上。从中国的情况来看，社会主义制度仅仅建立在半殖民地、半封建社会提供的物质生产力基础之上，社会主义社会不是资本主义充分发展之后自然而然地建立起来的，而是经过无产阶级暴力革命，通过夺取政权建立起来的。这就决定了在社会主义制度建立以后还需要经历一个充分发展社会生产力的过程，这个过程也就是社会主义初级阶段。发展社会生产力无疑是社会主义初级阶段的根本任务。在社会主义初级阶段，凡是能促进生产力发展的经济形式都将在相当长的时期存在。市场经济是社会主义初级阶段发展生产力的有效手段。非公有制经济在相当程度上还能广泛适应社会生产力的发展，因而还存在着很大的发展空间。事实证明，非公有制经济能有效地促进社会生产力的发展（如解决就业、满足人们生活、促进经济增长和社会发展等），在一些地方，非公有制经济甚至是促进社会生产力发展的主要形式，大力发展非公有制经济也成为许多地方的基本经济政策。这些情况表明，非公有制经济在相当长的时期和相当大的范围内还是促进社会主义市场经济发展的主要经济成分。但是，公有制经济仍然是最能体现社会主义生产关系的经济成分，因而，无论是经济体制改革还是发展社会主义市场经济都必须坚持公有制为主体的原则。市场经济制度是促进社会生产力发展的有效形式，大力发展市场经济是社会主义初级阶段的根本任务。

社会主义市场经济与资本主义市场经济有许多相似之处，但也有根本的不同。在资本主义社会，市场经济是建立在私有制基础上的，发展市场经济既是手段又是目的，通过发展市场经济，不仅可以促进资本主义社会物质生产力的发展，同时还壮大了资本主义私有制，还可以促进资本主义生产关系的生产和再生产。社会主义市场经济是在社会主义制度框架下运行，体现社会主义生产关系本质（公有制、按劳分配）的市场经济。其中，公有制与市场经济的兼容是社会主义市场经济的本质特征。在社会主义初级阶段，发展市场经济仅仅是促进社会

生产力发展，维护社会主义生产关系的手段。市场经济作为经济形态，社会主义作为社会制度，它们在生产力基础方面存在共同之处，它们都是以一定的社会分工为基础的，都需要建立在社会化大生产提供的复杂的社会分工之上。市场经济与社会主义还在道德标准与价值理念方面存在着共同的、兼容的部分，也存在着不同的、水火不容的部分。共同的部分如诚实守信、艰苦奋斗、利人利己、尊重个人、取利有道等，这些道德原则既符合社会主义理念，又符合市场经济的准则。不同的地方，如社会主义提倡集体主义，提倡无私奉献和大公无私；市场经济默认自私自利，信奉人不为己、天诛地灭。由于市场经济与公有制的结合，市场经济中固有的与社会主义生产关系相悖的部分必将受到社会主义意识形态的限制，相应地，劳资关系中与社会主义本质关系相悖和冲突的部分也必将受到社会主义基本制度和意识形态的限制，这就是社会主义市场经济的劳资关系。换言之，社会主义市场经济的劳资关系是受社会主义基本制度制约的劳资关系，是体现社会主义生产关系的劳资关系。如果说资本主义劳资关系发展的过程是劳动异化的过程，那么，社会主义市场经济的劳资关系是克服资本异化的过程。因而，它是劳动异化的异化，是资本的异化。劳动异化和资本异化是两个相反的过程。从历史上看，私有制的产生和发展促进了劳动的异化，而公有制的产生和发展促进了资本的异化。其中，生产资料的确立使资本异化成为可能；社会主义经济制度、政治制度、法律制度的建立以及社会主义意识形态的形成，促进了资本的异化。

在社会主义初级阶段，既然要大力发展市场经济，大力发展非公有制经济，就必然存在雇佣劳动组织及其相应的劳资关系。这种劳资关系已与资本主义制度下的劳资关系在表现形式、发展阶段、影响因素、运行规律等方面有许多相同之处，但也有很大的不同，它是受社会主义经济制度、法律制度和社会主义意识形态制约下的劳资关系，这种制约反映在劳资关系的方方面面。从性质上来说，社会主义初级阶段非公有制企业的劳资关系既有体现资本主义生产关系的，也有体现社会主义生产关系的。这就是社会主义市场经济的劳资关系。

在公有制企业，生产资料的所有者是劳动者的集合，劳动者与生产资料直接结合，劳动力不是商品，企业既是资本的联合，又是劳动的联合，资本与劳动高度统一，因而不存在劳动者与生产资料分离，也不存在以此为基础的劳资关系。换言之，人们在公有制企业的劳动过程中形成的各种关系不是劳资关系，而是劳动关系。同样，在个体小私有制中，劳动者与生产资料没有完全分离，其劳动关系都不是劳资关系。可见，劳动关系比劳资关系的含义更广，劳动关系包含劳资关系，劳资关系则是劳动关系的组成部分，或者说是劳动关系的一个特殊形态。

对于劳资关系在社会经济生活中的地位，恩格斯有过精辟的论述。恩格斯在评价马克思的《资本论》时说，“自地球上有资本家和工人以来，没有一本书像我们面前这本那样，对工人阶级具有如此重要的意义。资本和劳动的关系，是我们现代全部社会体系所依以旋转的轴心，这种关系在这里第一次作了科学的说明，而这种说明之透彻和精辟，只有一个德国人才能做得到”①。劳资关系不仅是资本主义社会最基本的经济关系，也是社会主义初级阶段最重要的一种经济关系。社会主义初级阶段公有制为主体、多种经济成分共同发展的所有制结构决定了不同类型的资本，不同类型的资本同劳动的结合构成了不同层面的劳资关系。

第三节 劳资关系的分析维度

分析维度与分析角度类似，但仍有不同之处。角度与维度应该都是数学和物理学上的概念。角度是表示角的大小的量，通常用度或弧度来表示；角度通常用来比喻看事情的出发点，分析角度是指从哪个地方分析问题。维度，又称维数，是数学中独立参数的数目。在物理学和哲学的领域内，指独立的时空坐标的数目。0 维是一点，没有长度。1 维是线，只有长度。2 维是一个平面，是由长度和宽度（或曲线）形成面积。3 维是 2 维加上高度形成体积面。

我们周围的空间有 3 个维（上下，前后，左右）。我们可以往上下、东南西北移动，其他方向的移动只需用 3 个三维空间轴来表示。向下移就等于负方向地向上移，向西北移就只是向西和向北移的混合。在物理学上，时间是第四维，与三个空间维不同的是，它只有一个，且只能往一个方向前进。我们所居于的时空有 4 个维（3 个空间轴和 1 个时间轴），根据爱因斯坦的概念推测为四维空间，我们的宇宙是由时间和空间构成，而这条时间轴是一条虚数值的轴。劳资关系的分析维度是指把劳资关系放在一个什么坐标系中进行分析，类似于把观察对象置于什么时空下进行分析。可见，分析维度与分析角度有共同之处，它们都是观察问题的出发点，但分析角度往往只涉及某一具体方面，而分析维度却要涉及几个相互联系的方面。因而，分析维度要比分析角度更加系统、更加全面，将观察对象（具体问题）置于相应的分析维度内可以更清楚地进行观察，更容易得出科学的结论。

将劳资关系问题置于具体的时空条件下，就需要分析劳资关系的形成（时间轴）、制度安排（上下轴）、表现方面（前后轴）、表面形式（左右轴）。劳资关系有四个分析维度，即一般与特殊、生产与分配、冲突与合作、正式制度与非正

① 中共中央马克思恩格斯列宁斯大林著作编译局．马克思恩格斯选集（第 2 卷）［M］．北京：人民出版社，1972：269.

式制度。

一、一般与特殊

这是从时间轴方面进行分析，将劳资关系置于一定时空条件下进行分析时，需要既考虑一般因素，也考虑特殊因素；既考虑理想状态，也考虑现实状态。

1. 以劳资关系的形成为例，劳资关系形成的一般因素主要包括经济因素、制度因素、区位因素

（1）经济因素：20 世纪 70 年代以来，世界各国经济发展的不平衡性，造成了资本投资回报率的巨大差异，在现代交通、通信技术的支持之下，资本活动的范围遍及全球，其目的是寻求利益的最大化。没有疆界的资本通过国际贸易和跨国投资等手段，构建了全球性的生产网络体系，并带来资本的积累方式、生产组织方式和盈利方式的深刻变化。资本全球性流动以及全球性生产体系的形成，加剧了劳动者对资本的依赖性，强化了资本力量对劳动者的控制。资本在全球流动追求利润最大化造成了工作条件和劳动者权益的“向下竞争”。在经济全球化的大背景下，对于发展中国家来说，基本上都存在着一种以外向型经济为发展战略的历史时期，可称其为出口导向型的工业化过程。由于这一过程受到国家、外国资本、劳工、工会等多重因素的作用，会形成某种独特的劳资关系，也就是我们现在研究的嵌入型劳资关系。

在经济全球化背景下的劳资关系面临新的挑战也有诸多积极因素。从积极方面看，在经济全球化过程中，随着知识资本和人力资本的地位提升，使得资方从过去重视对“物”的管理逐渐倾向对“人”的开发和投资；经济全球化是发达国家主导的全球化，发达国家通过主导制定全球化的“游戏规则”，为其自身利益服务。但是“社会责任标准”的推行，却在客观上抑制了资本在全球流动中所引致的工作条件和劳工利益的“向下竞争”，在一定程度上使劳工标准“向上看齐”。这些在客观上都促进了劳资关系的改善。

从弊端看，经济全球化导致全球范围内的资本联合和扩张，资本在全球流动追求利润最大化的活动造成了工作条件和劳工利益的“向下竞争”（Race to Bottom）（即国家以牺牲本国劳动者的切身利益为代价，争取国际资本的注入，结果使跨国公司坐收渔利）；资本在全球的流动能力，使全世界资本家更容易联合起来，共同谋划全球最佳盈利模式。这当然带来了技术进步，但同时也带来了无论是对发达国家还是发展中国家工人状况整体性的压低，工人被迫进入一种竞争格局。

（2）制度因素：在经济全球化过程中，资本流入方政府追求经济增长压低或压倒了协调劳资关系的公共管理目标与行为，政府向自身利益和雇主利益倾

斜，导致劳资失衡，这使得嵌入型劳资关系出现了异于传统劳资关系的新特点。从20世纪90年代开始，中国的很多地方政府以宽容的政策允许和鼓励外国资本进行直接投资。为了吸引更多外资，推动地方国内生产总值（Gross Domstic Product，GDP）增长，为了缓解资本短缺和劳动力的就业压力，很多地方政府重引进、轻管理，为资方创造了非常宽松的社会环境，有些甚至放松了对企业社会责任的要求，姑息了资方的侵权行为。一些地方领导担心影响招商，不惜以牺牲职工权益为代价而迁就外方投资者。发生劳资纠纷时，他们常常以不影响投资环境为理由，任由外商损害职工利益的事件发生，更有甚者，还会进行干预和设置障碍。当然，这样的情况不能一概而论，在北京地区进行调研时发现，一些外资企业的劳动关系比较和谐和稳定。这些外资企业多是由大型的国有企业合并而来，制度比较规范，对劳动者的保障程度比较高，政府在积极引资的同时，也非常重视维护职工的利益，构筑和谐的外资企业劳动关系。

（3）区位因素：外资进行对外投资，必然会考虑投资地的各种区位因素，包括市场规模和市场潜力、劳动力市场、宏观经济政策、聚集和集群、科学研究水平、开放程度等。

市场规模和市场潜力，在几乎所有的研究中都对吸引外商投资具有正的影响，因为大的市场规模及其潜力对于寻求市场扩张的外商投资者具有很大的吸引力；劳动力的可获得性预期对吸引外资有正的影响，因为大量劳动力的存在为企业提供了挑选符合其技能要求的劳动力的可能性；宏观经济政策最常见的影响就是关税和汇率，这些都对外资具有较大影响；特定区域的聚集水平所带来的规模经济和外部性，也对外资影响深远；高的科研水平也对外资有积极的影响；开放度可以给外资带来一定影响。

一个区域，必须具有吸引外资的区位条件，吸引外资进行投资，雇佣本地劳动力，才具备形成嵌入型劳资关系的条件，上述吸引外资的条件也就对嵌入型劳资关系的形成具有深远的影响。

2. 特殊因素致使广东省劳资关系具有嵌入型特点

首先，对我国而言，由于地方政府对GDP的追求、资本强大以及工会缺位，使广东地区劳资模式多以政府资方双边主义和资方单边主义出现。实践中，受资本所在国（地区）法律制度、历史文化传统、企业文化等多种因素影响，不同资本进入广东市场后其劳资模式存在一定的差异。外资企业中英美企业多以共决或集体谈判制出现，而日韩、中国港台地区企业以政府资方双边主义为主，中小民营企业更多的是资方单边主义。当然在劳资关系模式形成中，外资企业也会有一个本土化过程，民营企业也会有一个向外资靠拢的过程。对广东劳资关系模式的形塑，首先影响因素就是广东产业结构，其次就是劳、资、政三者互动及三者

的战略选择。劳动密集型产业结构决定了其在全球价值链的最低端，压低劳工工资福利以及劳资事宜资方单边决定成为必然。从许多发达国家工业化进程来看，其产业结构都会出现一个趋同性趋势，即第一产业份额会显著下降，第二产业、第三产业比重会快速上升。决定和影响一个国家产业结构的因素除需求结构、资源供给结构和科学技术因素外，国际经济交流中他国产业结构变动亦会影响本国产业结构，这在经济全球化背景下表现得尤为明显。第二次世界大战以来，影响产业结构变化的贸易、对外直接投资和技术流动一直向三极地带（指北美、西欧和东亚）集中，从而造就了全球化的群岛经济现象。从 20 世纪五六十年代起，美国和日本首先把轻纺劳动密集型产业转移给“亚洲四小龙”，使其在该产业领域充分获得比较优势，到 70 年代，美国和日本又将丧失比较优势的重化工业等资本技术密集型产业转移给“亚洲四小龙”。随后美国和日本以及“亚洲四小龙”将劳动密集型产业向中国大陆以及东南亚地区转移。广东毗邻港澳地区，独特的地理优势使其在 20 世纪 80 年代成为港澳以及台湾地区的纺织服装、玩具、鞋帽、电子等制造业产业转入地。这些产业主要是“三来一补”的劳动密集型产业，由此催生了广东加工贸易的发展。全国 9 万家加工贸易企业，大约 7 万家在广东；自 1986 年至今，广东进出口总值一直稳坐全国各省头把交椅。广东进出口主要依赖于“三来一补”，其比例有时甚至高达 70% 以上，而提供进出口的主体则是外资企业。无疑，广东外向型经济发展既是我国主动融入世界经济的结果，同时，也是国际产业分工转移的结果。国际产业分工的内部化使得一国的竞争优势不再体现于最终产品和某个特定行业上，而是体现在该国在全球化产业的价值链所占据的环节上。虽然广东出口总额中加工贸易比例逐步下降，并逐渐成为全球重要高新技术、产品的组装加工基地，体现产业升级成效，但高附加值的技术与资本密集型产品的生产仍在国外，原有加工装配、贴牌生产等仍无法改变高投入、低附加值、低利润局面，它被固化在全球价值链的低端。为获取利润，这些企业只有尽可能压低工人工资，降低工人福利。工人不仅工资相对较低，也缺乏职业规划，对企业认同度较低。同时，由于其缺乏自有品牌，不可能有完善的企业治理结构，所有事务均由资方单边决定，所有这一切决定了这些产业必然是孕育劳资冲突的“温床”。

其次，全球化改变劳动生产体制，使劳资权力结构发生变异，资方更为强大，资方单边主导成为可能。20 世纪 90 年代以来，以数字化、网络化为特征的信息革命迅猛发展，直接促成了世界经济一体化，从而启动了全球化的进程。经济全球化大大地加速了资本的流动，而劳动却无法具备资本同样的流动性。这就造成了资本与劳动的分离。资本的流动及其与劳动力的分离产生的最大后果之一就是它打破了劳、资、政三者间的均衡。①资本使工人更加温顺，失去反抗的能力。世界上一切工人都依赖于自己的企业来满足各种需求，这是工业社会中权力关系的基础，由此形成工人对资本的依附。②资本迫使政府听命于资本。资本迫使政治游戏去适应自由贸易的规则，使用所有由政府支配的管理控制的权力，来撤销对它的管制。政府的政策受制于跨国公司，国家政策必须能满足外国投资者和跨国公司的利益，否则，跨国资本则会离开主权国到其他地方寻求更大利益。

再次，劳资关系中工会功能萎缩和工人组织力量不足助长了资方单边主义。与20世纪相比，当代劳资关系一个显著特点就是工会的衰落。无论在欧洲、美洲，还是大洋洲、亚洲，产业结构的转换、新自由主义兴起、非正规就业增长以及工人白领化，以传统制造业工人会员为主体的工会正在经历一场可怕的挑战。首先是工会会员大幅度下降，其次是工会功能的不断衰落。与其他国家工会相比，我国工会会员数量密度在全世界都是比较高的。我国工会除了面对全球化冲击以外，还存在工会主体地位、利益代表及制度保障等问题。本来我国的工会组织应该发挥更强有力的作用。遗憾的是，我国企业工会相关制度安排制约了工会功能的发挥，“有工会的企业经常把工会当作一个管理工具，即劳资间的一个平衡装置。工会的作用是调解劳动争议，向资方传递劳方意见，它仅仅充当劳资中间人而非工人利益代表者。而且工会领导一般由企业人事部门管理者兼任，从而为资方所控制”。

最后，劳资关系中政府在平衡劳工保护与经济增长、降低失业率间两难抉择，这会促成劳资关系政府雇主双边联盟和资方单边主义。以跨国公司为主导的国际产业分工使发展中国家政府为了经济增长，被迫偏向资本而非劳工。为了能融入全球经济大潮中，政府往往在保护劳工权益和鼓励外商投资二者之间总是陷入两难境地，这在中国、越南等后起工业化国家中尤为明显。在跨国资本“用脚投票”的压力之下，政府强化了偏向资本而非劳工的倾向。在我国东南沿海地区，地方政府为促进经济发展，掀起了一轮又一轮的招商引资热。不少地方政府为吸引资本在本地投资，有的甚至默许资方可以不给劳动者尤其是农民工上社保，农民工权益保护成了资方与地方政府博弈的牺牲品。中国政治权力的下放为地方政府在吸引外商直接投资及办理外商投资企业方面留有许多余地，在许多方面，地方政府扮演了外商投资企业代理人角色，他们很少去关心农民工，他们不仅勤勉工作以使外商满意，而且保证不使农民工跨越企业和城市联结起来，损害外商投资企业利益。

伴随着经济社会转型，市场社会推动劳资关系由资方单边主义向劳资双边协商转变。从广东来看，其发展中血汗工厂漠视劳工的合法权益屡见不鲜：拖欠工资、超时工作、搜身、职业病等，不一而足。血汗工厂推动国家对劳动保障监管加强，工人主体性也开始增强，逐步形成与市场自由放任运动相对应的保护运动。在这一过程中，广东许多企业则倡导“共建共享，双爱双赢”理念，构建职工民主管理机制。企业通过召开职工代表大会、工会主席参与公司董事会、签订集体合同等多种渠道落实职工参与企业管理的权利，从源头上维护职工合法权益，构建和谐稳定的劳动关系。

二、生产与分配

这是劳资关系的前后轴，既分析劳资关系在生产领域的表现，又分析劳资关系在分配领域的表现。

马克思在批判地扬弃了古典经济学劳动价值论的基础上，系统研究了欧洲的劳工运动特别是以英国资本主义发展中的劳资关系为典型样本进行了深入的分析，形成了一套经典独特的劳资关系理论。马克思通过货币与资本、劳动与劳动力、劳动力商品的使用价值与价值、资本主义劳动过程、价值形成过程与价值增殖过程、劳动从属于资本等重要概念和范畴的阐释，揭示出了资本主义劳资关系的本质特征，构建起其劳资关系的理论硬核，也从本质上阐述了资本主义劳资关系冲突的根源与合作的可能性或基础。本质上嵌入型劳资关系接近于资本主义劳资关系。

1. 从流通领域和生产、再生产及分配领域看，资本家无偿占有剩余价值是劳资冲突的根源

从流通领域来看，资本主义制度下劳资关系之间存在着形式上的平等和实质上的不平等。在经典的G—W—G’公式中，资本家用原初的货币在第一次流通过程中去购买商品，又通过第二次流通过程去销售商品，前后两次流通过程的结束，原初货币发生了“蛹变”，变为了包含剩余价值从而超过原初货币价值的“美丽的蝴蝶”，实现了货币到资本的根本转变，从形式上来看，无论是第一次流通过程的买，还是第二次流通过程的卖，均遵循了价值规律，劳资双方进行着自由平等的交换，一个愿买，一个愿卖，似乎是等价交换，各有所得。但实际上，货币到资本的飞跃，秘密发生在资本家原初货币购买到的商品并非一般商品，而是劳动力这种特殊商品，特殊就特殊在资本家使用消费劳动力商品的过程中，与一般商品使用价值伴随消费的结束而消失，不同的是，劳动力这种特殊商品在消费过程中，不仅能够创造价值，创造出相当于劳动力自身价值的价值，而且还能创造出超过劳动力自身价值以上的剩余价值，而这一秘密却隐藏在了两次所谓等价交换的流通过程中的生产环节，正是在生产过程中劳动力商品的使用价值与价值的不同隐藏了资本家剥削雇佣劳动者的不平等关系的实质。

从生产领域和再生产过程来看，劳资之间不平等的关系从根本上说，是生产资料资本家私人占有制下，资本家无偿占有和继续占有雇佣工人剩余劳动创造的剩余价值的剥削与被剥削关系。进入生产领域，马克思抽丝剥茧地对不平等关系进行了揭秘。马克思指出，资本主义生产过程是劳动过程和价值增殖过程的统一，“价值增殖过程不外是超过一定点而延长了的价值形成过程，如果价值形成过程只持续到这样一点，即资本所支付的劳动力价值恰好为新的等价物所补偿，那就是单纯的价值形成过程。如果价值形成过程超过这一点而持续下去，那就成为价值增殖过程”。而“劳动过程只是价值增殖过程的手段，价值增殖过程本身实质上就是剩余价值的生产，即无酬劳动的物化过程，生产过程的整个性质就是由这一点专门规定的”。伴随着资本主义再生产过程的周期性循环，劳资之间的剥削与被剥削关系也会不断地被再生产出来。从根本上说，生产资料资本家私人占有制决定了资本主义劳动过程的特点，以及价值形成过程向价值增殖过程的延展，从而决定了劳资之间不平等关系的实质是资本家无偿占有和继续无偿占有雇佣工人剩余劳动创造的剩余价值的剥削与被剥削关系。

从分配领域看，按照马克思主义政治经济学原理中对剩余价值分配的一般论述，工人对剩余价值是无权参与分配的。工人得到的只是工人在必要劳动时间里创造的价值，即劳动力价值（工资性收入）；剩余价值只在资本家集团之间进行分配。在自由资本主义时期，剩余价值是按照“等量资本获取等量利润”的原则，以产业利润、商业利润、利息、银行利润、地租、农业利润等形式分配于各个资本家集团之间的。这就形成了资本家对工人的剥削。

2. 马克思在深刻揭示劳资之间剥削与被剥削的阶级利益冲突关系的基础上，同时探讨了劳资之间存在合作的可能性或基础

从上述资本主义流通过程、生产领域和再生产及分配过程中所揭示出的劳资双方不平等的剥削与被剥削关系来看，无疑昭示着劳资两大阶级利益对立的冲突关系。另外，马克思政治经济学研究中辩证法的光辉同样也闪耀在他的劳资理论的分析之中。与斯密有着相似之处，在某种意义上马克思也对劳资之间存在着合作的相互需要进行了探讨：资产者及其经济学家们断言，资本家和工人的利益是一致的，千真万确！工人若不受雇于资本家就会灭亡，资本若不剥削劳动（力）就会灭亡，而要剥削劳动（力），资本就得购买劳动（力）投入生产的资本，即生产资本增殖越快，也就是说，产业越繁荣，资产阶级越发财，生意越兴隆，资本家需要的工人也就越多，工人出卖自己的价格也就越高。同时，他也指出，断言资本的利益和劳动的利益是一致的，事实上不过是说资本和雇佣劳动是同一种关系的两个方面罢了。一方面制约着另一方面，就如同高利贷者和挥霍者相互依存一样。这里，我们不难看出，马克思与斯密的视点又有着根本的不同，马克思是在资本家剥削雇佣工人的本质意义的高度上来看待劳资双方存在合作的可能性的。

三、冲突与合作

这是从左右轴进行分析，既分析劳资关系的冲突，又分析劳资关系的合作。劳资冲突是指劳资双方在利益、目标以及期望上产生的分歧，甚至是对立的表现形式。它包括隐性的冲突和显性的冲突两种。对于雇员来说，隐性冲突有怠工、旷工、缺勤、偷懒等形式，主要表现为职务内绩效降低的机会主义行为，而显性冲突则主要表现为辞职、抵制、纠察、罢工等。对于用人单位来说，隐性的冲突表现为排挤员工，任意安排员工以及建立封锁员工再就业机会的黑白名单等，而显性的冲突则主要包括惩处或辞退员工、停工甚至关闭工厂。

劳资合作是指劳资双方基于共同的目标（如合作剩余），通过采取合作的态度和方式，争取最大效益的行为。它包括所有为提升劳资双方的期望而采取的协商或者参与决策的模式，因此也往往被学者定义为是工会和管理方之间寻求共同利益的一种方式，而合作的机会则与集体谈判过程中工会的目标与管理方目标重叠部分的多少挂钩。

1. 嵌入型劳资冲突产生的原因分析

第一，外商对华的投资心态与利润动机方面，强烈的利润动机是造成外资企业劳资关系紧张与忽视职工劳动保护的根源。过去几年外资企业的高水平工资对我国职工来说确实有很大的吸引力，在劳动力市场供大于求的情况下，企业在用工上处于主动地位，所以关系到职工权益的一些重大问题，“金钱总是埋没了原则”。具体来讲，资方单纯地追求高额利润，忽视职工劳动保护，以及管理方法简单粗暴，不重视对企业软管理的研究；企业与职工缺乏有效的沟通渠道等问题，将职工推向了资方的对立面。从而积蓄了大量的矛盾，没有得到爆发，劳资关系相对缓和。然而随着“民工潮”向“民工荒”的转变，劳资矛盾凸显，劳资纠纷日益爆发。

第二，地方政府的态度方面，有些地方政府和部门将吸引外资作为政绩目标，往往对外资企业实施超国民待遇，这种重引进、轻管理，姑息了资方的侵权行为。在现阶段，把招商引资、发展经济作为地方政府的工作重点，本无可厚非，但不能以牺牲职工权益为代价，对资方的某些侵权行为以及广大职工在权益保护方面的呼声置若罔闻，纵容外资企业的侵权行为，导致员工无法维护正当权益以及劳资冲突的爆发甚至升级。往往中小外资企业的投资商，由于成本的原因在选址时大多考虑处于较为落后或相对偏离城市中心的地区，这些地区的政府部门将送上门来的投资商视为“摇钱树”、“聚宝盆”。因此，对于这些企业的违规视而不见，导致劳资矛盾更进一步升级，甚至成为地方不稳定因素。

第三，劳动合同与工资分配制度不完善。劳动合同是指劳动者与用人单位建立劳动关系、明确双方权利与义务的书面协议，是否签订劳动合同关系到劳资关系的存在与否及其合法性的问题。据调查，目前外资企业在劳动合同上存在的主要问题是：①忽视签订劳动合同。在生产类型的企业中，或是存在非法用工的行为，如非法招收外地打工者或雇佣童工；或是劳动强度太大严重侵害员工的休息权利；或是逃避社会保险等必须履行的义务，故意拒绝签订劳动合同。在那些技术含量较高的企业如高科技公司，企业为了压低工资，短期使用员工的技术而故意以口头约定试用期而拖延或者拒绝签订劳动合同。②合同条款模糊或残缺。一些外资企业的职工尽管与企业主签订了劳动合同，但是这些合同有的条款是模糊的，有的关于职工权利的条款根本没有写进劳动合同。③不平等的劳动合同。一些外资企业主为了转嫁成本或风险，迫使打工者签订的所谓“生死合同”（如出现工伤、残废及死亡等，企业一方不负任何责任），这些合同是违背《中华人民共和国劳动法》（以下简称《劳动法》）及相应法规的。

第四，工会职能含糊。依据《中华人民共和国工会法》（以下简称《工会法》）总则第十条的规定：企业、事业单位、机关有会员 25 人以上的，应当建立基层工会委员会。工会是我国的职工代表机构，我国《工会法》规定：工会是职工自愿结合的工人阶级的群众组织，在社会阶级组织中有着独立的组织地位，其主要职能是“维护”、“群建”、“民管”、与“教育”四大职能。但是大部分外资企业都不愿成立工会，或者成立工会但只流于形式不作为。外企不愿意建工会主要有三个原因：一是外企更愿意通过人力资源来调解劳资矛盾，不愿意作为第三方的工会介入。二是《工会法》规定，设有工会的公司必须将员工工资的2%用于支付工会会费。外企不愿意缴纳这部分经费，增加成本。三是对工会存在一定的误解。相当一部分外企认为工会与企业是对立的，代表员工的利益，与资方“唱反调”。

第五，文化差异。文化差异也是产生劳资关系差异的一个重要因素，如在劳资关系的处理上北美鼓励个人主义和高绩效；欧洲则偏重于强调社会责任；日本强调忠诚和“以厂为家”，实行终身雇佣制度、年功序列的工资制度、考核评分制度和职工持股的利益共享制度，将年龄和为公司服务时间的长短作为薪酬的主要决定因素。在韩国企业和我国大量港台企业中，则比较盛行“家长制”，强调绝对服从。又比如集体谈判方面，美国通常将其理解为地方工会和管理者之间的协商，而德国和瑞典则常常是指雇主组织和工会在产业水平上的谈判。许多西欧国家把集体谈判作为劳动者和管理者之间的一种持续的阶级斗争意识而存在，而在美国则更多地从经济角度来考虑。因此，不同文化背景下员工在工作方式、工作的理解和生活方式等方面存在的差异，导致对工作的意义、价值以及所采取的相应方式的不同，这样显然会造成中外职员在行动上的不一致，反过来影响彼此

之间的评判、认识，以致影响他们之间的信任，于是就造成互动上的障碍，导致分歧和冲突。

2. 嵌入型劳资关系由冲突走向合作——“囚徒困境”博弈（Prisoners' Dilemma）分析

劳资之间的冲突行为也可以用“囚徒困境”博弈来解释。劳方与资方分别担任囚徒1和囚徒2的角色。他们面临的选择只有两个：合作或者冲突。双方决策博弈的结果如图2－1所示。

		劳方	
		合作	冲突
资方	合作	4，4	1，5
	冲突	5，1	2，2

图2－1　劳资之间的“囚徒困境”博弈矩阵

博弈矩阵中的数字代表劳资双方的收益，它的值由劳方与资方的决策共同决定。尽管劳资双方并未被隔离开来，但是由于信息不对称及交易过程中不确定性的存在，双方缺乏足够的沟通途径，劳方与资方在行动中往往是依据“共同知识”来估计对方的行为，并分别独自决策。

从资方来看：如果劳方选择合作，资方也选择合作，则劳资双方各得4的收益，但是若资方选择冲突则可以得到5的收益，此时劳方仅获得1的收益。由于可以通过牺牲雇员的利益为代价获得好处，资方会选择冲突。

同时，若劳方的选择为冲突，资方再做出合作决策就只能获得1的收益（此时劳方获得5的收益），由此，资方必然会选择冲突以提高自己的收益。同样，从劳方来看：如果资方选择合作，劳方可以通过选择冲突来牺牲雇主的利益增加自己的收益（资方由4减少到1，而劳方由4增加到5）；倘若资方选择冲突，劳方也必然会选择冲突来增加自己的收益（由1增加到2）。

这样，基于“雇主以牺牲雇员的利益为代价获得好处，而雇员以牺牲雇主的利益为代价获得好处”这样的认识，雇主想方设法压低雇员工资来降低成本，而雇员也尽可能利用雇主难以实施完全监控而怠工偷懒。最终的结果（纳什均衡）是劳方低工资，资方低利润（在本例中，劳资双方均仅获得2的收益）。

“囚徒困境”博弈模型在很大程度上解释了劳资双方的非合作博弈过程。劳方与资方为了增加自己的收益总会不可避免地损害对方的利益，最终形成一个

"双输"的结局。但是如果劳资双方选择都合作，劳资双方都获得4的收益，达到了总收益的最大，如果资方或者劳方都一直选择不合作，那么，收益小的一方则会选择退出，如现实中的劳方罢工和资方关闭工厂等。因此，从长远看，劳资双方选择合作是必然的，是稳定博弈。但是，劳资双方的合作，不是劳资双方自觉就能够达到的，由于双方信息的不对称，需要第三方即政府建立健全的协调制度。

四、正式制度与非正式制度

这是从上下轴上进行分析，既分析劳资关系发生作用的正式制度，又分析劳资关系发生作用的非正式制度。经过半个多世纪的发展，我国传统计划经济体制时期政府主导的特殊劳资关系逐渐走向市场经济体制下契约主导的成熟劳资关系。在这一演进过程中，劳资之间的冲突逐渐显现，矛盾重重。西方发达国家在经历了工业化发展、进入后工业化时代的同时，其劳资关系却逐渐由对抗走向缓和。要优化劳资关系中劳资双方的关系，建立劳资权利相对平等的双产权制度、劳资力量相对平衡的双组织制度以及多方协调机制，成为优化转型期嵌入型劳资关系，实现劳资协调发展的现实选择。

1. 建立劳资并重的双产权制度，保证劳资双方权利相对平等

我国30多年改革历程中，产权制度改革也成为重中之重。但是从目前来看，产权制度改革的核心主要是生产资料相关产权的重组与确立，而劳动力产权却没有得到相应的关注。然而要优化转型期劳资关系，实现劳资合作，就需要明确劳动力产权，建立"见物又见人"的双产权制度。

（1）培育壮大劳资产权主体。要建立劳资权利相对平等的双产权制度，首先需要培养相应的产权主体。在社会主义市场经济条件下，面对资强劳弱的现实，关键是要逐步恢复和实现劳动者对劳动力要素的相关产权特别是收益权（剩余索取权），并以制度的形式固定下来。

（2）健全完善劳资要素市场。从某种程度上讲，我国劳资要素市场的不健全、不对等是劳动力要素与资本要素产权制度发展过程中产生差异的重要影响因素之一。中国作为人口大国，劳动力资源丰富，特别是在广大农村地区存在大量剩余劳动力，而资本要素则相对较为稀缺。因此，要实现劳资产权相对平等，必须逐步完善我国的劳动力市场，破除阻碍劳动力要素流动的各种政策门槛，建立统一的劳动力市场。

（3）确立利润共享分配制度。劳资权利相对平等的产权制度的最终实现，关键还是要确立利润劳资共享的分配制度。收益权是产权束中关键的一环，占有权、使用权、支配权在某种程度上都是为收益权服务的具体权能。确立利润共享

的分配制度正是承认劳动力要素与物质资本要素在产权权能上的同等地位。劳动力要素收益权的确立，意味着劳动力也被看作一种（人力）资本，劳动者除了获取劳动力的价格以外，还要获取资本收入。

2. 在劳资关系运行中，当单个的劳方与资方力量出现不平衡状况时，就会相应出现劳方组织或者资方组织，以团体的力量来消除这种不平衡

改革开放以来各种政策对资本要素的倾斜，使得资方的力量不断增强，而工会组织角色转换不到位、职能定位不准确等问题也使劳方难以将这种资强劳弱的局面扭转。从目前来看，建立劳资力量相对平衡的双组织制度，通过工会与雇主协会对劳资双方力量的整合、实现劳资平等协商谈判是构建和谐劳资关系的重要途径。

（1）转换组织职能，建立劳资双方真正的利益代表。在中国，无论是工会还是雇主协会（如中国企业联合会及其下属机构雇主工作委员会），都带有较为明显的政治和官办色彩。本应代表劳方利益的工会和代表资方利益的雇主协会却不约而同的是一种自上而下的组织机构。在市场化改革进程中，这样的劳方组织和资方组织很可能会存在着形式大于实质的问题，在维护组织成员利益方面往往显得力不从心。因此，要建立劳资力量相对平衡的双组织制度，首先就要转换组织职能，使工会和雇主协会成为劳资双方利益的真正代表。

（2）调整组织制度，实现工会及雇主协会的独立运行。由于诸多原因，作为劳方组织的工会实际上是国家政治体系的一部分，是公共机构的有机组成部分，其组织纲领和行动方式必然要受政府政策目标的影响和限制。同时，受资金来源、人事关系等因素的影响，许多企业工会也成为了企业行政机关的一个部门。在出现劳资纠纷、矛盾冲突时，工会代表职工的维权行为往往会受较大的制约。由此可见，工会在资金、行政等方面的独立，对于其组织运行有着至关重要的作用。而雇主协会也有着相似的情况。因此，调整工会及雇主协会的组织制度，使其成为独立于政府部门、企事业单位的机构，有利于其更好地发挥代表和维护的职能。

（3）促进组织的建立，扩大工会及雇主协会的覆盖面。尽管我国工会成员数量已经相当庞大，入会率也高达73%，但是由于劳动合同的签订、职工基数的统计等问题，目前仍然有相当数量的劳动者没有加入工会。相较于工会而言，我国雇主协会的发展相对更为缓慢。西方市场经济发达国家的经验表明，从长期来看，工会与雇主协会的发展壮大不仅不会增加劳资冲突的规模和强度，反而有利于控制双方的冲突，并有助于双方谈判与协议的达成。目前在我国，集体协商与谈判制度施行困难、集体合同形式化严重，从某种程度上讲，劳资双方组织化程度较低、覆盖面不足也是关键的因素之一。所以，要构建和谐劳资关系，实现

劳资平等协商，就需要加快促进工会与雇主协会的组织建设，让更多的劳动力要素所有者与物质资本要素所有者进入劳资组织，在集体协商谈判的框架下实现劳资合作，共同发展。

3. 建立多方协调机制，促进劳资关系和谐发展

中国经济从传统计划经济向现代市场经济转变，劳动力要素与物质资本要素也由国家统一管理转变为由市场配置。在市场化改革尚未完成、劳资力量不对等的背景下，劳资之间的矛盾与冲突愈演愈烈。因此就需要有超脱于劳资双方的第三方（如现代劳资关系第一级扩展中的管理者），甚至第四方介入，控制双方冲突的范围和强度，为劳资平等协商谈判创造条件。最为典型的第三方还是政府。政府主导下的三方协调机制是市场经济国家调整劳资关系的重要手段。在 20 世纪四五十年代，这种劳资关系协调机制就已经被西方国家普遍采用。在我国，随着经济体制的转型，劳资关系发生了巨大的变化。建立由政府、工会组织和雇主组织组成的三方协调机制，有利于促进劳资之间通过协商、对话解决矛盾和冲突，实现劳资关系协调发展。

第三章 资本的本质与资本形式的多样化

随着市场经济的发展，出现的物质资本、人力资本、社会资本、知识资本、智力资本、组织资本等各种各样的资本，把握资本的本质及资本形式的多样化有助于深入认识这些资本之间的关系，进而把握劳资关系的不同类型。

第一节 关于资本本质的不同认识

资本是经济学的一个最基本的范畴，经济学的其他范畴都是建立在这一范畴基础之上的，没有这一范畴，经济学的其他范畴就会变成无本之木，无源之水。对这一范畴的不同认识，使经济学区分为不同的甚至相互对立的学说。正如布利斯在《资本理论与收入分配》中所说："经济学如果能在资本的理论方面取得一致意见，那么，其他所有的问题就迎刃而解了"。他在这儿讲的"迎刃而解"，是指其他所有问题就容易取得一致的意见。从经济学的角度来看，对资本本质的认识是从两条方向上进行的：一个是从实体的方向上进行的，另一个是从关系的方向上进行的。这两个方向在《新帕尔格雷夫经济学辞典》中分别概括为"作为一种生产要素的资本"（Capital as a Factor of Production）与"作为一种社会关系的资本"（Capital as a Social Relation）两个词条。前者将资本或者看作各种规定的财货，或者看作迂回过程的中间产品，或者看作抽象的价值，总之，看作一种获利手段，或者是一种生产手段，它们包括机器、厂房、设备、土地等物。这些观点的代表人物有庞巴维克、萨缪尔森等，这一观点被当代流行的经济学（西方经济学）所继承，成为"当代经济学"的基本常识。后者认为，资本是由货币转化而来的，是能带来剩余价值的价值；资本不是物，而是生产关系。这一观点的代表人物自然是马克思。对资本本质最权威、最全面的认识无疑属于马克思。赵学增在考察了把资本看作各种规定的财货、迂回过程的中间产品、抽象的价值等观点后评价到，不能轻易地判断这种对资本的悟性是错的，他们从增值、定位生产、同一性和时间等多种维度来探讨资本的特征，都是可贵的学术探索，同时也暴露出他们的资本观难以避免的历史局限性。①

第二节 马克思对资本本质的认识

资本的本质是众多资本属性一个方面，它包含在对资本含义的论述上。马克思对资本含义的论述主要观点包括以下三个方面：一是资本是能带来剩余价值的价值；二是资本是被规定了的物化劳动；三是资本是一种社会关系。这些看法体现在马克思对资本的产生、职能、本质的论述上以及资本的研究方法运用上。

一、资本的产生：资本一般与资本特殊

一般与特殊是事物存在的两个方面，只有把握事物的一般性，才能深刻认识事物的特殊性。马克思分析资本时也是从资本一般与资本特殊两个方面认识资本的，在资本的一般中把握资本的特殊的。在分析资本一般时先分析了生产的一般，指出生产一般是“生产的一切时代有某些共同标志、共同规定。生产一般是一个抽象，但是只要它真正把共同点提出来，定下来，免得我们重复，它就是一个合理的抽象”。② 在分析资本一般时指出：“资本一般，这是每一种资本作为资本所共有的规定，或者说是使任何一定量的价值成为资本的那种……与各特殊的现实的资本相区别的资本一般，本身是一种现实的存在。”③ 进而进一步指出：“对资本的一般概念的这种揭示并没有使资本变成某种永恒观念的化身，而是表明，资本只是在现实中，只是作为必要形式，才必然和创造交换价值的劳动，和以交换价值为基础的生产相汇合。”④ 可见，马克思反对把资本看作永恒的，而是把它看作创造交换价值的劳动相联系，并以交换价值为基础的生产相联系的。

生产一般与资本一般可通过劳动过程的简单要素表现出来。“劳动过程的简单要素是：有目的的活动或劳动本身，劳动对象和劳动资料”。⑤ 在这里，劳动对象和劳动资料二者表现为生产资料，它们都是可以作为资本的具体表现形式；劳动本身则表现为生产劳动。这是从简单劳动过程的观点得出的生产劳动的定

---

① 赵学增．劳动与资本［M］．北京：经济科学出版社，2009：185.

② 中共中央马克思恩格斯列宁斯大林著作编译局．马克思恩格斯全集（第46卷上）［M］．北京：人民出版社，1979：22.

③④ 中共中央马克思恩格斯列宁斯大林著作编译局．马克思恩格斯全集（第46卷上）［M］．北京：人民出版社，1979：444.

⑤ 中共中央马克思恩格斯列宁斯大林著作编译局．马克思恩格斯全集（第44卷）［M］．北京：人民出版社，2001：208.

义，对于资本主义生产过程是绝对不够的。[①] 劳动对象包括天然存在的劳动对象和经过人类劳动加工的劳动对象（原料），“劳动资料是劳动者置于自己和劳动对象之间、用来把自己的活动传导到劳动对象上去的物或物的综合体”。[②] “劳动者直接掌握的东西，不是劳动对象，而是劳动资料”。[③] 劳动对象与劳动资料两者作为生产资料，作为资本的潜在表现形式，它们都是人类劳动的基础和前提。在原始社会人类采集果实之类的现成的生活资料的劳动场合，“劳动者身体的器官是唯一的劳动资料”。[④] 劳动资料的状况是衡量生产力发展水平的重要标志。正如“动物遗骸的结构对于认识已经绝种的动物的机体有重要的意义，劳动资料的遗骸对于判断已经消亡的经济形态也有同样重要的意义……劳动资料不仅是人类劳动力发展的测量器，而且是劳动借以进行的社会关系的指示器。在劳动资料本身中，机械性的劳动资料（其总和可称为生产的骨骼系统和肌肉系统）远比只是充当劳动对象的容器的劳动资料（如管、桶、篮、罐等，其总和可称为生产的脉管系统）更能显示一个社会时代的具有决定意义的特征”。[⑥] “广义地说，除了那些把劳动的作用传达到劳动对象、因而以这种或那种方式充当活动的传导体的物以外，劳动过程的进行所需要的一切物质条件也都算作劳动过程的资料。它们不直接加入劳动过程，但是没有它们，劳动过程就不能进行，或者只能不完全地进行。土地本身又是这类一般的劳动资料，因为它给劳动者提供立足之地，给他的劳动过程提供活动场所。这类劳动资料中有的已经经过劳动的改造，例如厂房、运河、道路等等。”[⑤]没有生产资料——资本的这些潜在表现形式，人类劳动就无从进行。

生产一般是生产的一切时代都具有的某些共同的标志、共同的规定，每个时代要进行生产必须要有劳动的主观条件与劳动的客观条件（潜在资本）这两个基本的要素，因而，资本是生产过程得以进行的一个要素，或更进一步讲，是劳动得以进行的要素。与生产一般相联系，进而与劳动过程相联系，与劳动相互作用的这一生产要素就是资本一般。资本一般是撇开特定社会形式的加以考察的资本。资本是劳动得以进行的前提，而劳动则是人类创造物质或精神财富的活动，是劳动力的消耗过程。

在不同的经济时代，劳动与资本（生产资料）结合的方式不同，生产进行的社会方式不同，因而资本与劳动的形态和体现的社会关系都会有巨大的差别。

---

①⑤⑥　中共中央马克思恩格斯列宁斯大林著作编译局．马克思恩格斯全集（第44卷）［M］．北京：人民出版社，2001：211.

②③④　中共中央马克思恩格斯列宁斯大林著作编译局．马克思恩格斯全集（第44卷）［M］．北京：人民出版社，2001：209.

"各种经济时代的区别，不在于生产什么，而在于怎样生产，用什么劳动资料生产。"① "不论生产的社会形式如何，劳动者和生产资料始终是生产的因素。但是，二者在彼此分离的情况下只在可能性上是生产因素。凡要进行生产，就必须使它们结合起来，实行这种结合的特殊方式和方法，使社会结构区分为各个不同的经济时期。"② 生产方式的不同性质决定了人们怎样生产，用什么样的劳动资料进行生产，进而决定了各种经济时代的区别。不同经济时代资本与劳动的不同结合方式中体现出来的资本的不同属性也就是资本特殊。依据生产方式的不同性质，人类社会依次划分为原始社会、奴隶社会、封建社会、资本主义社会、共产主义社会五种社会形态。因此，资本与劳动的结合方式不同体现出来的资本的属性也是不同的。

因而，资本的内涵应该从一般和特殊两个方面考察。从资本一般的角度来看，资本是与劳动相伴随的范畴，是劳动得以进行的前提和基础。有人类劳动，就有资本，就有劳资关系，就有生产方式，进而就有生产力和生产关系。这些范畴与人类历史一样久远，是人类历史的永恒范畴。但从资本特殊的角度来看，不同的经济时代存在着劳动与资本的不同结合方式，从而资本体现着不同的属性，存在着资本的特殊关系。尽管存在资本一般，或在各个社会都存在着资本的不同形式，但资本主义社会无疑是资本发育最完备的阶段。"资本无论在其发达的形式上或不发达的形式上，性质都是一样的。"③

二、资本的职能：吸收劳动与占有剩余价值

尽管资本的构成要素（生产资料）与人类历史一样久远，但马克思分析的资本却是资本的特殊形态，"作为资本家，他只是人格化的资本。他的灵魂就是资本的灵魂。而资本只有一种生活本能，这就是增殖自身，创造剩余价值，用自己不变的部分即生产资料吮吸尽可能多的剩余劳动。资本是死劳动，它像吸血鬼一样，只有吮吸活劳动才有生命，吮吸的活劳动越多，它的生命力就越旺盛。工人劳动的时间就是资本家消费他所购买的劳动力的时间"。④

在论述工厂主和领主对剩余劳动的贪欲时指出："资本并没有发明剩余劳动。凡是社会上一部分人享有生产资料垄断权的地方，劳动者，无论是自由的或不自

---

① 中共中央马克思恩格斯列宁斯大林著作编译局．马克思恩格斯全集（第44卷）［M］．北京：人民出版社，2001：210.

② 马克思．资本论（第二卷）［M］．北京：人民出版社，1975：44.

③ 中共中央马克思恩格斯列宁斯大林著作编译局．马克思恩格斯全集（第44卷）［M］．北京：人民出版社，2001：332.

④ 中共中央马克思恩格斯列宁斯大林著作编译局．马克思恩格斯全集（第44卷）［M］．北京：人民出版社，2001：269－270.

由的，都必须在维持自身生活所必需的劳动时间以外，追加超额的劳动时间来为生产资料的所有者生产生活资料，不论这些所有者是雅典的贵族，伊特鲁里亚的神权政治首领，罗马的市民，诺曼的男爵，美国的奴隶主，瓦拉几亚的领主，现代的地主，还是资本家。”① 可见，占有剩余劳动并不是资本所特有的独特功能，而是它的一般功能。占有剩余价值才是资本所特有的功能，而剩余价值体现在剩余劳动之中，因而，要追求剩余价值，就必须追求剩余劳动。“从价值增殖过程来看，不变资本即生产资料的存在，只是为了吮吸劳动，并且随着吮吸每一滴劳动吮吸一定比例的剩余劳动。如果它们不这样做，而只是闲置在那里，就会给资本家造成消极的损失，因为生产资料闲置起来就成了无用的预付资本；一旦恢复中断的生产必须追加开支，这种损失就成为积极的损失。把工作日延长到自然日的界限以外，延长到夜间，只是一种缓和的办法，只能大致满足一下吸血鬼吮吸劳动鲜血的欲望。因此，在一昼夜 24 小时内都占有劳动，是资本主义生产的内在要求。”②

“熔炉、轧钢设备等等，厂房、机器、铁、煤等等，除了变成钢，还有别的任务。它们的存在是为了吮吸剩余劳动……而它们吮吸劳动的职能一旦中断，它们也就丧失了资本的性质。”③ 这里还揭示了资本的一个重要特征，即资本的运动性，或者说，资本的生命在于运动。

“资本由于无限度地盲目追逐剩余劳动，像狼一般地贪求剩余劳动，不仅突破了工作日的道德极限，而且突破了工作日的纯粹身体的极限。”④ 这说明了资本追求剩余劳动的贪婪性。

三、资本的本质：社会关系与剥削关系

马克思在《资本论》第一卷最后一章论述了资本的本质。“黑人就是黑人。只有在一定的关系下，他才成为奴隶。纺纱机是纺棉花的机器。只是在一定的关系下，它才成为资本。脱离了这种关系，它也就不是资本了，就像黄金本身并不是货币，砂糖并不是砂糖的价格一样……资本是一种社会关系。它是一种历史的

---

① 中共中央马克思恩格斯列宁斯大林著作编译局．马克思恩格斯全集（第 44 卷）［M］．北京：人民出版社，2001：272.

② 中共中央马克思恩格斯列宁斯大林著作编译局．马克思恩格斯全集（第 44 卷）［M］．北京：人民出版社，2001：297.

③ 中共中央马克思恩格斯列宁斯大林著作编译局．马克思恩格斯全集（第 44 卷）［M］．北京：人民出版社，2001：303 – 304.

④ 中共中央马克思恩格斯列宁斯大林著作编译局．马克思恩格斯全集（第 44 卷）［M］．北京：人民出版社，2001：306.

生产关系。"[①] 可见，资本本质上是一种社会关系，但却是通过许多具体形式表现出来的。在《雇佣劳动与资本》中马克思指出："资本也是一种社会关系。这是资产阶级的生产关系，是资产阶级社会的生产关系……资本不仅包括生活资料、劳动工具和原料，不仅包括物质产品，并且还包括交换价值。资本所包括的一切产品都是商品。所以，资本不仅是若干物质产品的总和，并且也是若干商品或若干交换价值或若干社会定量的总和。"[②] 这也说明，资本的形式具有多样性，既有生产资料、劳动工具和原料等各种物质产品，还包括各种商品或若干交换。

在《资本论》第一卷中马克思指出："不管生产方式本身由于劳动从属于资本而产生了怎样的变化，生产剩余价值或榨取剩余劳动，是资本主义生产的特定的内容和目的。"[③]

四、对资本的认识：从劳动二重性到资本二重性到管理二重性

劳动二重性是指：一切劳动，一方面是人类劳动力在生理学意义上的耗费；就相同的或抽象的人类劳动这个属性来说，它形成商品价值。一切劳动，另一方面是人类劳动力在特殊的有一定目的的形式上的耗费；就具体的有用的劳动这个属性来说，它生产使用价值。劳动二重性是理解政治经济学的枢纽。[④]

因为资本是由商品组成的，所以资本本身具有二重性：①交换价值（货币）。但是，它是自行增殖的价值，是——因为它是价值——创造价值、作为价值而增殖、取得一个增殖额的价值。这种价值增殖归结为一定量物化劳动同较大量活劳动的交换。②使用价值。这里，资本是按它在劳动过程中所具有的一定关系出现的。但是，正是在这里，资本不仅仅是劳动所归属的、把劳动并入自身的劳动材料和劳动资料：资本还把劳动的社会结合以及与这些社会结合相适应的劳动资料的发展程度，连同劳动一起并入它自身。资本主义生产第一次大规模地发展了劳动过程的物的条件和主观条件，把这些条件同单个的独立的劳动者分割开来，但是资本是把这些条件作为统治单个人的、对单个工人来说是异己的力量来发展的。这一切使资本变成一种非常神秘的存在。[⑤]

---

① 中共中央马克思恩格斯列宁斯大林著作编译局．马克思恩格斯全集（第44卷）［M］．北京：人民出版社，2001：878.

② 中共中央马克思恩格斯列宁斯大林著作编译局．马克思恩格斯选集（第1卷）［M］．北京：人民出版社，1972：421－363.

③ 中共中央马克思恩格斯列宁斯大林著作编译局．马克思恩格斯全集（第44卷）［M］．北京：人民出版社，2001：344.

④ 中共中央马克思恩格斯列宁斯大林著作编译局．马克思恩格斯全集（第44卷）［M］．北京：人民出版社，2001：55，60.

⑤ 中共中央马克思恩格斯列宁斯大林著作编译局．马克思恩格斯全集（第26卷）［M］．北京：人民出版社，1972：421－422.

“资本主义的管理就其内容来说是二重的——因为它所管理的生产过程本身具有二重性：一方面是制造产品的社会劳动过程，另一方面是资本的价值增殖过程。”① “一切规模较大的直接社会劳动或共同劳动，都或多或少地需要指挥，以协调个人的活动，并执行生产总体的运动——不同于这一总体的独立器官的运动——所产生的各种一般职能。一个单独的提琴手是自己指挥自己，一个乐队就需要一个乐队指挥。一旦从属于资本的劳动成为协作劳动，这种管理、监督和调节的职能就成为资本的职能。”②

因此，资本作为强迫进行剩余劳动的力量，作为吸收和占有社会劳动生产力和一般社会生产力（如科学）的力量（作为这些生产力的人格化），它是生产的。③

第三节　资本形式的多样化

马克思在《雇佣劳动与资本》说：“资本的肉体可以经常改变，但不会使资本性质有丝毫改变。”④ 这说明，资本的形式与类别是多样的，如货币资本、生产资本、商品资本；借贷资本、产业资本、商业资本；物质资本、虚拟资本等形式，固定资本与流动资本，不变资本与可变资本，物质资本、人力资本、知识资本、社会资本、金融资本等类别。在这些形形色色的资本形式和资本类型中，物质资本与人力资本是资本的两种基本类型，其他资本介于这两种资本之间，以社会资本为代表。马克思论述的资本形式主要是物质资本，在这方面，马克思经济学与西方经济学有一个共同点，即认为生产资料是资本的主要形式或基本形式，但是，马克思更强调生产资料所有制，强调其体现的资本的社会关系，而不是其物质形式。马克思研究之所以研究物质资本，是因为19世纪的资本主义还处于早期发展阶段，物质资本短缺比较严重⑤，物质资本的多寡对国家和地区的经济和社会发展起着重要的作用。另外，物质资本是一种看得见、摸得着的有形实

① 中共中央马克思恩格斯列宁斯大林著作编译局．马克思恩格斯全集（第44卷）［M］．北京：人民出版社，2001：385.

② 中共中央马克思恩格斯列宁斯大林著作编译局．马克思恩格斯全集（第44卷）［M］．北京：人民出版社，2001：384.

③ 中共中央马克思恩格斯列宁斯大林著作编译局．马克思恩格斯全集（第26卷）［M］．北京：人民出版社，1972：422.

④ 中共中央马克思恩格斯列宁斯大林著作编译局．马克思恩格斯选集（第1卷）［M］．北京：人民出版社，1972：364.

⑤ 马歇尔．经济学原理（下卷）［M］．北京：商务印书馆，1981.

体，容易为人们观察和研究。除了物质资本以外，马克思还研究了人力资本、社会资本、知识资本等其他类型的资本。关于人力资本的理论，主要体现在劳动工资的有关理论上，包括劳动力商品的属性、劳动力商品的价格、劳动力商品在劳动过程与价值增殖过程中的作用等方面。马克思在《资本论》第一卷第十一章分析协作时指出："作为协作的人，作为一个工作有机体的肢体，他们本身只不过是资本的一种特殊存在方式。因此，工人作为社会工人所发挥的生产力，是资本的生产力。"[①] 这实际上指出了人力资本的作用。关于社会资本的理论主要体现在劳动立法、标准工时等方面，如在第十三章第九节分析机器大工业的工厂立法（卫生条款和教育条款），及它在英国的普遍实行方面的内容，就是属于社会资本的内容。关于知识资本、智力资本的理论方面，马克思在第十三章分析机器大工业时说："生产过程的智力同体力劳动相分离，智力变成资本支配劳动的权力，是以机器为基础的大工业中完成的……科学、巨大的自然力、社会的群众性劳动都体现在机器体系中，并同机器体系一道构成'主人'的权力。"[②]

市场经济的发展则必然伴随着市场化的过程，即市场机制配置资源的范围不断扩大的过程。市场经济的基本特征是追求利润和剩余价值，而利润和剩余价值潜藏在一个个具体的商品之中。因而，要获得利润和剩余价值，就得生产商品；要生产商品，就得采取先进生产设备和技术手段。这些设备和技术手段就是资本的各种形式。它意味着更多的劳动品进入生产过程，成为价值或剩余价值的承担者。不仅生产机器厂房等成为生产资料，变成物质资本，而且个人的知识技能也变成了生产资料，变成了人力资本，就连人类共同拥有的知识、信任等都变成了生产资料，成为知识资本、社会资本等形式。它们的共同点是，都变成了某种社会产品的原料，体现着某种社会关系。因此，市场化进程必然伴随着资本形式多样化即资本分化的过程。

资本形式的发展依次经历了物质资本、人力资本、社会资本的发展顺序，最先成为资本主要形式的是物质资本，物质资本也是其他资本发展的基础。当人力资本和社会资本发展不充分、不完善时，物质资本的相对重要性就显得更加突出。当人力资本和社会资本逐步发育完善时，物质资本的相对重要性就会逐步降低。人力资本又在一定程度上是社会资本的基础，社会资本的逐步发育完善又会使物质资本和人力资本的重要性逐步降低。

---

① 中共中央马克思恩格斯列宁斯大林著作编译局．马克思恩格斯全集（第44卷）［M］．北京：人民出版社，2001：387.

② 中共中央马克思恩格斯列宁斯大林著作编译局．马克思恩格斯全集（第44卷）［M］．北京：人民出版社，2001：487.

第四节 资本分化与劳资关系的不同类型

劳资关系就是劳动与资本之间的关系，进而就是劳动力所有者与资本所有者之间的关系。资本是构成劳资关系的重要方面，资本形式的变化直接影响劳资关系类型的变化。不同的资本类型与劳动力的结合就形成了不同类型的劳资关系。依据物质资本、人力资本和社会资本在生产过程和分配过程发挥的作用不同，分别形成了基于物质资本的劳资关系、基于人力资本的劳资关系和基于社会资本的劳资关系。物质资本是最基本、最容易观察到的资本形式，建立于物质资本之上的劳资关系就是基于物质资本的劳资关系；人力资本也应该是最基本的，但却是不容易观察到资本形式，建立于人力资本之上的劳资关系就是基于人力资本的劳资关系；在物质资本与人力资本之间，还存在着其他资本形式，如知识资本、组织资本、社会资本、金融资本等，其中，社会资本最具有概括性，建立于社会资本基础上的劳资关系则是基于社会资本的劳资关系。它们在主客体、载体、作用、关系等方面都存在显著的差别。

一、基于物质资本的劳资关系

物质资本的载体是机器、厂房、原材料等劳动资料和劳动对象（生产资料），其所有权主体可能是劳动力所有者，也可能不是劳动力所有者。所有权主体如果是劳动力的所有者（包括劳动力个体所有和劳动力集体所有）时，劳动者与物质资本所有者是合而为一的，劳动者既是劳动力的所有者，又是物质资本的所有者，因而，在生产过程中，物质资本服从劳动者支配，处于从属地位；劳动过程的结果剩余产品也归劳动者所有，因而，这种劳资关系并不存在剥削关系。如果物质资本的所有权主体不是劳动力的所有者时，就出现了劳动者与物质资本所有者的分离，这是资本主义的典型形式，即一头是劳动力的所有者，另一头则是物质资本的所有者，生产过程中物质资本居于支配地位，剩余产品则归物质资本家所有，存在着剥削关系。

二、基于人力资本的劳资关系

人力资本的载体是人的身体，它与劳动力密不可分，人力资本的差别导致了劳动力的差别。人力资本的所有权主体往往与劳动力的所有权主体是相同的，它们既可能为劳动者所有，也可能不为劳动者所有，如奴隶。当人力资本为劳动者所有时，劳动者就可以获得人力资本发挥作用时带来的好处，如在生产中居于支配地位，分享剩余劳动和剩余价值的好处。当然，要达到这种状况，不仅需要劳动者拥有人力资本，而且要求劳动者拥有的人力资本足够稀缺，足够强大。否则，他们只能将其劳动力作为商品卖给物质资本家，受物质资本家的剥削。如果人力资本与劳动力不归劳动者所有时，劳动者就会失去人身自由，处于受剥削、受奴役的地位。

三、基于社会资本的劳资关系

社会资本的载体是社会关系、诚信等，其所有权主体既超越了物质资本的所有者，又超越了人力资本的所有者，因而，社会资本具有共享的性质。由于社会资本的范围不同，因而，其所具有的共享性也存在不同的差别，有组织共享型社会资本、地区共享型社会资本、国家共享型社会资本等类型。从功能来看，既存在有利于人力资本的社会资本，也存在有利于物质资本的社会资本，或者说有些社会资本是有利于物质资本的所有者的，有些社会资本是有利于人力资本所有者或者说人力资本的承担者即劳动者的，因而，不同的社会资本对劳资关系产生着不同的影响作用。社会资本的状况主要是由占统治地位或者说统治阶级的社会意识决定的。

综上所述，只有从社会关系的属性方面把握资本的本质，才能正确理解资本形式的多样性以及它们之间的相互关系，并进一步把握资本结构及劳资关系的不同类型，这对构建和谐劳资关系有着重要的积极作用。

第四章　资本理论发展：从物质资本到社会资本

我们对资本的研究总是停留在某个层面上，缺乏一种贯穿物质资本到社会资本的整体的，历史的研究，所以在把握资本含义的时候总是存在着理论上的片面性。从资本的形态来看，资本包括物质资本、人力资本、知识资本、社会资本。在人类社会早期的经济活动中，我们就开始接触到了物质资本，并且从物质资本入手，建立一个比较完善的西方资本理论体系；20 世纪中叶，舒尔茨提出了人力资本概念，对资本的研究开始深入到无形中来；随后，加尔布雷斯第一个提出了知识资本概念，为我们理解资本又迈进了一步；1980 年，法国社会学家皮埃尔·布迪厄在《社会科学研究》杂志上发表了题为《社会资本随笔》的短文，掀起了社会资本的研究热潮。

第一节　物质资本阶段的西方资本理论的建立和发展

早期，人们在货币借贷关系中接触到资本问题，货币在借贷过程中可以发生价值上的增殖。到了古希腊时代，亚里士多德明确地将为满足使用价值或需要进行的交换和为追求交换价值的积累而进行交换区别开来，从零售商业的交换活动中，认识到货币的货币资本职能。中世纪晚期，资本主义的萌芽在西欧国家出现，商品货币关系日益发展，对财富的渴望以及地理大发现对贸易的刺激，一场商业资本的革命在西欧国家展开，重商主义的思想逐渐形成。重商主义者承袭早期的将资本与货币等同的观念，从商品资本流通过程中来考察货币资本的增殖，并且认识到商品资本存量。

17 世纪初到 18 世纪中叶，是英法古典政治经济学的产生和发展时期。17 世纪初，由于商业和对外贸易的发展而引起的资本主义工场手工业的发展，已经达到了一定的水平，生产成为资本主义经济关系的中心，流通变成了生产的一个要素。在英国，威廉·配第分析了自然利息加上保险费决定借贷资本的利息，利息是地租的一个派生形式，货币的增加会降低借贷资本的利息；达德利·诺思发展了配第的利息理论，区分了借贷资本与货币，并且第一次提出了资本的概念；约瑟夫·马西对利息进行了详细考察，第一次把利息归于利润的一部分，并且还用利润率的降低来解释利息率的下降。在法国，布阿吉尔贝尔认为农产品的生产是劳动和生产资料投入的结果，指出了资本用于生产的重要性，开始了西方国家对生产资本的研究；理查德·坎蒂隆与布阿吉尔贝尔不同，他考察的是借贷资本的利息问题，他将利息和利润联系起来考察，认为利润是利息的基础，并认为利息并不单单由货币数量决定，它受许多其他因素的影响。

18 世纪中叶，法国正在酝酿资产阶级革命，封建制度下的封建农业严重制约着法国经济的发展，在重农主义思想的先驱布阿吉尔贝尔和理查德·坎蒂隆的影响下，弗朗斯瓦·魁奈开创了法国的重农学派，魁奈将资本看作“预付”，并且将“预付”分为“原预付”和“年预付”，这是最早的关于固定资本和流动资本的思想。重农学派中对资本理论贡献最大的是安·罗伯特·杜阁，他认为积累起来的价值就是资本，资本的积累来自收入，把积累的资本称为可动财富，货币是资本积累的主要形式；将货币、有价值的物品、土地、奴隶视为资本，将货币作为计量资本的唯一标准；他把资本分为五个用途，实际上将资本分成了生产资本、商业资本、借贷资本；提出了资本循环观点，他认为“资本通过产品的出卖而收回的时候，他就立刻用来买进新的设备和原料，以便通过这种反复不断的流通来供应和维持他的工厂”①；利息决定于资本的供求不是货币的供求；在资本的来源问题上，认为“各种资本都来自土地”②。提出资本雇佣劳动的思想，资本的所有者可以依靠资本使别人从事劳动。1789 年法国大资产阶级革命摧毁了封建生产关系，资本主义发展的道路被消除，产业革命在法国迅速展开。产业革命的发展，一方面使社会生产力得到大幅度提高，另一方面又使广大小生产者陷入破产、贫困的境地。代表中小资产阶级的学者西斯蒙第在这样的环境下提出了他的资本理论。强调资本和收入的区别，认为“资本和收入的区别是社会繁荣的基础”③，主张进行资本积累；对经济危机的认识，认为消费能力不足会使国家陷入产品过剩的危机，资本只有在它的产品实现收入以后才能进行再生产；对利润来源的理解，利润来自工人的劳动创造，从生产中产生；资本的内部分工的思想，他认为，商业可以促进生产并替换生产资本，并且认为商业利润来自生产部门，是资本家和商人竞争的结果。信贷可以克服资本短缺，信贷价格利息来自生产部门，是资本家和贷款者竞争的结果；利率由资本供给决定，不是由货币供给决定，利息是资本的收益，不是金钱的收益；在资本融资方面，认为“信贷使国

① 杜阁．关于财富的形成和分配的考察［M］．北京：商务印书馆，1978：54.

② 杜阁．关于财富的形成和分配的考察［M］．北京：商务印书馆，1978：85.

③ 西斯蒙第．政治经济学原理［M］．北京：商务印书馆，1981：62.

家找到了庞大的资本”①。

18 世纪中后期，英国的资产阶级革命差不多过了一个世纪，先进的资本主义制度为英国积累了大量的财富。这时，工场手工业仍然是资本主义生产的主要形式，但是，英国已经开始了由手工技术向机器生产过渡。1776 年，亚当·斯密出版了《国民财富的性质和原因的研究》，在书中亚当·斯密提出了自己的资本理论。斯密将资本称为希望用来获取收入的资财，与杜阁的资本定义相比，斯密的定义包含着资本增殖的天然属性；三种收入构成价值的思想，资本的利润成为价值的一个部分；利润和利息的关系，认为“一国资本的一般利润，必定随着市场的一般利息率的变动而变动。利息率下降，利润必随着下降；利息率上升，利润必随着上升”。② 这实际上是对约瑟夫·马西理论的一种发展；利润率下降的解释，在同一行业中，如有许多富商投下了资本，他们的相互竞争，自然倾向于降低这一行业的利润；同一社会各种行业的资本，如果全部都同样增加了，那么同样的竞争必对所有行业产生同样的结果③；平均利润率思想，斯密认为，充分竞争的市场会带来利润率的平均化，但是受到产业发展、资本的状态、资本的用途的限制；对固定资本和流动资本进行了划分，提出资本补偿的思想；资本的增加来自节俭，“一个人节省了多少收入，就增加了多少资本”。“资本增加的直接原因，是节俭，不是勤劳。”④ 斯密的资本理论，实际上体现了一种社会经济关系，从技术和社会两个角度分析了资本的问题。亚当·斯密之后，大卫·李嘉图进一步发展了斯密的资本理论。平均利润率方面，李嘉图阐述了平均利润率的实现过程；资本和劳动的矛盾方面，“工资上升，利润就会成比例地降低”⑤；利润率下降方面，李嘉图在承认斯密的利润率下降的趋势上，谈到组织利润率下降的因素，并且认为利润率下降不会阻止利润总额的增加；资本积累方面，认为资本积累有两种方法，即增加收入和减少消费。李嘉图的资本理论没有什么新意，基本上是斯密的资本理论的传承和发扬。

19 世纪初到 1830 年以前，对资本理论做出贡献的几位经济学家主要是乔治·拉姆赛、萨伊、约翰·雷姆赛·麦克库洛赫、马尔萨斯等人。乔治·拉姆赛将雇主从资本家阶级中分离出来，认为雇主的收入不是资本的收入，是自己劳动的报酬；利润来自工人工资的一部分，这为进一步探讨利润的本质提供了基础；分析了资本的杠杆效应，认为资本家的收入随着投入资本的增加而提高；利润的

---

① 西斯蒙第．政治经济学研究（第二卷）［M］．北京：商务印书馆，1989：264.

② 亚当·斯密．国民财富的性质和原因的研究（上卷）［M］．北京：商务印书馆，2002：82.

③ 亚当·斯密．国民财富的性质和原因的研究（上卷）［M］．北京：商务印书馆，2002：81.

④ 亚当·斯密．国民财富的性质和原因的研究（上卷）［M］．北京：商务印书馆，2002：311.

⑤ 彼得·斯拉法．李嘉图著作和通信集（第一卷）——政治经济学及赋税原理［M］．北京：商务印书馆，1981：93.

高低受风险的影响，也受自然垄断的影响；资本集中的思想，认为“资本集中在少数雇主手里比分散在很多人手上对积累的速度和国民财富的增加更为有利”[①]。马尔萨斯在西斯蒙第的基础上，进一步发展了资本生产的有效需求不足理论。约翰·雷姆赛·麦克库洛赫是李嘉图理论的继承者。麦克库洛赫认为资本属于劳动产品，但是又混淆了资本和消费品的区别；分工是过去资本积累的一个结果，积累与分工相互推动；资本可以节省劳动，资本是劳动的一种替代；资本的积累与劳动生产力相关，“劳动生产力最大的地方，资本的积累也最大”[②]。萨伊是庸俗阶级学的开创者，萨伊的资本理论也不免带有庸俗之处。萨伊继承了斯密的三种收入构成价值的错误思想，并提出了资本创造价值的理论，为资本参与收入分配提供了合理的外衣；主张积累的资本只有用于再生产，反对奢侈浪费；提出资本应该抽象出它的具体形态，这对资本由有形向无形的发展奠定了基础。

1830～1860 年，西方经济学界发生了变化。马克思在《资本论》第一卷第二版跋中曾经指出：1830 年是资产阶级古典经济学崩溃和庸俗政治经济学兴起的“分水岭”。约翰·斯图亚特·穆勒和纳索·威廉·西尼尔是这一时期的代表。约翰·斯图亚特·穆勒总结了 19 世纪初以来的资产阶级经济政治学，形成了一个新的折中主义的理论体系，穆勒的资本理论基本上是对前人的总结并进行创新。穆勒提出对资本进行重新认识，他给资本新的定义为“劳动产物的积累称为资本”[③]，货币不能执行资本的任何职能，从而忽视了货币充当资本的重要性；“资本”和“非资本”的区别取决于资本家的意向，强调资本用于生产的目的；资本雇佣劳动，劳动受制于资本；资本是不断再生产积累起来的，不是靠保存积累起来的，这和资本用于生产的目的的思想相一致；第一次定义了固定资本和流动资本，认为“作一次使用的资本，称为流动资本”[④]，“耐久形态存在，并在与此相应的时期内产生收益的资本，均称为固定资本”[⑤]；利润产生于劳动的生产力，不是在交换中产生的；资本积累的动机来自利润，“资本利润愈高，积累资本的动机也就愈强”[⑥]；穆勒发展了斯密和李嘉图的最低利润率和利润率下降的思想，认为最低利润率取决于两个因素：一个因素是有效积累欲望的强度，另一

① 乔治·拉姆赛．论财富的分配［M］．北京：商务印书馆，1984：163.

② 约翰·雷姆赛·麦克库洛赫．政治经济学原理［M］．北京：商务印书馆，1981：61.

③ 约翰·斯图亚特·穆勒．政治经济学原理及其在哲学上的若干应用（上卷）［M］．北京：商务印书馆，1991：72.

④ 约翰·斯图亚特·穆勒．政治经济学原理及其在哲学上的若干应用（上卷）［M］．北京：商务印书馆，1991：113.

⑤ 约翰·斯图亚特·穆勒．政治经济学原理及其在哲学上的若干应用（上卷）［M］．北京：商务印书馆，1991：114.

⑥ 约翰·斯图亚特·穆勒．政治经济学原理及其在哲学上的若干应用（上卷）［M］．北京：商务印书馆，1991：188.

个因素是从事产业活动资本的安全度，并且认为商业突破、生产改良、输入廉价生活必需品和工具、资本输出可以阻止利润率的下降。纳索·威廉·西尼尔继承了萨伊的思想，第一次提出纯经济学说，提倡经济学的超阶级性，他的资本理论和萨伊一样，带有浓厚的庸俗思想。西尼尔将资本定义为“资本这个词所指的是，出于人类努力的结果，用于财富的生产或分配中的一项财富”①，认为利润是资本家节制的报酬，而节制是推迟享乐。值得可取的是，西尼尔提到了资本周转的问题，认为资本周转的时间会带来资本投入量的变化，同时西尼尔的劳动和资本行业转移的困难引起的工资和利润的不均衡思想也是可取的。

19 世纪中叶，资本主义的基本矛盾开始体现出来，经济危机时常爆发，无产阶级和资产阶级的矛盾日益尖锐，反剥削、反压迫的斗争风起云涌。在这种背景下，马克思的《资本论》诞生了，《资本论》不仅从经济的角度，而且从社会关系的角度对资本进行了彻底的分析，在继承前人的先进思想和理论基础上，提出了一套完善的资本理论体系。马克思的资本理论，无论是在广度上还是深度上都超过了以往的任何一个学者，而且仍然是我们今天认识资本的最有效的工具。马克思从剩余价值理论出发，提出资本是能够带来剩余价值的价值，提出了不变资本和可变资本的概念；在资本积累方面，马克思认为“剩余价值再转化为资本，叫作资本积累”②，并对资本的原始积累进行了分析；在资本循环方面，马克思分析了货币资本、生产资本和商品资本的循环过程，提出了资本循环过程中发生的流通时间和流通费用的概念；在资本周转方面，不仅分析了固定资本和流动资本的周转，而且分析了预付总资本和可变资本的周转过程，第一次明确提出周转时间和周转次数概念，并分析了周转时间对预付资本量的影响；在社会总资本的再生产方面，将社会生产部门分为两大部类，从简单再生产入手，进一步分析了积累和扩大再生产，认为资本的再生产不仅是财富的再生产，而且还是资本主义生产关系的再生产；在资本利润方面，马克思认为资本家的利润来自工人创造，是剩余价值的转换形式，利润率由剩余价值率转化而来，利润率由于自由竞争和资本的自由流动而平均化，这种平均化的利润是趋于下降的，劳动剥削程度的提高，工资被压低到劳动力价值以下，不变资本要素变得便宜，相对过剩人口的存在，对外贸易，股份资本的增加这六大因素又阻止了利润率的降低趋势；马克思还分析了商品资本和货币资本转化为商品经营资本和货币经营资本，认为商业利润和利息都来自生产工人的剩余价值和商业工人的剩余劳动，它们与产业资本通过竞争的方式来瓜分剩余价值；最后，马克思还就虚拟资本进行了研究，表明了马克思已经意识到资本未来的发展趋势将由有形资本向无形资本过渡。

---

① 纳索·威廉·西尼尔．政治经济学大纲［M］．北京：商务印书馆，1986：94.

② 马克思．资本论（第一卷）［M］．北京：人民出版社，1975：635.

马克思的资本理论提出以后，西方世界陷入了一片恐慌，马克思利用资本这个工具对西方资本主义社会的批判，引起了西方学者的不满，但是理论上的缺陷使得他们不得不抛弃传统的古典经济学理论而寻求新的工具来捍卫资本主义制度的合理性，19 世纪 70 年代的边际主义革命使得西方学者仿佛抓到了一根救命草一样，从此，西方经济进入了新古典主义时代。

新古典经济学对经济研究方法实现了更新，从具体的、历史的、定性的分析转变为一般的、抽象的、定量的分析，在资本理论研究中完全放弃了社会经济分析，单纯拘泥于技术经济关系的考察与分析，而且新古典的资本理论属于资源配置理论的一部分，因此是一种静态的资本理论。新古典的资本理论主要分为四种理论潮流，这就是奥地利学派以生产时期分析为基础的资本理论、瓦而拉斯的一般均衡分析中的资本理论、克拉克等的以总量生产函数为基础的边际生产力的资本理论、欧文·费雪的边际均衡分析的资本理论。1929 ~ 1933 年的经济危机，摧毁了新古典的经济理论，新古典的资本理论失去了赖以存在的土壤。1936 年，《就业、利息和货币通论》一书出版，开创了西方经济学研究的新领域，凯恩斯从实现和维持充分就业的角度来考察资本问题，认为资本不是生产要素，劳动是唯一的生产要素，利息与资本的生产力毫无关系，而是来源于人们心理上对于流动性的偏好①。随后，哈罗德开创了经济增长理论的先河，解释了资本积累和经济增长的关系。凯恩斯革命后，西方经济学分为两派：一派是将凯恩斯经济学与新古典经济学相结合的以保罗·萨缪尔森和罗伯特·索洛等为代表的新古典综合派，另一派是将凯恩斯经济学与古典经济学相结合的以琼·罗宾逊和斯拉法等为代表的新凯恩斯主义，两派就资本理论进行长期的论战，新古典综合派热衷于经济的和谐性和理论形式的完美性和精致性，试图将凯恩斯主义的宏观经济理论和新古典的微观均衡理论结合起来，实现宏观经济的均衡发展，在资本理论方面，他们坚持资本的生产要素论，一种萨伊的“三位一体”公式的翻版，坚持边际生产力理论，将市场价格机制引入资本积累和经济增长过程中。新凯恩斯主义则主张彻底地抛弃新古典主义的传统，抛弃均衡分析的思路，以动态不均衡的眼光来对待经济发展问题，主张像古典经济学那样将经济和社会制度、阶级关系结合起来分析，将垄断或不完全竞争作为微观经济分析的基础，将分配问题置于经济理论的中心地位，在资本理论方面，主张将资本问题与价值、分配、增长问题密切结合，将资本的生产职能与分配职能分割开来。与此同时，约翰·理查德·希克斯等人尝试着将奥地利学派的时间分析方法与凯恩斯的总量分析方法相结合，开创了新奥地利资本理论，新奥地利资本理论是对传统的奥地利资本理论的直接

① 凯恩斯．就业、利息和货币通论［M］．北京：商务印书馆，1981.

承袭，本质上是一种非均衡的宏观动态理论，以一种抽象的时间系列分析了资本与增长的问题，它综合了新古典综合派的均衡理论和新凯恩斯主义的非均衡理论，提出了一种均衡—非均衡—均衡的发展路线。

综上所述，西方资本理论的产生、发展以及整个理论体系的完成都是建立在以物质资本为分析对象的基础上的，资本理论贯穿于西方经济理论的全过程。但是，资本不仅仅是一种单纯的物的概念，抽象掉它的物质载体，从资本的价值增殖的本性来看，还有无形资本的存在，所以建立在物资资本基础上的西方资本理论体系是一种不够完善的资本体系，特别是在今天强调知识，强调技术，强调竞争力的时代，它的局限性就更加明显，于是对无形资本的研究自然而然将是当代资本研究的重点。

第二节 人力资本理论的形成和发展

无形性是人力资本、知识资本和社会资本的一个共同特性，人们对它们的把握和认识要比物质资本复杂得多。人力资本、知识资本和社会资本理论的出现，弥补了传统资本理论的不足。它们是知识经济时代资本的基本形式。

西奥多·W. 舒尔茨 1960 年在美国经济学会年会上的演说中系统地阐述了“人力资本理论”标志着人力资本理论的诞生。舒尔茨把人力资本定义为“个人具备的才干、知识、技能看作一种生产出来的生产资料，看作投资的产物”①。人力资本思想早在西奥多·W. 舒尔茨之前就产生了，古典经济学家威廉·配第就指出：一个人，如果技艺高超，可以和许多人相抗衡。有的人，由于他有技艺，一个人就能够做许多没有本领的人所能做的许多工作②。亚当·斯密的著作中包含着丰富的人力资本思想，比如亚当·斯密指出：“一种费去很多功夫和时间才学会的需要特殊技巧和熟练的职业，可以说等于一台高价机器。学会这种职业的人，在从事工作的时候，必然期望，除了获得普通劳动工资外，还收回全部学费，并至少取得普通利润。”③ 这段话，不仅包含了人力资本的思想，也包含了人力资本投资的思想。乔治·拉姆赛人力资本思想讲述了企业主的劳动的异质性，屠能主张把资本概念应用于人不会贬低人格，或者有损于人的自由和尊严④。弗里德里希·李斯特对资本概念进行了划分，将资本划分为“物质资本”

① 西奥多·W. 舒尔茨. 论人力资本投资［M］. 北京：北京经济学院出版社，1990：30.
② 王亚南. 资产阶级古典政治经济学选辑［M］. 北京：商务印书馆，1979：258.
③ 亚当·斯密. 国民财富的性质和原因的研究（上卷）［M］. 北京：商务印书馆，2002：93.
④ 冯子标. 人力资本运营论［M］. 北京：经济科学出版社，2000：37－38.

和“精神资本”两种，他指出，“精神资本”来自智力方面的积累①。马歇尔强调“一切资本中最有价值的莫过于投在人身上面的资本”②。欧文·费雪在1906年发表的《资本的性质和收入》一书中首次提出了人力资本的概念，将其纳入了经济分析的理论框架③。1935年，沃尔什出版了《人力资本观》一书，他从个人的教育费用和个人收益相比较来计算教育的经济效益。

马克思虽然没有提出人力资本的概念，但是在马克思的《资本论》中，包含着许多关于人力资本思想的话语。“要改变一般的人的本性，使他获得一定劳动部门的技能和技巧，成为发达的和专门的劳动力，就要有一定的教育和训练，而这就得花费或多或少的商品等价物。劳动力的教育费随着劳动力性质的复杂程度而不同。因此，这种教育费——对于普通劳动力来说是微乎其微的——包括在生产劳动力所耗费的价值总和中”④。“我们把劳动力或劳动能力，理解为人的身体即活的人体中存在的、每当人生产某种使用价值时就运用的体力和智力的总和”⑤。“比较复杂的劳动只是自乘的或不如说多倍的简单劳动，因此，少量的复杂劳动等于多量的简单劳动”⑥。马克思将劳动力和劳动区别开来，这是迈向人力资本理论的关键一步，但是马克思简单地以为复杂劳动是简单劳动的自乘或加总，没有意识到劳动的不同质性，所以也就无法发现人力资本的本质和内涵。

西方人力资本理论的产生，不是一个偶然因素，它是和当时的现实情况联系起来的。第一，科学技术的发展，特别是第二次世界大战后第三次科技革命的兴起，对工人劳动的要求空前提高，知识、技术、信息开始与劳动力分离，成为一种独立的商品参加市场交换。第二，西方国家经过几百年的发展积累了大量的财富，加上现代金融体系的产生和发展，物质资本的稀缺性被知识、技术、信息所替代，人力资本的稀缺成为我们关注的对象。第三，传统的建立在物质资本基础上的资本理论受到了前所未有的挑战，无法解释现实生活中的事情。一是“里昂惕夫之谜”，二是资本—产出比例的长期变动趋势，三是经济增长中剩余因子的出现，四是第二次世界大战后遭受战争重创的国家迅猛崛起和一些新兴的工业国的兴起。要解开上述之谜，就必须提出新的资本理论来补充。

早期的人力资本理论主要是研究人力资本内涵和人力资本投资方面的问题，以西奥多·W. 舒尔茨、加里·S. 贝克尔、雅各布·明塞尔、爱德华·丹尼森、

---

① 弗里德里希·李斯特．政治经济学的国民体系［M］．北京：商务印书馆，1961：126.

② 马歇尔．经济学原理（下卷）［M］．北京：商务印书馆，1981：232. 关于马歇尔有关人力资本的讲解，参考下卷第228~238页。

③ 冯子标．人力资本运营论［M］．北京：经济科学出版社，2000：38.

④ 马克思．资本论（第一卷）［M］．北京：人民出版社，1975：195.

⑤ 马克思．资本论（第一卷）［M］．北京：人民出版社，1975：190.

⑥ 马克思．资本论（第一卷）［M］．北京：人民出版社，1975：58.

斯杰斯塔德和默希金等人，尤以前三位的理论最具代表性。舒尔茨的人力资本理论以宏观分析为主，他首次对人力资本理论进行了系统阐述，使人力资本理论冲破观念和世俗的阻挠成为经济学的一个新的门类，他明确阐述了人力资本的概念和性质，提出了改进人力资本的五项措施，即医疗和保健，在职人员培训，正式建立起来的初等、中等和高等教育，不是由企业组织的那种为成年人举办的学习项目，个人和家庭适应于变换就业机会的迁移，并就教育对人力资本的形成做了重点分析。关于人力资本的计量问题，他认为："就估算人力投资来说，原则上有另一种可供选择的方法，就是用它的产量而不是用它的成本来计算。"① 贝克尔弥补了舒尔茨的微观领域的不足，从微观领域将人力资本理论和收入分配结合起来。贝克尔认为，所有用于增加人的资源并影响未来货币收入和消费的投资为人力资本投资，对于人力资本的投资主要是教育支出、保健支出、国内劳动力流动的支出或用于移民入境的支出等形成人力资本。贝克尔在研究人类家庭时，提出了时间价值理论和儿童"量—质"权衡理论，并就人力资本投资—收益给出了一个均衡模型，即人力资本投资的边际成本的当前值等于未来收益的贴现值。明塞尔认为，人力资本投资是个人收入的增长和收入分配的根本原因，系统阐述了人力资本及人力资本投资与个人收入及其变化之间的关系。明塞尔借鉴斯密的"补偿原理"，首先建立了人力投资的收益率模型，他最先提出了人力资本挣得函数，分析了人力资本对挣得的影响。明塞尔还分析了人力资本对工资增长、劳动转换和失业的影响以及技术对人力资本需求的影响。丹尼森的主要贡献在于用实证分析为舒尔茨的观点提供了最有力的证据和补充。斯杰斯塔德分析了人口迁移对人力资本形成的影响。默希金分析了健康对人力资本的影响。

在对人力资本内涵和人力资本投资重点分析以后，人力资本理论的研究重点开始转向人力资本对经济增长的影响。代表人物主要是卢卡斯和罗默。卢卡斯首先尝试了运用人力资本来解释经济持续增长，他的贡献在于把外生的技术进步因素转变成人力资本来解释经济增长，使人力资本内在化。为了不把经济增长唯一地归因于外生的技术进步，卢卡斯引入人力资本外部效应，即社会平均人力资本水平，在假定人力资本投资的边际产出率递减和私人人力资本投资有收益递增之后，卢卡斯证明了人力资本增长率正比于人力资本投入产出率，正比于社会平均人力资本和私人人力资本在最终产品的边际产出率，反比于时间贴现率。罗默直接把技术进步内主化，区分和内生了不以人力资本和物质资本为载体的知识积累过程。罗默把知识作为一个独立的要素纳入经济增长模式，认为知识的积累是促进经济增长的主要因素。他将知识分为一般知识和专业知识两类，一般知识产生

① 西奥多·W. 舒尔茨. 论人力资本投资［M］. 北京：北京经济学院出版社，1990：9.

规模经济效益，而专业知识产生递增的收益。他认为，特殊的知识和专业化的人力资本是促进经济增长的重要因素，两者除了具有递增的收益外，还能提高物质资本的使用效率从而也产生递增收益，促进经济增长。罗默指出，知识的再生产决定于人力资本的投资和原有的知识的积累，并且积累的知识越多，用于生产知识的人力资本边际产出率越高。

由于人力资本对人体的依附性和产权的完整性，限制了企业对它的管理和控制，以人力资本为基础的知识资本便成为企业把握的对象。知识资本是和知识经济紧密联系在一起的一个概念，1996 年，经济合作与发展组织在国际组织文件中首次使用了“知识经济”的概念，从而宣告了知识经济理论的正式诞生。加尔布雷斯（J. K. Galbrainth）第一个提出了知识资本的概念。加尔布雷斯把知识资本当作一种知识性的活动，是一种动态的资本，而不是固定的资本形式。他在论文《知识资本，如何成为美国最有价值的资产》中进一步指出了知识资本的内涵，指出知识资本已经成为美国最重要的资产①。随后，斯图尔特提出了知识资本的 H—S—C 结构，指出知识资本的价值体现在人力资本、结构性资本和顾客资本三者之间。员工的技能和知识、顾客的忠诚以及公司的组织文化、制度和动作中所包含的集体知识都体现着知识资本②。在埃德文森和沙利文那里，知识资本则有人力资源（未编码知识） + 结构性资本（已编码的知识资产和经营性资产）③。而 K. E. 斯维比则将知识资本分为雇员能力、内部结构和外部结构④。

知识资本理论是人力资本理论的继承和发展，它弥补了人力资本理论在知识经济时代的种种问题和不足。在知识经济时代，人力资本是影响知识经济发展的一个因素，除了人力资本以外，结构性资本和顾客资本对经济的影响也是显而易见的，知识资本概念拓宽了人力资本概念的外延，它的创新在于有效地揭示了人力资本和结构性资本之间的相互关系，将个人的人力资本发展到团体的知识资本，在坚持对个人的人力资本投资的同时，也强调团体成员之间的协作。关于知识资本理论的研究，目前还处于初级阶段，研究的重点基本上集中在知识资本的内涵，主要解释知识资本的定义、结构、内容、评估和它对企业发展战略的重要性等方面。

---

① 胡汉辉，沈群红．西方知识资本理论及其应用［J］．经济学动态，1998（7）：40.

② 胡汉浑，沈群红．西方知识资本理论及其应用［J］．经济学动态，1998（7）：41.

③④ 亚当·斯密．国民财富的性质和原因的研究（上卷）［M］．北京：商务印书馆，2002：42.

第三节 社会资本理论与经济发展

物质资本理论、人力资本理论和知识资本理论都无法解释这样的一种现象，为什么经济主体之间会关注它们的关系好坏？为什么企业管理人员是否拥有广泛的社会交往与企业的生存发展息息相关？于是，社会资本理论就开始跃入人们的视野。

社会资本是一种新的资本形式，经济学家洛瑞（Glen Loury）最早提出了社会资本概念，但是普遍将1980年法国社会学家皮埃尔·布迪厄在《社会科学研究》杂志上发表了题为《社会资本随笔》的短文视为社会资本理论诞生的标志。目前对它的定义也是多种多样的。皮埃尔·布迪厄认为“（社会资本是）真实或虚拟资源的总和。对于个人和团体来说，由于要拥有的持久网络是或多或少被制度化了的默认和认可关系，因而它是自然积累而形成的”①。罗伯特·D. 普特兰认为：“‘社会资本’指的是社会组织的特征，例如信任、规范和网络，它们能够通过推动协调和行动来提高社会效率。”② 詹姆斯·科尔曼说：“社会资本的定义由其功能而来；它不是某种单独的实体，而是具有各种形式的不同实体；其共同特征有两个：它们由构成社会结构的各个要素所组成；它们为结构内部的个人行动提供便利。”③ 亚力山德罗·波茨指出：“社会资本指的是，处在网络或更广泛的社会结构中的个人动员稀有资源的能力。”④ 埃莉诺·奥斯特罗姆认为“社会资本是关于互动模式的共享知识、理解、规范、规则和期望，个人组成的群体利用这种模式来完成经常性活动”⑤。弗朗西斯·福山认为：“社会资本是一种有助于两个或更多个体之间相互合作、可用事例说明的非正式规范。”⑥

社会资本理论研究的兴起与其说是一种理论创新，不如说是现代经济学方法论上的回归。在早期，经济学的分析框架都是嵌入在社会结构中的，马克思认

---

① 皮埃尔·布迪厄，卢瓦克·瓦昆特. 反社会学的导论［M］. 芝加哥大学出版社，1992：119.

② 罗伯特·D. 普特兰. 繁荣的社群——社会资本与公共生活［M］//李惠斌，杨雪冬. 社会资本与社会发展. 北京：社会科学文献出版社，2000：155.

③ 詹姆斯·科尔曼. 社会理论的基础（上）［M］. 北京：社会科学文献出版社，1990：333.

④ 亚力山德罗·波茨. 经济社会学与移民社会学：概念性的总看法［M］//亚力山德罗·波茨. 移民经济社会学：网络，民族关系与企业家论文集. 纽约拉赛尔基金会，1995：12.

⑤ 埃莉诺·奥斯特罗姆. 社会资本：流行的狂热抑或基本的概念？［J］. 经济与社会体制比较，2003（2）.

⑥ 弗朗西斯·福山. 社会资本、公民社会与发展［J］. 马克思主义与现实，2003（2）.

为，经济基础包括生产力和生产关系，上层建筑包括政治、意识形态等方面，经济基础决定上层建筑，上层建筑对经济基础具有反作用。19 世纪 70 年代的边际革命宣告了这种科学的方法论的结束，从此经济学便脱离了社会分析的传统。新制度经济学的兴起和发展，重视经济学的制度分析又成为一种新的潮流。关于经济学的社会属性，社会学家也对此提出了一些看法，波兰尼把经济学区分为实体经济学和形式经济学①，认为经济过程的嵌入性不可避免，形式经济学缺乏生存的土壤。新经济社会学家格兰诺维特在前人的基础上提出了经济的“弱潜入性”概念②，他将经济的嵌入性分为三种状况：第一种是强嵌入性，第二种是零嵌入性，第三种是弱嵌入性。强嵌入性指的是经济行为与经济制度完全受社会关系的主宰，不能独立运作；零嵌入性就是社会关系对理性的、自利的行为影响极小；弱嵌入性不同于上述两者，一方面它承认经济嵌入社会关系之中，另一方面它承认经济过程的自主性。将经济学上的资本概念和社会学中的社会关系结合在一起的社会资本概念，就是在这样的背景中产生的。

社会资本对经济发展的影响，可以分为两个方面，一方面社会资本对经济发展具有积极作用。首先，社会资本是生产活动不可或缺的一部分，在缺乏社会资本的情况下，经济活动要么无法展开，要么缺乏经济效率；其次，社会资本对经济发展的影响，是通过转换成其他形式的资本来实现的，社会资本本身不能给我们带来什么，社会资本可以转换成金融资本、文化资本等其他资本形式；再次，社会资本是资源配置的又一有效工具，它与市场价格、企业组织、行政计划一样，是资源配置的第四种形式；最后，社会资本是科技创新的一个关键因子，它为经济主体的科技创新活动提供了内在的协作和外部的帮助。另一方面，社会资本也有投资风险，这种风险，一类来自社会资本被滥用的危险，它会给它的投资主体带来经济损失；另一类来自社会资本自身的缺陷，这种缺陷按照亚力山德罗·波茨称之为消极的社会资本，并指出社会资本的四个消极后果：排斥圈外人、对团体成员要求过多、限制个人自由以及用规范消除差异③。

社会资本理论研究目前也还处于一种起步阶段，虽然很多西方学者对社会资本理论都有过研究，甚至出现过一种流行的狂热，但是由于社会资本它是一种存在社会关系网络中的一种看不见、摸不着的一种资本形态，很难为人们所把握。目前的研究主要集中在社会资本的本质与内涵、社会资本计量、社会资本来源和社会资本投资等方面，主要的难点和不足有以下几方面：①社会资本的度量问

---

① 张其仔．新经济社会学［M］．北京：中国社会科学出版社，2001：18.

② 张其仔．新经济社会学［M］．北京：中国社会科学出版社，2001：21.

③ 亚力山德罗·波茨．社会资本：在现代社会学中的缘起和应用［M］//李惠斌，杨雪冬．社会资本与社会发展．北京：社会科学文献出版社，2000：137.

题。物质资本我们通常用货币进行度量，对于社会资本而言，它没有一个特定的标准，不同形式的社会资本之间存在着非常大的差异，这种差异，不仅是结构上的差异，而且有些还存在着适用性上的差异，随着环境的变化发生作用上的变化。目前广泛使用的测量方法主要有两种：一种是在某一社会中对群体和群体成员进行普查，另一种是利用有关信任和公民参与的社会调查资料。这两种方法有两个不可避免的缺陷，即资料的收集和变量的选择带有很大的不确定性。于是弗朗西斯·福山补充了第三种测量方法——纵向比较法。他认为可以通过管理溢价来测量公司在接管前后的社会资本存量[①]。②社会资本的投资和积累问题。如何将社会资本积累下来进行相关投资带来价值增殖是社会资本理论的又一难点。第一，社会资本的难以计量性使我们难以知道社会资本的投资效益，只能够像迈克尔·武考克那样通过亲身去体会对象的差异[②]。第二，社会资本存在于社会网络和社会组织中，脱离这种网络和组织将不复存在，所以无法将不同网络中的社会资本进行集中再投资。第三，社会资本是随着它的使用而不断增加的，一旦不使用，马上就会枯竭，这就造成社会资本积累上的困难。第四，社会资本的不稳定性和对外部环境的依赖，也难以保证投资活动的连续性。③社会资本的结构变迁问题。主体的社会资本的差异不仅仅表现在社会资本存量上的差异，更重要的是来自结构上的差异，我们在研究主体的社会资本问题时，往往都是用存量上的差异来掩盖它们的结构差异。这样做，实际上会误导我们的社会资本建设，片面地陷入增加社会资本存量的陷阱。社会资本的结构变迁受主体行为的影响随时随地都在发生的，这种变迁，既有可能是由低水平向高水平的社会资本结构变迁，也有可能是由高水平的社会资本结构向低水平的社会资本结构变迁，当社会资本结构水平滑落到一定程度的时候，它就会对主体的经济活动带来不利。④社会资本与产权归属问题。社会资本的产权归属，一派认为社会资本属于公共品，以罗伯特·D. 普特兰为代表；另一派认为社会资本是私有品，以弗朗西斯·福山、帕瑟·达斯古柏塔等人为代表。由于社会资本分为微观层次、中观层次和宏观层次三种，从微观层次到宏观层次，社会资本的公共品属性在增强，特别是宏观层次的社会资本，就是一种公共品；从宏观层次到微观层次，社会资本的私有品属性在增强，特别是微观层次的社会资本，已经成为拥有它的主体的一部分，和私有品已经没什么区别。所以，社会资本的产权归属，大致上是按照这个规律进行的。

综上所述，资本理论的发展是和社会经济发展紧密联系在一起的。对资本

---

① 弗朗西斯·福山．社会资本、公民社会与发展［J］．马克思主义与现实，2003（2）．

② 迈克尔·武考克．社会资本与经济发展：一种理论综合与政策构架［M］//李惠斌，杨雪冬．社会资本与社会发展．北京：社会科学文献出版社，2000：240.

理论的把握，应该深入到资本的本质和内涵中去，不能够仅仅停留在资本的外在形态。资本外延的发展是和我们对资本内涵的认识相联系的，对资本内涵理解的每一次进步都会带来资本外延的扩张。我国正处在市场经济体制的完善阶段，资本理论是市场经济理论的重要组成部分，对西方资本理论的正确认识与把握，对搞好我国的市场经济，促进我国经济的持续、健康、快速发展有着重要的意义。

第二部分　资本形式与劳资关系

第五章　基于物质资本支配的劳资关系

基于物质资本支配地位的劳资关系，这是传统的马克思所深入分析的劳资关系。物质资本是以生产资料形式存在的资本，在马克思时代，物质资本是资本最基本的存在形式，因而，马克思分析的劳资关系是以物质资本为基础的。马克思对物质资本的分析得出的结论主要有：资本是带来剩余价值的价值，资本的本质在于生产关系，在资本主义制度下表现在资本家对工人的剥削关系。劳资关系是马克思经济学的基本内容，主要集中在《资本论》的分析中，它以劳动价值论理论和剩余价值理论为基础，以雇佣劳动为载体。

第一节　物质资本的含义

物质资本即以物质产品形态存在的资本，如机器、设备、厂房、建筑物、交通运输设施等。在传统的产业经济中，物质资本占据主导地位。

从自然形态上看，物质资本一般是有形资本，是以生活资料、劳动工具和原料形态存在的资本。当然，不管是生产资料还是生活资料，它们的形成都离不开劳动。劳动是劳动力的使用过程。劳动力包括劳动者的体力与脑力。劳动者的体力与脑力水平不仅仅是由其个体特征决定的，也是由其所处时代的社会发展状况和科技发展水平决定的。一个社会的发展状况和科技水平发展的程度，就使劳动者的体力和脑力水平发展到该程度。物质资本的自然形态被认为是物质资本的载体，或物质资本的表现形式之一。

物质资本的另一表现形式则是物质资本的社会关系，或称为物质资本所反映的社会关系。不同时期的物质资本是在不同的生产方式下生产出来的，凝结着不同的劳动，体现着不同的社会关系。奴隶社会的物质资本体现的是奴隶主对奴隶的强制剥削关系，封建社会的物质资本体现的是地主对农民的劳役地租剥削关系，资本主义社会的物质资本则体现了资本家对工人阶级的赤裸裸的剥削关系。其中，资本主义剥削关系被认为是物质资本体现出来的最典型的剥削关系。

马克思在《资本论》中深刻地研究了资本主义社会的生产关系，运用科学世界观、历史观和方法论，以商品、货币、价值规律的研究为基础，以劳动力成为商品为起点，全面、系统地对资本主义生产方式进行考察与分析，并通过对生产、流通过程的分析以及资本原始积累及扩大再生产等细致地探索与研究，揭示了劳资关系的本质，认为劳资关系的本质就是剥削与被剥削的关系，是无产阶级与资产阶级之间的对立关系。一方面，表现为资本对劳动的压制；另一方面，马克思认为，虽然在生产过程中，资本压制劳动，但工人对资本的反抗也同劳资关系一起开始，并且随着机器的发展，工人的反抗逐渐升级。马克思对劳资关系对立性的分析，为我们研究当下非公有制经济中的劳动关系的冲突与矛盾，提供了有力依据。

第二节　物质资本的形成

物质资本即以物质产品形态存在的资本，马克思在《雇佣劳动与资本》中指出："资本也是一种社会关系。这是资产阶级的生产关系，是资产阶级社会的生产关系……资本不仅包括生活资料、劳动工具和原料，不仅包括物质产品，并且还包括交换价值。资本所包括的一切产品都是商品。所以，资本不仅是若干物质产品的总和，并且也是若干商品或若干交换价值或若干社会定量的总和。"①物质资本不包括以货币或交换价值形态存在的资本（货币资本），也不包括以劳动力形式存在的资本（可变资本或人力资本）。物质资本是以生活资料、劳动工具和原料（生产资料）形态存在的资本，但这只是物质资本的一个方面，即物质资本的自然形态或称为物质资本的载体，或物质资本的表现形式；物质资本还包括更为重要的一个方面，即物质资本的社会关系，或称为物质资本所反映的社会关系。

先看物质资本的自然形态，显然，不管是生产资料还是生活资料，它们的形成都离不开劳动，没有人类劳动，不管地球上的资源多么丰富，都不会自动变成人类所需要的物品即生产资料和生活资料。即使是原始的采摘与狩猎，也需要付出艰辛的劳动才能将自然的恩惠变成人类所需要的东西。劳动是劳动力的使用过程，而劳动力既包括劳动者的体力与脑力，而劳动者的体力与脑力水平不仅仅是由其个体特征决定的，而且也是由其所处时代的社会发展状况和科技发展水平决定的。一个社会的发展状况和科技水平（包括文化、科技、政治、经济、军事等）发展到什么程度，劳动者的体力和脑力水平就发展到什么程度。因而，不同

① 中共中央马克思恩格斯列宁斯大林著作编译局．马克思恩格斯选集（第一卷）［M］．北京：人民出版社，1972：363.

时代的物质资本承载着不同的文化、科技、经济、政治甚至是军事等方面的信息，但不同的物质资本承载的这些信息的显示情况是存在很大差异的。正如“动物遗骸的结构对于认识已经绝种的动物的机体有重要的意义，劳动资料的遗骸对于判断已经消亡的经济形态的社会也有同样重要的意义……劳动资料不仅是人类劳动力发展的测量器，而且是劳动借以进行的社会关系的指示器。在劳动资料本身中，机械性的劳动资料（其总和可称为生产的骨骼系统和肌肉系统）远比只是充当劳动对象的容器的劳动资料（如管、桶、篮、罐等，其总和可称为生产的脉管系统）更能显示一个社会生产时代的具有决定意义的特征”。① 以大机器为代表的物质资本及其生产过程只可能出现在资本主义之后的时代，不可能出现在资本主义以前的时代。

再来看物质资本的社会关系，不同时期的物质资本是在不同的生产方式下生产出来的，凝结着不同的劳动，体现着不同的社会关系。人类社会可划分为五种社会形态，也可以划分为三种经济形态，即自然经济、商品经济、产品经济，在不同经济发展阶段和不同的经济形态下，劳动力本身的发展水平，其体现的包括文化、科技、经济、政治甚至军事等方面的社会规定，以及劳动力与生产资料的结合方式，劳动的社会方式或社会劳动的方式，生产方式等都有巨大的差别，因而，作为物质产品形态的资本或物质资本就体现着不同的社会关系。剥削关系是社会关系的一种形式，奴隶社会的强制剥削关系、封建社会的劳役地租、实物地租体现的封建剥削关系无疑都是物质资本体现的不同类型的剥削关系，资本主义剥削关系无疑是物质资本体现出来的最典型的剥削关系。这便是马克思分析的资本，“资本来到世间，从头到脚，每个毛孔都滴着血和肮脏的东西”。② 这里也可以看出，马克思研究的资本是特殊的资本，即体现资本主义生产关系的资本。

第三节　物质资本的发展过程

物质资本发展过程主要通过分工、协作、工场手工业和大机器生产等过程，在这方面，马克思在《资本论》中有很多论述。

在论述分工阶段的物质资本时，马克思说：“资本主义生产实际上是在同一资本同时雇用人数较多的工人，因而劳动过程扩大了自己的规模并提供了较大量

① 中共中央马克思恩格斯列宁斯大林著作编译局．马克思恩格斯全集（第44卷）［M］．北京：人民出版社，2001：210－211.

② 中共中央马克思恩格斯列宁斯大林著作编译局．马克思恩格斯全集（第44卷）［M］．北京：人民出版社，2001：871.

的产品的时候才开始的。人数较多的工人在同一时间、同一空间（或者说同一劳动场所），为了生产同种商品，在同一资本家的指挥下工作，这在历史上和概念上都是资本主义生产的起点。”① “许多人在同一生产过程中，或在不同但互相联系的生产过程中，有计划地一起协同劳动，这种劳动形式叫作协作。”“结合劳动的效果要么是单个劳动根本不可能达到的，要么只能在长得多的时间内，或者只能在很小的规模上达到。”“不仅是通过协作提高了个人生产力，而且创造了一种生产力，这种生产力本身必然是集体力。”② “较大量的生产资料积聚在单个资本家手中，是雇佣工人进行协作的物质条件，而且协作的范围或生产的规模取决于这种积聚的程度。”③ “作为协作的人，作为一个工作有机体的肢体，他们本身只不过是资本的一种特殊存在方式。因此，工人作为社会工人所发挥的生产力，是资本的生产力。”④ “在同一劳动过程中同时雇用人数较多的雇佣工人，构成资本主义生产的起点。”“协作仍然是资本主义生产方式的基本形式。”⑤

在论述协作阶段的物质资本时，马克思说：“以分工为基础的协作，在工场手工业上取得了自己的典型形态。这种协作，作为资本主义生产过程的具有特征的形式，在真正的工场手工业时期占据统治地位。”⑥ “但是，构成工场手工业活机构的结合总体工人，完全是由这些片面的局部工人构成的。”⑦ 工场手工业有两种基本形式——混成的工场手工业和有机的工场手工业。工场手工业内部的分工叫作个别的分工，它与一般的分工、特殊的分工相对。“一定量同时使用的工人，是工场手工业内部分工的物质前提，同样，人口数量和人口密度是社会内部分工的物质前提。”“因为商品生产和商品流通是资本主义生产方式的一般前提，所以，工场手工业的分工要求社会内部的分工已经达到一定的发展程度。相反

---

① 中共中央马克思恩格斯列宁斯大林著作编译局．马克思恩格斯全集（第44卷）［M］．北京：人民出版社，2001：374.

② 中共中央马克思恩格斯列宁斯大林著作编译局．马克思恩格斯全集（第44卷）［M］．北京：人民出版社，2001：378.

③ 中共中央马克思恩格斯列宁斯大林著作编译局．马克思恩格斯全集（第44卷）［M］．北京：人民出版社，2001：383.

④ 中共中央马克思恩格斯列宁斯大林著作编译局．马克思恩格斯全集（第44卷）［M］．北京：人民出版社，2001：387.

⑤ 中共中央马克思恩格斯列宁斯大林著作编译局．马克思恩格斯全集（第44卷）［M］．北京：人民出版社，2001：389.

⑥ 中共中央马克思恩格斯列宁斯大林著作编译局．马克思恩格斯全集（第44卷）［M］．北京：人民出版社，2001：390.

⑦ 中共中央马克思恩格斯列宁斯大林著作编译局．马克思恩格斯全集（第44卷）［M］．北京：人民出版社，2001：393.

地，工场手工业分工又会发生反作用，发展并增加社会分工。”①

在论述工场手工业阶段的物质资本时，马克思说：“工场手工业的分工又使所使用的工人人数的增加成为技术上的必要。现在，单个资本家所必须使用的最低限额的工人人数，要由现在的分工来规定……但是随着资本的可变组成部分的增加，资本的不变组成部分也必须增加。”② 在工场手工业中，“由许多单个的局部工人组成的社会生产机构是属于资本家的。因此，由各种劳动的结合所产生的生产力也就表现为资本的生产力……工场手工业把工人变成畸形物，它压抑工人的多种多样的生产志趣和生产才能，人为地培植工人片面的技巧……起初，工人因为没有生产商品的物质资料，把劳动力卖给资本，现在，他个人的劳动力不卖给资本，就得不到利用……他只能作为资本家工场的附属物展开生产活动”。③“局部工人所失去的东西，都集中在和他们对立的资本上面了。工场手工业的一个产物，就是物质生产的智力作为他人的财产和统治工人的力量同工人相对立。这个分离过程在简单协作中开始，在工场手工业中得到发展，在大工业中完成。在简单协作中资本家在单个工人面前代表社会劳动体的统一和意志，工场手工业使工人畸形发展，变成局部工人，大工业则把科学作为一种独立的生产能力与劳动分离开来，并迫使科学为资本服务。”“在工场手工业，总体工人从而资本在社会生产力上的富有，是以工人在个人生产力上的贫乏为条件的。”④“工场手工业分工不仅只是为资本家而不是为工人发展社会的劳动生产力，而且靠使各个工人畸形化来发展社会的劳动生产力。它生产了资本统治劳动的新条件。因此，一方面，它表现为社会的经济形成过程中的历史进步和必要的发展因素，另一方面，它表现为文明的精巧的剥削手段。”⑤ 这表明，工场手工业具有资本主义性质。

工场手工业分工的产物是机器。在分析大机器生产时马克思说：“机器使手

① 中共中央马克思恩格斯列宁斯大林著作编译局．马克思恩格斯全集（第44卷）［M］．北京：人民出版社，2001：409.

② 中共中央马克思恩格斯列宁斯大林著作编译局．马克思恩格斯全集（第44卷）［M］．北京：人民出版社，2001：416.

③ 中共中央马克思恩格斯列宁斯大林著作编译局．马克思恩格斯全集（第44卷）［M］．北京：人民出版社，2001：417.

④ 中共中央马克思恩格斯列宁斯大林著作编译局．马克思恩格斯全集（第44卷）［M］．北京：人民出版社，2001：418.

⑤ 中共中央马克思恩格斯列宁斯大林著作编译局．马克思恩格斯全集（第44卷）［M］．北京：人民出版社，2001：422.

工业的活动不再成为社会生产的支配原则。”① “机器是生产剩余价值的手段。”② 机器与工具方面，工具是简单的机器，机器是复杂的工具，这是无用处的；工具的动力是人，机器的动力是不同于人力的自然力，这是错误的。机器由三个本质上不同的部分组成：发动机，传动机构，工具或工作机。“作为单纯动力的人和作为真正操作工人的人之间的区别，在许多手工业工具上表现得格外明显。”③ 许多同种机器的协作和机器体系的区别如下：在前一种场合，整个制品是由同一台工作机完成的。“劳动资料取得机器这种物质存在方式，要求以自然力来代替人力，以自觉应用自然科学来代替从经验中得出的成规。在工场手工业中，社会劳动过程的组织纯粹是主观的，是局部工人的结合；在机器体系中，大工业具有完全客观的生产有机体，这个有机体作为现成的物质生产条件出现在工人面前。在简单协作中，甚至在因分工而专业化的协作中，社会化的工人排斥单个的工人还多少是偶然的现象。而机器，除了下面要谈的小数例外，则只有通过直接社会化的或共同的劳动才发生作用。因此，劳动过程的协作性质，现在成了由劳动资料本身的性质所决定的技术上的必要了。”④

在《资本论》第十三章“机器和大工业”中，马克思从以下十个方面论述了机器的发展和影响：①机器的发展；②机器的价值向产品的转移；③机器对工人的直接影响；④工厂；⑤工人和机器之间的斗争；⑥关于被机器排挤的工人会得到补偿的理论；⑦工人随机器生产的发展而被排斥和吸引，棉纺织业的危机；⑧大工业所引起的工场手工业、手工业和家庭劳动的革命；⑨工厂立法（卫生条款和教育条款），它在英国的普遍实行；⑩大工业和农业。

从这些论述可以看出，马克思分析的主要是工业时代的物质资本。在信息时代，物质资本的构成要素发生了深刻变化，更多以电脑、软件、互联网等形式存在。

---

① 中共中央马克思恩格斯列宁斯大林著作编译局．马克思恩格斯全集（第44卷）［M］．北京：人民出版社，2001：426.

② 中共中央马克思恩格斯列宁斯大林著作编译局．马克思恩格斯全集（第44卷）［M］．北京：人民出版社，2001：427.

③ 中共中央马克思恩格斯列宁斯大林著作编译局．马克思恩格斯全集（第44卷）［M］．北京：人民出版社，2001：431.

④ 中共中央马克思恩格斯列宁斯大林著作编译局．马克思恩格斯全集（第44卷）［M］．北京：人民出版社，2001：443.

第四节 物质资本与劳资关系

马克思在《资本论》中研究的资本就是物质资本。物质资本的分化，将社会划分为一个富有资本、一个富有劳动力的两个不同阶层，我们称之为资本持有者和劳动力持有者。由于早期人类生产能力有限，生产率低下，物质资本相对于劳动力而言是稀缺的。而这种稀缺性决定了劳动依附于资本的劳资关系。资本持有者作为理性人，必然希望产品的分配更加有利于自己；而分工的发展，使得复杂性生产成为可能，很多劳动者只担任生产链条中的某个部分，更加剧了资本持有者和劳动持有者的信息不对称。

结合这两个原因，资本持有者就能取得更多的利润分配，这使得劳资之间的贫富差距越来越大，物质资本进一步分化。随着生产力的不断提高，人类社会的物质资本不断丰富。而且，人类知识不断发展，劳动过程中劳动者的人力资本所发挥作用的重要性不断提高。物质资本与劳动力之间的稀缺程度对比正在发生改变。这种冲突为劳动力提供者争取到了更多的产品分配份额，其外在表现就是工资的实质提高。而这又导致了物质资本稀缺性相对来说进一步降低。

这就是物质资本影响资本雇佣劳动这一种制度的形成和变化的过程。

物质资本是实现经济增长和发展的物质基础和条件，也是劳资关系的重要影响因素。其他资本要借助于物质资本来实现积累。无论是人力资本还是知识资本或社会资本，都要依靠一定量的物质资本来实现积累。其他资本虽然不是全部但相当大部分要以物质资本为附着物。人力资本附着于人体，对物质资本的附着性不明显。知识资本类似于人力资本，一部分附着于人体，但是也有相当大一部分附着于书籍、硬盘或者其他存储设备之中。社会资本的一部分则是物化在社会机构、场所、社会管理设备、文件等非经营性物质资本中。其他资本必须与物质资本相配合才能发挥作用。高素质的劳动者必须与高素质的物质资本相结合才会有生产的高效率，自然界中再好的资源没有人力借助于一定的物质资本加以开发利用，也是处于闲置状态，资源优势不可能自动转化为产品优势和经济优势；社会资本存量再大的社会，没有人力在一定的环境下，借助于物质资本从事生产性活动，只能保持一个社会的安宁和祥和，而不可能有经济的增长和发展。

从马克思主义经济学的角度看物质资本与劳资关系，可以看到劳资关系的本质方面。马克思经济学认为，决定劳动关系的基础在于生产资料归谁所有。这里的生产资料，指的是投入到劳动中的生产工具、原料等，即西方经济学中所讲的物质资本。从这一理论出发，我们可以推出，“资本雇佣劳动”这一制度安排，决定了劳资关系的其他各个方面。因此，我们重点考察物质资本是如何影响资本雇佣劳动这一种制度的形成和变化的。

一、物质资本分化催生了资本雇佣劳动的劳资关系

物质资本的分化，将社会划分为一个富有资本、一个富有劳动力的两个不同阶层，我们称之为资本持有者和劳动力持有者。由于早期人类生产能力有限，生产率低下，物质资本相对于劳动力而言是稀缺的。而这种稀缺性决定了劳动依附于资本的劳资关系。

举一个极端的例子，假如在一个社会中，仅有两个人：一个人有生产资料即资本，或者是资本所表现出来的形式——劳动工具，但却完全没有劳作能力；另一个人一无所有却拥有劳动力。他们俩会出现怎样的生产关系呢（假定不会发生武力夺取生产资料的情况和劳动力自行开发工具的可能）？他们只能好好合作，共享利益，因为他们谁也离不开谁。但是如果这时候有另一个拥有劳动力的人加入进来，那么，资本相对于劳动变成了稀缺品。资本持有者就可以挑选与谁进行合作生产。而劳动者只能降低自己的条件，与资本持有者合作，否则就面临着失业的危险。资本雇佣劳动由此产生。

这便是劳资关系的最基本原形：资本雇佣劳动。除了从稀缺性的角度解读，经济学家也尝试从其他角度来进行探讨。例如，张维迎在《企业的企业家：契约理论》中写道："充当企业家的优先权之所以让给资本所有者，是因为在显示经营能力方面，富人的选择比穷人的选择更有信息量，从而其他人都理性地追随想成为企业家的富人而不是想成为企业家的穷人……这样，我便有了一个被称为'资本雇佣劳动'的制度。"[①] 这是从信息经济学的角度来阐述问题的。而奈特则认为，"实施某种具体的经济活动成了生活的次要部分，首要的问题或功能是决定干什么以及如何去干"。"自信或勇于冒险者承担起风险，并保证犹豫不决者或懦弱者能得到一笔既定的收入。"由此我们看出，奈特的意思是说由于资本家从事的是首要的问题，并承担了不确定性所带来的风险，所以作为报酬我们应该让资本家去雇佣劳动。但这种理论显然有一个悖论，那就是付出劳动的一方同样也承担了风险，如果他们的劳动未能得到收入，显然也是一种损失。而这种损失甚至更大——资本持有者顶多失去了部分资本，依然能够维持自己的生计，而劳动者如果得不到工资，他们将连自己的生活都无法维持。

二、物质资本进一步分化对劳资关系的影响

首先我们要考察为什么资本会进一步分化。前文已经说明了，在资本相对稀

---

① 张维迎．企业的企业家——契约理论［M］．上海：上海人民出版社，1995.

缺的前提下，劳动者不得不接受相对不公平的条件，来换取依附于资本的机会。这种“不公平的条件”往往就体现在对劳动产品的分配上。资本持有者作为理性人，必然希望产品的分配更加有利于自己；而分工的发展，使得复杂性生产成为可能，很多劳动者只担任生产链条中的某个部分，更加剧了资本持有者和劳动持有者的信息不对称。① 结合这两个原因，资本持有者就能取得更多的利润分配，劳资之间的贫富差距越来越大，物质资本进一步分化。

在物质资本分化的早期，资本持有者本人可能也要投入到劳动中，早期的手工作坊，资本持有者与劳动者共同劳动是普遍现象。但物质资本的进一步分化，就产生了有闲阶层。这些有闲阶层，就是脱离了劳动的资本持有者。他们得以将时间投入到脑力劳动中，包括企业生产计划的制订、员工管理、技术的开发。随着新技术的开发，分工日益复杂化、精细化。每个工人从事的劳动逐渐变成局部性的劳动。对于资本持有者而言，这种变革增加了产量，但是对于劳动者而言，他们逐渐失去了独立生产一件产品的能力，他们的工作变成了生产中的一个环节。② 因此，只有通过全体劳动者的协作，才能生产出有使用价值的产品，而单个劳动者就无法完成这一点。劳动者的能力越来越容易获取，因为他们每个人完成的只是一个简单的工序而已，随便雇佣一个劳动者都能完成。单个劳动者逐步失去离开资本家的工场而独立谋生的能力，资本持有者的话语权不断加大，“资本雇佣劳动”这一制度因此得到了稳固。

三、物质资本极大丰富后的劳资关系

随着生产力的不断提高，人类社会的物质资本不断丰富。而且，人类知识不断发展，劳动过程中，劳动者的人力资本所发挥作用的重要性不断提高。物质资本与劳动力之间的稀缺程度对比正在发生改变。稀缺性对比的改变，造成了资本所有者与劳动力所有者在产品分配过程中话语权的改变。这种改变必然伴随着冲突，其外在表现就是工人运动，如罢工。这种冲突为劳动力提供者争取到了更多的产品分配份额，其外在表现就是工资的实质提高。而这又导致了物质资本稀缺性的进一步降低（相对于劳动力而言）。

随着这种情况的反复出现，必然导致一种结果：物质资本的稀缺性与劳动力的稀缺性达到平衡。此时，劳方与资方在生产过程中的地位完全平等，劳资关系逐渐达到和谐。更进一步地，物质资本继续丰富，此时，物质资本对全人类来说，已经是一种非稀缺品。人们可以随意地各取所需，没有人可以用物质资本作为筹码来雇佣他人，因此，每个人都要参与到劳动中来。而这就是马克思所提出

① 吴江．劳动力资源配置的理论与实践［M］．广州：暨南大学出版社，2010.

② 程延园．劳动关系学［M］．北京：中国人民大学出版社，2002.

的物质资本极大丰富，人们按劳分配的社会形态。①

由以上分析可知，物质资本分化对劳资关系的影响，主要是建立在物质资本稀缺性的基础上的。长远来看，建设和谐劳资关系的关键在于生产力的不断提高。而短期内，我们可以提升人力资本的稀缺性，这是从另一个方向来解决劳资关系冲突的问题。这就要求我们加大对教育的投入，除了九年义务教育与全日制高等院校之外，还要努力扩展我们的职业教育与社会培训，让更多的人有机会提升自身，以此来改善劳动者的素质与专业能力。

第五节　正确认识马克思的劳资关系理论

任何事物都具有两面性，即对立统一性。劳资关系也是如此，既是对立的，又是统一的。马克思认为，在生产领域中，劳动与资本作为两个生产要素是缺一不可的，且相互依赖的。所以，劳动者与资本所有者之间也是既相互排斥又相互依赖的关系。

中国社会主义处于初级阶段是马克思劳动关系理论中国化和时代化的出发点，我们需要坚持继承与创新的统一，着力探讨社会主义初级阶段劳动关系，推进马克思劳动关系理论时代化和中国化。社会主义初级阶段还不能超越劳资关系。在社会主义初级阶段，生产资料和劳动力往往不属于同一所有者，特别是在大规模生产和经营中更不可能属于同一所有者。为实现二者结合，生产要素的市场交易是不可避免的。"只要劳动者不拥有使自身劳动力得以实现所必需的生产资料，也没有足以维持自身与家庭成员物质生活所必需的生活资料，资本所有者主导的劳动力买卖还会存在，资本雇佣劳动的企业关系还会成为社会经济关系的基础。"

马克思劳资关系理论是一定时代的产物，主要是为当时工人运动服务的。在当今社会，从世界范围来看，和平与发展成为主流，合作已代替了对抗，从一国范围来看，阶级矛盾已不是主要矛盾，主要矛盾是发展经济，提高人们的生活水平。在这种情况下，发展马克思劳资关系理论就不能停留在对资本的批判和对劳资关系之间对立、对抗的刻画上，而应该注重对劳资双方的"合作"与"双赢"战略方面的研究②，这种"双赢"可以理解为：资方依靠劳动者积极性和创造性，来提高劳动生产率，可带来更多的利润。对劳动者而言，只有资本的增长，才能体现劳动的价值，得到更多的回报。应当把物质资本和人力资本结合起来，推动经济和社会的发展。

---

① 韩金华．马克思劳资关系理论的主要特征及其实现价值［J］．当代经济研究，2009（12）：6－10.

② 钱昌照．马克思劳资关系理论与当代社会［J］．上海行政学院学报，2009（5）．

第六章 基于人力资本支配的劳资关系

在早期的经济理论中，长期流行并占统治地位的观念是“资本”本位的，资本所有者被“天然地”视为企业剩余的索取者。在这种背景下，企业的劳资关系被认为是雇佣关系，人力资本也就成为了一种成本。这种劳资关系不承认人力资本产权的存在，更不允许人力资本产权所有者分享企业剩余。即所谓的物质资本产权理论：物质资本所有者是企业剩余分享的唯一主体。但是，随着社会经济的发展，尤其是当前的知识经济时代，企业间的竞争归根结底是人才的竞争。西奥多·W. 舒尔茨在对西方主要发达国家的经济发展历程进行考察之后，发现这些国家国民收入中的自然资源、资产所创造的份额（贡献）大约从45%降到25%，而人的劳动（知识与技能）的贡献份额则从55%提高至75%。也就是说，在经济现代化的进程中，人力资本在资本要素构成中的地位越来越重要，对经济增长的贡献也越来越大。人力资本也是影响劳资关系的一个重要因素，随着人力资本影响力越来越大，其地位也日益提高，在和谐劳资关系构建中发挥的作用也越来越大。人力资本的提高能够改善劳资双方谈判地位的不平等状况，处于弱势的劳动者一方能够通过提高自身的人力资本来提高自己的讨价还价能力，提高自己的地位。同时，对人力资本产权理论的重视与研究，能够促进人力资本产权的实现，使人力资本持有者与物质资本持有者拥有同样的地位，使得劳动与资本一样都能获得企业的剩余索取权，这样就能够缓解相互对立的劳资关系，使劳资关系趋于合作与和谐。

第一节 人力资本的含义

人力资本理论是现代西方经济学中的一个思想派别，或称理论派别，也是西方教育经济学的理论基础。人力资本这一概念，是美国沃尔什于1935年发表的《人力资本观》中首先提出的，到20世纪50年代中期和60年代初期，人力资本逐渐形成了一种理论体系和学说，并对西方产生了巨大影响。

人力资本（Human Capital）是指人们花费在人力保健、教育、培训等方面的开支所形成的资本。这种资本就其实体形态来说，是活的人所拥有的体力、健康、知识、技能及其他精神存量的总称，它可以在未来特定经济活动中给有关经济行为主体带来剩余价值或利润收益。

人力资本理论主要包括以下内容：第一，人力资源是一切资源中最主要的资源，人力资本理论是经济学的核心问题。第二，在经济增长中，人力资本的作用大于物质资本的作用。人力资本投资与国民收入成正比，比物质资源增长速度快。第三，人力资本的核心是提高人口质量，教育投资是人力投资的主要部分。不应当把人力资本的再生产仅仅视为一种消费，而应视同为一种投资，这种投资的经济效益远大于物质投资的经济效益。教育是提高人力资本最基本的主要手段，所以也可以把人力投资视为教育投资问题。高技术知识程度的人力带来的产出明显高于技术程度低的人力。第四，教育投资应以市场供求关系为依据，以人力价格的浮动为衡量符号。

人力资本理论的历史源远流长，按照发展历程和各个时段的理论特点，可以将人力资本理论的发展分为四个阶段：早期人力资本思想阶段（20 世纪 60 年代以前）、人力资本理论阶段（20 世纪 60 年代至 80 年代）、新经济增长理论阶段（20 世纪 80 年代后）、制度激励思潮阶段（20 世纪 90 年代后期以来）。

在早期人力资本思想阶段，威廉·配第（William Petty）在 17 世纪就已经提出了人力资本思想，在 1676 年的《赋税论》中，他提出了“劳动是财富之父，土地是财富之母”这一著名论断，他认为，一国经济实力的强弱与其所拥有的人口数量和人的体质与技能有关。他还在《政治算术》（1690 年）中对当时英国人口的货币价值进行了测算。正因如此，他被认为是“首次严肃地运用了人力资本概念”的人。亚当·斯密（Adam Smith）在 1776 年出版的《国富论》（*The Wealth of Nations*）中提出了初步的人力资本概念，在亚当·斯密那里，人力资本投资已经运用比喻的方式隐性地表现出来。李斯特则指出与作为物质资本相对应“精神资本”概念。马克思认为，资本由不变资本与可变资本构成，其中只有活劳动能创造价值，人及其劳动是马克思经济学的核心，整个劳动价值论称得上别种意义的人力资本理论。

在人力资本理论阶段，西奥多·W. 舒尔茨（Theodore W. Schultz）在 1960 年发表了题为“论人力资本投资”的演讲，系统阐述了他的人力资本理论，引起世界轰动。从此，学术界进入人力资本时代。加里·贝克尔（Cary S. Becker）主要从微观对人力资本理论进行分析，将新古典经济学的基本工具应用于人力投资分析，提出一套较为系统的人力资本理论框架。爱德华·丹尼森（Edward Denison）对人力资本理论的贡献在于对人力资本要素作用的计量分析，丹尼森对用传统经济分析方法估算劳动和资本对国民收入增长所起的作用时所产生的

“残值”做出了最令人信服的解释。

20 世纪 80 年代，“新经济增长理论”在西方国家的兴起，使西方人力资本研究进入一个崭新的阶段。罗默（P. M. Romer）1986 年在美国《政治经济学》杂志发表《收益递增与长期增长》一文，提出了“收益递增型的增长模式”（又称罗默模型），将知识作为一个独立的因素纳入了经济增长模式。罗默在 1990 年的《内生技术变革》一文中，认为人力资本存量决定经济增长率，揭示了技术变革、人力资本与经济增长的内在关系。罗伯特·卢卡斯（Robert Lucas）在 1988 年《论经济发展的机制》提出了他的经济增长模型——“专业化的人力资本增长模式”，成为新经济增长理论的成立宣言。

自 20 世纪末到进入 21 世纪以来，随着知识经济和信息浪潮对现代社会的激烈冲击，人力资本的研究较前期又有所改变：人力资本的概念得到发展和延伸，知识资本、智力资本在一定程度上成为人力资本的代名词；现实中研究的重心更多地从经济学范畴向管理学范畴倾斜，人力资本核算、定价和会计方法取代单一的统计分析和模型研究被大量使用；在研究内容方面，从六七十年代研究人力资本对经济增长的关系和作用，到目前研究人力资本构成及其具体的作用途径，更多的人主张通过制度激励增强人力资本的增量和构成水平。

这一时期比较重要的是人力资本产权论。越来越多的经济学家注意到，人力资本也是有产权属性的。从所有权看它属于人力资本的拥有者本人，但从使用权看则不尽如此。人力资本产权界定明确与否，直接决定着人力资本的积累及其价值实现。如果人力资本产权遭到破坏，其价值将立即贬值或荡然无存。因此，设计合理的制度安排以保护人力资本产权就显得极为重要。人力资本在企业中的运用，使得人力资本“资本化”，所以除包括定义、特征、功能外，还包括人力资本股权化等方面研究。

第二节　人力资本形成

人力资本是体现在人身上的技能和生产知识的存量，它由人力资本的投资形成。人力资本的收益率或报酬是考察人力资本形成的重要指标。人力资本投资的收益率与可观察到的收入之间的关系，是由斯密在讨论医生和其他职业工人的相对收益时阐明的。人力资本获得收益之前必须垫付长期的培训时间和昂贵的个人投资。长期的培训时间还会缩短实际的收益时期，所以，人力资本投资收益必须补偿为此所花费的费用和努力。如果收益不能补偿费用，就不会吸引人们从事这项投资。收益对预先投资的补偿性质，是人力资本理论的基本含义，它要求人力资本的投资要有收益。从事这项活动所放弃的机会构成这项活动的基础成本，而直接的学费和教育的其他费用仅仅是真正成本的一部分，个人推迟进入市场并放弃目前的收入来源，也包含在成本之内。用于广泛计算人力资本投资收益率的方法主要有两种，分别称为0方法和投资方法，前者是指没有投资时所产生的收入流量，后者是指有了投资以后所产生的收入流量。明塞尔提出了估算人力资本投资收益率的计算方法。教育选择的差异是由相应的家庭背景和财务约束的差异引起的，这与人力资本资产的制度特征有关，即一个人不能出卖未来获利能力的资产所有权。因此，人力资本不能像物质资本那样充当投资的抵押品。财务约束仍然是影响教育决策的一个因素。正如马歇尔所说，家庭的社会经济状况在教育选择中起着重要作用。

在国内，一些学者对人力资本的形成做了实证研究。姚先国和赖普清（2004）利用企业和农民工调查数据探讨了劳资关系城乡户籍差异问题。根据他的研究，城乡工人在劳资关系各方面的巨大差异源于两个方面：一是人力资本水平差异和就业企业的差异；二是农民工受到的户籍歧视。研究结果发现，前者解释了两类工人劳资关系差异的70%～80%，说明人力资本和企业状况是决定工人待遇的主要因素；后者解释了两类工人劳资关系差异的20%～30%，户籍歧视所造成的差距同样是不容忽视的。除劳动合同方面外，农民工在工资、养老保险、医疗保险、失业保险以及工会参与等方面均遭到户籍歧视。该研究还认为仅仅关注工资收入的城乡歧视是不够的，应注重更全面的劳动力市场校正。

孙敬水和董亚娟（2007）通过测算我国改革开放以来经济发展中的物质资本存量和人力资本存量，并利用现代计量分析方法分析人力资本、物质资本与我国经济增长之间的动态相关关系，建立了三者之间的向量自回归模型以及长期均衡和短期均衡模型。分析结果表明，我国的GDP、物质资本和人力资本之间存在着长期均衡关系；虽然短期内的经济增长仍要依靠物质资本的大量投入，人力资本对经济增长的贡献较小，但从长期来看，人力资本对经济增长的贡献要大于物质资本，而且是经济增长的格兰杰原因。

孟晓晨（2005）得出的结论是，我国大部分省区的经济增长已经由20世纪80年代的外延式转向20世纪90年代的内涵式，人力资本对经济增长的作用越来越重要；但大部分省区的资本利用效率没有达到最高，主要是人力资本缺乏，使得人力资本的边际产出收益高于物质资本；由此造成的经济损失，或者说提高资本利用效率可带来的全国GDP增长潜力约14.9%，16个主要省区GDP增长潜力总和约15.2%。应通过调整投资结构，增加人力资本投资来提高资本利用效率。

对于人力资本产权在改善劳资关系方面，张秋惠（2010）等认为，只有人力资本与物质资本合作的双产权制度，才能在企业中实现共赢。储小平（1999）认

为，在私营企业中，老板拥有完整的产权，处于支配地位，雇员处于被支配地位。私有制企业中的劳资关系向资方倾斜，劳方权益极易受到资方侵害。张维迎《企业的企业家——契约理论》在“GHM”模型基础上对“资本雇佣劳动”的问题进行了讨论与反思。郑兴山等（2001）对人力资本产权的特性做了进一步分析，并从产权博弈角度讨论了人力资本产权在企业所有权中如何达到均衡的安排，认为企业所有权安排并不存在所谓的“究竟应该是谁（物质资本或人力资本）雇佣谁（人力资本或物质资本）”的“准则”，“究竟应该是谁雇佣谁”的问题也不应该成为确定的“模式”。陈微波（2010）认为，劳资冲突与产权制度存在密切的关系。劳资冲突产生的根源为：人力资本产权主体对物质资本产权主体的从属性和依附性；人力资本产权主体和物质资本产权主体之间的信息不对称；人力资本的收益权在实现上存在障碍；人力资本形成专用性之后，雇主不兑现初始承诺，完善人力资本产权制度是解决我国企业劳资冲突的有效路径。

本书基于已有的研究，结合人力资本产权的相关理论，探讨人力资本产权在改善劳资关系、促进企业效率提高方面的作用。

第三节 人力资本产权是研究劳资关系的重要视角

一、人力资本产权的概念

人力资本就其本质而言是体现在劳动者身上的智力、知识、经验、技能和健康状况等。如果说劳动者本身是有形资源，那么体现在劳动者身上的智力、知识、经验、技能和健康状况等就是无形资源。则可对人力资本产权作如下定义：人力资本产权是指对劳动者在社会化大生产中所体现出的无形资源的所有、使用、收益及处置等权利，它是人们围绕人力资本而形成的经济权利关系。

和物质产权的概念一样，人力资本产权也是反映人与人之间的社会经济关系，其实质是由于人力资本的存在而引起的人们相互之间的关系。人力资本产权和物质资本产权在企业中共存，人力资本和其他物质资本一样，也可以获得剩余价值，而对人力资本产权的界定使人力资本的所有者获取剩余有了依据。人力资本产权同产权一样也是一组权利束，具体包括人力资本所有权、占有权、支配权及使用权，其中，所有权即人力资本的归属问题是人力资本产权中最根本的权利，它决定了其他三项权利。拥有支配权的主体可以决定谁来使用、什么时候使用以及在哪儿使用人力资本，使用权是指人力资本所有者或经授权使用者在一定范围内以一定方式使用人力资本的权利。人力资本的每一项产权同样由权能和利益组成。

二、人力资本产权的特征

1. 产权的排他性

人力资本产权的排他性实质上是产权主体的对外排斥性或对特定权利的垄断性，是指对特定人力资本的特定权利只能有一个产权主体，其他所有人都是被排斥的对象。人力资本产权的另一特征就是人力资本与其载体密不可分，和物质资本不同，人力资本不可能脱离其载体而独立存在，正是由于这个原因，人力资本产权的排他性比较容易实现，排他的成本也比较低。

2. 权能行使的有限性

就像产权的共同特征一样，人力资本产权的行使也必须受到一定的限制和约束。人力资本的产权主体并不能随心所欲地行使其人力资本的权能，其受到的限制来自两个方面：一方面来自法律和制度的限制，例如，国有企业的经理拥有较多的人力资本，但是他并不能利用该人力资本将国有资产据为己有；另一方面来自人的理性选择，即使假定人力资本产权主体天生具有机会主义倾向，该倾向也不可能完全转化为机会主义行为。

3. 权能的可分解性

权能的可分解性是指人力资本产权的各项权能可以分别归属于不同的主体，当人力资本产权的权能不进行分解时，该所有者享有其全部利益，相反，当人力资本产权的各项权能在不同主体之间进行分配时，人力资本所有者只拥有所有权，其他主体可以行使其使用权，相应地，产权的利益也要随着权能的分解而在不同主体之间进行分割。至于在实际中人力资本产权权能是否进行分解还要看是否有分解的必要性，这一方面取决于分解与合一效率高低的比较，另一方面取决于人力资本所有者和生产资料的结合状况。当人们私人拥有生产资料和生活资料时，他们就拥有了选择的自由，可以根据分解与合一孰优来选择是否出卖其人力资本使用权；而当人们无法拥有生产资料时，出卖人力资本使用权是他们维持生活的唯一选择，此时，人力资本载体自身拥有所有权，而生产资料所有者拥有其使用权，如现代公司制中的雇佣员工。①

4. 产权的可交易性

人力资本产权的可交易性是指人力资本产权可以在不同主体之间转手和让渡的性质。与物质资本产权的交易相比，人力资本产权的交易只能是部分产权（使用权）在部分期限（契约期）内的交易，人力资本产权的所有权是不能进行交易

---

① 盖骁敏. 企业人力资本产权研究［M］. 北京：经济科学出版社，2005：54－56.

的，只能属于载体个人所有，所交易的产权在契约期结束后自动合法地回到所有者手中。人力资本的可交易性是人力资本流动的前提条件，在利益的驱动下，人力资本载体会自动流向收益更高、效率更高的部门，从而实现人力资本的有效配置。

除了上述特征之外，人力资本产权还有一些特征，例如，人力资本与其载体的不可分离性，正是由于该特征的存在，会产生委托—代理问题和激励问题。另外，还有人力资本使用权的不确定性及激励问题，该特征导致了逆向选择行为和道德风险的出现，以及随之而来的激励问题。

三、劳资冲突产生的原因

从某种意义上讲，市场里的企业是一个人力资本与非人力资本的特别合约。人力资本产权所有者与物质资本产权所有者在实现各自权利过程中形成了企业内部的劳资关系，而企业的劳资冲突源于人力资本产权所有者与物质资本产权所有者之间的相互博弈。在资本雇佣劳动的背景下，物质资本所有者凭借其强势地位，会剥夺人力资本所有者的某些权益。基于人力资本产权的理论性质以及人力资本产权主体与物质资本产权主体之间的互动关系，导致劳资冲突产生的原因有以下几方面：

（1）人力资本产权主体对物质资本产权主体的从属性和依附性。长期以来，由于物质资本的稀缺性，人们始终把物质资本看作资本的一般形态，是生产过程中起支配作用的生产要素，而人力资本作为资本的属性并没有得到人们的广泛认可。再加上人力资本不能独立地发挥作用，必须以物质资本为平台才能实现自己的价值，物质资本取得了对人力资本的支配地位。因此，企业中的人力资本所有者要服从物质资本所有者的管理，由于这种从属性和依附性的存在，人力资本所有者在劳资谈判中常常处于劣势地位，无法有效地保障自己权益的实现。

（2）人力资本产权主体和物质资本产权主体之间的信息不对称。与物质资本不同，人力资本具有难以度量性，我们很难直接观察到一个主体所具有的人力资本的数量和质量。这样，在人力资本产权交易中，人力资本所有者可能隐蔽自己的私人信息，通过提供不真实的信息来增加自己的福利，从而导致逆向选择行为。也有可能因为工作努力难以观察，或者即便能够观察到，也很难被第三方证实，因此，容易引发道德危机以及由此产生的各种机会主义行为。

在现代企业中，掌握创新能力、高新技术的劳动力要素对企业的成长和发展起到了关键性的作用，人力资本成为技术创新与价值增值的核心力量，人力资本逐渐成为稀缺性资源，建立一个物质资本与人力资本共同主导的双边治理模式成为企业治理的一种新的发展趋势。在这种趋势下，人力资本所有者的产权意识和谈判能力日渐增强，他们必然不满足于仅处于受雇佣的地位而要求在企业的产权中占有一席之地，在这种要求得不到满足的情况下，人力资本所有者和物质资本所有者之间的矛盾会加剧。

随着人力资本地位的提高，“劳动雇佣资本”的观点开始出现。其可以溯源于熊彼特的“资本家消亡论”和加尔布雷思的“权力转移假说”。熊彼特认为，资本主义经济在创新中发展的同时，资本家因无力应对新情况和新问题其使命将会趋于终结，新兴的知识分子将会取而代之成为企业的管理者。继熊彼特之后，加尔布雷思认为，企业“权力归于最难获得或最难替代的要素”，这种要素的供给者会成为企业所有权的控制者，即“权力转移假说”。在知识经济背景下，国内以周其仁、杨瑞龙和方竹兰等为代表的一批学者以此作为理论资源，从生产中要素的地位、稀缺程度和实际贡献出发，在企业的契约性框架内，以劳动要素即人力资本的产权特征为依据，提出了“劳动雇佣资本”的命题。

当人力资本产权理论出现后，人力资本的有效利用与激励就取决于对人力资本产权的安排。在只有物质资本产权、无人力资本产权的情况下，劳资关系表现为资本雇佣劳动关系。在人力资本产权确立的情况下，人力资本所有者的经济地位与物质资本所有者是平等合作关系，人力资本产权一方面保证了其所有者的权益不受他人侵犯，从而激励所有者有效利用人力资本；另一方面是规范使用者有效利用人力资本。这也就是说，对人力资本产权的合理安排可以改变物质资本产权所有者侵占人力资本产权所有者权益的现象，从而保证人力资本产权所有者分享到与人力资本价值相当的企业剩余价值。这样就可以大大减少因为产权权利与自身价值不成比例而产生的劳资冲突。

同时，人力资本产权的合理安排也可以使物质资本所有者与人力资本所有者目标趋向一致性。在人力资本产权缺位的情况下，物质资本产权所有者的目标是降低企业成本、追求利润最大化，而人力资本产权所有者的目标是追求自身收益的最大化，这使得有些人力资本所有者常常不惜牺牲企业长期利益而获取自身短期利益的最大化，由于双方经济利益目标的对立而引致劳资关系冲突。

如果对人力资本产权做出合理的安排，赋予人力资本产权所有者企业剩余价值和对企业的控制权，这样既满足了人力资本产权所有者对经济利益和相应权利的追求，从而激励人力资本的使用效率，同时也起到约束人力资本产权所有者的作用。这时，人力资本产权所有者就会由只注重企业的短期利益向更关注企业中长期利益转变，追求企业长期利润的最大化。当物质资本产权所有者和人力资本产权所有者共享产权权益时，双方的共同利益就会随之增加，任何一方的不合作，都会损害双方的共同利益，这样可以在很大程度上缓和双方的权利之争，从而使劳资双方共担风险、共享利益，相互制约、相互促进，劳资关系随之也会向和谐的方向发展。

第四节　“双产权制度”下的劳资关系研究

劳资关系能够反映出社会的生产关系性质，能够体现出劳动者的利益和社会地位，同时也是高质量和高效率劳动所必不可少的。只有劳动者的利益和相应的社会地位得到保障，劳资关系和谐稳定时，劳动的质量和效率才能最大限度地提高，才能创造出和谐社会所需要的物质基础。曹超认为，非公有制企业内劳资之间的矛盾已经不再是表层的、暂时的、仅涉及福利和待遇的矛盾，而是更多地开始触及深层的、长远的利益的博弈，在更大层面上牵涉人本身和制度的问题。劳资矛盾具体表现为双方谈判地位的不对称、契约的不完全性和产权的模糊性三个方面。①

人力资本产权与物质资本产权构成“双产权制度”，本书就从人力资本产权与物质资本产权构成的“双产权制度”来分析人力资本对劳资关系的影响。

一、双产权制度

在我国的社会主义由计划经济向社会主义市场经济转型的过程中，劳动和资本的关系问题不可回避地被提了出来。人力资本理论引入我国后，我国学者从人力资本理论出发，发展出人力资本产权理论，并将企业理解为人力资本所有者和物质资本所有者的产权交易契约，两种产权的所有者都在追求其产权价值的实现，即对剩余价值的索取权，认为人力资本所有者和物质资本所有者（也就是一般所说的资本家）同样具有索取剩余价值的权利。只有人力资本与物质资本合作的“双产权制度”②，才能在企业中实现共赢。

在人力资本理论兴起及受到重视之前，市场经济中的产权制度都是物质资本产权主导的“单一产权制度”。资本主义市场经济制度的基础是生产资料私有制和雇佣劳动。劳动力所有者与生产资料所有者的分离状态，使生产资料所有者不得不通过购买劳动力的方式，将劳动力与生产资料结合起来创造新价值；而劳动力所有者要生活下去，也必须出卖劳动力。劳动力使用价值的特殊性，即不仅能生产出自己的价值，还能为资本家创造出剩余价值，是资本主义生产方式的本质所在，也是劳动价值理论的核心所在。

在工业革命至今的悠久历程中，物质资本始终占据了经济发展的核心地位。

① 曹超．分析当前非公有制经济中劳资关系的现状及趋势［J］．理论界，2008（2）．

② 张秋惠，于桂兰．劳资关系的产权理论演化研究［J］．南京农业大学学报（社会科学版），2010，10（2）：47－52.

在过去的两三个世纪中，资本主义生产完成了从工厂手工业向机器大工业过渡的阶段，是以机器生产逐步取代手工劳动，以大规模工厂化生产取代个体工场手工生产的一场生产与科技革命，毫无疑问，在这场革命以及随后的工业经济时代中，物质资本始终是经济发展的推动力量，人力资本的力量还未兴起，谁掌握了物质资本谁就掌握了经济发展的命脉，这种影响一直持续到了今天。与此相对应，物质资本所有者即资本家一直都是经济发展的推动者，也是经济中剩余价值的完全剥削者，人力资本所有者即劳动者完全不能获得该剩余价值，其产权制度是一种资本独占利润、“见物不见人”的产权制度，在本质上是单一的和不平等的物质财产产权制度。所谓“单一”就是只承认物质财产的产权，不承认人力资本的产权。所谓“不平等”就是这种制度剥夺了人力资本的所有权，“物权”凌驾于“人权”之上。因此，这种产权制度“见物不见人”。在这种产权制度下，宪法规定了“私有财产神圣不可侵犯”，但没有承认人力资本是劳动者的私有财产，更没有规定劳动力这种劳动者的私有财产，也是神圣不可侵犯的。不只是在资本主义社会中，在我国社会主义市场经济中，这种“见物不见人”的产权制度也是广泛存在的，可以说，迄今为止，大部分雇佣劳动中的产权制度都还没有实现“物权”与“人权”的平等。

20 世纪 60 年代，舒尔茨、贝克尔等人提出了系统化的人力资本理论，90 年代，在引进人力资本理论和产权理论的基础上，我国学者提出了人力资本产权理论，对人力资本产权理论的研究，沿着两条线索展开：一条集中于企业所有权安排，尤其是国有企业所有权安排的讨论中；另一条集中于人力资本理论研究中。方竹兰①对人力资本所有者能否拥有企业所有权（即剩余价值索取权）的问题进行了回答，他指出：“创业者的人脑智慧应该进入投资内涵，即人力资本所有者应该拥有企业所有权。这一回答的根据首先在于，人力资本功能理论已经揭示了，在工业经济日益以知识、技能为根基，并逐步向知识经济过渡的时代，资金、机器、设备、厂房土地及未受过教育培训的自然型劳动力作为企业的生产要素已不占主要地位；相反，以人脑智慧即知识和创新能力为基本特征的人力资本所有者成为企业的关键性或主导性生产要素。当代美国著名的经济学家斯蒂格利茨明确指出，实际上，在经济增长的要素中，人力资本比物质资本更重要，估计在全部资本中占到 2/3 ~ 3/4（斯蒂格利茨，1993）。”由此可以看出，人力资本已经上升到了一个相当重要的地位，人力资本所有者也应当同物质资本所有者一样，共同参与企业剩余价值的分配，也就是人力资本与物质资本共同拥有企业的所有权。至此，企业中除存在传统的物质资本产权外，还存在人力资本产权，人

① 方竹兰．人力资本产权论［J］．经济理论与经济管理，1999（1）：36 -39.

力资本产权与物质资本产权相结合，便形成了所谓的“双产权制度”。人力资本参与分享企业所有权有着多种多样的实现形式，包括剩余索取权的分享（利润分享制）、股权分享、控制权的分享（共同治理）。尽管人力资本分享企业所有权有各种实现形式，但是从现实的企业制度安排来看，人力资本产权股份化，也就是将人力资本的贡献折合为一定数量的股份，与财务资本共同分享企业所有权是一种比较流行的趋势。

二、“双产权制度”对劳资关系的影响

由于人力资本理论的兴起，人力资本的地位逐渐上升，加上人力资本产权理论的出现，促使企业中出现了人力资本产权与物质资本产权即“双产权制度”，该制度解决了人力资本的剩余价值索取权问题，有利于促使劳动与资本的关系由冲突转为合作，对劳资关系也有积极的影响。

劳资关系是指劳动者与用人单位在实现劳动过程中建立的社会经济关系，它反映的是人力资本所有者与物质资本所有者之间的社会经济关系，尤其在现代企业制度中更是如此。现代企业制度的一大重要特征是劳资分离，即所有权与管理权的分离，职业经理人的兴起使得在公司中，即使是最高层管理者也只是雇佣劳动者，他本身并不拥有企业的所有权，仅仅是靠自身的人力资本来获取自身价值。在这之中，劳方与资方之间的关系也即人力资本所有者与物质资本所有者之间的关系就显得尤为重要，具体来说，这些关系包括工业民主（员工参与管理）、三方协商机制以及争议处理机制等方面，本书就从这几个方面来探讨“双产权制度”下的劳资关系。

1. “双产权制度”与工业民主（员工参与管理）

一个和谐、合作的劳资关系的突出表现就是工业民主，员工参与公司事务的管理。劳资关系是管理方与员工及团体之间产生的，由双方利益引起的表现为合作、冲突、力量和权力关系的总和。在资本主义发展之初，由于劳资双方力量的悬殊较大，只能是一方对另一方的剥削与压制，劳资矛盾剧烈，对抗严重，给企业和社会的健康发展带来了不稳定因素。随着双方力量的发展变化及博弈，加上国家劳动法律体系的完善，劳动者的地位逐渐上升，企业也越来越意识到缓和劳资冲突、让员工参与企业经营的正面作用。

人力资本地位的提高、人力资本产权理论及“双产权制度”的出现，都对这个过程起到了相当重要的推动作用。一方面，员工人力资本水平的提高大大提高了员工的自身素质，为员工参与公司事务的经营管理打好了基础，使员工具备了管理公司所必需的能力；另一方面，员工人力资本水平的提高也大大提高了员工讨价还价的能力，企业对高素质人才的需求总是大于供给，因此对高素质人才

的依赖性也就更大，促进了员工参与管理的实现。员工参与公司管理本质上就是劳方和资方共同拥有企业的所有权，“双产权制度”的出现，把人力资本产权和物质资本产权提到了同样的高度，人力资本产权和物质资本产权一样都具有获取企业所有权的权利，这为员工参与管理提供了理论依据。

若“双产权制度”得到确立，人力资本产权就成为和物质资本产权处于同等地位的权利，人力资本所有者就和物质资本所有者一样，都能够参与企业的管理，分享企业的剩余价值，这样，劳动者也就和资本家处在了同等地位，同样是企业的主人。劳资冲突的原因是劳动者受到了资本家的压迫，剩余价值受到了剥削，劳动者的地位及工作环境都得不到保障，“双产权制度”的确立会使这些理由都消失，劳动者也成了拥有人力资本的“资本家”，劳资冲突就能得到缓和，使劳资关系由冲突走向合作。现在很多公司的员工持股计划就是一种有益的尝试。

2. “双产权制度”与三方协商机制

根据国际劳工组织的规定，三方协商机制是指政府、雇主和工人之间，就制定和实施经济与社会政策而进行的所有交往和活动，即由政府、雇主和工人通过一定的组织机构和运作机制共同处理所有涉及劳动关系的问题，如劳动立法、经济与社会政策的制定、就业与劳动条件、工资水平、劳动标准、职业培训等问题。随着劳动关系运行的市场化、劳动关系运行的多样性和复杂性，单由政府、工人组织或雇主组织来处理劳动关系的机制已经不能适应经济社会发展的需要，迫切需要由代表雇主的组织和代表工人的组织通过协商共同处理劳动关系问题。

三方协商机制本质上是政府、雇主与工人之间的三方博弈，博弈的结果自然取决于三方之间力量的大小对比，力量强的一方自然有更大的可能来赢得对自己更有利的政策。一般来看，在这三方之中工人的力量是最薄弱的，工人的文化程度低，其组织也最松散，工人对资源的掌握也最少，政府有着至高无上的权利，雇主控制着大量的物质资本，而工人除了自身劳动力一无所有，这也导致了劳资矛盾的剧烈恶化。工人的人力资本提高及得到承认之后，其讨价还价能力大大增强，在与雇主的博弈中能够赢得更多对自己有利的政策措施，从而缩小工人与雇主之间地位的差距，缓和劳资矛盾，使劳资关系向着合作的方向发展。

3. “双产权制度”与劳动争议处理机制

劳动争议是劳动者、工会与雇主、雇主组织之间因劳动权利义务而发生的冲突。劳动争议发生在特定主体之间，是因为适用国家法律法规和订立、履行、变更、终止及解除合同等劳动权利义务而产生的争议与纠纷，既有履行劳动合同和集体合同方面的冲突，又有签订劳动合同和集体合同方面的冲突。劳动争议是劳动关系不协调的反映，如果不能及时预防和有效解决，就会引起停工、罢工，如最近的“本田停工事件”，影响经济发展和社会安定，只有妥善、合法、公正、及时处理劳动争议，才能维护劳动关系双方当事人的合法权益，维护和谐的劳资关系和社会稳定。

劳动争议的产生源于工业革命，工业革命后劳资之间的关系逐渐变得异常复杂，劳资双方由于利害关系而处于对立地位，资方是物质资本所有者，拥有企业的所有权，能够获得企业的剩余价值，而劳方只能出卖自己的劳动力，其生产的剩余价值受到资方的剥削。但是人力资本产权若能得到承认，在“双产权制度”下，劳方和资方共同获得企业的所有权，如员工持股，则劳方和资方的关系就会由对立转向合作，劳动争议也就会大大减少。对于争议处理来说，人力资本的提升也能够提高劳动者的地位，使劳方与资方之间的地位趋于平衡，只有双方的地位平衡才能够达成双方都满意的解决方案，有利于形成和谐的劳资关系。

工业民主、三方协商机制以及争议处理机制是劳资关系的不同表现方面，通过分别对以上三点进行分析可以看出，“双产权制度”对劳资关系有着极大的积极影响，人力资本产权对每一个方面的积极影响共同构成了对劳资关系的正面影响，为劳资关系由冲突向合作、由矛盾向缓和的转变起到了极大的促进作用。总的来说，在人力资本的影响下，劳资关系正在向越来越和谐、越来越合作的方向发展。

第七章　基于社会资本支配的劳资关系

劳资关系日益受到国内外学者的充分关注，但现有的研究主要从经济、政治或法律的视角进行，尤其强调法律调整劳资关系的作用，而忽视了社会资本这一跨学科的理念在劳资关系中的调整作用。基于社会资本视角，我们研究处于经济转型期的中国劳资关系问题时，就可以突破传统的劳资冲突与对抗的单向思维，以辩证的眼光和更为开阔的视野来看待企业劳资关系中的冲突和合作。社会资本的引入拓宽了劳资关系的研究视角。劳资关系具有复杂性和多样性，如果把视野局限于某一个领域、某一个分析思路上，不论发掘得多么精深，都是不充分的。劳资关系从理论到实践已分化出许多专业化的发展问题，诸如产权制度、治理模式、分配结构等专业问题，因此，我们有必要走出经济这一“纯洁的堡垒”，重新重视早期发展经济学所强调的非经济因素（社会、政治、文化、道德等）分析。社会资本概念的提出恰好符合劳资关系理论深入研究的需要。

第一节　社会资本的含义

“社会资本”这个字眼很早就出现在一些著作中，像亚当·斯密、约翰·穆勒等人，他们所谈到的社会资本和马克思在《资本论》中所谈到的社会资本一样，都是单个个人资本的综合而成为社会资本。庞巴维克的社会资本的观点比较新颖，他说：“我们将把那些用来作为在社会经济方面获得财货的手段的产品叫作社会资本，或者由于只有通过生产才能有这种获得，因此，我们把那些被指定用于再生产的产品——简言之即中间产品——叫作社会资本。”①。从他们的文字中可以看出，他们的社会资本理论仍然属于物质资本的范畴。这里谈到的社会资本是一个全新的、区别于物质资本和人力资本的概念，许多学者都对此有过定义，比较具有代表性的观点如下：皮埃尔·布迪厄认为，“（社会资本是）真实或虚拟资源的总和。对于个人和团体来说，由于要拥有的持久网络是或多或少被

① 庞巴维克．资本实证论［M］．北京：商务印书馆，1982：73.

制度化了的默认和认可关系，因而它是自然积累而形成的”①；罗伯特·D. 普特兰认为，“‘社会资本’指的是社会组织的特征，例如信任、规范和网络，它们能够通过推动协调和行动来提高社会效率”②；詹姆斯·科尔曼认为，“社会资本的定义由其功能而来；它不是某种单独的实体，而是具有各种形式的不同实体；其共同特征有两个：它们由构成社会结构的各个要素所组成；它们为结构内部的个人行动提供便利”③；亚力山德罗·波茨指出，“社会资本指的是，处在网络或更广泛的社会结构中的个人动员稀有资源的能力”④；埃莉诺·奥斯特罗姆认为，“社会资本是关于互动模式的共享知识、理解、规范、规则和期望，个人组成的群体利用这种模式来完成经常性活动”⑤；弗朗西斯·福山认为，“社会资本是一种有助于两个或更多个体之间相互合作、可用事例说明的非正式规范”⑥。

从他们的论述来看，他们对社会资本的理解至少有这么几个缺陷：一是片面注重了社会资本的社会性，忽视了它的资本性；二是这些定义都带有一定的片面性，只是从某一个角度出发去加以解释；三是社会资本的内容和定义分得不是太清楚，存在着用内容替代定义的现象；四是没有区分社会资本和社会资源的关系，将两者等同起来。在此，我们给出的社会资本的定义为：它是存在于社会网络和社会组织中的能够为利用它的主体带来收益的一种要素，这种收益并不单是一种经济利益，它还可以是一种效益或福利，并且在不被利用的时候它是以一种社会资源的形式存在的。这个定义的优势在于一是它考虑了社会资本的资本属性，即一种获利的手段；二是它考虑了它的社会属性，也就是存在于社会组织和社会网络为社会人带来社会福利和效益的能力；三是将社会资本的定义和它的内容区别开来，社会资本不等于社会网络和社会组织；四是从经济学的角度将社会资本和社会资源区别开来，这种存在于社会网络和社会组织中的潜在的获取收益的要素只有在运用于经济目的时才能够变成社会资本。

物质资本可以用货币、机器、材料等实物体现出来，人力资本也可以通过知识、技能表现出来，社会资本也有它自己的表现形式。詹姆斯·科尔曼认为社会资本有义务与期望、信息网络、规范和有效惩罚、权威关系、多功能社会组织、

---

① 皮埃尔·布迪厄，卢瓦克·瓦昆特. 反社会学的导论［M］. 芝加哥：芝加哥大学出版社，1992：119.

② 罗伯特·D. 普特兰. 繁荣的社群——社会资本与公共生活［M］//李惠斌，杨雪冬. 社会资本与社会发展. 北京：社会科学文献出版社，2000：155.

③ 詹姆斯·科尔曼. 社会理论的基础（上）［M］. 北京：社会科学文献出版社，1990：333.

④ 亚力山德罗·波茨. 经济社会学与移民社会学：概念性的总看法［C］//亚力山德罗·波茨. 移民经济社会学：网络，民族关系与企业家论文集. 纽约拉赛尔基金会，1995：12.

⑤ 埃莉诺·奥斯特罗姆. 社会资本：流行的狂热抑或基本的概念？［J］. 经济与社会体制比较，2003（2）.

⑥ 弗朗西斯·福山. 社会资本、公民社会与发展［J］. 马克思主义与现实，2003（2）.

有意创建的组织六种形式[①]；罗伯特·D. 普特兰的社会资本定义中包含信任、规范和网络三种内容；埃莉诺·奥斯特罗姆把家庭结构、共享规范、先例习俗、规则体系等看作社会资本的形式[②]；亚力山德罗·波茨和帕特里夏·兰多特在他们的论文中把用于反社会目的的黑社会组织、卖淫和赌博集团以及青年帮派等社会网络归入社会资本遭到了李惠斌等人的反对[③]；张其仔把社会资本与社会网络画上了等号[④]。综合他们的观点并加以修正和补充，社会资本的内容主要有以下几个方面：一是社会关系，包括天生的血缘关系、地缘关系和后天建立的社会关系；二是社会组织规范；三是制度，包括正式的和非正式的制度；四是信任。

第二节　社会资本是研究劳资关系的新视角

社会资本与人力资本都是无形的资本，两者具有一定的相似性，它们的联系和区别可以用图7－1来表示：

图7－1中显示的是三个人之间的关系，人力资本存在于各点之中，连接各点的线段代表社会资本[⑤]。社会资本和文化资本是不一样的，文化资本只有形成一种固定的人与人之间的关系才能转化成社会资本。马克斯·韦伯通过分析东西方宗教文化的差异对人的影响得出西方资本主义快速发展的原因；东方的儒家文化所形成的人与人之间的关系也是一种不同于西方的社会资本形态。社会资本也有别于知识资本，知识资本是一种有价值的知识，也包括信息在内，它体现出的

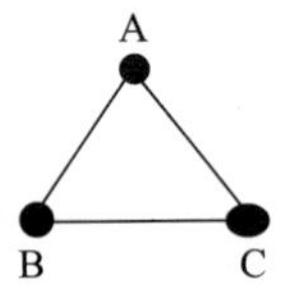

图7－1　社会资本与人力资本的联系与区别

---

① 詹姆斯·科尔曼. 社会理论的基础（上）［M］. 北京：社会科学文献出版社，1990：337－345.

② 埃莉诺·奥斯特罗姆. 社会资本：流行的狂热抑或基本的概念？［J］. 经济与社会体制比较，2003（2）.

③ 参考李惠斌《社会资本与社会发展引论》一文，载《马克思与现实》2000年第2期。李惠斌在文章中指出，波茨犯了逻辑上的错误，这种说法是不正确的，社会资本是一种资本，是资本就应该是中性的，不存在好的资本和坏的资本之说，只存在将资本用在有利的用途和不利的用途之说。埃莉诺·奥斯特罗姆、迈克尔·武考克在他们的文章中都指出了社会资本被滥用的可能性。

④ 张其仔. 社会资本论［M］. 北京：社会科学文献出版社，2002：104.

⑤ 詹姆斯·科尔曼. 社会理论的基础（上）［M］. 北京：社会科学文献出版社，1990：335.

是人和物或者人和人的联系，应该说知识资本和社会资本有一定的重合部分，它们最大的区别在于知识资本内生于经济主体之中，而社会资本则是一种嵌入的结果。

社会资本理论的提出，进一步深化了人力资本理论的研究内涵，从单纯的个体研究扩展到群体研究，乃至扩展到社会关系层面的研究。当社会资本理论从社会关系层面研究人时，人力资本理论研究的触角延伸到了更广阔的空间，人力资本理论具有更广阔的研究前景。显然，社会资本理论为整个资本结构理论的研究与发展翻开了新的一页。对劳资关系的研究，也从物质资本和人力资本的角度拓展到了存在社会资本的三维角度。个人、企业和国家的物质资本、人力资本和社会资本构成不同，就形成了不同的劳资关系，社会资本是劳资关系研究的一个新的视角。

社会资本是社会和资本的复合词。“资本”一词显然是属于经济学范畴的概念，而“社会”一词当然应该属于社会学范畴的概念。因而，社会资本是一个社会学和经济学相互交叉的词汇。在这里，我们将其定义为，社会资本是存在于社会网络和社会组织中的能够为利用它的主体带来收益的一种要素，这种收益并不单是一种经济利益，它还可以是一种效益或福利，并且在不被利用的时候它是以一种社会资源的形式存在的。

从社会资本概念、主要内容看，社会资本已经超越物质资本和人力资本，它可以在一个更高的平台上发挥作用，可以协调物质资本所有者、普通劳动者和人力资本所有者之间的关系，对构建和谐的劳资关系产生一种积极向上的力量。在这种新的视角下来看，劳资关系将会从冲突慢慢走向合作。

社会资本主要有社会关系、社会组织规范、制度和信任，正确运用和积累社会资本，对劳资关系演进有积极的影响，有助于构建和谐的劳资关系。主要表现在以下两个方面：

在微观方面而言：第一，减少交易成本。社会资本可以减少交易成本，在个人的社交网络内，交易成本始终要低，同时个体的信用水平、声誉也有助于减少交易成本，从而有助于减少劳资方面的冲突，缓和劳资关系。第二，有助于增加物质资本和人力资本。社会资本通过社会网络、人际关系的协调，促进人们之间的互动和合作，从而提高了工作等效率，增加物质资本和人力资本，这有助于劳资关系缓和。第三，协调劳动者及其组织与用人单位及其组织之间的关系，这直接对构建和谐劳资关系产生了积极的影响。

在宏观方面而言：第一，可以调节社会分配，社会资本影响着以市场为基础的交换和分配，有助于社会公平。第二，增强社会凝聚力，促进社会的融合，社会资本可以促进群体成员为了共同的利益进行协调和合作，这促进了工会内部合作，也协调了资方和劳方的利益。第三，减少信息不对称，社会网络有利于信息的传播。第四，影响资源的分布。在同一个大的社会网络中，资源的分布是比较均匀的，但是在不同的社会网络之间，分布不均匀，这要求增加社会资本，构建大的社会网络。以上都有助于促进劳资合作，缓解劳资冲突，构建和谐的劳资关系。

第三节 社会资本在劳资关系中的嵌入

一、社会资本概念的界定及内涵的解释

1980 年，法国社会学家皮埃尔·布迪厄（P. Bourdieu）在《社会科学研究》杂志上发表了题为《社会资本随笔》的短文，正式提出了“社会资本的概念”，此后经过詹姆斯·科尔曼、亚力山德罗·波茨、罗伯特·普特南、肯尼思·纽顿、罗纳德·伯特等一大批学者对社会资本做了丰富的阐述，他们从各种视角、各种学科背景对社会资本的概念、形式和作用机制做了大量的开拓性研究，然而，对于究竟什么是社会资本，学术界至今仍然没有一个统一的说法。综合各领域对社会资本的研究，总体上看，结构观、能力观和资源观是目前最常见的社会资本的界定方法。那么，它究竟是指某种网络结构，或是指通过这种结构可以获得的资源，还是指获得这种资源所拥有的能力呢？在对社会资本嵌入劳资关系研究之前应该明确这个答案。笔者的看法是，这些单一的提法都显得比较浅薄，难以准确把握社会资本这一理论概念，本书将从以下几个方面来把握社会资本，以便从社会资本角度来研究劳资关系。

（1）“合作规范”这一概念在许多社会资本的定义中都出现过，我们可以用具体的现象来阐述它，合作规范可能包括企业的雇主和雇员能在工资、福利、劳动条件上互为对方考虑，体现合作，最终达成和谐。这些都是在一定的文化、道德、伦理的基础上逐步形成和发展的，它与非正式制度紧密联系。

（2）“网络团体”包括俱乐部、合唱团、教会、宗教群体等。网络团体对于促进群体参与、关系网络的构建以及民主的促进和社会的整合起着重要的作用，因此，网络团体在很多学者的定义中都有所阐述，在劳资关系的双方中，企业就是一个大的网络团体，而工会、职代会等劳动者组织也是一种网络，也可以表征某种类型的社会资本形态。

（3）信任是社会资本定义中一个很重要的子概念，一种信任是在固定可靠的基础上和你经常接触的人之间建立的信任（如朋友和家人）；另一种信

任是与陌生人之间建立的信任，和陌生人建立的信任关系经常被归为广义的信任。

正是基于对规范、网络和信任的认同以及它们对和谐劳资关系的建立的重要意义，笔者给出了本书所界定的社会资本的定义：社会资本有利于促进集体行动的规范和信任网络，它是文化、非正式制度的延续，它的载体是国家（政府）、组织（企业）与个人（劳动者）。

社会资本的载体既包括微观层面上的个人，中观层面上的组织、社区等，还包括宏观层面上的省、国家等。因此，社会资本可以分为微观社会资本、中观社会资本和宏观社会资本三大类。

二、社会资本在劳方、资方、政府三方中的表现形式

一般认为，劳资关系主要涉及三方利益主体，即劳方、资方和政府，三方各有自己的特定利益，其中劳资双方之间的博弈是形成特定类型劳资关系的基础，而政府作为调解双方利益的中立者在劳资关系中发挥着重要的作用。资方的利益，一是追求资产的安全性，二是追求利润最大化，三是作为大股东尽量掌握对企业的控制权。劳方的利益，一是追求工资和福利的最大化（包括工作条件、福利和社会保险等），二是追求良好的工作环境和人际关系，三是追求工作的成就感。政府维护国家利益和预算最大化，当企业总收益既定时，借助于行政权力，希望分配给资方和劳方的尽可能少①。社会资本通过在劳方、资方、政府构建的三维网络中的嵌入，在不同的层面有不同的表现形式。

第一，在宏观层面，也就是社会资本的载体是国家（政府）的时候，社会资本表现形式主要是信任和规范。信任即国家成员之间所具有的信任关系，规范往往跟诚实、遵守诺言、履行义务及互惠之类的传统美德存在联系，显然，信任、规范等可以减少机会主义行为，解决“囚徒困境”问题，有利于集体目标的达成，因此，宏观社会资本的表现形式就是如信任、规范等集体内部成员共同拥有的软性资源。

第二，在中观层面，社会资本的载体是组织（企业）、社区时，社会资本的表现形式主要是责任和互惠，这种表现形式促进企业成员包括资方、劳方的互惠合作，直接服务于双方的公共利益。

第三，在微观层面，社会资本的载体是个人（劳动者）时，社会资本的表现形式主要是能力和资源，资源不是个体直接拥有，但却是嵌入在个体社会网络中，可以被个体行动所摄取，着眼点是凭借能力获取资源，功能是为个体行动带

---

① 吴宏洛．劳资关系新论［M］．北京：社会科学文献出版社，2011.

来便利，直接为个体服务。例如，劳动者可以凭借个体社会资本在劳动力市场获取职业介绍、信息服务等，增强就业的比较优势。

三、社会资本在劳方、资方、政府三方关系中的作用机理

资本的任何形式，无论是物质形式还是非物质形式，都代表了能产生一束利益的一种资产或一类资产。社会资本产生的一束利益，或者是社会资本影响劳资关系的作用机制，包括几个相关的因素，如信息分享（信任）、互利互惠的集体行动和资源摄取等。反过来，这些利益又能给个体（劳动者）、资方（企业）和政府带来更多的好处。

（1）宏观社会资本的载体——政府通过规则、程序和先例建立起社会网络，塑造社会结构，提供规范发展的社会环境和政治环境，促进网络内成员共享信息，为采取正的集体行动的各方提供和谐的土壤。例如，在劳方、资方、政府三方关系中，政府扮演第三方管理者角色，为劳资双方提供互动架构与一般性规范；扮演法律制定者角色，通过立法规制劳资双方，包括工时、工资、安全和卫生的最低标准等；出现劳资争议时，政府提供调解与仲裁服务；政府作为公共部门的雇主，引导劳资关系，政府还是收入的调节者。宏观社会资本实际上是一种外部期权，它的载体政府为博弈方提供了制度规范和信任预期，并且在不断的重复博弈中，寻找到一种协调机制，使得劳资双方建立“承诺—信任”关系，实现信息共享，在劳动力市场上，有助于各自寻找到合适的买方和卖方，在企业治理结构上，有助于协商签订合约、遵守政府规制，并且在出现争执和违约的情况下，能够较好地履行合约，通过这些方式提高经济效益，增加劳资合作的长期利益。事实上即使得劳资双方在未来获得了外部期权。

（2）中观社会资本的载体——企业（资方），中观社会资本的表现形式是责任和互惠，中观社会资本的载体——企业基于社会资本的生成和开发，对内表现为企业内部社会资本，对外表现为企业外部社会资本。在劳资关系中，企业对内融合组织内部的行为主体，起到劳方和资方之间的“黏合”作用，资方奉行“社会人”而非“经济人”的伦理实践，其合作则是“价值理性”意义上的劳资双方相互尊重，彼此互惠。例如，在现代市场经济中，企业越来越认识到，企业要生存并求得长远发展，除了要实现企业的经济目标外，也要充分考虑并满足雇员的经济和非经济要求，包括工作需要、自我实现和自我发展的需要、安全感和有意义的工作前景的需要等，从“追求利润最大化”的传统经营观，转变到“互惠共赢”的现代管理理念上来，以人为本，用德性、正义等伦理价值去关心员工的全面发展和相关者利益；从传统的“我养活你”的资本雇佣逻辑转变到和谐共存的新型劳资关系上来。企业对外则意识到必须对社会负有相应责任，积

极倡导、推广和实施企业社会责任运动，这种企业外部社会资本反过来也有利于提高企业声誉和形象，增强企业竞争力，有利于企业吸引人才，提高人力资源管理水平。

（3）微观社会资本的载体——个人（劳动者），微观社会资本的表现形式是能力和资源，在劳资关系中，劳动者不是孤立的行动个体，而是与劳资各方包括政府在内的网络发生种种联系的纽带，劳动者的社会资本来源于个体自我之外的社会网络，着眼点在于个体从外部获取资源，归属于劳动者这一个体，其功能在于为个体行动带来便利，直接为劳动者服务。此时表现为一种能力，例如，劳动者通过嵌入在劳资网络中的信息、机会、知识，主动去获取知识，提高技能，提高劳动者自身素质，加大个人人力资本投资，加强摄取网络内资源的能力，这本身就是一种微观社会资本的运用。

第四节 积累社会资本，构建和谐劳资关系

目前，我国的社会资本存在大量的问题，这对构建和谐的劳资关系造成了不少障碍。例如，我国从个人到企业乃至国家，整个社会的信任缺失，缺乏一个良好的信任环境和制度；法律制度不健全，道德规范的约束力不够，在劳资关系方面，也缺乏一套完善的法律体系；社会关系网络复杂错乱，大部分工会的作用不能得到发挥，甚至好多企业没有工会等。基于社会资本理论，构建和谐的劳资关系需要重视社会信任建设，完善社会规范，协调社会关系，从而化解劳资冲突，减少引发劳资不和谐的因素。充分发挥社会资本作用，注重将社会资本转换为物质资本和人力资本，大力培育和积累社会资本，增加社会资本存量，是构建和谐劳资关系的重要路径。

一、重视社会信任建设，增进劳资关系各个主体间的理解与合作

信任是社会资本重要的因素，没有任何东西比信任更具有重大的实用价值，信任是社会系统的重要润滑剂。社会信任程度的每一次提升，都会减少交易费用，降低交易成本，促进并提高团体和社会的凝聚力。通过培育社会资本，重建个人信任、企业信任与政府信任，可以进一步增强社会的普遍信任，协调劳资关系。从劳资关系的各主体看，社会资本中的信任能使不同主体之间易于合作、彼此理解，使劳方、资方与企业管理者和政府组成的第三方达到一种互利互惠的共赢状态。当不同主体内外部成员对彼此关系和行为感到可信可靠时，构建和谐劳资关系就有了思想基础。目前，我国社会上的信任出现了一定的危机，一些不法

企业和“山寨企业”破坏了商界的信誉，社会上的个人诈骗行为也是层出不穷，加强信任建设已迫在眉睫。建设社会信任是通过构建和宣扬社会良好的习俗与道德风尚来实现的。应把诚信教育作为重建社会价值的着力点，树立全社会对信任的认同和支持。当全社会形成普遍信任的风气时，劳资关系各主体之间的信任才能实现。每个劳动者应该做到诚信，加强自己的技能训练，积累人力资本，以积极的工作态度回报企业；企业应当建立良好的信任观念，树立好的形象和声誉，政府同样要加强信任建设，以人为本，深化政务公开，塑造正面形象。

二、完善社会规范，减少劳资关系各主体间的对立与冲突

有效规范是一种作用很大的社会资本。在集体内部，规范是极重要的社会资本，这类规范要求人们放弃自我利益，依照集体利益行事。劳资关系各主体间特别是劳方和资方之间的冲突非常尖锐，但是通过培育社会资本，完善社会规范和法规，阶层间的和谐共生是可以实现的。

首先，通过有效制度规范劳资关系各主体之间的关系，使不同主体共享社会发展成果。政府应采取有效措施缩小各主体间的收入差距，构建公平的社会流动机制，完善社会收入分配方式，增加劳动者的收入。减少社会上少数高收入阶层对资源的占有和垄断，增加社会中间收入阶层的比例，对社会低收入阶层给予社会保障和救助，减少低收入阶层成员的数量。加强政府对劳资关系的管理，建立合理的协调机制，促进劳资双方由冲突走向合作；进一步完善社会保障机制，拓宽社会保障制度的覆盖面，并尽快确立工伤保险制度，建立面向农民工及其他流动劳动者的大病或疾病住院保障机制和社会救援制度。

其次，完善法律法规。构建和谐劳资关系需要法律法规的保证。法律法规是正式的规范，为了实现社会的公平正义，防止劳资关系各主体间差距进一步扩大，国家应出台相应的法律法规。完善的法律规范有助于抑制贫富两极分化，让各个主体都感受到社会的公平公正，消除造成劳资关系冲突的制度性根源，构建和谐的劳资关系。一方面，我国劳资关系的相关法律法规有些滞后，急需完善相关法律来规范。国家立法机构应该通过完善劳动法律体系，提供各种劳资关系法律规则，把劳资关系主体的行为限定在有法可依的框架之内，以增强法律效度。另一方面，我国的劳动监察力量远远不能满足劳动管理需要，因此要建立一支具有较高的劳动法律素养和相关知识的劳动监察队伍，要加大执法力度和劳动监察力量。

三、协调社会关系网络，加强劳资关系主体间的沟通与交流

社会资本中的社会关系网络是协调劳资关系的重要途径。社会网络包括横向

联系的网络和纵向联系的网络，横向联系的网络是把具有相同或相近地位和权力的人们结合在一起，而纵向联系的网络是将不平等的行为者结合到不对称的等级和依附关系之中，它们最大差别是成员之间有等级，各成员在网内利益分配是不平等的。培育社会组织，建设劳资关系主体横向联系的网络是协调劳资关系的重要方式，这样他们会为了共同的利益目标而做出努力。

构建和谐劳资关系，我们应充分发挥工会的组织作用。我国有相当一部分企业没有成立工会组织，促进工会组织的建立和普及是当务之急，必须突出工会组织的广泛性，建立区域性和行业性的工会组织，在更高的层次上，让更专业化的组织与资方进行集体合同的协商，使劳动者的维权更加有效。工会是工人阶级自己的组织，必须落实民主选举和民主决策及内部民主治理制度，工会的领导必须由工人经严格的民主程序选举产生，选举要民主化、公开化。同时，工会必须要保持自己的独立地位，提高维权的能力。我们还应该建立其他的社会网络和组织，社会组织的健康发展必然带来社会资本存量的增加，不同主体可以通过参与社会网络、组织加强沟通和交流，增加信任和理解，从而构建和谐的劳资关系。

四、从宏观、中观、微观方面为和谐劳资关系运行提供保障

第一，宏观层面，应充分发挥政府构建社会资本的主导作用，为资方、劳方之间建立有效的沟通机制。一般看来，政府和资方、劳方之间社会资本的培育离不开三方的互动。但进一步讲，政府在社会资本的培育中具有更基础性的作用。原因在于，相对于劳资双方而言，政府具有“暴力潜能”和对企业、劳动者（工会）的规范能力，同时具有高度的组织化特征。由此，政府的作为对它们有强烈的示范作用。同时，社会资本的培育也需要一定的基础条件，而这些基础条件在某种意义上只能由政府来提供，尤其是转型的发展中国家。因此，在和谐劳资关系的构建中，政府应该在社会资本的培育上扮演更为积极的角色，具体来讲，一是提供社会基础设施，规范政府职能，构建服务型政府，通过建设全社会诚信、互惠、守约和敬业等商业道德文化，完善法制手段，促使社会资本走向规范化，进而推动社会信任水平的逐渐提高。这里的社会基础设施主要指一系列正式的制度安排，如法律，以及非正式的规范，如信任和责任等。例如，规范劳动力市场，健全劳动立法，通过法律、道德、伦理规制资方行为，增强劳方的谈判能力。二是鼓励各种合法的劳动者组织或协会的建立和发展，将分散的劳动者集中成一个相对的整体，并且不断提高这种组织或协会的作用力和影响力，如工会、职代会等组织。

第二，中观层面，对于企业、资方而言，应该强调以责任和互惠为核心的企业社会资本的治理模式，在企业中建构互惠型的企业文化，增强劳资双方的心理

契约；建立企业社会责任制度体系，推进企业社会责任标准的认证，并且，企业的社会责任不应当仅仅局限在劳资关系法律调整的范畴内，而且应该成为企业人力资源管理的一种重要方式，其根本目的，在于通过强调并关注员工的需求与切身利益，不断挖掘员工的潜力，实现企业与员工的共同成长。

第三，从劳方的角度，增强自身讨价还价的能力资本，加强自身人力资本投资，提高自身价值和知识的专有性；积极参加工会、职代会等组织。

第三部分 资本结构与劳资关系

第八章　珠三角地区资本结构与劳资关系的实证研究

资本范畴是经济和社会领域最流行的概念之一，广泛应用于很多学科的研究，被认为是解释经济发展的重要因素。资本的不同表现形态吸引了很多学者和实践者的关注。由珠江沿岸广州、深圳、佛山、珠海、东莞、中山、惠州、江门、肇庆9个城市组成的珠三角地区处于广东省经济发展的前列。在珠三角地区的体制转换过程中资本形态发生了变化，劳资关系与资本形态的转变呈现出既统一又矛盾的动态关系。本书指出了资本现象的不同形态、变动趋势及其对劳资关系的影响，所关注的基本问题集中于珠三角5个城市的物质资本、人力资本和社会资本与劳资关系的互动关系。本章由以下几个部分组成：第一节是回顾资本形态及劳资关系的相关文献，第二节阐述了珠三角5个主要城市的资本和劳资关系评估与相关关系的实证分析方法，第三节是结果分析与结论，第四节是政策建议。

第一节　文献回顾

资本形态变化首先表现为物质资本本身的发展趋势。这方面的研究可以追溯到马克思的经济增长理论。马克思认为，在高投资和高资本积累的过程中伴随着资本有机构成的提高，而资本有机构成的提高将降低利润率，即高投资伴随的资本有机构成的提高降低了资本回报率，低投资回报率将使得经济增长不可持续。唐国华（2011）经过对马克思经济增长理论的扩展分析得到结论：资本有机构成的提高导致了劳动收入占比的下降和资本收入占比的上升，而宏观经济的均衡增长必须建立在劳动收入的增长与经济增长协调一致的基础上，均衡增长的实现要求经济增长的成果要为普通劳动者所分享。这个结论为物质资本动态变化过程中和谐劳资关系的必要性提供了理论支撑。

从资本劳动的替代弹性方面的研究可以发现资本与劳动之间相对运动的内在规律。Jang－Ting Guo 和 Kevin J. Lansing（2008）通过测度要素收入份额的周期性，得到了资本劳动替代弹性与劳动资本波动的关系。他们发现，较高的资本劳动替代弹性产生了劳动时间更大的波动，但资本的波动较小。当资本劳动的替代弹性大于1时，较高的劳动—资本的比值引起劳动的收入份额顺周期运行；当资本劳动替代弹性小于1时，劳动的收入份额呈现反周期特征，并且对周期性冲击的反应更加敏感。该结论通过美国1953～1998年的时间序列数据分析得到证实。

吕小柏和李红松（2010）认为，在总产出不变的情况下，由于人均资本增加，资本劳动替代弹性大于1时，将导致劳动的总收入减少；替代弹性小于1时，劳动收入份额增加。资本—劳动相对价格变化对两者相对使用量的影响受到技术因素的制约。由于边际替代率的递减效应，当两者的相对价格变化到一定程度，即使资本价格相对更便宜，也不易引起资本替代劳动，寻找资本—劳动替代的拐点具有重要意义。在进入拐点之前，等量资本可以替代更多劳动，容易引起资本对劳动的过度替代；进入拐点后离拐点越远，增加等量资本只能替代越来越少的劳动，此时，资本替代劳动对要素收入份额的影响将会显著减轻。

作为物质资本和劳动力以外的另一种重要的投入要素，Lucas强调人力资本是经济持续增长的引擎，人力资本不仅能够节省生产中劳动和物质资本的使用数量，而且作为知识产品的载体，人力资本具有外部性和技术消化吸收效应，因此也是经济增长方式转变的重要因素。

人力资本积累与物质资本积累之间存在互相促进的关系。Grier（2005）分析了撒哈拉以南非洲21个国家的数据结论：人力资本（适龄人口平均受初等教育年限）每增长1个百分点将导致物质资本增长0.49个百分点，物质资本每增长1个百分点使得人力资本增长0.22个百分点。胡永远（2005）遵循Grier的分析框架研究了1996～2000年中国省际物质资本和人力资本的相互关系，结果表明，人力资本存量（从业人员平均受教育年限）每增长1个百分点将导致人均物质资本存量增长2.68个百分点，人均物质资本存量每增长1个百分点将导致平均受教育年限增长0.165个百分点。

人力资本积累与劳动力价格、劳动者收入份额之间存在正相关关系。劳动力价格偏低导致市场价格机制难以发挥作用（蔡昉，2005），在劳动力市场化程度高的地区，工资上涨通过技术进步引致效应及人力资本引致效应对经济增长产生贡献（李平、宫旭红、张庆昌，2011）。

在一个社会中，物质资本、人力资本、金融资本和社会资本构成一个社会的资本总和，且相互作用。Putnam（1993，1996）指出，社会资本通过协调和行动提高投资于物质资本和人力资本的收益，尤其是在人力资本创造中具有不可替代的作用。

如果说资本发展规律是生产力，那么劳资关系则是生产关系，是由资本发展

规律主导的资本与劳动关系的表现形式。总体来讲，劳资关系的和谐程度与经济增长有正相关关系（龚基云，2006）。但是在资本的不同发展阶段，劳资关系呈现不同的特征。

在经济增长具有明显投资驱动的经济中，资本明显处于强势主导地位，劳动处于弱势地位，劳动者工资在国民收入中的比例逐渐减少就是“强资本弱劳动”分配格局的重要表现。由此导致劳资双方围绕利益分配产生的矛盾日益增多（郑双雨，2011）。

张秋惠和于桂兰（2010）从产权的角度，按照两条主线探讨了我国劳动与资本的关系问题。一条从劳动价值论出发，将研究聚焦到劳动力产权制度上，提出了由“物质财产产权”和“劳动力产权”构成的“双产权制度”理论；另一条从人力资本理论出发，将企业理解为人力资本所有者和物质资本所有者的产权交易契约，提出了由“物质资本产权”和“人力资本产权”组成的“双产权制度”理论。“双产权制度”理论为建立不同资本条件下的合作型劳资关系提出了新的视角。

管理学领域提出了冲突管理对策，包括集体谈判、三方协商、共同参与、利润分享等劳资关系协调机制，在提高工人的主动性、积极性和创造性及构建和谐劳资关系方面起到了一定的作用。然而，李稻葵（2010）指出，我国当前劳动份额在初次分配中的比重呈下降趋势以及由此带来的相关问题，应该依照经济发展的客观规律，健全高效、可持续发展的现代市场经济劳动体系，工资集体协商机制等措施对于提高劳动报酬在初次分配中的比重不具有决定性的意义。

已有的文献并没有指出不同资本在时间上的发展规律，但是从这些研究也可以得出一个重要结论，即从不同资本在特定经济体中的重要性来讲，不同发展阶段又存在不同资本占主导的资本结构。根据资本—劳动替代的“拐点论”，经济发展的初期总是伴随着物质资本的积累，物质资本将在相当长的时期占据经济增长的主导地位；由于资本劳动的边际替代率递减，当物质资本积累处于一定阶段，产生对人力资本更多需求，人力资本则成为这个时期的主要资本；只有经济持续发展，政治文明发展到一定程度，信任、规范、网络和社会公德等社会资本才有可能成为推动经济发展的主导力量。

第二节　研究方法

本章的主要目的是在资本理论及其与劳资关系的相关性理论基础上，对珠三角地区根据其物质资本、人力资本与社会资本表现排序，并进一步分析资本结构的特点、趋势以及与劳资关系的相关关系。为了考察资本在珠三角地区的现状，先创建一个资本指标体系，以便应用于实证研究。不同类型的资本以及各自的评价指标如下：①物质资本：用全社会固定资产投资与地区生产总值的比值计算。②人力资本：用研究与开发从业人员占社会从业人员的比例表示。③社会资本：用社会服务业与卫生、社会保障和社会福利业从业人数占总就业人口比重计算。④劳资关系：职工工资总额占 GDP 的比重。其中，价格指标使用广东省 GDP 平减指数进行了调整。

本书认为，这些指标对测度资本是至关重要的因素，可以较好地反映物质资本、人力资本、社会资本与劳资关系情况。但是，由于本书是测度区域层面的资本，更加注重统计数据的可得性，使指标的代表性存在不够全面的问题，例如，用社会服务业与卫生、社会保障和社会福利业从业人数占总就业人口比重表示社会资本忽略了信任、规范、网络和社会公德等社会资本的核心范畴。数据来源于各地市统计年鉴，由于部分城市的年鉴资料不全，本书仅对 6 个城市做了分析。

首先，根据指标测算结果比较了 2009 年珠三角地区 6 个城市各类资本与劳资关系现状。其次，对 1980～2009 年深圳、珠海、中山和肇庆的物质资本与劳资关系进行了回归分析，对广州市 1980～2009 年物质资本、人力资本、社会资本与劳资关系进行了回归分析，以验证各类资本对地区劳资关系是否具有决定性作用。回归方程如下：

$$R = C1 + C2 \times K + C3 \times H + C4 \times S + \varepsilon$$

其中，R 表示劳资关系，K 表示物质资本，H 表示人力资本，S 表示社会资本。C1、C2、C3 和 C4 为系数。

第三节　实证分析结果与结论

结果显示，珠三角地区城市的资本与广东省平均水平相比，大部分城市处于具有优势的位置，总体显示出较高资本水平，但是不同城市之间仍然存在显著差异。相比较而言，肇庆的物质资本的相对水平较高，广州的人力资本水平最高，江门的社会资本水平较高，如表 8－1 所示。

表 8－1　2009 年珠三角城市资本与劳资关系现状

城市	物质资本（%）	人力资本（‰）	社会资本（%）	劳资关系（%）
全省	33.80	0.35	4.42	9.45
广州	29.24	1.82	5.44	12.23

续表

城市	物质资本（%）	人力资本（‰）	社会资本（%）	劳资关系（%）
深圳	20.83	0.07	4.21	12.25
珠海	39.57	0.23	4.54	18.01
中山	34.85	0.05	3.17	6.01
江门	36.74	0.09	6.04	7.35
肇庆	53.73	0.11	0.80	7.90

从时间序列数据来看，1980～2009年以职工工资总额占GDP的比重衡量的各城市的劳资关系均呈现下降趋势，如表8－2所示，表示劳资关系的职工工资总额占GDP的比重均呈现负增长。

表8－2　1980～2009年珠三角城市物质资本与劳资关系年均增长率

城市	物质资本增长率（%）	劳资关系增长率（%）
广州	2.76	－2.44
深圳	－1.17	－1.15
珠海	5.86	－0.12
中山	11.54	－2.54
江门	6.14	－2.98
肇庆	21.48	－2.21

从各类资本与劳资关系排序情况看（见表8－3），劳资关系表现最好的珠海也具有较高水平的物质资本。广州是聚集人力资本最多的城市，但是劳资关系现状位于第三。江门是社会资本水平最高的城市，但是劳资关系现状仅位于第五。珠海与肇庆的投资占地区生产总值之比较高，说明这两个地区的经济增长处于物质资本投资占主导地位的阶段。

表8－3　2009年珠三角城市资本与劳资关系排序

城市	物质资本	人力资本	社会资本	劳资关系
广州	5	1	2	3
深圳	6	5	4	2
珠海	2	2	3	1
中山	4	6	5	6

续表

城市	物质资本	人力资本	社会资本	劳资关系
江门	3	4	1	5
肇庆	1	3	6	4

深圳、珠海和中山的物质资本与劳资关系呈显著的反方向变动关系，相关系数分别为31%、38%和40%，即三个城市物质资本积累能够解释劳动收入份额下降的31%、38%和40%的原因。肇庆的物质资本对劳资关系没有显著影响。二者的相关性也很低，仅为12%（见表8－4）。

表8－4 珠三角城市物质资本与劳资关系的相关性

城市	物质资本	相关系数（R^2）
深圳	－0.06*	0.31
珠海	－0.03*	0.38
中山	－0.16*	0.40
肇庆	0.02	0.12

注：*表示5%水平显著。

比较广州1980～2009年各类资本发展趋势（见图8－1）可以发现：物质资本在1994年达到了高峰，人力资本相对值（科研人员占从业人员比重）在1996年达到最高，其后有小幅减小，但绝对值（科研人员总数）仍在稳定增长，社会资本呈波动上涨趋势。

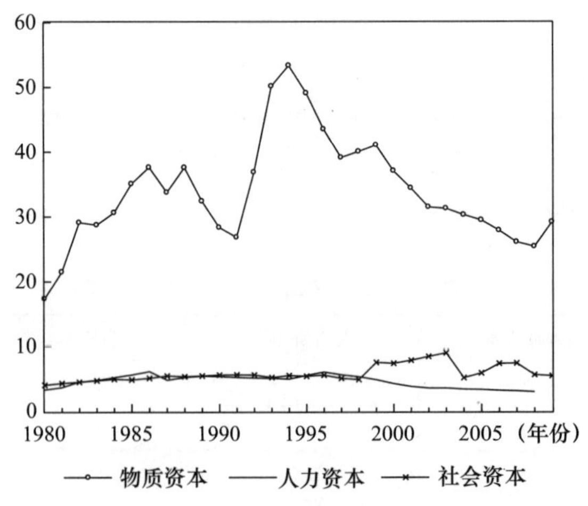

图8－1 广州市各类资本发展趋势

从广州各类资本对劳资关系的影响来看，对劳资关系起到显著影响的是人力资本，2.41 的系数表示两者呈同方向变动，即随着人力资本的提高，劳资关系呈显著上升趋势。社会资本对劳资关系没有显著影响。表 8 –5 表现出广州市物质资本、人力资本与社会资本之间呈现出一定的相关性，进一步的格兰杰因果检验表现出人力资本在滞后 2 期对物质资本具有显著影响，社会资本对物质资本在滞后 1 期具有显著的影响，社会资本对人力资本在滞后 6 期具有显著影响（见表 8 –7）。

表 8 –5 广州市各类资本与劳资关系的相关性

城市	物质资本	人力资本	社会资本	相关系数（R^2）
广州	–0.26*	2.41*	–1.61	0.63

注：* 表示 5% 水平显著。

表 8 –6 广州市各类资本相关关系矩阵

	物质资本	人力资本	社会资本
物质资本	1	0.89	0.62
人力资本	0.89	1	0.57
社会资本	0.62	0.57	1

表 8 –7 广州市资本格兰杰因果检验

零假设（滞后 1 期）	滞后期	目标数	F 统计量	P 值
人力资本不是物质资本的格兰杰原因	2	28	5.58	0.01
社会资本不是物质资本的格兰杰原因	1	27	2.60	0.09
社会资本不是人力资本的格兰杰原因	6	25	8.35	0.00

归纳以上结果，可以得到的结论如下：

（1）珠三角地区的资本结构中，广州经历了 1994 年前后投资率的高峰期，物质资本居于次要位置，处于人力资本对经济增长的作用占主导地位的阶段。其余大部分城市仍然处在物质资本占主导地位的阶段，社会资本总量仍然不足。深圳的物质资本占地区生产总值的比重（投资率）最低，人力资本和社会资本都不占优势，经济增长和劳资关系可能有技术创新与制度创新的作用，此观点的验证超出本书的分析范围。

（2）珠三角地区城市的劳资关系在近 30 年均处于下降趋势。在所考察的 6 个城市中，有 3 个城市的劳资关系现状好于全省平均水平。2 个城市物质资本基本处于上升趋势。下降的利率伴随着提高的资本劳动比率是一个国家和地区向增长过程的稳定状态调整的一般的特征（Barro、Sala - i - Martin，2003）。原因在于资本设备相对价格的下降和资金成本的降低，导致资本与劳动的替代程度增加。资本劳动比率的提高削弱了资本积累的就业创造功能，导致劳动要素收入在总收入中的比例持续下降，加深了资本与劳动之间的矛盾。

（3）广州市的人力资本水平最高，对劳资关系具有显著的影响。深圳、珠海、中山的物质资本对劳资关系仍有显著影响，劳动者的教育、培训、医疗健康等方面的“再生产”不足，人力资本意义上的劳动力尤其是高层次、高素质的劳动力较缺乏。

（4）如果将广州作为珠三角地区一个典型的样本，可以从各种资本之间的因果关系发现这样的规律：社会资本可以显著地促进物质资本和人力资本的积累，却没有相反的因果关系，人力资本对于物质资本具有正的影响。物质资本水平的提高并不必然产生人力资本积累和社会资本积累的结果，人力资本积累也不必然促进社会资本的发展。社会资本积累具有一定的外生性，更多受到信任、规范、网络和社会公德等外生因素的影响。

第四节　政策建议

基于前文的实证分析，关于珠三角地区的资本演化和劳资关系改善可以得到以下几点政策启示：

一、转变经济发展方式，为资本演化创造物质条件

当前珠三角地区大多数城市经济发展正处于工业化的中高级阶段，也是劳动份额在初次分配中的比重呈下降趋势的阶段，由此带来的劳资关系问题在现阶段难以避免。只有在完成工业化进入发达的经济发展阶段后，收入平等和社会和谐才会发生根本的好转。按照生产力决定生产关系的逻辑，要从根本上解决劳资关系问题，就要转变经济发展方式，实现经济的均衡可持续发展。根据资本替代劳动的“拐点论”，随着资本劳动边际替代率递减，物质资本要素在经济增长中的作用将降低，技术、知识的作用提高，产生对人力资本更多需求。要根本扭转经济增长方式，积极改变现行技术进步的路径，大力发展高新技术产业和第三产业，促进经济增长由物质资本为主导向人力资本为主导转变。

二、人力资本投入具有外部性，个人投入方面的缺乏需要政府支出作为补偿

珠三角地区近几年科学研究人员在从业人员中的比例趋于稳定，而工资水平

持续上升，表明人力资本正在发挥着越来越大的作用。多层次地发展教育和职业培训，特别是基础教育和公共服务教育，为经济增长方式转变提供人力资本支持。

三、加强社会建设，提高社会资本，使之发挥对物质资本和人力资本的促进作用

发挥生产关系对生产力的反作用，积极实行政府干预，克服资本的内在逻辑局限性，促进劳动与资本之间和谐的劳动关系的建立，进而促进各类资本形成，实现经济的均衡可持续发展。政府除了制定促进经济增长的政策以外，同时也要制定旨在推动收入平等和社会和谐、稳定的社会政策体系。社会政策通过国民收入再分配功能，建立全面的社会保障体系，既可以有效实现收入分配平等化目标，而且也可以通过在社会公共教育、公共卫生、医疗健康以及相关的社会保障等方面提供必要的支持和帮助，为人力资本的积累创造条件，并在一定程度上扭转劳资关系的对抗，促进其向合作型劳资关系的转化。

四、在企业管理层面上促进合作型劳资关系的形成

和谐劳动关系形成的基础，是劳动关系主体各方在自愿合作的基础上彼此尊重，相互信任，尊重、信任的关键在于资方。企业要发挥工会作用，通过集体谈判、三方协商、共同参与、利润分享等劳资关系协调机制，在关系职工的薪酬福利、工作条件、社会保险等切身利益的问题上维护职工的权益，使人力资本产权和物力资本产权相互渗透、劳动者的劳动联合和资本联合融为一体，促进稳定、共赢、协调发展的劳动关系的形成。

第九章　资本演化视角下的劳资关系研究

——基于 2001 ~ 2012 年广东省面板数据的实证分析

本章基于广东省 21 个地级市 2001 ~ 2012 年的面板数据，从资本分化的视角研究了物质资本、人力资本、社会资本等资本形式对广东全省、珠三角地区、东西两翼及北部山区劳资关系的影响。研究表明，就物质资本对劳资关系的影响而言，广东省大部分城市的物质资本在各资本形式中占据主导地位，且存量处于上升阶段，其中，东西两翼及北部山区“资强劳弱”态势尤为明显，劳资关系趋于紧张；就人力资本对劳资关系的影响而言，珠三角地区物质资本与人力资本的地位相当，相比其他地区劳资关系相对缓和，人力资本地位的提升显著改善了劳资关系；就社会资本对劳资关系的影响而言，东西两翼及北部山区的社会资本对劳资关系呈负向影响，说明该地区社会资本存在着不利于改善劳资关系的方面。因此，大力提升人力资本及社会资本对劳资关系的改善及经济发展具有重要的意义。

第一节　文献回顾

从资本结构视角下直接研究劳资关系并对劳资关系进行定量研究的文献较少，相近研究主要集中在资本及其不同形式对经济增长的作用上。雷辉（2009）通过对我国 1952 ~ 2007 年的资本存量重新估计，指出我国高固定资产投入、低劳动消耗与低劳动占比的资本结构不利于经济可持续发展。唐国华（2011）指出，中国转变增长方式及促进经济稳定均衡增长的着力点在于纠正资本偏向型技术进步及提高劳动收入占比。龚基云（2006）认为，劳资关系的和谐程度与经济增长呈正相关的关系。杜两省（1996）认为，集约型经济增长需要人力资本投资与物质资本投资相适应，两种形式的资本均要从质和量上提高，中国尤其需要将人力资本投资摆在更为重要的位置上。胡永远和刘永呈（2005）通过实证指出，人力资本对物质资本的影响程度（2.684）明显大于物质资本对人力资本的影响程度（0.165），人力资本有效、充分的利用有利于优化资源配置，提高生产效率，因此应当优先发展人力资本，促进经济增长。Grier（2000）则基于18个拉丁美洲国家进行实证研究，指出物质资本与人力资本存在双向的互补促进关系，但人力资本相对于物质资本的促进作用较大，人力资本每增长1单位，物质资本增长0.49个单位，相应地物质资本增长1单位，人力资本增长0.22个百分点。Irmen和Klump（2009）指出，资本—劳动替代弹性反映了资本和劳动力两种要素的配置对相对价格变化的敏感程度。李红松（2010）认为，资本替代劳动取决于技术因素和两者相对价格的变化，并指出我国高增长未带来相应就业增长的原因在于资本对劳动的过度替代。吕小柏和李红松（2010）进一步论证认为，在总产出不变时，替代弹性大于1会导致劳动总收入及就业减少，反之劳动收入及就业增长。徐现祥和舒元（2005）借助O’Neil框架指出，20世纪90年代后沿海内地之间在物质资本积累上的不同导致沿海、内地的组内收入差距逐步缩小而组间差距扩大。陈斌开等（2010）则指出，在中国城乡二元经济条件下，人力资本差异（教育水平差异）已经成为中国城乡收入差距最重要的影响因素，其贡献程度达到34.96%。吴江和郑慧娟（2010）指出，珠三角大部分地区物质资本占主导地位，而广州等第一梯队城市人力资本占主导地位。这些研究为劳资关系的进一步研究奠定了基础，但这些研究更多侧重在物质资本与人力资本两种资本形态的作用上，没有考虑物质资本与人力资本的区域异质性，也没有涉及社会资本。社会资本最早由科尔曼（1988，1990）研究，而普特南（1993）从政治学角度切入，通过对意大利进行研究认为社会资本与民主进展呈正相关关系。此后除托克维尔（1988）、埃米尔（1996）等从社会资本的集体特征、公共性方面进行研究，更多后来者聚焦于以个人为中心的社会网络、社会信任以及资源，对于集体性、区域性的社会资本的测量进度极慢甚至沦为边缘，如国内方竹兰（2003）、林磊（2006）等学者更多地关注个人的社会资本，并与个人人力资本结合研究二者作用机制或演化过程，或如刘士杰（2011）、王春超和张呈磊（2014）等从农民工等细分劳动人群中研究人力资本、社会资本二者共存时的影响机制。国内外对于资本结构的研究主要集中在公司层面；对于社会资本与人力资本的演化、互动作用则更多地研究个人特征极为明显的社会网络和社会信用式的社会资本。因此本书在前人研究的基础上，引入区域性的社会资本，回归社会资本“集体性”的特征，并研究区域中物质资本、人力资本与社会资本的共存及异质性，从广东省2001~2012年的面板数据进行实证分析，研究区域间不同资本结构下的劳资关系。

第二节 研究假设与模型构建

一、研究假设

在回顾以往文献的基础上总结及归纳提出以下观点：

（1）资本的形态随着时间变化，同一地区不同资本形态可同时存在。雷辉、杜两省、胡永远、Girier 论述了同一地区的不同形态物质资本与人力资本的作用，说明同一地区的物质资本、人力资本、社会资本可并存，但其各自对于劳资关系的重要程度则取决于地区的发展阶段与发展程度。经济发展会依次经历物质资本主导、人力资本主导、社会资本主导的发展形态和发展过程，只有在经济持续发展，政治文明发展到一定程度，信任、规范、网络和社会公告等社会资本才有可能成为推动经济发展的主导力量（普特南，1993）。

（2）不同资本形态对于劳资关系的影响程度不同。当经济增长主要依靠投资驱动时，物质资本处于主导地位，目前珠三角地区就处于物质资本主导的时期（吴江、郑慧娟，2009）；而经济增长更多依靠劳动者尤其是以高素质劳动者及知识占主导时，人力资本处于主导地位，Irmen 和 Klump 测算物质资本向人力资本转化的边界（资本和劳动力两种要素的配置对相对价格变化的敏感程度）。当劳资关系更有利劳方，更容易构建和谐的劳资关系，社会资本一方面存在正式制度的溢出效应（边燕杰，2004；卢燕平，2007），另一方面存在妨碍他人进入本圈子的非正式壁垒，这是由于社会资本的群体的相对性以及自我主义决定的（费孝通，1985）。

基于前文研究的理论基础，本书通过四个指标、三个维度研究资本演化与劳资关系。四个指标分别是劳资关系、物质资本、人力资本和社会资本。具体如表 9－1 所示。

劳资关系方面，目前一般用工资收入、工资性收入占比、劳动诉讼案件等进行衡量劳资关系，本书采取的是职工收入占 GDP 的相对数，因为职工工资总额/GDP 实质上是收入分配与经济发展的对比，相对数越大，说明职工在经济发展中享受到相对多的好处，劳资关系越平衡。人力资本方面，用一贯区域性的人力资本指标衡量。

社会资本的指标选取是本书的创新点，目前主流的社会资本的研究更多地集中于个人、家庭的社会资本的测度与实证研究，是独立个体拥有/以家庭为单位个体拥有的社会性资源，而本书的研究则采用社会资本的最初含义，即普特南、托克维尔等人所研究的社会资本的内涵，从社会组织、社会机构以及公众参与的

表 9－1 变量的定义、数据的来源以及时间跨度

变量名称	指标来源	测量指标的选取
劳资关系（IR_{it}）	本书	职工工资总额占 GDP 的比重
	其他文献	个人：职工收入（个人） 家庭：劳动性工资收入占家庭收入比例 企业：劳动诉讼案件数、职工投诉数 区域：地区劳动诉讼案件数
物质资本（PC_{it}）	本书	全社会固定资产投资与地区生产总值的比值
	其他文献	城市/区域：储蓄率、投资率、人均收入、全社会固定资产投资
人力资本（HC_{it}）	本书	大型工业企业 R&D 人员占社会从业人员的比例
	其他文献	个人：受教育年限法（接受培训时间） 企业：R&D 投入、企业中大专/本科以上学历占比 区域：地区企业 R&D 投入
社会资本（SC_{it}）	本书	社会保障、卫生及社会服务行业、公共管理以及社会组织、水利、环境及公共设施管理等行业人员数占社会从业人员的比例
	其他文献	集体性/集体效能：普特南的以关联密度测试为基础的社会组织参与、社区归属感、社会支持、社区居民的志愿活动、公共事务参与
		以个人为中心的社会关系网：网络规模（网络成员的多少）、网络成分（由哪些类型的人构成）以及网络密度（联系的紧密性）

注：劳资关系、物资资本等均为比值换算成百分比计算，本书为简化计算省略了百分号。

角度衡量社会资本，目前从社区、社会组织方面研究社会资本主要是从群众对于志愿者组织、环保组织等非营利性组织的参与度、范围切入的，而本书选取社会保障、卫生及社会服务行业、公共管理以及社会组织、水利、环境及公共设施管理等行业人员数占社会从业人员的比例，主要有以下两个原因：一是把社会保障、卫生及社会服务行业、公共管理等行业的人员假设为公益、环保、社区关系（包括人与自然的关系）的有力促进者，即从社会参与、社会支持的集体性方面定义社会资本。二是在社会主义市场体制下，我国政府的职能在转移，多元化的社会态势愈加明显，社区的民主建设也更加健全，但实际情况是社会关系的单位制信任依然存在，一方面我国依然是以单位制为主要供给形式的社会网络关系，另一方面从发展态势来看，单位制的社会信任与社会网络正处于瓦解阶段，承载社区居民利益的“社区制”在不断形成与深化发展。因此，采用以上提及行业的从业人数，即从官方的社会参与、社会支持更能体现具有集体性质的社会资本。当然前文所说的行业为“单位制”的社会资本反映，但是基于单位制的社会支持、公共事务等受到个体自由与利己主义的影响，且目前大多经济发达城市

的“单位制”为供给关系的社会网络在一定程度上可反映居民的志愿参与及公共支持。

二、模型构建

本章模型基于 O. Neil（1995）新增长理论以及徐现祥等（2005）物质资本—人力资本与中国地区双峰趋同的分析框架构建。徐现祥从生产要素数量和价格变动的角度来分析中国地区物质资本、人力资本对中国的劳均 GDP 的影响作用，如式（9-1）所示：

$$y_{it} = \alpha_{0t} + \alpha_{1t}h_{it} + \alpha_{2t}k_{it} + \varepsilon_{it} \tag{9-1}$$

其中，y、h 和 k 分别是对数形式的劳均 GDP、人力资本和物质资本；i 和 t 分别表示省区和时间。以上模型主要采用对数形式进行实证分析，它主要是基于数据平衡性与异方差的角度将指标形式进行变形，本章的理论模型在借鉴前人的基础上，采用相对数指标（具体见下）而非绝对数或者是绝对数增量指标进行实证分析，因此被解释变量与解释变量无须经过线性处理。同时基于上述理论假设，结合此形式引入了社会资本，则本章的模型的形式如式（9-2）所示：

$$IR_{it} = C_{0t} + \alpha_{1t}PC_{it} + \alpha_{2t}HC_{it} + \alpha SC_{it} + \varepsilon_{it} \tag{9-2}$$

其中，IR_{it}表示劳资关系，PC_{it}表示物质资本，HC_{it}表示人力资本，SC_{it}表示社会资本，C_{0t}表示常数项，ε_{it}表示误差项。本章采用的是广东省 21 个地级市 2001~2012 年的面板数据，i 和 t 分别表示各地级市和时间。

本章经验分析框架下的指标均采用相对数进行研究，主要考虑如下：统一各指标为相对数可消除绝对指标带来的单位上的差异，使实证变得简便以及可操作，同时更具可比性。由于广东省内部各城市（珠三角内部与东西两翼及山区等）的职工薪酬与收入、GDP 以及社会就业人口等各方面存在较大差异，因此，采用固定效应模型更优于随机效应。

第三节　实证分析

一、数据描述[①]

前文已提及，本书采取相对数的方法进行研究。由于选取的是区域层面的数

① 本章使用的数据为 2001~2012 年广东省 21 个地级市的地区数据所构成的面板数据，主要来源于 2002~2013 年《广东省统计年鉴》、2002~2013 年《中国城市统计年鉴》以及广东省 21 个地级市的统计年鉴或者统计公报。

据指标，因此在结合已有文献的基础上，在一定程度上会考虑数据的可得性而进行指标的调整，具体如下：

1. 各变量描述性统计

由表9－2可知，广东省职工收入/GDP与固定资产投资总额/GDP的标准差（4.2377，16.4405）比较大，而企业及政府R&D投研人员从业比例与社会保障及公共管理等就业人员比例的标准差（0.3988，0.8518）则相对较小，说明广东省整体的劳资关系以及物质资本的差异比较大，人力资本与社会资本相差不大。与广东省整体相比，珠三角地区城市的物质资本差异（标准差为9.7851）较小，劳资关系差异（4.6597）、人力资本差异（0.5091）与社会资本差异（0.9161）较大；东西两翼及北部山区各城市间的物质资本的投资差异（19.5955）较大。从2012年广东省劳资关系及资本发展状况来看，广东省各城市之间的劳资关系、资本发展均存在着较大的差异，固然珠三角城市与非珠三角城市之间存在较大差异，即使同为珠三角城市，珠海的物质资本投资的作用远大于深圳的物质资本投资。笔者认为原因可能如下：一是深圳的基础设施、城市规划等已相对成熟而促使其固定资产投资放缓；二是深圳人力资本与社会资本的投资对于GDP的贡献增大而导致固定资产投资贡献降低。就同一个城市来看，其物质资本、人力资本与社会资本之间同样存在着较大的差异，从整体来看，2012年广东省物质资本仍处于主导地位，人力资本与社会资本的发展水平相对还比较低。物质资本发展到一定阶段是资本—劳动替代进入拐点的必要条件。

表9－2　各变量描述性统计

地区	变量	观测值	均值	标准差	最小值	最大值
广东省	劳资关系	252	9.4109	4.2377	2.21	24.89
	物质资本	252	36.4211	16.4405	12.29	117.63
	人力资本	252	0.2443	0.3988	—	2.54
	社会资本	252	2.2713	0.8518	0.54	4.43
珠三角地区	劳资关系	108	9.2008	4.6597	2.21	21.65
	物质资本	108	32.6498	9.7851	12.65	58.3
	人力资本	108	0.4901	0.5091	0.04	2.54
	社会资本	108	2.3573	0.9161	0.64	4.43
东西两翼及山区	劳资关系	144	9.5685	3.9006	4.6	24.89
	物质资本	144	39.2496	19.5955	12.29	117.63
	人力资本	144	0.06	0.0736	—	0.4
	社会资本	144	2.2069	0.7975	0.54	3.9

2. 复合增长率①

从表9-3可以看出，2001~2012年广东省劳资关系呈现出不同的发展趋势：珠三角9个城市中有6个城市的职工工资与GDP比呈上升趋势，其中惠州的年平均增长速度最快。珠三角城市中职工工资总额/GDP呈下降趋势的有中山、江门以及肇庆，从下降的复合增长率来看，珠三角城市下降的速度远远低于非珠三角城市。

表9-3 2001~2012年各资本复合增长率

地区	劳资关系	物质资本	人力资本	社会资本
广州	0.85	-1.89	22.99	4.36
深圳	2.44	-4.27	13.61	2.77
珠海	4.97	5.70	22.18	8.14
汕头	4.76	5.75	30.61	7.23
佛山	4.41	4.41	17.88	3.60
韶关	8.22	5.91	15.50	11.20
河源	-4.60	2.44	17.14	17.06
梅州	-5.98	1.27	33.08	9.91
惠州	18.65	10.15	26.06	6.72
汕尾	-5.63	8.00	79.63	11.77
东莞	1.79	5.81	12.78	0.60
中山	-1.84	-1.66	22.79	9.98
江门	-0.81	7.53	26.98	9.38
阳江	-1.71	8.28	27.86	13.93
湛江	-1.50	3.88	21.96	8.76
茂名	1.88	2.02	22.17	14.93
肇庆	-0.78	5.82	25.17	9.43
清远	-0.24	4.00	53.36	12.85
潮州	1.12	5.17	21.77	8.18
揭阳	0.19	7.16	17.04	9.89
云浮	2.75	11.62	45.86	14.64

物质资本方面，部分地区的物质资本投资的复合增长率已出现负增长，广

① 复合增长率=(期末数值/期初数值)(1/N)-1。

州、深圳、中山的物质资本年平均增长率呈下降趋势，其余城市呈上升趋势。2001～2012年珠三角的固定资产投资/GDP的投资复合增长率除了广州、深圳以及中山出现负增长外，其余城市复合增长率基本大于非珠三角城市。珠三角城市中年平均增长率最高的是惠州，广东省各城市年平均增长率最高的是云浮，是复合增长率上升得最慢的梅州的10倍。可见东西两翼与山区各地的物质资本投资差异巨大。本书的物质资本投资结论与徐现祥和舒元（2005）的研究相近，所采取的指标与其不同。

人力资本方面，复合增长率均大于10%。复合增长率最高的三个城市分别是汕尾、清远、云浮。这三个城市的R&D人员近来年发展壮大的速度非常快，R&D投资经费投入也发展迅速，大大加速了珠三角东西两翼的腾飞和山区的产业升级，在促进其经济增长的同时改善了地区间的劳资关系。

社会资本方面，珠三角地区社会资本的发展速度整体小于东西两翼与山区，笔者认为这可能是由于珠三角地区城市化的发展已经较为成熟，其社会保障与环境保护等方面已经较为成熟所致。从程度上来看，这个社会资本的程度又与罗伯特·D.普特兰的社会资本理论中的“能促进效率提高的高度发展的社会资本”有所区别。

二、实证分析

运用Stata 12.0将面板数据代入回归模型，使用固定效应模型进行估计，具体如表9－4所示。

表9－4 广东省、珠三角地区及非珠三角地区实证分析

指标 \ 地区	珠三角地区	东西两翼及山区	广东省（总体）
C	4.2293*** （4.34）	12.7378*** （17.24）	10.4290*** （17.31）
PC_t	0.1185*** （4.16）	－0.0057（－0.35）	0.01793（1.26）
HC_t	1.4237*** （2.84）	10.4637*** （2.99）	2.6480*** （4.57）
SC_t	0.1715（0.38）	－1.6175*** （－4.71）	－1.0207*** （－3.59）
调整 R^2	0.8676	0.6630	0.7341
F统计值	23.473	26.200	23.822
样本数	108	144	252

注：***、**、*、分别表示通过1%、5%、10%的显著性水平检验。括号里面为t统计值。

从表9-4结果可知，从珠三角地区的解释变量的t值和p值显示，常数项、固定资产投入比重及企业及政府R&D投研人员从业比例三个解释变量的p值均在1%以下，从拟合优度来看，珠三角地区区域数据拟合比广东省整体的效果好。2001~2012年，珠三角地区的固定资产投资维持在相对高度，增速总体放缓。其中广州、深圳、中山等珠三角城市的固定资产投入与GDP产出呈反向发展趋势，其他珠三角城市地方的增长相对较快；企业及政府R&D投研人员从业比重呈正向显著，其弹性为1.4237，表明1单元的人力资本投入将使职工工资相对于GDP上升1.4237个单位。社会资本影响不显著，此处无法证明珠三角地区的社会卫生及保障从业人数比对职工的收入/GDP比重的影响关系。笔者认为可能是在单位制社会资本逐渐瓦解而以社区制为基础的社会资本重构的过程中，珠三角等发达地区的单位制社会资本已不再占主要地位所致。珠三角的物质资本的作用显著而全省不显著，而人力资本的显著性却低于全省。

东西两翼及山区的解释变量的t值和p值显示，常数项、企业及政府R&D投研人员从业比例和社会卫生及保障从业人数比三个解释变量的p值均在1%以下，整体拟合效果低于广东省整体和珠三角分区，常数项显著，其截距值大于广东省及珠三角地区，笔者认为这可能是东西两翼及山区内部的差异比较大所引起的。东西两翼及山区的企业及政府R&D投研人员从业比例对于职工工资比重的提升有着正向的影响，其弹性为10.46，即每增长1单位的人力资本投资，将促使职工工资相对于GDP提升10.46个单位。非珠三角地区的企业及政府R&D投研人员从业比例的作用远大于珠三角地区，其复合增长率也比较快，这可能是东西两翼及山区的资本发展阶段正处于人力资本的快速上升周期，人力资本作用才会相对明显。社会卫生及保障从业人数比呈现负向的影响，其弹性系数为-1.6175，表明社会保障及公共管理等就业人员比例每提高1单位，会使职工工资总额/GDP的比重下降1.6175个单位，社会资本的定义是社会参与、社会支持的集体性，实证结果说明北部山区、东西两翼中有更多的人参与到公益、环保以及环境保护等行业时，其劳资关系呈下降的趋势。实证结果与普特南的观点比较一致，普特南通过对意大利南北部的制度绩效、公共精神与民主制度的研究发现，制度绩效高的地方其民间组织发达、人民更加倡导公共精神，更加关心公共事务，政府信任与规范也更为有效。反之南部意大利的公共意识低，公共参与感弱，与北部的高制度绩效带来较高的信任感、社会生活和谐，社会关系良性循环不同，南部社会生活呈恶性循环态势，具有负增强作用。珠三角与东西两翼的实证结果也可以从这方面来解释。

从广东省全省数据来看，解释变量的t值和p值显示，常数项、企业及政府R&D投研人员从业比例与社会保障及公共管理等就业人员比例三个解释变量的p

值均在1%以下，整体拟合得较好。人力资本对劳资关系的发展有着正向的影响，其弹性为2.6480，每提高1单位的企业及政府R&D投研人员从业比例，职工工资收入总额在GDP的比重将会上升2.6480个单位，可见人力资本的增加对于劳资关系的改善有着重要的作用。笔者认为这可能是人力资本投资在广东省经济发展中占据着越来越重要的地位，而人力资本的收入分成也比以往更为合理，这是劳资关系改善的重要原因；社会保障及公共管理等就业人员比例对职工工资收入总额/GDP呈负向影响，其弹性为-1.0207，每1单位社会资本的提升，将会使劳资关系下降1.0207个单位。人力资本的作用大于物质资本与社会资本的作用，与杜两省（1996）、刘永呈（2005）基于中国的省份的实证结果相近。社会资本方面，社会保障及公共管理等就业人员比例无显著影响。

第四节　结论与政策建议

结合2001~2012年广东省21个地级市的劳资关系、物质资本、人力资本、社会资本复合增长率以及2012年21个地级市的面板数据分析得出以下结论：

第一，广东省的总体劳资关系相对紧张，资本演化方面，广东省内部资本结构差异大，物质资本仍占主导地位，而人力资本与社会资本的发展水平相对较低。劳资关系方面，就区域而言，珠三角地区劳资关系总体趋向缓和，而东西两翼以及山区则相对紧张。公众的认知与此研究结果相悖：在珠三角等大城市压力大，负面的劳资关系事件频现，而非珠三角地区则劳资冲突事件少，劳资关系缓和。笔者认为原因可能如下：一是珠三角透明的公众媒体机制以及就业人群对于珠三角的期待过高却未能满足，造成劳资冲突频繁的假象。二是可能是偏远落后地方的公众媒体信息不健全，同时处于物质资本高速发展阶段，人们的关注点更多地集中在其经济发展之上。就结构而言，珠三角地区劳资关系与资本结构相对协调，其资本结构也相对合理，在多年的物质基础积累与社会组织和管理机构的法制化、制度化建设的基础上，它对于人才的包容性更大，因而其劳资关系相对缓和。东西两翼及山区更多呈现“强资本弱劳动”的态势，但由于其物质基础底子相对薄弱，无论对科研的重视还是对人才的关注都弱于珠三角地区，同时负向作用的社会关系作用更强，导致劳资关系相对紧张。因此，必须促进资本结构优化，形成合理的资本结构。尤其要加大人力资本的投入，这样才能使物质资本—人力资本—社会资本的结构配置得当，进一步促进劳资关系的改善。

第二，广东省的人力资本总体水平不高，但其对于经济发展、劳资关系改善具有极为重要的意义。广东省近12年的复合增长率大于10%，但人力资本的投资却很小，2012 年广东省人力资本投资最高的是深圳、广州、珠海、中山四地，其人力资本仍不足 0.3%，说明了人力资本仍需进一步提高和发展。从人力资本与劳资关系的互动情况来看，人力资本对于劳资关系的影响极大，是物质资本—人力资本—社会资本三者之中最大的。总体水平不高，但其影响极大，这正说明了需要我们进一步加大人力资本投资，使其更好地服务于广东省的经济发展与劳资关系的改善。从区域来看，东西两翼以及山区需要更多地加强人力资本的投入，增加劳动收入占比，让劳动者分享到更多的经济发展成果，使人力资本与劳资关系处于相对协调和稳定的状态。

第三，珠三角的社会资本对劳资关系无显著影响，而东西两翼及北部山区的社会关系则对劳资关系有着负向的影响。东西两翼与北部山区集体性的社会资本与经济发展、劳资关系呈反向影响，既有历史遗留问题，又是经济发展缓慢落后的表现。东西两翼和北部山区更多的人参与到公共管理、环境保护的行业并不是自愿的，而是地方因某些更严厉的环境保护、公共政策的出台而导致地方政府需要更严厉的措施，增加从业人员以应付政策指标要求而做出的反应模式，结果是地方人们收入水平的下降以及导致经济发展动力不足。对此，政府应该将重点放在“社区型”社会资本的构建上，完善优化社区配套，扩大公共服务的支出范围，提高社区的公共服务水平，尤其是医疗卫生、社区基础设施建设、配套教育服务与休闲娱乐等公共服务以及环境保护方面的投入，大力构建以社区为单位的社会资本，通过社区和谐推动劳资关系的发展。

第十章 资本结构与新生代劳动力的和谐劳资关系构建

和谐的劳资关系对经济的快速健康发展有很重要的作用，而和谐的劳资关系也是我国和谐社会建设中很重要的一个组成部分。随着“80后”、“90后”等新生代劳动力加入到劳动力市场，劳资关系会有什么样的新问题，这些新生代劳动力又有哪些新特点，而与此同时随着我国经济产业开始转型升级，我国的资本结构也发生了深刻的变化，如何基于资本结构的变化与新生代劳动力来构建一个和谐的劳资关系呢？这正是本章所要探讨研究的问题。

第一节 研究背景

经过30多年的改革开放，我国社会主义市场经济制度的建立，劳资关系成为影响经济发展与社会和谐的重要关系之一。

虽然劳资关系属于微观经济领域，经济发展属于宏观经济领域，但劳资关系却对经济发展有着很重要的影响。成熟和谐的劳资关系可以降低企业的交易成本，从而增加企业的社会资本。而社会资本是一种十分重要的资本，它可以使物质资本、人力资本、知识资本在一个更高的平台上发挥作用，因此社会资本与物质资本、人力资本、知识资本一起构成了影响企业发展的重要因素，进而也是促进经济发展的重要因素之一。成熟和谐的劳资关系是经济发展的“润滑剂”。和谐的劳资关系是无形的生产要素，它可以将各种有形的生产要素结合起来，实现生产要素的最佳组合；同时其也可以降低交易费用和协调成本，实现分工与协作之间的优化。从微观上说，和谐的劳资关系是决定企业竞争力的重要因素；从宏观上说，和谐的劳资关系是促进经济发展的重要条件。劳资关系的状况不仅影响经济发展的速度，而且影响经济发展的质量。从某种意义上说，劳资关系是促进经济发展的关键因素之一。

因此，一个和谐的劳资关系是我国经济继续高速发展，同时也是我国经济转型升级的重要基础之一。但是和谐劳资关系的构建在我国却不是一帆风顺的，尤其是近年来伴随着“80后”、“90后”等新生代劳动力进入劳动力市场，我国的劳资关系也呈现出新的特点与问题。与此同时，伴随新生代劳动力的是我国资本结构的新变化，资本的自然结构是指第一资本（物质资本）、第二资本（人力资本）、第三资本（社会资本及其他资本，包括知识资本、智力资本等，不含虚拟资本）的状况及匹配关系。在市场化、工业化、经济全球化的进程中，物质资本、人力资本、社会资本都有不断增长的趋势，三者之间互相依存，互相促进，且存在一定的匹配关系，即空间上的并存性。但三者的比重、地位、作用存在着很大的区别，三类资本的载体分别是物质资料、人或劳动者、社会群体，因而，三者的地位与作用不同。我国资本结构正在由目前的物质资本主导向人力资本主导，然后再向社会资本主导的发展方向过渡。资本结构与劳资关系是一种既矛盾又统一的动态关系，是一种类似于生产力与生产关系的关系。本章将基于资本结构与新生代劳动力来研究如何构建一个和谐的劳资关系，以此为我国经济产业健康发展和和谐社会的构提供微观经济保障。

第二节　文献综述

由于劳资关系的重要性与基础性，自从市场经济出现以来便吸引了很多专家学者的关注与研究，也形成了很多的看法观点。西方研究劳资关系的理论视角主要分为一元论、多元论、马克思主义劳资关系理论和劳资关系系统模型以及战略选择模型等。其中，一元论的劳资关系视角认为组织是由一群只具有单一权力结构、共同价值、兴趣和目标的人结合而成的，即个人与组织的目标和利益是一致的。在员工和管理层之间，管理部门的决策应该是理性的，管理层的权力也是合法的，并且认为管理层在决策时已经充分考虑了员工的利益，员工应该服从决策。因此，一元论认为不需要建立工会，而且即使建立了工会，工会也应该是雇主的附属机构，其应该协助并推行雇主的决策。但是多元论的劳资关系视角认为，组织是由众多力量均衡的利益相关者组成的，没有哪一方应该占有主导地位。多元论认为民主是和谐劳资关系的基础，法律是劳资双方的冲突无法解决时的重要工具。多元论认为工会是就业组织的重要组成部分，工会不仅不会造成劳资冲突，反而可以平衡员工与管理层的利益和力量，从而形成和谐成熟的劳资关系。马克思主义认为劳资关系是资产阶级剥削无产阶级之间的关系，因而劳资关系的基础是剥削和不平等。建立工会是工人阶级反抗资产阶级剥削的反应，工人认为工会是平衡劳资双方利益的合法工具，而管理层把工会看作用工资来换取他们维持工作秩序的权利。此外，美国学者邓洛普在1958年提出了劳资关系系统模型，试图建立一个一般理论来解释劳资关系中可能发生的一切现象，其认为劳资关系系统是由一定的行为主体、特定的环境、共享的意识形态以及一系列的管理规则所组成的。其中，行为主体分别是管理者、员工和政府；环境则包括技术、劳动力和产品市场、法律以及在整个社会体系中权力的分配；共享的意识形态是指在组织中存在一套普遍认可的信念，它们不仅决定着每个行为者的作用，而且决定着每一个行为者对其他行为者的看法，只有当对有关作用的看法一致时，劳资关系系统才是一个稳定的系统，系统中规则的变化会带来劳资关系的变化。考肯（Kochan）等在1986年采用一种战略选择的框架解释了美国劳资关系性质的变化，认为邓洛普提出的劳资关系系统模型不再能解释当时的现象。考肯等提出的劳资关系模型包括三个层次：中间层次是集体谈判和人事政策；更高的层次是长期战略和决策；较低的层次是工作场所和个人/组织的关系。雇主、工会和政府在这三个层次都起作用。有关业务的战略选择通常由高层管理人员决定，但这些战略选择对中层的劳资关系和人力资源政策与实践以及较低层次的工作场所的实践有着重要的影响。

在对我国劳资关系现状与实践的研究方面，学者郑学敏认为国有企业改制后劳动关系发生了重要变化：劳动关系从以行政型为主转变为以契约型为主，劳动关系调节因此由行政调解为主转向以市场规律调节为主；改制以后的企业劳动关系，基本上实现了企业化和市场化；劳动关系的形成不再像过去那样是取决于政府而是主要取决于劳动者和用人单位双方；职工各种利益的实现是在企业内部而不像过去那样是在企业外部；劳动关系的核心问题是经济利益而不再是意识形态，经济利益成为劳动关系形成和调节的杠杆。他同时指出，由于个人力量相对弱小所能够调动和运用的资源非常有限，而同时工会代表和维护职工群众利益的独立性还不能充分有效地发挥出来，因此，劳方在劳动关系中将处于被动和弱势的地位，而且这种状况在短期内不会得到改观。学者曹超（2008）认为，非公有制企业内劳资之间的矛盾已经不再是表层的、暂时的、仅涉及福利和待遇的矛盾，而是更多地开始触及深层的、长远的利益的博弈，在更大层面上牵涉到人本身和制度的问题。劳资矛盾具体表现为劳资双方谈判地位的不对称、契约的不完全性以及产权的模糊性三个方面。在外资企业的劳资关系方面，薛凤伟和郑鹏飞（2008）认为，目前我国外资企业的劳资纠纷、劳资关系紧张的情况还比较突出，有的甚至十分严重。其主要表现在劳动合同管理、社会保险、劳动保护、劳动强度、职工心理状态等方面。杨正喜（2008）以珠三角地区农民工为例，把转型时期我国劳资冲突特点归纳为三点：劳资冲突主要是针对个别劳动合同，较少涉及集体合同；争议内容主要是权利争议而非利益争议；在冲突行动中自发性是其最明显的特点。在劳资关系的实证方面，郑凌燕（2007）通过在宁波市私营企业集中区域进行的问卷调查，分析了宁波民营企业劳资关系的现状。劳方工资水平较低，员工满意度不高（月收入2000元以上的仅占27.3%，对现有收入“十分不满”和“比较不满”的分别占5.5%和25.5%）；劳动强度较大，工作时间较长（有1/4以上的受调查员工认为工作比较累，将近1/10的受调查员工认为工作十分累，宁波民营企业中79.5%的劳动者工作时间在10小时之内，但有3.1%的民营企业员工工作时间甚至超过了12小时，且基本没有休息日）；工作环境一般，存在安全隐患（认为工作环境“一般”的占53.4%）；劳动合同签订率低，社会保障较差（调查样本的劳动合同签订率仅为64.5%，享有医疗保险的员工占54.2%，享有养老保险的员工占64.6%，享有失业保险的员工占30.5%）；资方存在拖欠工资的现象，在一些中小私营企业，企业主只是注意短期利益，忽视了对员工的培训。李桦和牛卫平（2007）在2006年和2007年问卷调查的基础上，从劳动时间、工薪福利水平、劳动保障、劳动纠纷处理几个方面分析了珠三角民营企业劳资关系的现状，他们研究认为，由于该地区总体上仍处于经济转型时期，劳资关系还存在着很多不和谐的地方，如收入、待遇分配不平衡，使得中低收入劳动者的劳资关系矛盾突出。武汉大学社会学系“中外合资企业劳资关系研究”课题组（2000）通过对来自4家企业186份有效问卷的分析，得出如下结论：（中外合资企业）劳资冲突日益表面化，工会角色需要重新定位；雇主不尊重工人的情况比较严重；劳资冲突逐渐演变为工人与管理人员的冲突；劳资冲突的焦点是劳动合同。

在关于新生代农民工劳资关系的研究方面，蔡禾（2010）认为，新生代农民工的利益诉求已从“工资收入、工作时间、社会保险、劳动保护等方面为达到国家法规明文确定的标准而展开”的“底线型”向“要求自身利益的增长与企业利益增长或与社会发展保持同步”的“增长型”转变；在新生代劳动力劳资冲突方面，刘艳艳（2010）认为，现阶段大多数新生代农民工尚未实现体面劳动；罗忆源（2006）认为，资方倚仗资本的优势处于统治地位，新生代农民工迫于工作的压力处于服从地位，二者因有生产资料、社会资本占有的悬殊，信息占有、组织化程度、监控机制三个方面的不对称使新生代农民工的劳动权益得不到切实有效的保障；王正中（2006）认为，新生代农民工仍然无法摆脱农民的身份，无法享受“市民待遇”，在劳动力市场上，对他们存在着劳动报酬和福利待遇方面的歧视；孙立平（2010）认为，对于目前的新生代农民工的劳资矛盾和冲突，绝大多数是由于劳动者基本劳动经济权益被侵害而长期得不到解决所致；于建嵘（2010）认为，从劳资冲突行为的性质来看，绝大多数是为了实现法定的或合同约定的权利，属于权利争议；郭淑贞（2011）将新生代农民工的劳资关系进行了研究综述与整理。

资本结构与劳资关系是一种既矛盾又统一的动态关系，在这一方面吴江和郑慧娟（2011）通过对珠三角地区资本结构与劳资关系的实证研究，探究了不同的资本结构对于劳资关系的不同影响，为研究劳资关系提供了一个新的微观研究视角。他们认为，就不同资本在特定地区经济发展和劳资关系中的重要性来讲，物质资本、人力资本和社会资本同时存在，但不同发展阶段又存在特定资本占主导的资本结构，遵循物质资本主导—人力资本主导—社会资本主导的发展规律。根据资本—劳动替代的“拐点论”，经济发展初期总是伴随着物质资本的积累，物质资本将在相当长的时期占据经济增长的主导地位；由于资本劳动的边际替代率递减，当物质资本积累处于一定阶段，产生对人力资本的更多需求，人力资本则成为这个时期的主要资本；只有在经济持续发展、政治文明发展到一定程度时，信任、规范、网络和社会公德等社会资本才有可能成为推动经济发展的主导力量。在经济增长具有明显投资驱动的经济中，资本明显处于强势主导地位，劳动处于弱势地位，劳动者工资在国民收入中的比例逐渐减少就是“强资本弱劳动”分配格局的重要表现。由此导致劳资双方围绕利益分配产生的矛盾日益增多，这是经济发展的客观规律，也是处于物质资本主导阶段的经济中劳资关系问题的根本原因；当技术、创新和人力资本等成为经济发展的新的源泉，这些要素的形成会产生相适应的收入分配和再分配模式，对改善劳资关系起到积极作用；社会资本的积累本身就包括了劳资关系改善方面的内容，在社会资本占主导地位的发展阶段，社会资本所强调的社会网络、规范、信任、权威、行动的共识以及社会道德等核心理念可以通过劳资关系得到充分体现。物质资本、人力资本和社会资本在不同经济发展阶段有所侧重，但是在特定的时期是并存的，其中，物质资本是有形的，社会资本和人力资本是无形的，三者之间可以相互作用。掌握资本形态之间互相影响的特征有助于提高资本积累方面的主动性。龚基云（2005）认为，如果说资本发展规律是生产力，那么劳资关系则是生产关系，是由资本发展规律主导的资本与劳动关系的表现形式。总体来讲，劳资关系的和谐程度与经济增长有正相关关系。

虽然对于劳资关系的研究很丰富，但基于资本结构与新生代劳动力来研究如何构建一个和谐的劳资关系，以此为我国经济产业健康发展和和谐社会的构建来提供微观经济保障的研究并不多，需要深入研究。

第三节 资本结构变化下新生代劳动力面临的劳资关系问题

虽然改革开放以来我国经济发展取得了巨大的进步，但与此同时也带来很多问题，劳资关系不和谐就是其中之一。近年来，随着我国经济产业开始转型升级，我国的资本结构发生了深刻变化，正在由物质资本主导向由人力资本主导过渡，与此同时，新生代劳动力大量进入劳动力市场，在这双重变化下由于劳资纠纷冲突而引发的群体性事件不断出现在各大媒体的版面。2008～2012年，广州市劳资纠纷群体性事件包括劳动争议案件数量，一直都在高位运行，其中，30人以上的群体性事件近几年来每年都在300宗左右，而未来一段时间，这种状况还将持续。不和谐的劳资关系已经成为影响和谐社会构建的不稳定因素之一，那么，在资本结构变化下新生代劳动力在劳资关系中面临哪些问题呢？

首先我们来看下目前我国的资本结构情况，尽管我国已经开始产业的转型与升级，物质资本的主导地位正在向人力资本过渡，但物质资本在劳资关系中仍然处于支配地位，“强资本弱劳动”的格局仍没有发生根本变化，由此我国新生代劳动力在劳资关系中仍面临一些老问题，而又由于新生代劳动力自身的特点，这些问题冲突甚至变得更为激烈，这方面的主要问题如下：

（1）劳动工资拖欠。近年来引发群体性事件的劳资纠纷中有相当一部分是由于劳动工资拖欠引起的。据全国总工会不完全统计，仅2011年春节元旦期间，各级工会配合有关部门共检查用人单位34.8万人，涉及职工1917.4万人（其中，农民工1488.3万人），为105.82万职工追回被拖欠的工资24.5亿元（其中，为93.44万农民工追回被拖欠工资22.6亿元）。2013年1～2月，山东省省委、省政府信访局受理建筑农民工因拖欠工资集体上访63批，共计1013人，同比分别上升75%、70.5%；省住房城乡建设厅直接受理此类集体投诉120批，涉及6877人，同比分别上升62%、88%。

（2）劳动条件差，工伤问题突出。由于我国目前仍是以劳动密集型产业为主，很多企业为降低成本，不顾工人的身心健康和安全保障，造成很多工人因工伤致残甚至死亡的案例不断涌现，这也成为造成不和谐劳资关系的重要问题之一。据统计，2012年前后，我国有毒有害企业超过1600万家，受到职业病危害的人数超过2亿。2012年工伤保险处共做出工伤认定结论1687起，比2011年同期增加11%，其中，在工作时间和工作场所内，因工作原因受到事故伤害的1375起；上下班遭受交通事故伤害的265起；被诊断为职业病的18起，突发疾病被视为工伤的7起，其他情形被认定为工伤的22起；被认定为因工死亡的24起，生产安全事故导致工亡的4起，上下班交通事故导致工亡的13起，工作中突发疾病死亡的7起。全年工伤认定行政诉讼22起，无一起被撤销或者败诉，其中，因为三工原因行政诉讼的11起，上下班交通事故原因行政诉讼的9起。

（3）工会维权不利。工会是劳方维权的重要组织，但是目前的现实却是工会资金受到资方控制，工会难以帮助劳方维权，甚至有的时候工会与资方站在一起压迫劳方，不仅没有起到缓和劳资关系的作用，反而成为引发劳资冲突的问题之一。2010 年，因工资问题广东南海本田汽车零部件公司工人举行罢工，却因此遭到了狮山镇总工会工作人员的殴打。

（4）劳动时间长，劳动强度大，企业存在压榨工人现象。为了降低成本，提高效率，很多企业存在高强度长时间工作加班的压榨现象。据劳动和社会保障部劳动科学研究所课题组报道，私营企业员工每天工作 12 ~ 13 小时的情况很平常，个别企业里甚至更长。调查结果表明，员工平均每天劳动 813 小时，每周平均工作 6. 15 天，休息 0. 85 天，15% 的员工需要经常加班，一般加班在 2 小时以内的占 48. 3%，2 ~ 4 小时的占 44. 9%。

以上四点是由于资本结构中物质资本的强势地位所导致的资方强势压榨劳方的问题。与此同时，我国资本结构也发生了新变化，主要体现为人力资本的大幅提升，并开始影响新生代劳动力的劳资关系，伴随着资本结构的这一变化与新生代劳动力文化知识水平与法律意识的提高，新生代劳动力对劳资关系也有新的要求与看法，由此劳资关系还面临以下新问题：

（1）法律保障不足。虽然从 2008 年开始实施的新劳动法为劳方提供了更多的法律保障，但在实践中却遇到了很多问题。很多企业不与员工签订正式的劳动合同，劳动合同的签订率较低对法律保障劳方权益造成了障碍。此外，资方还在合同中设置“霸王条款”，处于弱势的劳方在不知情或是不得已情况下被迫签订了这些不平等的合同。在资方违法伤害劳方利益后，劳方在运用法律武器保护自己的权益时也遇到了重重障碍，例如，法律知识缺乏，取证困难，法律程序烦琐花费时间过长等。法律本身是维护和谐劳资关系的保证，但其在实践过程中的缺位却带来劳资纠纷的隐患。

（2）企业管理不人性。很多企业，特别是非公有制企业为了生产效率和方便管理对劳方采取不人性的简单粗暴的管理方式，给劳动者带来了很多不方便，也给工人造成了一定程度的心理创伤，为劳资关系带来了隐患。例如，富士康对工人采取了所谓军事化的封闭管理方式，对劳动者造成很大的心理伤害，从而出现了工人连续跳楼自杀的惨剧。

（3）社会保障不足，企业没有为生产者购买必要的保险。由于我国尚处于社会主义初级阶段，社会保障是个薄弱环节，社会保障严重不足，与此同时，很多企业为了降低成本，拒绝为生产者购买必要的保险。从而造成一些工人在因工受伤后，失去了劳动能力却不能得到相应的补偿与救助，使得他们生活困苦，这就为劳资关系埋下了不和谐的隐患，同时这也成为造成社会不稳定的因素之一。

第四节 资本结构变化下新生代劳动力的特点

本书中的新生代劳动力主要指“80后”、“90后”等加入劳动力市场的年轻劳动力，随着时间推移，新生代劳动力必将成为劳动力市场的主要供给者。

伴随新生代劳动力大举进入劳动力市场的是我国经济产业转型升级所导致的资本结构的变化，这些资本结构的变化主要体现为人力资本的大幅上升，虽然目前物质资本仍占据统治地位，但人力资本已经对物质资本产生冲击，而社会资本在我国基础建设大幅提高和物质资本与人力资本的变化影响下也发生了改变，而社会资本的改变反过来又会影响物质资本与人力资本，从而导致了我国资本结构的新变化。我国资本结构的这些变化会在新生代劳动力的身上得到具体的体现，这些新生代劳动力在资本结构变化下与他们的上一辈相比，有以下新的特点。

一、知识文化水平有所提高

随着我国综合实力的上升与义务教育政策的实施，新生代劳动力的知识文化水平较之上一代劳动力有所提高。劳动力中的文盲比例大幅下降，很多人就拥有中学及以上的学历文凭，劳动技能有所提升。

二、维权意识明显增强

由于知识文化水平的提高，新生代劳动力的维权意识比上一代劳动力有了明显的增强，他们对自己的合法权益有了更多的认识，对保护自己的合法权益也有了更多的要求。这在劳资关系中表现为劳方要求资方保障并尊重劳方的合法权益。

三、信息传播效率大幅提高

随着网络等新媒体的兴起，现代社会已经成为了信息社会，信息传播效率高速上升。作为信息社会的新生代劳动力，他们信息传播的效率也比上一代劳动力有着大幅提高，这表现在信息接收效率和信息输出效率都同时大幅提高。

四、法律意识有所提高但仍然不足

虽然新生代劳动力知识文化水平有所提高，维权意识也明显增强，他们信息传播效率也有了大幅提高，但值得注意的是，虽然新生代劳动力的法律意识有所提高但仍然不足，在解决劳资纠纷中，在保护自身权益时，他们对如何运用法律

武器保护自己的合法权益仍然没有很清楚的认识。

五、对媒体保障自己权益有所期待

由于法律知识不足、我国法制环境还不健全以及新生代劳动力的信息传播效率提高等因素，新生代劳动力对媒体保障自己合法的权益有较高期待。这在劳资关系中表现为劳方希望通过媒体记者揭露曝光资方的违法犯罪行为来引起社会关注，从而解决劳资纠纷，维护自身的合法权益。

六、工作稳定性下降

上一代劳动力由于吃苦耐劳，踏实认真等特征，他们工作稳定性较高，很少出现辞职跳槽等现象。但是，新生代劳动力却没有延续上一代劳动力的这一特征，跳槽在新生代劳动力中成为了一种普遍现象。工作稳定性的下降也成为了劳资关系中引起纠纷的原因以及解决纠纷的手段之一。

七、个性更加彰显

与上一代劳动力共性多于个性不同，新生代劳动力的个性更加彰显，他们的创新能力有了很大的提高，但更加彰显的个性也为资方带来更多的管理问题，劳资关系的复杂性也由于新生代劳动力的个性更加彰显而趋于复杂。

八、自我定位发生变化

与上一代劳动力将自身定位为打工者和城市的过客不同，新生代劳动力认为自己也是城市发展的一部分，也可以成为城市的新主人。这一思想观念上的改变，导致了新一代劳动力对城市经济产业发展与劳资关系的新要求，新一代劳动力要求与城市人平等和谐相处的意识已经觉醒。

第五节 构建和谐劳资关系的政策建议

由于和谐劳资关系在经济发展中起到的重要作用，同时和谐的劳资关系也是我国和谐社会建设的重要组成部分，如何针对我国资本结构变化下新生代劳动力在劳资关系中所面临的问题，以及新生代劳动力的新特征来构建和谐的劳资关系是一个值得关注与研究的重要问题。那么如何基于资本结构与新生代劳动力来构建和谐的劳资关系呢？

针对我国新生代劳动力知识文化水平与法律意识的提高，提出以下几点来提高社会资本水平，使之发挥对人力资本的促进作用。

一、完善法律法规，加强执法

我国是法治社会，依法治国是我国的国策之一。在构建和谐劳资关系方面，完善的法律法规以及有效的执法是根本保证。我国应当针对劳资关系中的新特点和新问题及时完善法律法规，尽可能减少法律漏洞。同时，执法机关应该加强执法，做到有法必依和执法必严，不给不法分子留有任何侥幸心理。

二、加强政府监管力度

政府有力的监管是构建和谐劳资关系的核心，是实现劳资关系和谐发展的根本保障。在构建和谐的劳资关系方面，政府责无旁贷，政府是社会公正的代表者和仲裁者，同时也是构建和谐社会的促进者和组织者，必须高度关注企业劳资关系的发展态势，尽责尽力积极改善劳资关系。因此，政府有义务也有责任监督资本及其人格化代表，应当及时制止和打击资本侵害、剥夺劳动者权益的行为。与此同时，政府部门应当健全包括法律手段、经济手段、行政手段等在内的构建和谐劳资关系的各种手段与工具，进一步完善解决劳资纠纷的仲裁制度，提高劳资纠纷仲裁的权威和效率。

三、加强工会组织建设

工会是维护劳方合法权益和解决劳资纠纷的重要组织，但如同前文中提到的，我国的工会组织在很大程度上已经沦为了资方的附庸，甚至出现工会充当资方压迫劳方机构的不正常现象。为了构建和谐的劳资关系，就必须改变工会这一长期不发挥应有作用的局面，增强工会的独立性。工会的资金不能受制于资方，工会的人员安排也不能受到企业的控制，只有这样工会才能发挥其应有的维护劳方合法权益和解决劳资纠纷的作用，劳方才会更加信任、依靠工会组织，工会的力量也会因为劳方的信任与依靠而更加强大，从而更好地维护劳方合法权益和解决劳资纠纷，形成一个良性的循环。总之，应该增强工会组织的独立性，加强工会组织建设，使工会组织成为构建和谐劳资关系的一支重要力量。

四、完善社会保障制度

从前文中我们可以看出，社会保障的不足是目前劳资关系的主要问题之一，由于缺乏必要的社会保障，劳方只能依靠资方，造成劳方与资方力量严重的不平衡状况，从而难以保障和谐的劳资关系。随着我国经济力量的大幅提升，我国应该完善社会保障制度，使劳方有所依靠，打破劳方与资方力量严重的不平衡状

况，构建和谐的劳资关系。可以说，完善的社会保障制度是构建和谐的劳资关系的一个重要基础。

五、其他几点建议

除了以上几点外，针对新生代劳动力的新特点、新要求，为我国经济产业转型升级中的资本演化创造物质条件，促进人力资本积累，顺利完成资本结构由物质资本主导向由人力资本主导的过渡，本书还提出以下建议：

1. 建立健全劳动力市场

目前，由于很多制度建设不足等因素，我国的劳动力市场还很不健全，劳动力市场的不健全及其效率不足也是劳资关系不和谐的隐患之一。因此，我国应当建立健全劳动力市场，提高市场效率，平衡劳方和资方力量，为构建和谐的劳资关系贡献力量。

2. 企业应当提高科学管理的能力

为了避免再次出现富士康工人连续跳楼自杀的惨剧，企业应该提高科学管理的能力，针对新生代劳动力的新特征及其个性来进行管理，改变过去简单甚至粗暴的管理方式。可以说，科学的企业管理方式是构建和谐劳资关系的重要基础之一，而且科学的企业管理还会提高企业生产效率从而降低成本，无论从哪个方面来看，企业都应当提高科学管理的能力。

3. 学习国外的先进经验

经过多年的发展，发达国家在如何构建和谐的劳资关系方面有很多经验和教训。我们的邻国日本在这一方面就做得很不错，日本的终身雇佣制度及其年功序列制度等都是和谐劳资关系的重要保障制度，而欧美国家的“职工劳动股权计划”或“职工股权计划”等也取得了很不错的成效。我国在构建和谐的劳资关系方面特别是其中的立法方面，应该学习国外的先进经验，同时也吸取它们的教训，少走弯路。

4. 加强职业教育

随着我国新生代劳动力知识文化水平的提高和我国教育能力的提升，我国有了加强职业教育的人文基础与物质基础。而且加强职业教育也是促进人力资本积累，为我国经济产业转型升级提供人力资本基础的要求，是大势所趋。

第四部分　嵌入型劳资关系的形成及具体形式

第十一章　劳动力市场演变与嵌入型劳资关系形成

劳动力市场状况是影响劳资关系的主要因素。劳资关系是处于和谐还是冲突状态，与劳动力市场上劳资双方的博弈力量对比和政府规制有密切关系。构建外资企业和谐劳资关系，需要深入研究和把握转型时期外资企业劳资关系的基本特点和劳动力市场动态演变的总体方向、阶段特征，探讨促进劳资双方关系和谐稳定的对策。基于我国外资企业劳资关系外源性、嵌入性的特点，分析劳动力市场与外资企业劳资关系的演进机理。在劳动力无限供给状态下，劳资双方在劳动力市场上的博弈力量严重失衡，政府对劳动力市场的社会性规制失灵，形成了外资企业“资强劳弱”的劳资关系。当前，由于劳动力市场供给状况变动，外资企业劳动力资源约束趋紧，但“资强劳弱”的劳资关系并未发生根本转变，劳资双方矛盾和冲突不断凸显。本章从政府规制和企业两个维度探讨了促进外资企业劳资关系和谐稳定的对策建议。

第一节　我国外资企业劳资关系的特点

一、外源性

外资企业资本来源地是企业所在国家以外的其他国家或地区，企业生产方式、技术水平和管理文化等特征主要由外来资本外生决定，资本输出地的经济、技术、制度、文化因素将全面影响东道国外资企业的劳资关系。从劳动力要素上看，我国外资企业主要分布于沿海发达地区，其劳动力主体是农村外来务工人员，劳动力资源配置上也具有明显的外源性，务工人员输出地的人口、文化、习俗等因素也与企业劳资关系具有相关关系。从企业生产经营条件上看，我国当前大部分外资企业以从事加工贸易为主，加工产品从国外进口，产成品出口到国际市场上，具有“两头在外”的特点，国际市场的产品供求情况波动和贸易条件变迁、不同国家要素禀赋比较优势的演变都会通过企业生产经营状况传导到劳资关系上，使企业劳资关系协同演进。因而，我国外资企业资方、劳方与生产经营条件都具有明显的外来因素，劳资关系呈现出鲜明的外源性特征。

二、嵌入性

外资企业的生产过程是外源性的资本技术和劳动力等生产要素在企业内结合进行生产的过程，实质是外源生产要素嵌入特定区域，并与区域经济社会发展有机融合、协同发展的过程。由于外源生产要素的这种嵌入性，企业所在区域的经济、社会、法制、文化等因素也会与外资企业生产经营和劳资关系具有关联效应。其中，最重要的影响因素是当地政府，政府发展战略和价值导向、招商引资政策、劳动力市场规章制度建设、劳动力市场规制执行力度等都和企业劳资关系紧密相关。外资企业生产要素的外源性和生产布局的嵌入性相互交织、共同作用，使外资企业劳资关系在治理上呈现出与国有企业和民营企业不同的特点和要求。

第二节　劳动力市场与外资企业劳资关系的演进机理

一、劳动力市场供求与外资企业劳资关系演进

劳资关系主要是指企业资方和劳动者之间的权利义务关系，虽然劳动者享受的权利与资方承担的义务多寡由双方自愿协定，但劳资关系的形成过程实质是劳动者与资方在劳动力市场中互相博弈的过程，双方议价能力高低主要受劳动力市场供求情况制约。劳动力市场供求力量对比是劳资关系的主要决定因素，这种力量对比的变动也是劳资关系演变的基本动力。

从劳动力需求来看，影响外企劳资关系的主要因素包括以下几个：①资本数量。在劳动力供给数量既定条件下，资本数量越多，对劳动力需求量越大，劳动者工资和其他福利待遇就有可能越优越，劳资关系则越和谐；反之亦然。②生产方式。如果企业资本有机构成较高，技术水平较好，主要采取相对剩余价值生产方式生产，雇用的劳动者科学文化素质较高，则劳动者劳动力价值较高，劳资关系和谐可能较大。反之，企业资本有机构成和技术水平较低，主要依赖绝对剩余价值生产方式生产，则劳资关系紧张和冲突的可能性较高。③国际贸易条件。外资企业产品以外销为主，国际市场贸易条件变化也传导到劳资关系上，产品利润高，需求量大，企业效益好，有助于改善企业劳资关系；反之，则增加劳资关系冲突。④国际劳动力成本对比。外资企业着眼于全球范围配置劳动力资源实现利

润最大化，其他国家劳动力资源的丰裕度可能影响劳资关系，当劳资关系改善引起企业成本增加超过一定范围时，企业产品相比劳动力成本更低廉的国家失去价格优势，企业盈利空间减小，甚至有企业考虑将生产地点迁移到劳动力成本更低的国家，不利于劳资关系改善。⑤资本来源地的文化特征。不同来源地的资本具有不同的企业管理文化，欧美企业崇尚自由和谐，注重以人为本、开放平等，劳资关系相对融洽；东亚国家和地区外资企业则更强调服从、等级、权威，对劳动者个性约束较大，劳资关系对抗程度相对于欧美企业更高。

从劳动力供给来看，主要影响因素包括以下几个：①劳动力数量。劳动力数量供过于求，将会降低工人工资和福利待遇，对劳资关系产生不利影响。②工会组织。如果工会组织完善，能真正维护好劳动者合法权益，提高劳动者待遇，则有助于改善劳动者待遇；反之，如果工会组织不健全，劳动者缺乏与资方有效制衡的利益代表组织，或者工会组织基本上受资方控制，不能有效代表劳动者利益，劳动者缺乏有效的利益维护和诉求途径，则无助于改善企业劳资关系。

二、劳动力市场的政府规制与外资企业劳资关系

资方在资源占有、社会地位、与政府关系等方面都优于劳动者，劳动者在劳资关系中常处于弱势地位，因而在现代市场经济中，政府都会采用不同方式对劳动力市场进行社会性规制，维护和增进劳动者权益，平衡劳资双方利益分配，改善劳资关系。政府对劳动力市场的社会性规制是调整劳资关系的重要第三方力量。

政府对劳动力市场的规制导向是影响规制绩效和劳资关系调整方向的主要因素。如果政府在劳资双方利益之间完全中立，则有可能统筹兼顾双方利益，有效调处矛盾冲突，促进劳资关系良性发展。但在经济增长占政府目标追求权重很高状态下，政府不惜牺牲劳动者权益吸引外资，劳动力市场规制力量薄弱，资方力量缺乏有效制衡，劳方正当利益无法保障，劳资关系将难以有效改善。

规章制度是否完善和健全也对外资企业劳资关系有重要作用。工资工时标准、工人福利、社会保障、劳动安全、工会组织、劳动争议调解等方面的法律法规和相关制度完善，才能明确劳资双方权利义务，使劳资双方矛盾解决有法可依、有章可循。

另外，劳动力市场规制的实施机制也是决定劳资关系是否和谐的重要变量，如果政府规制缺乏可靠的执行力，对企业劳动监察不到位，即使规章制度比较完善，也难以有效保障规章制度落到实处，无法有效保障劳动者合法权益和促进劳资关系和谐发展。

第三节 劳动力无限供给下的外资企业劳资关系

一、外资企业劳动力需求与使用方式

根据资本来源地及呈现的有机构成和技术特点，我国外资企业大致可分为中国港台地区企业、日韩企业和欧美企业三类。港台地区企业主要是劳动密集型企业，产品技术含量较低，以低廉的劳动力成本为主要竞争优势，对劳动者科学技术文化素质要求相对较低，劳动者只需具备基本的文化知识和能胜任繁重体力劳动的身体素质。欧美企业相对而言主要是资本技术密集型企业，产品技术含量较高，对劳动者科学文化素质要求也较高，劳动者一般需要接受过正规的中等或高等职业教育。日韩企业产品技术含量和对劳动者的科学文化素质要求则处于两者之间。

从我国改革开放以来的经济发展历程来考察，港台地区企业是我国外资企业的主要组成部分，这些企业主要从事劳动密集型产品的加工贸易和出口，劳动力主体是农村务工人员，在劳动力使用上采取“低增值+低成本驱动”的方式。低增值是指企业基于增加劳动者体力劳动投入、延长工作时间的绝对剩余价值生产方式攫取利润的劳动力使用方式，这种方式知识技术集约度低，而且受劳动者生理条件、社会道德因素制约，利润增长幅度小，因此是一种低增值的粗放型方式。低成本除了指劳动者劳动力价值低外，还包括企业利用各种非正规手段将劳动力价格压低到劳动力价值以下的情况，这些非正规手段涵盖了拖欠和克扣工资、违反最低工资和加班工资标准、不缴纳或非足额缴纳“五险一金”、超时加班、不依法提供劳动安全设施和工作条件等，这些手段通常而言是不符合企业社会责任要求或者是违反劳动法规的，都是侵害或剥夺劳动者合法权益的。港台地区企业的劳动力使用方式，对劳资关系和谐构成了严重危害。

二、农村劳动力无限供给与劳动者“低收入+权利缺失”困境

由于我国农村人口规模大，富余劳动力充足，农村劳动力处于刘易斯所描述的无限供给状态，只要能获得高于从事农业劳动的收入，农村劳动者就有到城市务工的意愿。外资企业将生产环节布局在我国沿海城市既充分利用了丰富的农村劳动力资源，又促进了农村富余劳动力的转移。农村劳动力无限供给与转移和劳动密集型外资企业发展相辅相成，充足而低廉的劳动力资源促进了外资企业和我国经济发展，但同时受制于外资企业“低增值+低成本驱动”的劳动力使用方式，劳动者工资收入与城市居民相比处于较低水平，而且缺乏各种合法劳动权益

和保障，陷入“低收入＋权利缺失”的困境。

三、政府“增长导向”型规制方式与劳动者弱势地位

GDP增长一直在我国政府官员的政绩追求中占很大权重，而在我国社会主义初级阶段的背景下，利用丰富而低廉的劳动力资源作为竞争优势，吸引外资发展出口导向的劳动密集型产业是不少地方政府推动经济增长的重要途径。因此，政府对劳动力市场的社会性规制具有明显的“增长导向”，对劳动者的合法权益保障采取比较消极的态度和方式，软化、放松规制，抑制劳动者增加福利待遇和权益的诉求，降低企业整体用工成本，以满足外资企业发展需要，并以此为优势吸引更多外资，促进GDP增长。政府这种“增长导向”型规制方式，进一步强化了劳动者“低收入＋权利缺失”的困境。另外，由于我国劳动力市场从计划机制向社会主义市场经济转变，规制机构、规章制度建设的完善需要一个过程，劳动合同、集体谈判、工资工时标准、劳动保障、非公有制企业工会建设等方面法规制度在较长时期以来都不够完善，无法扭转劳动者弱势地位。

四、外资企业劳资关系的总体分析

在劳动力无限供给状态下，外资企业劳资关系呈现出鲜明的“资强劳弱”特征，劳动者只能得到较低的工资收入，各项劳动权益基本缺失。这种劳资关系是劳资双方劳动力市场博弈和政府规制的结果，从劳动力市场供求情况和我国当时经济发展阶段来看，符合我国国情和经济发展客观规律，有其客观必然性和合理性。但是，这种劳资关系也存在不少问题，一是劳资矛盾和对立不断显现。这种劳资关系严重违背了以人为本的原则，劳动者无法分享企业和社会发展的成果，随着经济发展、社会进步和现代文明思想普及，劳动者逐渐对自身的处境感到不满，维权意识逐步增强，劳资问题的信访、劳动仲裁、司法诉讼日益增加，甚至堵路、“跳楼秀”、突发性群体事件等非正规途径维权事件也不时出现。二是这种劳资关系与我国劳动力市场供求因素变化及制度完善、资源约束条件变动、经济发展方式转变和社会主义和谐社会建设也是不相适应的。

第四节　劳动力资源约束趋紧下的外资企业劳资关系

一、劳动力无限供给到有限供给状态的转变及对外资企业劳资关系的影响

从2004年起，我国沿海地区开始出现了“用工短缺”现象，企业无法招聘

到有效满足生产需要的普工、技工，这种现象在每年春节过后表现得最为明显，而且一直延续至今。农村劳动力无限供给到有限供给转变的刘易斯拐点已经到来（蔡昉，2010），农村劳动力供给存在着作为外资企业主要用工对象的青年劳动力短缺与中老年劳动力过剩并存的问题（章铮，2005）。同时，我国农村劳动力的组成主体也发生了很大变化，“80后”、“90后”新生代农民工已成为农村外出务工人员的主体，他们与改革开放早期的农民工相比，也发生了从“生存型”到“发展型”的转变，吃苦精神和忍耐力下降，自我意识有很大提高，更在意工作的舒适性和自由度，更希望在工作中找到自身的价值，更加不愿意从事没有思想的简单劳动（涂敏霞，2012）。劳动力资源约束趋紧，增强了劳动者在劳动力市场中与资方博弈的能力，对企业改善劳动者福利待遇提出了越来越高的要求。以外来工聚集地珠三角为例，最低工资标准从2005年至今已呈现出较大幅度增长，广州市月工资最低标准从2005年的684元上升到2011年的1300元，珠海、佛山、东莞、中山从2005年的574元上升到2011年的1150元。

二、外资企业的贸易困境及对劳资关系影响

近年来，受人民币升值、发达国家贸易保护、用工和原材料成本上升等一系列因素影响，我国劳动密集型企业产品出口增长面临较大压力，尤其是2008年国际金融危机爆发后，发达国家市场需求疲软，对我国产品出口更是造成严重冲击，甚至导致不少企业倒闭①，对外资企业劳资关系也产生不少负面影响。不少外资企业资本有机构成和技术水平较低，抗风险能力弱，经营困难，无法承担日益上升的用工成本，超时加班、拖欠克扣工资，降低福利标准等现象较为严重，使劳资矛盾激化。②

三、劳动力资源约束趋紧背景下的外资企业劳资关系总体分析

在劳动力资源约束趋紧状态下，劳动力市场供给和需求主体的情况都发生了变化，这些变化因素对外资企业劳资关系和谐稳定既有正向作用，也有反向作用，互相交织，但总体而言，“资强劳弱”、资方主导的特征没有根本改变，劳动力市场上劳资双方的博弈力量也没有根本扭转。政府“增长导向”型的规制方式也没有根本转变，无法有效帮助劳动者抗衡资方力量。劳动者提高工资待遇

---

① 2008年1～10月，广东共有15661家中小企业倒闭，见《广东15661家中小企业倒闭称未出现“倒闭潮”》，http：//news. sohu. com/20081217/n261267275. shtml。

② 据调查，2009年有5.8%返乡农民工即406万被拖欠工资，山东、广东、福建等沿海省份，韩、港、台资企业欠薪出逃的事件频频发生。外企欠薪出逃所涉及的人数和欠薪额度，比往年增加。见 http：//news. sina. com. cn/c/sd/2009－12－14/094219255581_ 2. shtml。

和维护自身合法权益的诉求不断增加，资方受制于贸易条件恶化及企业生产方式，无法有效提高劳动者福利待遇，甚至需要以进一步降低劳动者待遇压低劳动力成本来维持生存，劳资双方利益诉求的冲突更趋尖锐化，劳资纠纷不断发生，对保持劳资关系和谐稳定带来不少冲击。一些劳资纠纷甚至演变成集体上访、突发性群体事件等，影响社会稳定。

第五节　构建外资企业和谐劳资关系的对策

一、实施“发展导向”型劳动力市场规制

单纯依靠劳资双方在劳动力市场上的博弈无法形成和谐稳定的劳资关系，政府对劳动力市场的社会性规制对维护劳动者合法权益，制约资方滥用其强势地位侵害劳动者权益具有非常重要的作用。政府对劳动力市场的规制要从目前的“增长导向”型彻底转向“发展导向”型，使劳动者经济条件和社会地位不断改善、外资企业盈利不断增长和产品技术不断升级、区域经济科学发展，实现劳动者、企业和政府三方共赢。

首先，要转变劳动力市场规制的“资方偏好”，确立劳资两利、劳资和谐的规制偏好。要树立以人为本、科学发展的理念，不能为追求区域经济增长而放纵企业肆意侵害劳动者合法权益。在用工短缺成为常态，劳动者“用脚投票”能力增强，各地区对劳动力资源争夺日益加强的背景下，福利待遇高低是劳动者选择外出务工地点的关键因素。薪酬福利过低无法吸引生产经营所需的劳动力，必将严重威胁企业生存发展，对企业所在地经济发展也产生负面影响，损害企业主和当地政府利益。以劳资两利、劳资和谐作为规制的出发点和落脚点，逐步提高劳动者薪酬福利，构建和谐劳资关系，让劳动者更多地享受企业和经济社会发展成果，是吸引劳动力资源和促进企业发展的重要因素。

其次，要支持和帮助劳动者成立工会组织。政府要支持和帮助劳动者成立企业或行业工会，作为劳动者工资集体谈判、签订集体劳动合同、表达利益诉求、争取合法权益和协调劳资纠纷的组织。工会要有必要的经费、办公场地、办事人员，并定期开展工会活动，了解工人需求，帮助工人向企业争取合法权益，工会职能不能仅仅局限于组织工人开展文体活动上。工会管理人员要由工人通过民主选举产生，真正反映工人意愿和诉求，不能成为资方控制下的“橡皮图章”。

再次，要将规制措施制度化和法制化。一是要完善薪酬标准、休息休假、劳动合同、企业福利、社会保障、生产安全、劳动仲裁、司法救济等方面的制度法

规，使政府劳动力市场规制有法可依，劳动者能依法维护自身权益。二是要加强劳动执法监察，对企业工资标准和发放、劳动合同签订和执行、劳动生产环境、“五险一金”缴纳等情况进行监督检查，各部门之间要建立联动机制，打破条块分割，形成合力，齐抓共管，才能有效打击企业非法用工行为。三是要畅通劳动纠纷调解渠道，提高劳资矛盾调处能力。要强化宣传教育，让劳动者知晓劳资纠纷的解决方式和渠道，并能便利地使用信访、仲裁、司法等矛盾解决途径，提高劳资矛盾调处能力和实效，使劳动者利用合法途径理性表达和争取自身权益。四是加大对非法用工和侵害劳动者权益的企业主加大惩处力度。

最后，要建立劳资冲突应急预案。目前，由劳资冲突和矛盾激化引发的停工停产、集体上访等突发群体事件时有发生，政府部门要制定应急预案，防止矛盾和事态扩大。一是要建立联合快速反应机制，当突发群体事件时，劳动监察、工商、司法、公安等相关部门要共同积极介入，组织劳资双方通过协商谈判解决矛盾分歧。二是要建立“工资支付基金”，由企业按照工资总额的一定百分比和政府财政拨款建立“工资支付基金”，应对企业经营困难、企业主外逃等情况下的工资拖欠问题。三是要对劳资纠纷多发、频发的企业进行重点监察，建立定期监察档案，加强人员配置，积极介入企业劳动合同签订、工资支付、劳动保护、“五险一金”缴纳等环节，将劳资矛盾解决在萌芽状态。四是在经济下行和不景气阶段，要加强对企业劳资矛盾的调处和冲突预防，采取措施帮助企业应对经济困难，维持正常运转，同时也要确保劳动者工资正常支付和维护工人合法权益不受侵害。对结业企业要监督企业主做好工资支付和劳动合同赔偿工作，按照劳动法规做好工人安置和失业救济工作。

二、企业积极承担社会责任，构建“以人为本、互惠共赢”的企业文化

首先，企业要积极承担社会责任。要端正对社会责任的认识，将履行社会责任作为实现企业可持续发展的重要途径。企业可积极借鉴国际劳工标准体系对劳动者权益保障的规定，促进劳资关系和谐稳定。国际劳工标准体系包括了“体面劳动”、“全球契约”、“生产守则”、“SA8000”、“社会条款”等劳动权益标准，是国际社会广泛认可的劳工公约，其中涉及的工时、职业安全与卫生、社会福利和闲暇时间、保护儿童和未成年人的就业、特殊群体保护等国内劳动问题绝大部分是技术性问题（吴宏洛，2007），我国企业可结合我国国情借鉴吸收，形成合适的劳动权益保障标准，改善劳资关系。

其次，要大力建设“以人为本、互惠共赢”的企业文化。企业各项管理制度都要秉承关爱员工、将企业发展和员工发展有机结合的原则。一是建立合理的

薪酬福利标准和增长制度，薪酬福利标准应充分体现劳动者的劳动投入与付出、企业经营绩效，并建立工资正常增长机制，使员工分享企业发展成果。二是要关心员工生活和发展，要积极改善员工工作环境和饮食住宿条件，丰富员工业余文化生活，定期对员工开展职业培训和教育活动，建立合理的职务晋升机制。三是要积极引导员工参与企业民主管理，要畅通企业管理层与员工之间的沟通渠道，使员工意见和诉求能顺利表达，引导员工对企业生产经验和战略规划提出意见和建议，让员工充分掌握企业的经营目标、计划和完成进度等情况，为完成企业生产经营计划，提高企业经济效益和社会效益做出贡献。

第十二章　嵌入型劳资关系的基本形式

经济全球化的浪潮推动中国不断融入世界分工体系，纷至沓来的外资企业为中国带来了新的管理理念、企业文化和处事规则等，它们为中国创造出巨大物质财富的同时形成了调整型劳资关系。本书称为嵌入型劳资关系，它是一种兼容并蓄的开放型的劳资关系，吸纳舶来企业文化和管理制度的特点，应用于本土企业和员工，而这种劳资关系中表现出的文化、理念、处事的规则体现出本土特色。本章通过对嵌入型劳资关系的比较研究，旨在为跨国企业的良好经营提供参考，为推动日趋重要的国际跨文化管理学科的发展做出贡献，同时为中国企业"走出去"、实现"国际化"战略提供借鉴。

第一节　嵌入型（外源型）劳资关系的含义

欧美企业进入中国之后，为中国带来了先进的管理方法，管理是一种文化，欧美企业大都设计和创建了适合自身发展的劳资关系，在人员选聘、使用、考核标准等方面都有自己独特的制度和企业文化。欧美企业进入中国也是适应中国人文环境的过程，整合中西方管理文化的特点，形成和谐文化的管理模式，提升企业核心竞争力，由此逐步形成了嵌入式劳资关系。

一、含义

在经济全球化的背景下，一个国家或地区（通常是发达国家或地区）向另一个国家或地区（通常是发展中国家或地区）直接投资形成的企业基础上产生的劳资关系，包括国内嵌入型劳资关系与国际嵌入型劳资关系两种基本形式。前者是一个国家内部发达地区向欠发达地区投资而形成的劳资关系，如沿海地区向内地投资（包括产业转移）形成的企业而产生的劳资关系；后者是指国与国之间一个国家（通常是发达国家）向另一个国家（通常是发展中国家或地区）进行投资而形成的，其基本特征是外地（外国）资本、技术、文化、管理经验与本地（中国）劳动力的结合。跨国公司是嵌入型劳资关系的重要载体，或者说

跨国公司的劳资关系就是嵌入型劳资关系的重要形式。

二、性质

嵌入型企业是生产要素跨地区、跨文化的结合，是发达国家的资本与本地劳动力的结合。资本不仅是价值的载体，而且也是劳动的产物，凝结着先进的科学技术、管理经验甚至文化传统，因而，嵌入型企业不仅有利于改善劳动者的技能，而且还会对劳动者的观念和文化甚至价值观产生巨大的冲击。

三、作用

嵌入型企业对本国经济社会发展有着积极的作用，如促进就业、改善人民生活、促进经济增长，也可能对本国经济社会发展产生消极的影响，如造成本国原来生产部门的工人下岗，造成工人失业，破坏当地资源、环境等，是一个硬币的两个方面，既有积极效应，又有消极效应，应对其进行规范，而不是取消或简单限制。

第二节　在华欧美企业嵌入型劳资关系

欧美企业嵌入型劳资关系表现在以下两个方面：

一方面，人才本土化，直接聘用中国本土员工以解决外派劳动力成本过高和文化障碍问题，欧美派遣员工的成本比中国本土员工高出几十倍，外来人才的异质性知识结构和本土文化背景难以融合与互动。任用本土职业经理人及员工能更好地理解中国消费者的需求，帮助公司将较先进的技术及成功经验引入中国，让公司能够更好地在中国市场获得持久竞争优势。在研究中发现，欧美企业的高管本土化程度较高，美国公司高管的本土化程度较欧洲公司而言更高。美国企业的管理模式较为开放，在企业管理层大量起用对中国文化较为熟悉的港台同胞、新加坡人以及本土职业经理人。在华投资较为成功的美国公司在华最高领导者均是华人，如通用电气（General Electric Company）中国公司董事长兼 CEO 孙礼达、摩托罗拉（Motorola Inc）中国公司总裁赖丙荣、福特（Ford）汽车中国公司总裁程美纬、英特尔（Intel）中国总裁陈伟锭等。这些外籍华人学贯中西，既熟知中国传统文化，又了解西方企业文化，为跨国公司嵌入式劳资关系的建立搭建了一座桥梁。

另一方面，欧美企业的物本管理与人本管理的契合。欧美企业管理的制度化程度是很高的，体现为企业内部分工明确、精细，责任清晰，解决常规问题都可以参照明确的程序和办法。欧美在华企业内部搭建垂直领导结构，等级明确；在劳动组织和人事管理设计上非常重视分工，工作内容规范化、制度化和文字化，为企业薪酬体系的设计提供科学依据。这体现出了西方管理文化追求的“以物中心”的理性和高效率，即“物本管理”，欧美企业进入中国，在管理理念中也更多地融入了东方管理文化的“人本管理”思想，这样就出现了管理文化的“人本管理”趋同现象，促使欧美在华企业更加重视人的全面、自在的发展，并为之创造发展的条件和环境。欧美企业目前采用较多的是以对“人”的考核为基础所开展的技能工资、知识工资、绩效工资和胜任力工资形态的四种工资制度。例如，微软中国员工的薪酬一般包括三部分，一部分是工资，一部分是股票，还有一部分是奖金。微软通常不支付给员工很高的薪酬，但每年平均有15%的薪水通过奖金的形式派发。再如宝洁公司，作为为数不多的在中国建立内部提升制度以及员工职业生涯设计的跨国公司，它为员工提供职业生涯设计，典型的晋升路线是管理培训生—助理经理—某一专业领域经理—分公司经理。在薪酬待遇方面，宝洁公司每年会做市场调查，比较同行业的薪酬水平再制定出富有竞争力的薪酬，从而体现出效率和公平。此外，宝洁公司向员工发行内部认可的模拟股票，若干年后员工可以得到股票增值部分，以起到激励优秀雇员的目的。欧美企业也非常重视本地员工的培训，根据资源基础论的观点，本地员工的国际技能和专用性资产越多企业竞争力就越强，因此欧美企业给予本土员工的海外培训机会较多。

第三节　在华日韩企业嵌入型劳资关系

日韩经济的成功，很大一部分原因要归功于其独特企业文化下建立的合作性的劳资关系。东方文化历来强调合作和集体主义精神，日韩两国通过吸纳欧美先进的管理理念，融合各自的传统文化，形成了不同于西方的日韩企业劳资体系。在与中国经济关系不断深化的过程中，日韩两国是中国重要的外商直接投资来源国，两国在中国的投资占其对外总投资额的比重也很高，因此日韩企业的大量投资使其在华形成了独特的嵌入型劳资关系。

近30年来，日本对华投资出现了三次热潮，分别是1985～1988年、1992～1995年、2001～2005年，投资地域也从以北方港口——大连为核心的周边区域拓展到长三角地区和珠三角地区。韩国对华投资起步较晚，发展较快，目前中国已成为韩国最大的贸易伙伴。韩国对中国的投资出现过两次高潮，第一次出现在1992～1995年，第二次出现在2001～2005年，2008年至今，由于华尔街金融危

机的影响，投资一直呈下降趋势。日韩两国因长期受到儒家文化的影响，企业中普遍存在着儒学所倡导的“上下有序”的高度集权式的管理模式，企业领导者在管理中享有巨大的权威性，形成了下级对上级绝对服从的家长制企业文化。相比之下，中国在新民主主义革命之后出现了巨大的社会变革，中国人成长的背景是多文化、多民族共存的较为松散的文化。儒学所设定的等级规范逐渐消失，中国人的平等意识更加强烈。进入中国的日韩企业普遍存在着日韩管理者为主、中国员工为辅的环境，日韩企业管理者将长期以来获得、积累的知识、管理经验、工作信念、价值观等注入设在中国的日韩企业，形成管理者价值取向的日韩企业传统氛围和劳资关系在中国再现的情境。如此一来，在华日韩企业嵌入型劳资关系显现出如下特点：

首先，日韩文化中的排他性造成中国员工发展空间受限。根据相关资料显示，在华日资企业中高层管理者为中国人的企业只有25%，日本书化中的集团主义很容易产生极端的排他性，这种特性造成日资企业对中国员工普遍缺乏信任，一些重要的岗位都由日籍员工担任，中高层管理者本地化程度不高。在华高层经理人员两三年轮岗一次，但基本都是从日本本部派驻过来，中国职员被提升到中层经理的人员也是凤毛麟角。早期韩国企业人力资源管理中同样存在明显的排他性，尤其投资中国的最初2~3年，韩国企业对中国采取外派人才的方式，企业中层以上领导者均为韩国人，下层操作工人等岗位则招募中国人来担任。其次，日韩企业的“纵”式文化造成人才流失，日本和韩国笃信的儒家文化中的“长幼有序”成为企业论资排辈的文化源头。所谓的“纵”式，也就是上司和下属或者先辈和后辈在企业内等级比较分明。对企业管理有利的一面在于企业员工能够协调一致，凝聚力强，效率高；弊端在于下级要承受较大压力，不利于有才华的人脱颖而出。这种氛围来自日韩企业，源于日韩社会的“纵”式特征。日本企业普遍认为再优秀的人如果没有经过岁月的历练也不算优秀，员工对企业的贡献以在企业工作时间长短为衡量标准，直接造成了新进员工表现再突出、业绩再骄人也无法在短时间内获得提拔，这一点严重挫伤了中国优秀人才的工作积极性，很多人在工作一段时间之后就选择了跳槽。韩企管理者在企业中继续推行典型的韩式企业文化，强调上下级员工之间保持严格的等级制度，这种等级制度不仅存在于工作场合，甚至于人际关系的范畴也同样适用。最后，日韩企业激励机制与国情不符。在华日韩公司重精神激励轻物质激励，日韩员工讲求奉献精神，往往把精神激励看得重于物质激励，他们往往把企业利益放在个人利益之上，更加注重血缘关系的中国人视家人团聚重于超时工作，对于早已习惯“多劳多得”的中国员工更注重物质奖励，必然认为企业分配不公，导致员工工作效率降低，进而出现管理障碍和文化冲突。日韩企业管理者的工作作风、处事原则、说话方式等对于早已习惯平等原则的中国员工来说难以适应，文化背景的差异促成了劳资关系不和谐音符的产生，加上超时工作、粗暴管理以及中方雇员和日韩管理者工资水平差距极大，更进一步使得中国员工缺乏归属感，中国员工便在日韩企业短暂工作后选择离开。

进入中国之后的“水土不服”，导致日韩企在华经营未能达到预期效果，部分日韩企业从中国撤资。在华日韩企业在技术上都非常依赖总公司，因此日韩企业往往通过控制核心技术来影响分公司，为了保证分公司与母公司经营战略的一致性，日韩企业从本部指派本国管理者，但由于两国文化存在差异性，日韩企业管理者和中国员工之间难以相互理解和相互信任，导致经营管理出现问题。为了解决问题，日韩企业开始“本土化”调整方式，包括人才聘用本土化、管理方式本土化等。近年来，日本企业也在逐步减少从总公司派驻工作人员，培养和提携中国员工来提高本土化程度，但日企始终未能将其作为拓展海外业务的重要一环来看待，在日企的中国员工晋升空间仍然有限，由于日企年功序列制的影响，员工能力再突出也很难得到破格提拔。另外，日企每年都要商定中国分公司的工资水平，尽量压低薪酬水平以节约人力成本。相比之下，韩国企业本土化进行得积极一些，如 LG 率先从长虹引进销售分公司的总经理，韩国 SK 集团则是任命中国人为韩资企业中国区的总裁，三星电子（中国）则从海尔引进了整个物流团队。韩国企业在中国本土化的过程中，逐步形成了嵌入型劳资关系以适应中国市场，以三星为例，三星提出，“让三星更像中国公司，而不是韩国公司”。三星对新入职员工开设的培训课程内容包括专业技能和道德文化方面的课程，员工获得晋升机会时还要进行相应的学习，帮助其从技术骨干成长为管理人才，通过加强员工的工作责任心、主人翁意识、公开公司经营状况、推进员工持股计划等来提高中国员工对企业的忠诚度和集体主义精神，聘请中国本地人才作为中高层管理者，以调解管理者和员工的关系，从而减少文化冲突顺利开展业务。经过多年的磨合，三星在中国设立 10 年以上的分厂中国人的比例达到了 90%，真正实现了三星中国化。

第四节　港台企业嵌入型劳资关系

同属儒家文化圈的香港地区和台湾地区较好地传承了中国传统文化，港台地区企业在吸收西方先进技术和管理经验的同时，保留了传统的儒家文化及与之相应的企业精神。港台地区企业的儒家文化特点表现在以下几方面：强调等级；重视家庭；以人为本，重视人才；提倡勤俭，反对浪费。在与西方文化交融的过程

中，港台地区企业吸收了西方倡导的民主、科学、力求实效、自主自强的处事方式。港台地区企业在聘用人员时，强调经验，文凭次之，企业的工作压力源于工作本身，遵循商业规则。港台地区企业注重集体主义，强调整体配合，团结进取。

台湾地区企业进入内地之后，仍然保有其企业文化和管理方式，企业内还是着重树立企业主的形象和权威，企业的经营和组织形式上亲缘和家族色彩较为浓厚，缺乏民主气氛，企业文化过分强调企业自身的经济效益，并以此作为员工的努力目标。台湾地区企业很少采取本地化管理方式，在地方本位主义意识作用下，台湾地区管理者对大陆员工缺乏信任，对其采取技术保密，高端技术工作仍然委派台湾人来做。大陆员工普遍具有较强的个人主义倾向，公司与员工的关系更多地建立在契约的基础上，员工如果在台资企业得不到相应的薪酬待遇往往会选择离职。台资企业的薪酬是保密的，企业内部不允许员工互通薪酬信息，员工一旦接受公司合同约定的薪水便很难改变，企业内部的薪酬待遇差距很大，具有竞争力的薪水虽然能够吸引高端人才，但对于普通员工而言存在薪酬待遇较低而劳动强度较高的状况，因此台资企业的员工流失率较高。

香港地区企业的管理独树一帜，由于香港地区特殊的发展历史，其企业文化中继承了中国儒学传统的同时，吸纳了英国仁的法治精神及欧美、日本的现代管理文化，逐步形成了“精悍、效率和整体配合”为特点的体系。精悍体现在公司按照精简的原则确定组织架构，配置人员；效率体现在香港地区企业根据市场需求迅速调整产品结构，把精于计算的传统和西方的时间观念结合起来。整体配合体现在领导者统筹全局，员工充分发挥聪明才智，协作进取。香港地区企业进入内地之后，其劳资关系既承袭了传统港资企业的特点，又根据投资环境做出适应性调整，企业成功运用海外投资理论的同时积极融入大陆文化。香港地区企业在人才本土化方面普遍做得较好，如香港的汇丰银行，雇用的大陆职员就达到了总雇员的95%以上，同时汇丰很重视内地员工培训，如“汇丰银行家培训计划”已经进行了20余年，目前汇丰设在内地的分行约有50%的行长和管理层是通过该计划培养的。

从上述比较可见，投资主体的差异形成了不同的嵌入型劳资关系，它们既各具特色，又存在相似之处。欧美企业由于文化、环境、处事方法与中国差距较大，因此在嵌入型劳资关系的形成方面，调整度最大；由于日韩企业和中国同属于儒家文化圈，但各自的发展历程又有所不同，因此在嵌入型劳资关系的形成中，仍然遭遇文化及人文习惯认同方面的阻力，调整度居中；港台地区企业较好地传承了中华传统文化，同时吸收了西方先进的管理理念，但在文化上仍然存在诸多差异，这体现在处事方法、管理风格、薪酬待遇等方面，嵌入型劳资关系的形成与前两者比较，阻力很小，调整度也是最小的。

第十三章　嵌入型与内源型劳资关系的具体形式

不同国家的劳资关系因政治、文化、经济和法律环境的不同而有所差异。跨国公司在华企业因其资金来源的不同，各企业的劳资关系状况也不尽相同。研究和比较发达国家的劳资管理实践与其在我国开设的跨国企业中形成的嵌入型劳资关系，对我国劳资关系的管理具有十分重要的启示意义。本章比较了不同资金来源跨国企业形成的嵌入型劳资关系，结合其本国的劳资关系特点进行分析，并与我国民营企业的自生型劳资关系进行比较。

劳资关系是建立在雇佣关系之上的代表雇主利益的企业经营者及其组织与员工及其工会之间复杂的互动关系。影响企业劳资关系的因素有宏观和微观之分：前者包括政治、经济和法律等，后者则包括企业特定的行业特征、工厂条件、领导因素、预算及市场行情等（赵曙明，1995）。我国首次引进西方意义上的劳资关系概念可以追溯到民国时期，当时劳资关系被翻译为“产业关系”，主要指因生产性经济活动而产生的关系。自新中国成立至20世纪80年代，劳资关系的术语发生了变化，从“产业关系”到“社会主义劳动管理制度”，再到“劳动关系”；20世纪90年代以来，随着从传统的计划经济向市场经济的过渡，人们又开始用“劳资关系”来描述外资企业和私营企业中劳方与资方之间的关系（赵薇，2005）。进入21世纪以后，随着外资进入的增加、私营企业的涌现以及国有企业改制所导致的混合所有制企业的出现，不同所有制企业的雇佣关系的发展趋同，并以不同的速度朝着市场化的方向发展，“劳资关系”的内涵亦发生了变化，不仅适用于外资企业和私营企业，而且适用于混合所有制企业乃至国有企业。劳资关系管理也因此而变得非常复杂。

复杂的劳资关系管理是我国不同所有制企业面临的管理难题之一。劳资关系管理在美国、德国和日本等西方发达国家有着悠久的历史，不同国家的劳资关系管理因政治、经济、文化以及法律环境的不同而有所差异，以至于其在华投资的跨国公司所形成的嵌入型劳资关系也具有不同的特点，研究和比较其差异对我国的劳资关系管理具有重要意义。

第一节 欧美企业嵌入型劳资关系

一、欧美国家劳资关系

1. 美国的劳资关系

美国在劳资关系方面的立法可大致分成两类，一类是有关劳资关系的各种标准的立法，另一类是有关劳资关系调整的机制或方法的立法。法律体系的出发点是均衡和制约。这样的立法适应劳资关系调整的需要，给劳资关系双方当事人自主协商确定劳资关系提供了广阔的活动余地。均衡，是通过立法来保持劳资关系双方力量的对等；制约，是通过立法来约束劳资关系双方的行为，避免出现影响社会和经济发展的矛盾。对劳资关系双方的行为政府有很多干预措施，特别是对有可能影响社会公众利益的劳动争议，基本上是制止的。在工人组织工会和选举参加集体谈判的代表方面都有详尽的程序性的规定，劳资关系双方的各项活动都在法律规定的范围和轨道上进行。在严密的法律框架下，劳资关系调整建立在劳资双方自我协商基础之上。无论是劳资关系的建立，还是劳资关系的维护，大多是劳资关系双方自主确定和协调的。一是注重集体谈判和集体合同的效力；二是允许工人自己组织或参加工会并选举谈判代表；三是政府积极推动集体谈判。适应劳资关系日益复杂化、多样化的要求，美国在劳资争议处理方面逐步建立了多条渠道、多种形式处理争议的体制，包括充分发挥劳资关系双方的自主性，注意把争议解决在基层；针对不同类型的劳资争议，分别采取不同的处理方法；行政与法律手段并用等。

2. 德国的劳资关系

德国实行社会市场经济，在处理劳资关系方面进行了富有成效的探索，劳资矛盾相对缓和，结成了较为稳定的“社会伙伴关系”，对社会稳定和经济发展产生了积极影响。

调整劳资双方矛盾的社会运行机制主要是两大社会平衡系统。一是经济利益平衡系统。联邦政府通过累进税缩小资本拥有者和劳动者之间极为悬殊的收入差距，同时利用行政和立法手段实行社会保障制度，通过社会再分配缓和劳资关系。二是经济权利平衡系统。依据联邦立法确定的结社自由原则，工人成立工会，雇主成立雇主协会，分别代表劳资双方利益，通过协商谈判，达成对各行各业的业主和劳动者都具有约束力的、以劳动者工资待遇和劳动条件为主要内容的劳资协议。协议明确规定了双方应当享有的经济权利以及保障这些权利的组织措施和法律依据。

在德国，劳资双方处于相对平等的位置，通过协商对话结成社会合作伙伴关系。代表雇主和工人利益的两个最大的团体分别是德国雇主协会联合会（以下简称雇联）和德国工会联盟（以下简称工联），它们进行最高层次的对话，然后依次是行业协会和企业协会之间的对话。德国雇联和工联之间达成的劳动和工资协议是各行业雇主协会和工会必须遵守的总原则。在这个总原则下，通过谈判拟定本行业劳动工资协议，劳资协议一经签订即具法律效力。在处理劳资关系的整个社会程序中，联邦政府不参加具体操作，而是履行制定规则、监督执法、宏观调控的职责。

德国实行劳资平等共决的企业组织制度，通过企业监事会、董事会、职工委员会三层组织保障职工的权利、职工委员会的权利、监事会的权利。

3. 英国的劳资关系

英国劳资关系具有深厚的自愿主义的传统，自愿主义是英国劳资关系体系中一个非常独特的方面。英国劳资双方在解决它们之间的纠纷时，反对任何外界的介入，主要靠自愿的原则来解决。在自愿主义原则下，英国发展了非正式谈判及考察性会议的形式来解决纠纷。英国对工会代表权、集体谈判或罢工没有明确的法律规定。虽然法律规定工人有权组织工会，但并没有明确规定工会有权利得到雇主的承认，工会处于不利地位，这就意味着如果雇主不承认工会的合法性，工会就没有办法进行谈判。集体谈判也缺乏法律的保护，无论是谈判本身还是在集体协议的实施方面都是如此。这样，英国处理劳资纠纷所依赖的法律基础比绝大多数西方国家薄弱，更容易引起争议。英国政府在劳资关系的处理当中恪守不干涉的传统，因此，即使政府在一些方面进行干预，也未必对工会有利。

二、欧美资企业的嵌入型劳资关系

欧美资企业中方雇员工资年薪一般为 2 万 ~ 15 万元人民币，工资增长额根据物价上涨幅度和工作绩效评估来确定，对增强雇员竞争与创新意识、提高工作效率起到一定的激励作用。欧美企业依法负担中方雇员医疗、住房和退休金，注意雇员培训，大型公司在这方面较严格。欧美在华投资企业，无论是合资还是独资企业，都存在着跨文化管理问题。欧美在华投资企业的人事管理在一定程度上已经当地化，人事部门经理很多都为中方雇员。

第二节　日韩企业嵌入型劳资关系

一、日韩国家的劳资关系

1. 日本的劳资关系

日本的劳资关系具有其自有的特点，总体上较为稳定，工人罢工较少，因此造成的经济损失也远远低于英国、美国等国家。

日本劳资关系静态地看由几个独特的制度组成。①终身雇佣制度，其优越性在于企业可以通过对人力资本的长期投资，培养职工的“特殊熟练技能”，并使职工具有归属感。②年功序列的工资制度，职工工资直接同本企业的工龄挂钩，适应职工随年龄的增长而在生命不同阶段的经济需要；但又不是简单的论资排辈，避免了由于过分的差别而带来矛盾和内耗。③考核评分制度，对职工增强竞争意识起到经常的、不断的促进作用。④调和的工会组织，按企业组织工会，企业工会按产业组成联合团体，产业联合团体再进一步集中组成全国性的工会中央组织。⑤职工持股的利益共享制度，员工的利益同企业的利益紧密结合，使职工同企业成为命运共同体。

2. 韩国的劳资关系

1987 年以前，韩国的劳资关系被称为“雇主控制型”，当时的就业形势较差，主要有以下几个方面的特点：①由于缺乏制造业而造成高失业率；②工人工作时间长、工作条件差；③工会的力量非常有限，因为劳动力的供给远大于需求。

尽管如此，自 20 世纪 60 年代以后，韩国工会会员数量稳步增长，60 年代早期约有 22 万工会会员，70 年代约有 47 万，到 80 年代约有 100 万会员。那时，政府不重视工人组织，甚至对工人运动采取敌视态度。70 年代，当时的韩国政府颁布了《违反国家安全临时管理法》，禁止工人罢工，限制集体谈判。

20 世纪 90 年代中期以后，韩国的劳动争议案件有进一步减少的趋势，但韩国的劳资关系仍存在很大问题，主要是韩国劳资双方的对抗性很强，在集体谈判中各不相让，互不妥协的情况时有发生，有时甚至酿成暴力冲突。

为了改变这种状况，韩国前总统金泳三任期内发起了产业关系改革运动，实施了“劳资关系计划”，目的在于缓和韩国的劳资紧张状况，促进韩国公司的竞争力，改善生活质量。韩国“劳资关系计划”的原则有如下几点：第一，让共同利益最大化的原则。即让劳方和资方获得最大的共同发展，使企业成为“生产和福利的联合体"，在促进公司发展的同时，使员工的福利得到提升。第二，合作和参与的原则。劳资双方都应认识到它们是共同繁荣的伙伴，而不是相互对立的。企业应实现公开管理，最大限度地让工人参与决策过程。第三，自治和劳资责任制的原则。新劳资关系应以"劳资自治"为对话和协商的特点，劳资争议不应依靠政府来解决，而是需要劳资双方作为负责的伙伴，互相尊重对方，独立地进行谈判问题。第四，继续教育和尊重人的尊严的原则。企业应努力投资于人力资源开发，优先让工人获得信息、技术方面的知识，达到劳资共同发展。第五，法律和制度全球化原则。与劳动相关的法律、制度和实践必须及时修改以符合国际社会的标准，建立适合新环境的灵活的劳资关系框架。

除了实施"劳资关系计划"以外，韩国于1996年5月成立了"总统劳资关系委员会"。该委员会由30名成员组成，包括5名工人代表，5名雇主代表，10名来自学术机构，另有10名来自有关的团体。

韩国劳动关系方面的立法起步较晚，现有的劳资关系立法主要有《工会和劳资关系调整法》、《劳动关系委员会法》、《促进参与和合作法》、《教师工会建立和运作法》。

二、日韩资企业的嵌入型劳资关系

1. 工资管理制度

在人事管理中工资管理制度占有一定的位置，日韩资企业的工资制度具有如下特点：

（1）岗位与工资间的联系较松散。在欧美各国，企业工资体系一般都实行根据岗位决定工资水平的"岗位工资制"。而在日韩的多数企业中工资水平一半"在一定的幅度内按岗位决定"，一半"除岗位以外还根据个人能力——主要是人的因素来决定"。在这些企业中，即使是实行岗位型工资的企业也不像欧美企业那样详细划分岗位职责，而是在职能资格制度下人部分划分为小组的形式。另外，从技术工人的工资来看，日韩资企业一般都实行月工资制，欧美企业是小时工资制。

（2）年功制度。按连续工龄和年龄提高个人基本工资，特别是在产业工人中这种倾向尤其显著。从日韩管理部门中大学学历的男性员工的工资看，30岁这一层次中工龄相同的人之间最高和最低只相差10% ~20%，差别并不大，但随着年龄层的提高这种差别开始增大。这与日韩资企业的晋升方式，特别是基层实行的工龄和年龄一致的工资制度相适应。

（3）奖金制度。据调查，有66%的日韩企业通过在普通员工中实行奖金制度，使工资和企业的经营成果之间保持较高的弹性。尽管欧美企业也实行奖金制度，但主要是以经理层为对象，与占年工资总额 1/4 的日韩资企业的奖金制度具有本质差异。

（4）工资差别和退职金制度。同欧美企业相比，日韩资企业的员工之间以及员工各阶层间的工资差距非常小。另一个特征是实行退职金制度，退职金由职工的积累金和企业出资构成，支付数额取决于员工的积累金。

2. 职工教育制度

据调查，日韩资企业（大企业为 89%）以本企业内就业人员的职业教育为基础，采取了从新成员教育开始，在调动工作岗位晋升等各阶段实行职能教育、阶层教育、一般教养等一系列教育制度。欧美企业在培养职业技能方面企业外的教育占有很大比重。而日韩资企业技能教育的特征是重视在职教育。另外，按不同阶层进行教育是日韩资企业内教育的主体。

3. 调动晋升制度

从员工被录用到转职、退职等一系列调动、晋升的形式来看，日韩企业具有长期选拔、范围广泛地调动工作、重视从内部人员中选拔工长和课长的特征。

第三节　港台地区企业嵌入型劳资关系

一、港台地区劳资关系

1. 香港地区劳资关系

在香港地区，雇员与雇主的关系，主要是以个别雇主及雇员自行议定的雇佣合约为依据。至于雇佣福利及条件（如休息日、有薪假日、疾病津贴、分娩保障、遣散费、长期服务金、终止雇佣合约及防止歧视职工会）的最低标准则由雇佣条例加以规定。

一般而言，平静和谐是香港地区劳资关系的一大特色。香港地区损失工作日数是世界各地中最低之一，这反映了劳资关系和谐的程度。在 1989 ~ 1993 年，每 1000 名受薪雇员中每年因劳资纠纷而损失的工作日的平均数字仅为 2.1 日。

2. 台湾地区劳资关系

台湾地区劳资关系总体上比较温和，激烈的劳资争议和大规模的劳工运动很少发生。主要表现在政治运作扼杀劳资争议于萌芽状态、经济特征扼杀劳资冲突于初始时期。它避免了劳工与雇主的直接对抗，使台湾地区劳资关系相对稳定。

台湾地区工会是协调劳资关系的法定主体。目前，台湾地区虽然法律明文规定“在同一区域或同一工场内之产业工人或同一区域之职业工人，以设立一个工会为限”，但实际上却有“联合总工会”、“产业总工会”、“劳工联盟总会”、“职业工会联合会”、“职业总工会”、“工人总工会”等多个工会组织。

依据台湾地区现行法律规定，缔结团体协约主体为“雇主或有法人资格之雇主团体与有法人资格之工人团体”，工会是集体劳资争议中的劳方主体。

二、港台资企业嵌入型劳资关系

1. 港资企业嵌入型劳资关系

港资企业大多都为家族企业，采用网络化经营，且多与西方跨国公司结为上下游产业的策略联盟。在管理手段上，都以中华文化为内核，并有机融入了西方先进管理手段，再加一条适合改造，其经营管理模式从而具有很强的文化适应性。

港商都相当重视对员工的培训教育。同时，注重培养大陆员工的团队精神，并将之贯彻于生产流程、生活服务的方方面面。

虽然香港地区与内地的文化差异都在亚文化差异的层面上，而且在内地的跨文化管理出现很多的相似之处，但由于香港地区一百多年来受西方文化影响很深，尤其是企业界人士，接受的更多是西方管理思想，他们也崇拜西方文化。丰富的专业经验、丰富的管理经验、西方化的管理理念和方法，是香港地区经理的三大优势。此外，香港地区经理的合作精神比较好（与台湾地区经理相比），比内地员工相处更融洽一些。

2. 台资企业嵌入型劳资关系

我国对广大劳动者权益的保护，集中体现在我国的《中华人民共和国劳动法》中。然而，《中华人民共和国劳动法》明文规定的劳动者应享有的许多权益，在诸多台资企业中却享受不到。由于大部分合资企业都是第一代企业，它们具有家族式独裁领导、强调以利润为目的和对企业的贡献、等级观念严重以及高压或军事化管理的特点，所以在这些企业中，劳动法规未得到全面认真的执行，违反法规规定的现象十分普遍。主要表现在以下几个方面：

（1）劳动合同签约率低，内容不规范，履约率不高。许多台资企业不愿意与工人签订劳动合同，也有不少工人不懂得通过签订劳动合同保护自己的权益，造成签约率很低。即使签约了，合同内容往往只体现资方的权利，强调劳方的义务，而忽视劳方的权利与资方的义务，使合同成为资方“提供企业规范规则”、“强化劳动管理”的一种工具。再者，劳动合同的履约程度也比较低：一是未到期就解除劳动合同的非常多；二是能完全执行合同规定的非常少，可以说资方对合同中强调己方的权利执行得有板有眼，而对合同中规定的工人的权益却视而不见，甚至是严重侵犯职工的人身权利和人格尊严。

（2）工作时间长，没有依法安排休息休假。我国现行《中华人民共和国劳动法》规定员工每天工作 8 小时，平均每周工作时间不超过 44 小时。如果因生产需要，必须加班的，每个工作日不得超过 3 个小时，每月累计不得超过 36 个小时。然而绝大多数台资企业的工作时间长短却取决于订单的数量和生产进度。只有产量达到了预期的进度安排，员工才能下班。当然，厂商往往把进度安排得很紧，工人在正常的工作时间内完不成任务就只有加班。

（3）工资水平低，且任意克扣和拖欠工资。台资企业的职工工资看上去比较高，而实际上这些企业按小时计算的工资率通常是很低的，加班加点的工资也不高，甚至法定的节假日和其他假期，企业不发给职工加班工资。另外，工厂还经常利用"厂规厂纪"等理由克扣工人工资，甚至拖欠员工工资的现象也十分严重。香港地区《星岛日报》报道，闽南地区的台资企业拖欠员工工资等劳资纠纷日益突出，拖欠工人工资、拖欠工资的老板逃跑的案件层出不穷，经常引发暴力冲突，已导致两宗纵火案，造成三十多名员工死亡。

（4）劳动条件恶劣，工伤事故频繁发生，职业病危害严重。某些台资企业不执行国家劳动安全卫生规程和标准，不对工人进行安全教育，不提供必要的劳动卫生防护设施和防护用品，造成工伤事故较多，职业病危害较大。

（5）不依法为职工缴纳社会保险费。我国大陆对台资企业在劳务方面明确规定：台资企业的保险、福利及退休金和待业保险等，应按照人民政府对国有企业的有关规定执行。然而，由于我国对台资企业的优惠政策以及某些政策法规的漏洞，许多台资企业都拒绝加入社会保险，而把国家规定缴纳的社会保险基金直接投入扩大再生产中。据深圳市社会保障局反映，在缴纳社会保险上欧美企业比较正规，参保积极性也较高，形成鲜明对比的是台资企业，台资企业参保率很低，而且意见最多。

第四节　民营企业自生型劳资关系

在经济体制改革初期，出于政治上的原因和发展经济的强烈愿望，我国民营企业劳资双方度过了一段合作的"蜜月期"，这一度使得一些学者认为我国民营企业劳资关系的对抗性已经消失，因此劳资关系问题在我国很长一段时间没有得到足够的重视。直到 21 世纪初，民营企业劳资关系问题凸显，劳动争议案件数量上升迅猛，案件分布相对集中；劳动纠纷类型多样化，经济补偿金、赔偿金争议迅速增长，劳动报酬仍是主要争议点。甚至出现了严重摧残民工身心的"山西黑砖窑事件"。这种情况不得不使人产生疑问：中国民营企业劳资关系是否已经走上了对抗性的道路。

现阶段，我国民营企业的劳资关系存在着对抗性与非对抗性的二重属性。

一方面，社会主义市场经济体制下民营企业的劳资关系存在一定程度的对抗性。民营企业主最根本的共同特征就是在拥有生产资料的基础上，雇用劳动力，无偿地占有劳动者创造的剩余价值。雇佣劳动仍是民营企业得以存在的必要基础。因此，我国民营企业的劳资关系本质上仍是一种劳动从属于资本的雇佣劳动关系。资本对劳动的剥削决定了劳资双方的对抗和对立。目前在我国，高速增长的民营经济与落后的企业管理并存，民营资本强烈的逐利性与劳动者沉重的就业压力并存。这导致不少企业主以各种理由克扣工人工资，甚至恶意拖欠，而一些工人也以割腕相逼、吊塔寻死等令人震惊的方式追讨工资。如果我们人为地忽视劳资对抗的存在，或者故意掩盖，任其发展，那么劳资对抗必定会以更激烈的方式在现实中证明它的存在。

另一方面，现阶段我国民营企业内部的劳资关系也存在着非对抗性。我国的民营企业虽然萌生于生产力水平较低、生产发展不平衡的社会主义初级阶段，但是社会主义制度已经建立，社会主义政权已经巩固，社会主义生产方式也已经成为我国的基本生产方式。因此，我国的民营企业及其劳资关系必然受到社会主义基本经济制度和政治制度的影响和制约，显示出不同于资本主义国家的一面。首先，我国的雇佣工人只在民营企业内从属于民营企业主，而资本主义国家的雇佣工人则在整个社会范围内从属于资本家阶级，以工人阶级从属于资产阶级的形态出现。在我国，由于民营经济未占主体地位，民营企业控制不了国民经济的命脉，资本家群体还不能以阶级的形式存在，因此劳资矛盾不会上升为阶级矛盾，不会造成两大阶级的对抗。其次，我国民营企业劳资关系的剥削性从根本上得到了遏制。一是民营企业资本的扩张性得到一定的遏制。民营企业主不可能无限制地扩张资本，在整个社会范围内剥削工人。二是民营资本不能在我国得到完全丧失生产资料的劳动力资源。以生产资料公有制为主体的社会主义初级阶段基本经济制度决定了我国民营企业中的雇佣劳动者不同于西方资本主义社会的无产阶级。虽然民营企业的雇佣工人不能直接与生产资料结合进行生产，但他们在全民所有制的条件下享有生产资料的所有权，这就在一定程度上遏制了民营资本对雇佣劳动的剥削，使劳资关系的对抗性得以削弱。再次，中国廉价劳动力大量过剩，不但在农村存在数以亿计的潜在失业者，而且在城市还有大量下岗工人，沉重的就业和生存压力使中国劳动者面对劳资冲突时具有比西方国家工人更强的忍耐力。我国民营企业的发展在客观上扩大了就业，使一些失业者得到工作机会，并取得相应的工资收入。更重要的是，民营企业的发展可以增加社会财富，满足社会需要，提高我国全体人民的物质文化生活水平。这些都使得我国雇佣劳动者

对待劳资关系问题时表现出更多的宽容，主要选择内部协商的方式，而不是大规模激烈的对抗和冲突来维护自身权益。这表明中国民营企业劳资关系并不是完全对立的，在发展社会生产力、改善人民生活水平等方面劳资双方的利益是可以统一的。

第五部分　工业化、市场化、经济全球化与嵌入型劳资关系

第十四章　工业化与嵌入型劳资关系

嵌入型劳资关系是我国现阶段劳资关系的重要形式。不同类型的嵌入型劳资关系对生产过程的影响是不同的。嵌入型企业有欧美企业、日韩企业、港台地区企业等。在生产过程中，它们各自与内源型自生企业既有所区别又有一致的地方。随着我国市场化程度的加深，嵌入型企业将在更大程度上影响我国的经济与劳资关系的发展。就生产过程而言，外资企业的生产过程是外源性的资本技术和劳动力等生产要素在企业内结合进行生产的过程，实质是外源生产要素嵌入特定区域，并与区域经济社会发展有机融合、协同发展的过程（梁宏中，2012）。就类别而言，嵌入型劳资关系主要分为以下几个方面：欧美企业嵌入型劳资关系、日韩企业嵌入型劳资关系、港台地区企业嵌入型劳资关系。这三种类型与民营企业的自生型劳资关系共同构成当前劳资关系的重要类别。研究嵌入型劳资关系对生产过程的影响，可以更好地把握不同类别企业的生产过程差异，同时更具针对性地就生产过程提出改善劳资关系的建议，优化劳资关系管理。

第一节　工业化是影响劳资关系的重要因素

工业化（Industrialization）通常被定义为工业（特别是其中的制造业）或第二产业产值（或收入）在国民生产总值（或国民收入）中比重不断上升的过程，以及工业就业人数在总就业人数中比重不断上升的过程。工业化的实质是经济结构的转化过程，是农业份额的下降和非农业份额上升的过程。工业化的进程表现为主导产业不断更替、产业不断创新的过程，产业转换能力是一国经济发展能力的主要决定性因素。

工业化是一个历史的范畴，在不同国家和不同历史阶段，工业化的起点不同，道路不同，技术革命的内涵不同，工业化的速度也不同。工业化是经济社会发展的总体战略，在推进工业化的过程中，不仅经济总量和经济结构发生变化，社会、政治、法律、文化、观念及习俗也会相应发生变革，从而实现传统农业社会向工业社会转型，推动经济社会现代化向前发展。工业化是发展中国家由落后状态转变为发达状态、实现现代化的必由之路。

每个国家都普遍面临着人口、资源、环境等重要的硬约束。发展的条件不同，解决人口、资源、环境等约束的途径和方式不同，必然产生了工业化道路选择的模式差异，带来了不同的发展影响和增长绩效。工业化模式的差异往往造成了劳资关系模式的差异（MBA 智库百科）。

工业化对劳资关系有着深刻的影响。首先，就其对劳动者的影响而言，它造就了现代产业工人，造就了有组织、有纪律的劳动者，造就了资本主义制度的掘墓人。同时，它使劳动者隶属于资本，成为资本家的附属品，经历了从形式隶属到实质隶属两个阶段。其次，对资本的影响而言，它造成了资本扩张和资本形式的多样化，使得资本的作用更为重要。再次，对就业的影响而言，它提供了新的就业岗位，扩大了就业的范围，改变了就业结构。第四，对收入分配的影响而言，它扩大了收入分配的范围和对象，对收入分配格局产生着重大的影响，往往加剧了两极分化。第五，对劳资双方力量对比的影响，它加剧了劳动的社会化与资本的社会化，劳资双方力量增强，加强了劳资双方力量对比与平衡的矛盾运动。

第二节　生产过程是劳资关系的发生作用的第一现场

就生产过程中的劳资关系而言，不同的学者就生产过程的不同方面对劳资关系进行研究。有学者从生产过程的主体进行研究，其中主要集中在新生代农民工的劳资关系上。“新生代农民工”由王春光在 2001 年提出，此后使用广泛。新生代农民工已经成为劳动力大军的主体。生产过程中的主体的改变，必然会导致劳资关系的改变。蔡禾（2010）结合企业生产过程概括了新生代农民工的劳资关系特点：中小企业的劳资关系管理不太规范，其外向、低端、微利，但新生代农民工却高度集中于此，因此劳资关系缺乏动态稳定性，尤其在《中华人民共和国劳动合同法》颁布后；其次，新生代农民工的利益诉求已从“工资收入、工作时间、社会保险、劳动保护等方面为达到国家法规明文确定的标准而展开”的“底线型”向“要求自身利益的增长与企业利益增长或与社会发展保持同步”的“增长型”转变。周明宝等（2009）则结合“中国制造”的工业化进程，认为当前新生代农民工已经作为一个新的阶层出现和崛起，集体意识和社会参与意识也在萌生，但是“政府—资本—工会”三方均衡模式并没有随之形成。

有的则从工业化的角度切入，从当前的工业化特征与当前转型时期进行研究。刘林平等（2012）通过对已有研究的整理，回顾了计划经济时期的“统制

型”劳资关系的体制基础和主要特征，分析当前市场化改革对体制转轨和劳资关系变迁的影响，并结合珠三角探讨规制市场的潜在力量以及劳资关系均衡的可能性。何亦名等（2010）通过对广东民营企业的调查实证，发现当前劳动力市场和劳动关系正处于变革和转型的关键时期，劳动力结构正在发生深刻变化，结构性劳工短缺与用工成本上升已成趋势。他认为，当前民营企业劳资关系突出的问题主要表现为工人实质组织化程度；企业工会的作用仍然有限、组建不规范的现象十分突出。

也有从生产要素方面对劳资关系进行研究的。吴江等（2013）从人力资本的角度对劳资关系进行分析，以人力资本产权理论为理论基础，从人力资本产权与物质资本产权构成的“双产权”制度这一企业二元所有权的角度对劳资关系进行分析。王明亮（2012）则从技术进步这一生产要素进行切入，认为“资强劳弱”博弈格局弱化了企业实施差异化竞争策略的积极性，基于技术进步的产品差异化竞争策略将推动企业加大专用性人力资本的投资，并提出通过技术进步推动劳资关系的优化，共同促进劳资互信合作的氛围。

有的学者从微观角度切入，对企业的所有制特点进行研究。薛小燕等（2008）提出，外资企业的劳资关系具有国际化、企业化、市场化、契约化以及单极化等特点，当前外资企业的劳资关系特点是劳动合同问题、工会力量薄弱以及集体协商问题，最后提出了结合我国特色对劳资关系的管理与优化策略。董金移（2012）等将重点放在我国的民营经济上，结合当前广州市的民营企业进行分析，他阐述当前广州市民营企业的劳资关系存在的问题：福利制度不完善，福利项目不全面，劳动者缺乏法律制度保障；劳动者工资与劳动时间制定随意性比较大，劳动合同不规范以及工会组建落后等特点。同时他针对以上特点提出政策建议。

本书认为，从生产过程的主体进行劳资关系的研究，对于把握当前劳资关系的特点意义深远，就第二产业而言，新生代农民工成为产业劳动大军的主体，其新生代的特点决定了生产过程与老一代具有显著的差异。然而就一个企业而言，无论对于新生代的工人还是老一代的工人，其生产过程是同质的。而从工业化进程以及当前转型期进行研究，可以从宏观上把握一个当前总体的劳资关系情况，但是劳资关系的不同更多地根植于不同特点的企业；从企业的所有制特点进行研究，可以更好地区别“三资”企业与民营企业、国有企业的不同，但是却忽略了“三资”企业的内部差异性。笔者此次从嵌入型劳资关系对生产过程进行研究，将探寻不同嵌入型企业在生产过程中的不同的劳资关系，可以更好地从微观上把握不同类型的嵌入型企业与民营企业的不同的劳资关系。

第三节 嵌入型劳资关系在生产过程中的表现

一、劳动条件与劳动保护

1. 劳动条件

欧美、日韩企业往往是资本与技术密集型企业，而相对的港台地区企业则更多的是劳动密集型企业。一般来说，技术密集型企业由于其优势在于技术，其拥有先进的厂房、技术和设备，劳动条件相对较好。港台地区企业的条件相对于欧美、日韩企业来说，相对比较差。富士康自1988年进入中国内地以来，已发展成为全球最大的电子产业专业制造商，连续7年雄踞中国内地出口200强榜首，于2009年跃居《财富》全球企业500强第109位。富士康之所以能取得如此大的成就，绝大部分归功于人口红利时代。富士康自从“十二连跳”后数次加息，其加薪率达到100%，劳动条件也有所改善，并免除了一些对员工的苛刻的限制。然而相对于欧美、日韩企业来说，其劳动条件还是比较差，这都是由其劳动力密集型的性质决定的。相对地，民营企业大多数都是劳动力密集型企业，其条件比较落后，但是比起港台地区企业来说，其对人身的苛刻的要求相对较低，所以劳动条件较之港台地区企业好。

2. 劳动保护

所谓劳动保护，就是企业对确保职工人身与工作安全所采取的措施。我国政府自1993年以来就一直很重视外资企业职工劳动保护问题，对于外资企业劳动保护方面的把关也相对较为严格，所以在外资企业取得的劳动保护的效果比较好。就外资企业而言，欧美企业更加重视人身安全的保护与人的自由的精神，其生产车间等各方面也相对比较标准，另外，由于欧美企业对于劳动者更多的是与机器相适应，这也导致其劳动条件相对较好。同时欧美企业更多的是技术密集型企业，所以其劳动保护条件较好。港台地区企业大多是国外劳动密集型行业的转移，民营企业大部分也属于劳动力密集型企业，所以它们的共同点是一线生产工人数量较多，因此劳动安全与生活安全问题都显得极为重要。然而，部分企业的生产作业区仍存在事故隐患，如用电、消防、安全门等方面的设施不够标准；生活区安全问题更突出，拥挤、封闭与混乱现象普遍；且事故发生后的应急设施不完善等。总的来说，劳动保护措施的作用是非常重要的，劳动保护措施搞不好，一旦发生意外事故，对企业、国家、职工家庭来说都是一大损失，甚至会成为劳资冲突的导火索。可见，资本、技术密集型企业往往注重劳动保护，以与其设备运行相适应。港台地区企业往往是劳动密集型企业，劳动保护较差。

3. *劳动强度*

外资企业劳动强度大，这是当前国内企业界普遍认可的事实，因此我们不难理解其工资水平相对高于国内企业平均水平的原因了。不仅如此，高强度劳动的背后还有一个很重要的问题：强迫工人不合理地加班加点工作。我国政府对加班加点问题早有明确规定：一是要严格控制加班加点，非加班不可也应有一定的时间限制；二是加班前须征得工会及工人本人的同意；三是必须按规定标准支付加班加点工资。在《中华人民共和国劳动合同法》颁布后，一般来说，加班工资的计算方式为：周末加班为平时的两倍；法定节假日的加班工资为平时工资的三倍。

然而，大部分的外资企业都存在超时加班情况。有些企业故意定高劳动定额，变相强迫工人加班加点，并且不按规定支付工人的加班加点工资。以上情况无论在民营企业还是外资企业中都极为常见。多数企业认为：实行计件工资、岗位工资等分配办法，加班加点工资都一包在内等。而我国已明确规定：不管实行何种分配形式，都应支付加班工资。综合考虑外资企业的工资水平与其真正的劳动强度，其标准化的生产过程及企业管理制度下，其实外资企业职工并没有从资方手中拿到他们应得的劳动报酬，相对于劳动强度，他们的实际工资水平却不如其名义工资那么可观。

二、职工培训

企业培训决定员工工作的熟练程度，进而影响劳动者的职业发展方向及晋升等。反过来，企业的职工培训也是企业是否立足于自身长期发展的表现。调查显示，57.5%的劳动者受过企业培训，21.6%不知道自己是否受过培训（李小燕，2010）。劳动者不知道自身培训情况其实就是没有接受过培训。就企业类型而言，欧美企业由于是技术密集型企业，其培训更多的是非脱产的培训或者说是带薪培训比较多。劳动力密集型的企业如港台地区企业、民营企业，其更多的是“代工厂”形式或者是生产车间为主的工厂，更多地采取计件的薪酬方式。培训更多的就是脱产培训。本书认为，这对于员工来说影响并不大，因为其培训频率一般相对较低，并不如欧美企业的培训那么频繁。据调查，民营企业在一个月以上/年的比例仅占19.3%，而培训方式为脱产学习的也只占29.5%，其中还有13.6%的被培训者只能领到少量工资甚至没有工资。可以看出，越是技术、资本密集型企业，职工培训发挥的作用越大，因而越重视职工培训，相应在职工培训方面的支出就会越大。

三、劳动纪律

就劳动纪律而言，欧美企业的生产更为标准化，其劳动纪律严明但并不苛刻。而日韩企业、港台地区企业的劳动纪律则相对苛刻些。台湾地区企业富士康的员工表示，富士康的生产过程不仅是机械化，而且把人也当成机器进行严格的控制。“把人变成机器”的想法说明了：富士康的劳动纪律极为苛刻，因为人不可能像机器一样工作。富士康的严苛是极为出名的，而其“十二连跳”也被认为是其劳动纪律、劳动环境压抑人性所引起的。

越是大机器生产的工厂制度，劳动纪律越强。同时，这种劳动纪律往往体现着资本的职能和属性。劳动纪律方面存在一般的正常的劳动纪律，也存在非一般的不正常的侵犯工人基本人权的劳动纪律。如郑州富士康 4 天之内发生 2 名职工跳楼自杀，就与其“静音模式”的劳动纪律有关。据媒体报道，很多郑州工厂员工认为出现跳楼的悲剧，与工厂里实行的没有人性的“静音模式”不无关系。所谓“静音模式”就是员工在进入车间后不能说任何与工作无关的内容，即使谈论工作也要把声音压到最低，不能让第三人听到才行，三人以上的谈话必须要在线长办公区谈论，否则就可能受到处罚甚至被开除。同时，每天组长都会规定内部稽核人员必须稽核 20 个问题点，如果发现不了 20 个问题，就取消其加班资格，被稽查到的员工 16：30 下班后要参加公司内部的教育培训，时长两个小时，这两个小时不计入加班时间，之后会根据员工的违纪情况取消其一个星期到一个月的加班。

据了解，富士康员工正常工作时间为每天 7：30 到 16：30，其余时间为加班时间，工人基本依靠加班时间来挣取更多的收入，如果一个月没加班，工人到手的薪水便会明显减少。目前为止，确实有员工因违反“静音模式”被处分记“大过”，还有员工因此一个月没有被安排加班，而一个月不能加班对员工来说意味着只能拿到不到 2000 元的月工资。

多名富士康员工指责这样的规定“毫无人性”——根本没有把员工当作人看，因为只有机器才有可能拥有“静音模式”。据媒体此前报道，富士康创始人郭台铭因为产品良品率不理想，亲自驻扎郑州园区监督管理。郑州工厂员工说：“总裁来的时候搞得我们这里十分紧张”。

员工认为，这是一种试图把人当成机器的模式，任何一个把人变成机器的社会体系和管理体系最终是失败的，因为人永远做不了机器，人永远不是机器，所以这个东西的出发点就是有问题的。人在这种环境之下，自身内部的压力得不到释放以后就会郁积，最后的一句话就是“不在沉默中灭亡，就在沉默中爆发”，这就是很典型的对人没有尊重、没有敬畏，试图把人变成机器的想法，最终证明这一定是错的，不可能有任何的收获。

记者从一位在富士康郑州工厂员工口中得知，现在富士康已经紧急取消了“静音模式”的相关规定，这位员工苦笑说，这也算是“五一”假期的一种福利了（郑州富士康员工不堪重负跳楼，4 天内 2 人自杀）。

南方网曾接到长安锦厦某眼镜厂员工的报料，称其所在厂有一项奇怪的规定：员工在上班期间，每天上厕所的次数不得超过 3 次，每次如厕时间不得超过 10 分钟，违规员工将视情节给予经济处罚。这项规定让厂里员工上班期间解决“三急”问题非常不方便，引起多数员工不满。该眼镜厂有关负责人称，他们定这个“规则”实属无奈。劳动部门明确表示，该厂的做法“不合理”、“不人道”，应该取消，劳动者可向劳动服务站投诉。①

四、工资制度与工资水平

1. 工资制度

越是劳动密集型的行业，越是往往采取计件工资制，而越是资本、技术密集型企业往往越是采取计时工资制，知识密集型企业则更多采取弹性工资制。欧美企业更多的是技术密集型，其工资制度更多的是计时工资。并且欧美企业的生产标准，其在中国的团队更多的是营销以及市场团队，这也决定了其计时工资的特性。港台地区企业与民营企业，其大多属于劳动力密集型企业，更多的是采取计件工资制度，多劳多得。就制度而言，计时工资制度与计件工资制度的性质决定了企业生产过程的特点，对于其工资水平、福利制度等都有决定性的影响。最终影响其劳动关系的和谐程度。

2. 工资水平

据统计，我国职工工资总额 1998 年为 9296.5 亿元，2008 年为 33713.8 亿元，11 年间仅增加了 2 倍多，而同期企业利润则从 1458.11 亿元增长到 30562.37 亿元，增长了 20 倍，企业利润的增长幅度远远大于工资增长。此外，职工工资总额占 GDP 的比重在 1989 年为 16%，而到了 2007 年与 2008 年却仅维持在 11%左右（韩春，2012）。由此可见，我国职工工资收入相对于企业利润来说，是大大落后的。

而另外一组数据显示，1995 年，我国人均 GDP 是 2046 元，而 2011 年人均 GDP 为 35181 元，16 年间增长约 16 倍。相比之下，1995 年，城镇非国有单位及乡镇集体人员的工资性收入为 7728 元，2011 年则为 41323 元，11 年间增长约 4 倍。由上可知，非公有制企业工资水平的增长速度在数量上高于人均 GDP，但是

① 韩成良，乔建，余映涛．奇怪厂规：员工如厕定时定量需刷卡［N］．南方都市报，2005－05－11.

从增长速度上却相对较低。①

在一份对广东省300家民营企业的调研之中，有95.18%的被调查企业加班前工资高于广东省最低工资标准，其中，69.08%的被调查企业加班前工资略高于最低工资标准，26.10%的企业远高于最低工资标准；而只有4.82%的企业加班前工资低于最低工资标准。从2009年以来，80.08%的企业出现过工人要求增加工资的情况（何亦名，2010）。由此可见，民营企业的工资水平相对较低。就平均工资水平而言，外资企业略高于民营企业。然而，外资企业的工资略高于民营企业是由于外资企业对于少数的高级职员具有提成、奖金与分红的现象较为普遍。外资企业来到中国投资，看中的就是中国的人口红利，因此其在工资以及价格的制定上不会超过民营企业，尤其对于中下层职工。外资企业之中，日企的月平均工资、年平均工资最多，但是这些相对较高的工资是通过延长工作时间获得的。

从同一企业来看，企业内部的工资标准并不一样，尤其是在日韩企业之中。2010年5月佛山南海罢工事件，其起因就是中国本土员工发现，担任同一工作的日方工作人员的工资为其3倍多。欧美企业由于其产品差别化与低成本的竞争策略，其对于高端人才更具偏向性，但对于本国的人的偏向性相对比较少。

可见，技术密集型企业工资水平最高，资本密集型企业次之，劳动密集型企业工资水平最低。不同国籍的同等技术人员，工资差距巨大。本田罢工与此有关。

五、福利制度

从福利情况来看，自改革开放之后，我国的城镇企业职工的参保率连连上升，如图14-1所示，1989年为4816.9万人，到2011年城镇企业职工参保人数为19970万人，22年来增长了3倍，但是从其增长率来看，平均增长率却只有3.15%。何亦名（2010）通过调研广州、深圳、佛山等七地300多家企业发现，工伤保险覆盖率在80%以上的民营企业占64.52%，60%~80%的占12.1%，20%~60%的占28.23%，只有7.26%的企业工伤保险覆盖率不足20%。养老保险覆盖率在60%以上的民营企业占所有民营企业的62.25%。医疗保险覆盖率在60%以上的民营企业占所有民营企业的65.2%。由此可见，民营企业的福利制度仍未完善。相对地，就仅从五险一金来看，外企无论是欧美企业还是韩日企业等的福利制度都比较完善。这与其规模有所联系，就当前而言，我国的中小企业更

① 数据由《中国劳动统计年鉴2012》整理所得。

多的是民企，而嵌入到我国的外资企业，则更多的是规模相对较大的企业，规模相对较大的企业，其五险一金的缴纳比较规范，制度相对而言，也更为完善。

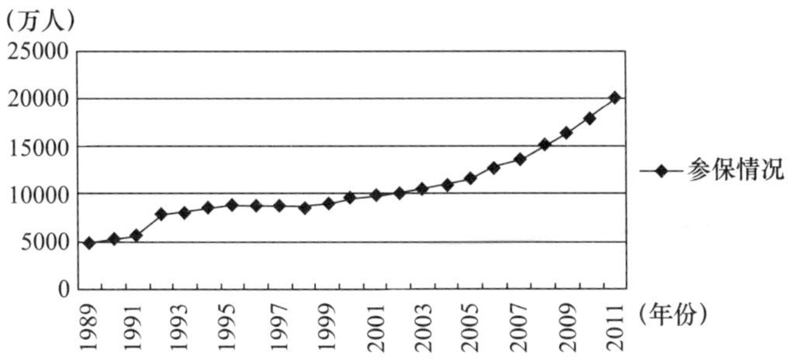

图 14－1　我国城镇企业职工参保率

资料来源：《中国劳动统计年鉴 2012》。

六、劳资冲突

1. *劳资关系案件受理与劳动者申诉*

从劳动争议当期受理数与劳动者申诉案件数来看，如图 14－2 所示，从 1996 年到 2012 年，中国的劳资争议的受理案件呈急速的上升，尤其在 2007 年达到一个新的拐点，劳资争议的案件呈急速上升，到 2009 年才有所缓和。这一方面是由于新的劳动合同法的颁布带来的效应，也有可能是 2007 年后，“民工荒”等使劳动保障当局更加重视劳动者权益的维护。从劳动者申诉案件数来看，我国的劳动者的维权意识在近 15 年来提升得很快。

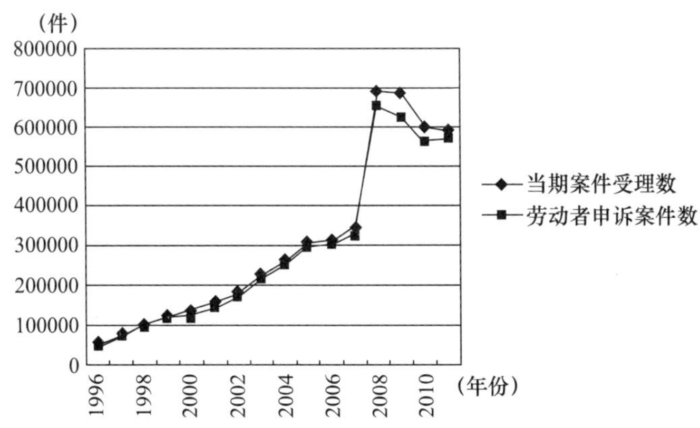

图 14－2　劳动争议当期受理与劳动者申诉案件

资料来源：《中国劳动统计年鉴 2012》。

2. 劳资争议及劳资冲突原因

就劳资争议的原因来看，如图 14－3 所示，变更劳动合同的原因维持在 3000～6000 件，是近 14 年增长最少的。近 14 年劳动争议原因为劳动报酬的上升得最快。就同年横向比较而言，劳动报酬占劳资争议的比例最大，其次是社会保险与解除、终止劳动合同。

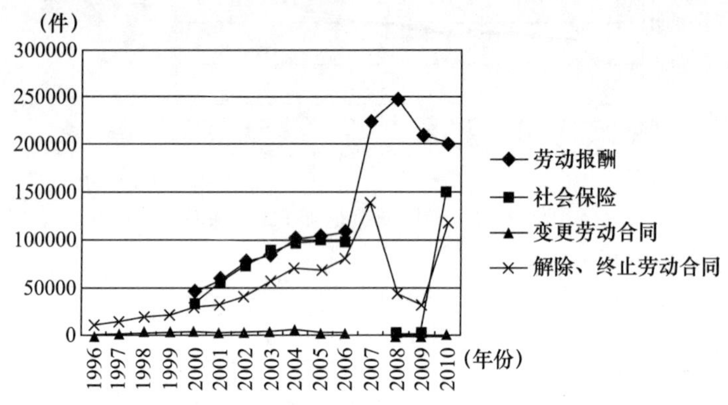

图 14－3　劳资争议及劳资冲突原因

资料来源：《中国劳动统计年鉴 2012》。

从近年的情况来看，外资企业的劳资冲突就总量而言比私营企业的要少。在外资企业之中，欧美企业竞争重点由原来的“低成本”向现在的“产品差别化和低成本并重”竞争演变，企业生存与发展对雇员人力资本和主动合作的依赖性不断增强，雇主和雇员之间谈判力差距缩小了，企业内部劳资关系管理也逐渐由“压制式”管理走向目前以核心雇员为中心的“人性化”管理①。在嵌入中国之后，其企业生产过程强度、企业管理等都比较标准，它们的劳资关系相对缓和。相对地，台企、日企等由于在中国更多的是“代工厂”的生产过程，这些国家更多地把零件部、加工部等设置在中国，利用中国的人口红利进行生产，所以它们的劳资关系明显更为紧张。从近年劳资关系冲突的情况来看，2010 年台企富士康出现了“十二连跳”。日企方面，虽然日企的本土企业文化宣扬“家”的文化，并且提倡员工“同舟共济”，但在嵌入中国之后，日企在面对中国员工的时候，其企业文化却与其本土企业文化不同。佛山南海罢工事件在 2010 年传得沸沸扬扬，起因就是中日员工之间同工不同酬现象，同种工作日本员工的工资是中国员工的 3 倍。

---

① 杨观来．欧美企业劳资关系管理演变及对我国的启示［J］．广西经济管理干部学院学报，2012（4）．

第四节　结论与政策建议

综上所述，嵌入型企业中，外资企业的生产过程相对较为规范。在外资企业中，最为规范的是欧美企业，其次是日韩企业，然后是港台地区企业。这与其企业文化、企业精神等息息相关，由港台地区企业以及民营企业的生产过程的对比来看，港台地区企业由于与民营企业均为劳动力密集型企业，并且在我国采取了外资企业优惠税率之后，其竞争将不会比一般民营企业强。港台地区企业、民营企业都极为需要转型升级，以更好地维护其企业的利润空间以及形成和谐的劳资关系。具体建议如下：

一、完善劳动立法，加强执法监督

以寻求劳资利益适度平衡为出发点，进一步细化和完善《中华人民共和国劳动合同法》有关劳资关系的各种标准规定，使其真正成为制衡劳资双方权利与义务关系的强有力的外部约束力量。在立法更为完善的同时，还需要加强执法队伍的建设，以更好地从行动上保护企业与劳动者的利益，促进劳资关系的和谐。从以上对生产过程的分析来看，即便是在我国相对比较规范的欧美企业，其企业的规范与标准仍低于其在本国内的标准与水平，这很大程度上是与我国的劳动法律条件与劳动法的执行效力有关系的。

二、加快转型升级，尤其对于港台地区企业与民营企业

港台地区企业与民营企业由于其生产过程决定了其在劳动条件、劳动保护方面都相对低于欧美企业，否则其利润得不到保护。要解决这个问题，在社会加强劳动立法与执法强度的同时，还要加强其企业的转型与升级，这需要政府的税收、政策等方面的支持以及政府的宣传。加快转型升级，不仅对于我国的产业发展有着长远的良性循环作用，而且对于理顺劳资关系、构建和谐的劳资关系也非常有意义。因此必须加快产业升级，在珠三角地区，要积极地响应珠三角的“腾笼换鸟”计划，这不仅需要政府的支持，也需要各个生产厂家配合大环境、大形势进行技术升级。

三、以“发展导向”型劳动力市场规制代替“增长导向”规则

我国在最初引进外资企业的时候，更多是利用外资刺激经济。当时更多的是以“增长导向”引进外资，发展经济。然而，这种导向对于当前来说是行不通

的。彻底转向“发展导向”型，使劳动者经济条件和社会地位不断改善、外资企业盈利不断增长和产品技术不断升级、区域经济科学发展，实现劳动者、企业和政府三方“共赢”。这是我们当前对于嵌入型劳资关系的最优处理方法。我们要转变劳动力市场规制的“资方偏好”，确立劳资两利、劳资和谐的规制偏好。要树立“以人为本、科学发展”的理念，不能为追求区域经济增长而放纵企业肆意侵害劳动者合法权益。这是最基本的原则，无论是对于欧美企业、日韩企业抑或是港台地区企业，都是必须遵循的规则。充分发挥政府的规制作用，从薪酬标准、休息休假、劳动力合同、企业福利等全方位地规制，扎扎实实地落到实处，以更好地保障劳动者的利益，构造和谐的劳资关系。

不仅如此，还要根据不同的嵌入型企业建立不同的劳资冲突应急预案。从前面说过的本田罢工、富士康劳资冲突等情况来看，劳资冲突和矛盾激化直接要求我们政府部门制定应急预案，以防止矛盾的扩大。政府可以根据各个企业的类型与特点，以及过往该类型企业劳资冲突的原因及解决方式进行总结和分析，形成应对不同嵌入型劳资关系的应急预案。在个性化的应急预案形成后，在实践中要建立联合快速反应机制，一旦劳资关系发生冲突，则需要各个部门，联合快速、积极地反应，力求以最快的速度、最有效的方式使劳资双方通过协商谈判的方式解决矛盾。

四、嵌入型企业应该“以人为本、互利互惠”，充分激发本土劳动者的积极性

“以人为本”这应该是所有企业，而不仅是嵌入型企业对于劳资关系协调的重要原则和基本要求。尤其是在当前我国人口红利逐步下降、劳动力主体变化极大的情况下，企业更加要注重发展人、培养人，以人为本。不同于过去企业员工的生存性需求为主的情况，当前的企业员工更多的是以发展型为主。如果企业还是以过去的方式来处理员工关系的话，企业将很难留下人。当前嵌入到我国的外资企业有一种现象是，其在本土地方的经营方式、经营理念都优于嵌入到我国之后，这很大程度上是由于企业缺乏社会责任感而造成的。嵌入型要保持良性的可持续发展，必须要充分认识到自己的社会责任，保持国内与其本土的协调性，在适应我国国情的同时，建立标准、完善、良好的企业管理体系。

“互利互惠”是企业要正确地认识当前的劳资双方的地位关系，要大力建设“以人为本、互惠共赢”的企业文化。企业各项管理制度都要秉承关爱员工、将企业发展和员工发展有机结合的原则。一是建立合理的薪酬福利标准和增长制度。薪酬福利标准应充分体现劳动者的劳动投入与付出、企业经营绩效，并建立工资正常增长机制，使员工分享企业发展成果。二是要关心员工的生活和发展，

积极改善员工工作环境和饮食住宿条件，丰富员工业余文化生活，定期对员工开展职业培训和教育活动，建立合理的职务晋升机制。

在这个方面，港台地区企业应该更多地向欧美企业、日韩企业看齐。欧美企业、日韩企业由于其生产过程更为标准化与现代化，其企业管理方式也较为先进，他们更加注重培养员工与发展员工，他们的盈利方式更多的是挖掘人力资本与知识资本的优势。港台地区企业则更多地依靠人口红利模式进行盈利。在当前中国人口红利逐步减少的情况下，港台地区企业如果不改变以充分激发本土劳动者的积极性的话，其必然会在嵌入型企业、我国内源自生型企业的竞争中处于下风。

第十五章　市场化与嵌入型劳资关系

市场化过程既有积极作用，又有消极作用。积极作用主要表现在促进资源的合理配置、激励创新、优胜劣汰等方面。消极作用主要表现在市场的外部性、造成资源的掠夺和环境的破坏、两极分化与商品拜物教等方面。市场化对劳资关系产生深远的影响。

第一节　市场化是影响劳资关系的重要因素

市场化是商品经济的运行机制，是指在开放的市场中，以市场需求为导向，以竞争的优胜劣汰为手段，实现资源充分合理配制、效率最大化目标的机制。简单来讲，即利用价格机制达到供需平衡的一种市场状态叫市场化。市场化含义有两种：一是指建立国家调节的市场经济体制，并由此形成统一的市场运行机制和市场体系。二是指在短期内实现用市场经济体制取代双轨过渡体制的改革过程。具体而言，市场化是以建立市场型管理体制为重点，以市场经济的全面推进为标志，以社会经济生活全部转入市场轨道为基本特征的。把特定对象按照市场原理进行组织的行为，通过市场化，实现资源和要素优化配置，从而提高社会效率，推动社会进步。它的主要内容是：在所有的经济领域和环节大步推进各类市场的发展，形成完整的市场机制，让各类市场参数正常运转，通过市场运行中的各种经济组织和所有制改革，完善市场基础，通过法律重新确认财产所有权，形成真正的商品交易者。

市场化对劳资关系产生深远的影响，主要表现在如下方面：

第一，对劳动者的影响，市场经济是一所伟大的学校，市场化也是教育化的过程，使劳动技能更加精益求精；同时产生对物的崇拜，使劳动者两极分化。

第二，对资本的影响，市场经济加快财富的创造，促进了资本的积累，途径是通过资本积聚与资本集中而实现的。

第三，对就业的影响，市场经济的发展扩大就业范围，同时也对就业者的素质提出了更高要求，促进了就业技能分层。

第四，对收入分配的影响，市场经济的发展扩大了收入分配的对象，即做大了蛋糕，多劳多得，是按劳分配的有效实现形式，收入分配上的两极分化。产生剥削。等量劳动互换与等价交换之间的关系。

第五，对劳资双方力量对比的影响，与工业化作用相同，即加剧了劳动的社会化与资本的社会化，劳资双方力量增强，力量对比与平衡发生了深刻的变化。

第二节 嵌入型劳资关系在市场化过程中的表现

嵌入型劳资关系在市场化过程中的表现集中反映在劳动力市场的方方面面，可以从以下六个方面考察。

一、劳动力的供给与劳动力嵌入

劳动力供给表现出的劳动力嵌入主要包括两方面：一是国际的嵌入，表现为外国的专业技术人员到中国工作，他们不仅带来先进的技术，而且承载着发达国家的文化传统。二是国内间的嵌入，表现为内地的劳动力到沿海发达地区就业，他们能吸收先进的技术和先进的文化，提高他们的人力资本含量。这种“干中学”对劳动力素质的提高和人力资本的积累有重要作用。

二、劳动力的需求与嵌入型劳资关系的类型

劳动力的需求直接形成了嵌入型劳资关系的类型。一些企业需要普通的、一般的劳动力，从而形成了劳动密集型的劳资关系；一些企业需要专业的、具有技术知识的劳动力，从而形成了技术密集型劳资关系；一些企业需要具有创造性知识的劳动力，从而形成了知识密集型的劳资关系。

三、劳动力无限供给与劳方在劳资关系中的弱者地位

我国是劳动力资源丰富的国家，也是劳动力资源具有比较优势的国家，但这种比较优势正在消失。在国内劳动力嵌入和劳动力流动中，劳动力无限供给使劳方在劳资关系中处于弱者地位。农民工工资水平低且增长缓慢是这一情况的必然结果。

四、劳动合同法的效应与“刘易斯拐点”的出现

2007 年全国人大常务委员会通过了《中华人民共和国劳动合同法》（以下简称《劳动合同法》）。《劳动合同法》在明确合同双方权利和义务的前提下，重点

在于对劳动者合法权益的保护，被誉为劳动者的“保护伞”。其产生的效应包括两方面：一方面，员工的正当权益得到了有力保障，吸引更多的劳动力流入；另一方面，外商投资的经济、社会成本提高，为保证利润，资方可能会通过加大员工的工作强度以减少劳动力雇佣的方式，在一定条件下，劳资关系会被激化。随着我国人口老龄化加剧、生育率降低，人口红利逐渐消失，许多学者预测我国的“刘易斯拐点”即将到来，劳动力将由剩余变为短缺，劳动力的价格上升，使劳动密集型嵌入企业的成本上升，出口利润被侵蚀，以提高劳动报酬为诉求的劳资冲突将会增加。

五、市场结构的变化与嵌入型企业利润空间的缩小

1978 年以来，珠三角地区作为改革开放前沿阵地，承接了大量欧洲、美国、日本、韩国及中国港台等国家和地区转移的制造业，逐渐成为世界工厂，表现出明显的外向型特征。从产业分工看，这些产业多是依靠海外订单进行贴牌生产，位于国际产业价值链下游，廉价劳动力是其利润主要来源，控制劳动力成本、削减职工福利成为其主要手段，而这也是劳资冲突产生的重要原因。随着行业竞争的加剧和产品市场由卖方市场向买方市场转变，企业利润空间逐步缩小。嵌入型企业依靠海外市场，其利润主要由外国资本控制，在利润被挤压时，必然通过削减工人工资来保持较高利润，低技能劳动者与管理人员的工资收入差距拉大，本土员工与外籍员工的同工不同酬，使其劳资矛盾尖锐成为必然。

六、金融危机对劳动力需求的影响

金融危机与经济危机的直接后果是经济下行、需求锐减、工厂减产或倒闭、工人失业，由于嵌入型企业更加依赖国外市场，因而，无论是要素（尤其是劳动力）还是产品，与内源型企业相比，金融危机对嵌入型企业的影响更大。随着经济全球化，要素国际流动，资方力量单边增长打破了东道国原有的劳资平衡状态。资本迫使政府屈服于自己，政府通过各种优惠政策及弱化对劳工权益的保护吸引外资流入。跨国资本以“用脚投票”作为与地方政府博弈的筹码，结果往往是地方政府以牺牲劳动者的权益为代价换取经济增长，政府“亲商不亲工”成为孕育嵌入型劳资关系冲突的“温床”。

第三节　嵌入型劳资关系的影响

劳资关系作为一种无形的生产要素，可以将有形生产要素结合起来。微观

上，可以降低企业的交易成本、社会成本，增加企业社会资本；宏观上，和谐稳定合作的劳资关系是促进经济社会发展的重要因素。嵌入型劳资关系对东道国社会经济发展产生着深刻影响。

在社会影响方面，嵌入型企业长期依靠劳动力价格优势进行贴牌生产，随着行业竞争加剧及劳动力价格提高，贴牌生产利润降低，企业无心进行研发与技术创新，因而形成路径依赖和恶性循环，即贴牌生产→低利润→低研发投入→缺乏创新→贴牌生产。该路径依赖需要低端劳动力，大量企业普遍从事贴牌生产，会使大学生就业困难，造成劳动力市场结构性失业。同时，嵌入企业在吸纳农村剩余劳动力的同时，由于挤压了市场需求空间，也对内源企业就业产生了挤出效应。

在环境影响方面，嵌入型企业依托海外市场利用东道国资源比较优势大力发展海外业务。同时，为了逃避本国严格的环境法律法规，尽可能降低环保成本，嵌入型企业将其污染严重、资源消耗多的产业转移到东道国，对东道国的资源环境造成极大破坏。2011 年 6 月，中海油和美国康菲石油公司合作开发的渤海湾蓬莱 19 –3 号油田漏油事件，使嵌入型企业对我国资源环境的破坏问题成为社会关注的焦点。由于我国对环境保护重视不够，引进了部分高污染企业，这些企业多数来自欧洲、美国、日本等发达国家和地区，涉及机械制造、电子、食品、化工等诸多行业，对我国生态环境造成了极其严重的负面影响。

在经济影响方面，嵌入型企业的生产具有明显外向加工特征，其对经济的影响分为静态效应和动态效应。静态效应主要表现在扩大出口规模、提供就业岗位、促进经济增长方面。通过产业关联和技术扩散、促进技术进步和产业结构升级是嵌入型企业的动态效应，这也是我国积极引进外资的初衷。如果加工出口的最终产品技术含量高，其对中间投入品的技术要求必然相对较高。如果这些中间产品由东道国提供，会带动东道国的技术进步，充分体现嵌入资本的技术外溢和“干中学”效应；反之亦然。嵌入型企业仅将标准化的简单制造工序转移到我国，使我国的加工环节主要集中在低端零部件的配套生产和组装加工上，技术含量低；而产品设计研发、关键零部件配套等附加值较高的环节，则被其母公司控制。这使我国不仅不能从其动态效应中受惠，还强化了我国低附加值的加工出口模式，使我国的加工贸易被持久地锁定在全球价值链的低端。

嵌入型劳资关系的经济影响主要通过对产业升级的影响反映出来。嵌入型劳资关系对产业升级的影响及作用机制包括积极与消极两个方面。

积极方面包括以下几方面：①关联效应。跨国公司投资可以带动与其相配套的各种服务业的发展，能够与东道国各级产业之间形成协作关系，通过供需关系、技术外溢，优化东道国产业结构，提升产业技术水平，以此推动关联产业的发展。②资金供给效应。资本是工业化过程中决定经济增长的最重要因素，利用外资可以填补东道国的资金缺口，并与东道国生产要素结合形成直接生产力，促进其经济增长，从而促进东道国产业质量的改善及产业结构优化升级。③技术溢出效应。一般来说，跨国投资企业的技术水平高于东道国国内企业水平，且在有效竞争机制下，外资企业的进入会对东道国企业产生示范效应。东道国企业可以通过模仿和改进实现所谓的"干中学"；跨国公司在东道国技术创新领域的投资与活动，不仅创造新兴产业，也激发了东道国企业技术创新的意愿，进而增强其自身的技术创新能力，使东道国的产业结构在技术进步作用下，实现从较低级形式向较高级形式演变。

消极方面包括以下几个方面：①劳动对资本、技术的替代。嵌入企业进入的行业多属于劳动密集型，它们充分利用本土廉价的低技能劳动力，满足于利用低廉的劳工成本开展低水平竞争。劳动密集型产业大量存在，其结果是作为两大生产要素的资本和劳动在技术含量上都无法得到提升。劳动对资本、技术的替代，阻碍了产业要素结构的高级化，抑制了本土产业升级。②"以市场换技术"的失败。《90 年代国家产业政策纲要》明确指出，为了获取关键技术和设备，允许有条件地开放部分国内市场。带着引进技术的目的，我国为外商开放市场，其结果是市场让出去了，技术没有换来或换来的是不入流的技术。嵌入型企业对本土员工管理、技术上的歧视，使其难以接触到被垄断的核心技术。大规模的引进不但没有加强我们的自主创新能力，反而侵蚀了自主创新的基础，久而久之，使内源型企业失去谋求产品多样化、提高产品质量和技术水平、塑造自有品牌和自主产权的内在动力和自主创新能力。③路径依赖。由于要素禀赋原因，我国沿海地区尤其是珠三角地区承接国际产业转移、嵌入全球价值链只能从低附加值的劳动密集型低端价值环节开始，两端高附加值环节被跨国母公司控制，如产业标准、核心技术、销售渠道等。嵌入型企业往往仅处于"微笑曲线"中间一段，使我国的加工贸易形成了低成本增长路径。这种低成本生产环境决定的产业结构其最大问题就在于技术水平不高，而技术水平恰是产业升级过程中最重要的约束变量。由于技术水平难以在短时间内得到显著提高，产业升级和技术水平提高则陷入了一种路径依赖的困境：低成本增长路径→低端产业结构→缺乏技术积累→难以转型。④资方短期行为。嵌入型劳资关系其初衷就是利用廉价劳动力资源，一旦我国这种比较优势不存在，资方便会撤离，引起产业空洞化。这种短期行为的存在，使资方缺乏优化生产资料配置、提升创新能力、提高技术管理水平实现产业升级的主动性。⑤比较优势陷阱。所谓比较优势陷阱是指一国（尤其是发展中国家）完全按照比较优势，生产并出口初级产品和劳动密集型产品，它在与技术和资本密集型产品出口为主的发达国家的国际贸易中，虽然能获益，但贸易结构

不稳定，总是处于不利地位，从而落入比较利益陷阱。我国采用比较优势战略，强调利用劳动力要素优势，使引资过程中注意力主要集中在劳动密集型产业规模扩大上，忽视了外资企业在技术和资本上对我国产业结构的提升。虽然外资企业在我国对外贸易中地位不断提高，但出口商品结构并没有得到根本上的提高。

第四节 嵌入型劳资关系对产业升级影响的实证分析

一、模型构建

本章先设定一个基本模型，即产业升级与嵌入型劳资关系的简单回归模型。由于嵌入型劳资关系影响产业升级的传导因素都是基于廉价劳动力与资本、技术的替代，因此，本章选用企业技术偏好作为嵌入型劳资关系对产业升级传导机制的媒介变量，即用嵌入型劳资关系与企业技术偏好的交互因子替代基本模型中的嵌入型劳资关系，作为新的模型。为了消除规模因素便于比较，各指标均使用相对数指标。

基本模型：$IND = \alpha + \beta \times R_t + \gamma \times X_t + u_t$

技术偏好媒介模型：$IND = \alpha + \beta \times R_t \times TP_t + \gamma \times X_t + u_t$

其中，t 代表年份，本章以 2000 ~ 2012 年为样本区间；IND 代表产业升级；R 代表嵌入型劳资关系；TP 代表企业技术偏好；X 代表影响产业升级的其他变量；α、β、γ 为待估系数，u_t 为误差项。

二、变量选取

1. 被解释变量

产业升级是一个动态过程，主要指产业结构的高级化，表现为工业结构中霍夫曼系数的降低，技术、知识密集型产业比重增大，产业内部各部门技术构成提高，新兴产业成长等。霍夫曼系数 = 消费资料工业净产值/生产资料工业净产值，表明在工业化早期，工业结构以加工程度低的轻工业化为主，随着工业化的发展，在总产出中重工业化程度越来越高。由于我国缺乏消费资料与生产资料的统计数据，实践中多以轻重工业销售产值来代替。

2. 解释变量与控制变量

对于劳资关系的定量，现有学者以职工工资总额与地区生产总值的比值来定义，因此，本章采用外商投资工业企业应付工资总额与其工业生产总值的比值来定义嵌入型劳资关系。

对于企业技术偏好，为突出外商投资企业与广东省企业的技术选择，本章用（外商投资工业企业固定资产净值/年均从业人员）/（广东工业企业固定资产净值/年均从业人员）来定义。

对于影响产业升级的其他因素，国内的学者主要从生产要素的供给、技术水平和对外开放等方面进行分析。由于本章的主要解释变量为嵌入型劳资关系，因此，在借鉴已有研究的基础上选取经济发展水平（ln（GDP））作为影响广东产业结构升级的其他因素。

各变量说明如表15－1所示。

表15－1　变量说明

	变量	变量定义
被解释变量	IND	广东重工业销售产值/轻工业销售产值
解释变量	R	外商投资工业企业应付工资总额/总产值
	TP	（外商投资工业企业固定资产净值/年均从业人员）/（广东工业企业固定资产净值/年均从业人员）
控制变量	X	ln（广东省地区生产总值）

资料来源：《广东统计年鉴》（2001～2013）；《广东工业统计年鉴》（2001～2013）。

三、平稳性检验

本章使用ADF单位根检验方法进行判定，利用Eviews 6.0软件进行处理，结果如表15－2所示。

表15－2　ADF单位根检验

变量名	检验形式	ADF检验统计量	临界值			结论
			1%	5%	10%	
IND	（c，n，1）	－2.094080	－4.200056	－3.175352	－2.728985	非平稳
D（IND）	（c，n，3）	－3.636520	－4.582638	－3.320969	－2.801384	平稳
R	（n，n，1）	0.920155	－2.792154	－1.977738	－1.602074	非平稳
D（R）	（n，n，1）	－2.538567	－2.816740	－1.992344	－1.601144	平稳
TP	（c，n，2）	－2.439536	－4.297073	－3.212696	－2.747676	非平稳
D（TP）	（c，n，1）	－10.25810	－4.297073	－3.212696	－2.747676	平稳
X	（c，n，1）	－1.466585	－4.200056	－3.175352	－2.728985	非平稳
D（X）	（c，n，1）	－3.427794	－4.420595	－3.259808	－2.771129	平稳

注：（c，t，0）分别表示所设定的检验方程含有截距项、趋势项和滞后阶数；n表示不含截距项或趋势项；滞后阶数按照SIC最小的原则确定；D（IND）表示序列IND的一阶差分。

由以上检验结果可以看出，在5%显著性水平下，所有变量原序列都是非平稳的，但其一阶差分都是平稳的。

四、协整检验

本章的五个变量是同阶单整，可能存在协整关系，需要进行协整关系检验，如表15－3所示。

表15－3 协整检验

模型	迹统计量	临界值		结论	
		5%	10%	5%	10%
模型1	23.01254	24.27596	21.77716	不存在	存在
模型2	69.15469	24.27596	—	存在	—

五、OLS参数估计

运用Eviews 6.0软件，以普通最小二乘法对模型分别进行参数估计，结果如表15－4所示。

表15－4 模型参数估计结果

	模型1	模型2
截距项	－3.139548（0.0027）	－3.196782（0.0005）
R	0.018435（0.0027）	—
R×TP	—	－0.001916（0.5755）
X	0.438420（0.0011）	0.455035（0.0000）
拟合优度	0.870087	0.872517
调整的拟合优度	0.844104	0.847021
F值	33.48725	34.22095
P值	0.000037	0.000034
样本数	13	13

六、实证结果

由表15－4可见，以IND为被解释变量，分别以R、R×TP为解释变量、以X为控制变量的两个模型，均得到了较好的拟合优度（0.870087，0.872517），说明解释变量能够对被解释变量做出很好解释。具体分析如下：

（1）模型1：R的回归系数显著（P值=0.0027，远小于5%的显著性水平）且为正，表明嵌入型劳资关系对广东产业升级在总体上有促进作用。嵌入型劳资关系每改善1%，就会对广东产业升级产生0.018435的积极影响。

（2）模型2：R×TP的回归系数为负（-0.001916），意味着嵌入型劳资关系通过媒介变量——企业技术偏好对产业升级存在消极作用。嵌入型企业对资本节约型（劳动加强型）技术的偏好，抑制了广东产业升级。

（3）控制变量：回归结果显示，控制变量经济增长水平对产业结构升级有显著的促进作用（P值分别为0.0011、0.0000，均小于5%的显著性水平），且其回归系数均较大（分别为0.4384、0.4550），说明经济增长水平是促进产业升级的一个非常重要的因素。

七、结论

从实证结果来看，嵌入型企业对资本节约型技术的偏好，对广东产业升级产生了消极影响。由于目前广东省整体工业化水平不高，高新产业、环保节能产业还未成长，嵌入型企业吸纳了大量农村剩余劳动力，使第一产业比重下降，第二产业比重上升。因此，现阶段嵌入型劳资关系对广东产业升级总体上发挥着正向作用。

第十六章　经济全球化与嵌入型劳资关系

随着经济全球化和国际分工发展，广东省作为我国改革开放的试验田，越来越多的外资企业来此投资建厂，为广东经济发展做出了巨大贡献，但与内源型劳资关系相比较，这种嵌入型劳资关系也令人担忧，引起了国内外学者高度重视。本章立足产品市场，通过国际分工体系、贴牌生产与缺乏创新、生产过剩与需求不足和金融危机等角度分析嵌入型劳资关系矛盾的发生机制，并探讨嵌入型外资企业劳资关系管理的一些对策。

第一节　经济全球化是世界经济发展的重要趋势

“经济全球化”这个词，据说最早是由特·莱维于1985年提出的，但至今没有一个公认的定义。经济全球化是指世界经济活动超越国界，通过对外贸易、资本流动、技术转移、提供服务、相互依存、相互联系而形成的全球范围的有机经济整体。经济全球化是当代世界经济的重要特征之一，也是世界经济发展的重要趋势。经济全球化是指贸易、投资、金融、生产等活动的全球化，即生存要素在全球范围内的最佳配置。从根源上说，是生产力和国际分工的高度发展，要求进一步跨越民族和国家疆界的产物。

经济全球化的现象主要从以下几个方面表现出来：①生产国际化。这主要是指国际生产领域中分工合作及专业化生产的发展。现代生产分工已经不是在国家层次上的综合分工，而是深化到部门层次和企业层次的专业化分工。这种分工在国际进行，形成了国际生产网络体系。②产品国际化，也就是生产总额中出口生产所占的比重大大提高，直接表现为现代国际贸易的迅速增加。世界上几乎所有的国家和地区以及众多的企业都以这种或那种方式卷入了国际商品交换。国际贸易的商品范围也在迅速扩大。从一般商品到高科技产品，从有形商品到无形服务等几乎无所不包。③投资金融国际化。生产和产品的国际化使得国际资金流动频繁，大大促进了投资金融的国际化。为适应于国际化的潮流，各国放宽了对投资金融的管制，甚至采取诸多措施鼓励本国对外投资的发展。金融投资的国际化反过来又会促进生产和产品的国际化。④技术开发与利用的国际化。首先，从国际技术贸易的发展来看，由于技术对生产和经济的重要作用，生产国际化自然带动国际技术贸易的不断增长。其次，从研究与开发的情况来看，由于各国在科技发展水平上的不平衡，企业为了获得先进的科技成果，各国间设立研究与开发据点便成了一种趋势，以至于许多企业形成了全球范围内的研究与开发网络，从而促进了研究与开发组织体系的国际化。⑤世界经济区域集团化。生产、投资、贸易发展的国际化使各国间经济关系越来越密切，特别表现在区域间经济关系上，为了适应新形势的发展，以区域为基础，形成了国家间的经济联盟。这种区域集团化的趋势，不仅大大提高了集团内的经济自由化程度，而且也会影响经济全球化和国际化的进程。

经济全球化是社会化大生产和市场化发展的必然产物，是市场经济的组成部分和运行机制。经济全球化可以成为资本主义扩张的有效手段，也可以成为社会主义扩张的有效手段。在当代，经济全球化主要是作为资本主义扩张的有效手段发挥作用。社会分工的发展和生产的社会化为经济全球化提供了重要的物质基础，商品经济与市场经济则为经济全球化提供了广阔的舞台和运行机制。其中，跨国公司是经济全球化的有效手段和重要载体。跨国公司是当今世界经济中除国家以外最活跃的国际行为主体，是当今世界经济活动的主要组织者。跨国公司作为生产和资本国际化的产物，它的迅速发展不仅使其在世界经济中的地位和作用不断加强，反过来也进一步促进了生产和资本的国际化，推动了国际分工的深化和经济全球化在生产、投资、贸易、金融、技术开发等方面的发展，推动了经济全球化的进程和世界经济的发展。经济全球化的载体包括贸易自由化、生产国际化、金融全球化、科技全球化等内容。经济全球化的主要载体都与跨国公司密切相关，或者说跨国公司就是经济全球化及其载体的推动者与担当者。

经济全球化是当今世界经济和科技发展的产物，在一定程度上适应了生产力进一步发展的要求，促进了各国经济的较快发展。经济全球化有利于各国生产要素的优化配置和合理利用，促进了国际分工的发展和国际竞争力的提高，促进了经济结构的合理优化和生产力的较大提高，促进世界经济多极化的发展。经济全球化是一个制度变迁的过程，是一个既相互竞争，又相互融合渗透的过程。但同时，经济全球化是在不公平、不合理的国际经济旧秩序没有根本改变的条件下形成和发展起来的，使世界经济的发展蕴藏着巨大的风险。在经济全球化中占有主导地位和绝对优势的是西方发达资本主义国家，在经济全球化中资本主义的内在本质和规律性特征会得到充分体现；资本主义发展不平衡规律的作用会更加突出，使国家之间的市场竞争和民族冲突会更加激烈和尖锐；少数大国一手操纵世界经济事务，使平等互惠原则和国际间的合作屡遭破坏；局部地区的民族摩擦、经济危机以及政治经济的震荡也极易在全球范围内传播和扩展，增加了国际政治经济的不稳定性和不确定性。

第二节　经济全球化对劳资关系发生深刻的影响

经济全球化是工业化与市场化相互作用，共同发展的必然产物，因而，它对劳资关系的影响既包括工业化作用，又包括市场化作用，而且是以放大的形式和发展了的形式影响劳资关系。

一、对劳动者的影响

（1）扩大了劳动者的范围，使劳动者出现了地区分化，区分为工业化国家的劳动者与后工业化国家的劳动者两部分。

（2）使劳动者隶属于资本，成为资本家的附属品，经历了从形式隶属到实质隶属两个阶段扩大到世界的范围。

（3）使劳动技能更加精益求精，同时出现分工的片面化；扩大了对物的崇拜；出现了劳动者整体之间的两极分化，使劳动者两极分化表现在发达国家劳动者与发展中国家的劳动者之间。

二、对资本的影响

（1）资本扩张和资本形式的多样化扩大到了世界范围，使资本的作用更为重要。

（2）加快财富的创造，促进资本的积累，途径通过跨国公司和对外直接投资。

三、对就业的影响

（1）提供了新的就业岗位，扩大了就业的范围，改变了就业结构。

（2）对就业者的素质提出了更高的要求；促进就业技能分层。

四、对收入分配的影响

（1）扩大了收入分配的范围，对收入分配格局的影响需要进一步分析。

（2）扩大了收入分配的对象，即做大了蛋糕；收入分配上的两极分化既表现在国内劳动者之间，也表现在资本输出国与输入国之间，加剧了发达国家对发展中国家的剥削。

五、对劳资双方力量对比的影响

与工业化、市场化作用相同，即加剧了劳动的社会化与资本的社会化，劳资双方力量增强，力量对比与平衡更加复杂化，出现了劳—劳之间、资—资之间的力量对比。

第三节　嵌入型劳资关系经济全球化的集中表现

劳资关系作为一种复杂的社会关系和生产关系，其实质是不同的要素所有者在相互结合进行生产活动并获得收益的一系列过程中所形成的冲突与合作的关系。嵌入型劳资关系是相对于内源型劳资关系的一种概念，是指外国资本与本国劳动力相作用的社会经济利益关系，“三资”企业劳资关系即为本书所研究的嵌入型劳资关系。内源型劳资关系是指本国资本与劳动力之间的社会经济利益关系。经济全球化集中表现在产品市场上，产品市场是商品经济运行的载体或现实表现，指可供人们消费的最终产品和服务的交换场所及其交换关系的总和。国际分工体系、贴牌生产与缺乏创新、生产过剩与需求不足和金融危机等问题是全球化的主要特征或主要问题，也是影响劳资关系的主要方面。

一、国际分工体系与嵌入型劳资关系

国际分工体系是社会分工发展到一定阶段的产物。它是社会分工的高级形式，是社会分工超出国家界限而形成的国与国之间的分工。它不仅是国际贸易和世界市场的基础，而且也是世界经济全部发展过程的基础。随着国际分工和国际商品交换的发展，各国的孤立性和闭关自守状态日益被打破，各国间在经济上的相互依赖关系日益加深，从而形成了世界经济。国际分工的发生和发展有其一定的自然条件和社会经济条件。其中，自然条件包括气候、土壤、资源、国土面积和地理，社会经济条件包括各国的生产力发展水平、科学技术水平、国内市场容量、人口的多寡等。在国际分工体系中，发达国家处于中心地位，发展中国家则处于边缘地位，经济全球化的过程就会促进中心地区的生产要素向边缘地位流动，形成嵌入型劳资关系。

随着时代发展，原有的以垂直分工为主导的国际分工被复合网络型的新型国际分工取代，它不再是简单的产业国家分工，而更多地表现为产业内、产品内分工。国际产业分工的内部化使一国的竞争优势不再体现于最终产品和某个特定行

业上，而是体现在该国在全球化产业的价值链所占据的环节上。全球价值链分工的一个基本思路就是全球产业价值链条存在众多的价值环节，并不是每一环节都创造等量价值。按照各个价值环节增值能力的不同，整个产业价值链就被分解为按照价值高低排列的不同的环节或阶段，从而使全球价值链表现出“价值等级体系”特征。某些辅助性环节创造价值较低，只有某些特定环节才能创造更高的附加值。全球价值链分工正是按照同一产品的不同工序、环节或零部件的不同技术含量和增值能力，在具有不同比较优势的地域或经济体中进行配置，使同一价值链条生产过程的各个环节通过跨界生产网络被组织起来。这样，就能充分有效利用国内、国外两种资源优势的价值再造系统，其实质就是价值链不同价值等级环节的全球地域选择。价值链环节被分解后，将价值链环节与各国的比较优势结合起来，就可以实现资源配置的最优化，提高经济效益。在一条完整的价值链上，研发环节是起点，属于开创性工作，风险很高，需要高素质的人力资源、充足的资金实力、优良的实验设施以及成熟完善的市场，只有发达国家才能满足这些条件，因此研究活动主要分布于发达国家，即美国、日本和欧洲等国家及地区。生产环节是价值链的基础环节，一般分布在发展中国家，如中国、印度等。

伴随着国际垂直专业化与产品内分工的形成，某些低附加值环节逐步转移到发展中国家，嵌入型的外资企业促使东道国本土企业的快速发展。我国廉价劳动力资源、潜力巨大的国内市场及特殊的经济政治制度，对跨国公司有着较强的吸引力，我国已经成为世界上最大的劳动密集型产品生产国。广东省作为我国改革开放的试验田，外商直接投资一直居于全国首位。截至 2007 年底，累计签订外资项目 316628 个，协议利用外资 3693. 5 亿美元，实际利用外资 2420. 31 亿美元，外商投资企业实有户数达 64341 户。仅 2011 年，新签外商直接投资项目 7035 个，合同外资金额 346. 92 亿美元。

无疑，广东省外向型经济发展既是我国主动融入世纪经济的结果，同时，也是国际产业分工转移的结果。在国际产业分工中，日本以及我国香港和台湾地区首先将纺织、服装、鞋、帽等劳动密集型产业转移到中国内地，尤其是毗邻港澳地区的广东省。虽然广东省出口总额中加工贸易比例逐步下降，并逐渐成为全球重要高新技术，产品的组装加工基地，体现产业升级成效，但高附加值的技术与资本密集型产品的生产仍在国外，原有加工装配、贴牌生产等仍无法改变高投入、低附加值、低利润局面，它被固化在全球价值链的低端。为获取利润，这些企业只有尽可能压低工人工资，降低工人福利。工人不仅工资相对较低，而且缺乏职业规划，对企业认同度较低。同时，由于其缺乏自有品牌，不可能有完善的企业治理结构，所有事务均由资方单边决定，所有这一切决定了这些产业必然是孕育劳资冲突的温床。

二、贴牌生产与缺乏创新

在经济全球化的过程中，发达国家往往采取控制核心技术和关键技术、将一般技术外包的办法，因而在发展中国家形成了贴牌生产局面。“贴牌生产”一词源自 Original Equipment Manufacturer（OEM），英文原义是原始设备生产商。贴牌生产又可以叫作“代工生产”、“委托生产”、“生产外包”等。虽然称谓各异，但其本质都是指拥有优势品牌的企业，为了降低成本、缩短运距、抢占市场，委托其他企业进行加工生产，并向这些生产企业提供产品的设计参数和技术设备支持，来满足对产品质量、规格和型号等方面的要求，生产出的产品贴上委托方的商标出售的一种生产经营模式。如“耐克”，就是自身没有制造工厂，不直接生产，而是利用自己掌握的“核心关键技术”，负责设计和开发新产品，生产环节委托其他厂家，最终都以“耐克”这一世界知名品牌进入流通渠道。实际上，贴牌生产就是受托企业无核心技术、无品牌、无市场、无资本，只进行产品生产的一种生产模式。目前，中国制造业出口企业多数采用贴牌生产形式，全球 1/3 的贴牌生产业务都由中国提供，家电行业中从事贴牌生产的企业比例更高达 90%。

贴牌生产导致中国企业核心技术高度依赖国外，核心技术“空心化”问题越来越严重，抑制了自主创新能力。高附加值、高技术含量产品的核心技术（关键技术）仍然被发达国家掌控。例如，占我国进出口贸易半壁江山的计算机等电子产品，所涉及的主要部件如 PC 芯片、各种大规模集成电路仍为发达国家所研制，主要程序、参数也掌握在发达国家手中。一方面，我国企业缺乏核心技术导致了贴牌生产；另一方面，贴牌生产更加阻碍了我国企业拥有核心技术。首先，贴牌生产的短期利益驱动导致企业忽视对核心技术的开发，受托方企业获得的只是廉价加工费，企业没有能力去开展自主创新。其次，贴牌生产委托方不可能将核心技术拱手相送，它们在生产中实行严格的技术封锁，在转让和开发技术方面对中国企业的贡献极为有限。

究其原因，由于各国的要素禀赋结构不同，国与国之间的优势主要体现为价值链上某一特定环节的优势，因此比较优势成为产业链在空间进行配置的决定性因素，也形成了产业链的全球配置。全球产业链的主要形式是分工，而产业内分工是产业链的重要分工形式。最初的先进企业在价值链的研发、生产和营销环节上，是一体化于企业内部的几个重要部门。随着产业链全球化配置，研发—生产—营销一体化价值链序列开始出现分离，中国的土地、原材料、劳动力价格低廉，存在的比较优势决定中国在全球产业链分配中从事生产这一环节，根据著名的“微笑曲线”理论，生产环节附加价值最低，直接导致了中国企业微利，而

贴牌生产导致没有企业自主知识产权和掌握核心技术，反过来制约着企业不能参与价值链两端分工，一直被固化在价值链低端。随着行业竞争的加剧和劳动力价格的提高，贴牌生产的利润很低，企业无力进行研究开发和技术创新，因而形成了路径依赖和恶性循环，即贴牌生产—低利润—低研究开发投入—缺乏创新—贴牌生产。该路径依赖需要低端劳动力，大量企业普遍从事贴牌生产，就会使大学毕业生就业困难。正由于企业微利，资方就通过各种方式攫取剩余价值，延长相对工作时间和减少工资成为正常手段，这必然导致了劳资关系恶化。

三、生产过剩与需求不足

市场经济追求利润和剩余价值，必然造成生产过剩与需求不足。生产过剩是指社会商品生产总量大大超过有支付能力需求量的经济现象，是经济危机的主要特征。在资本主义市场经济中，社会生产是企业的事情，生产什么、生产多少均由企业决定，整个社会生产处于竞争和无政府状态。其结果因人民群众有支付能力的需求相对缩小而导致大量商品卖不出去。它的恶性发展就是生产过剩危机。在生产力和生产关系的矛盾运动中，企业为降低生产成本，最大限度地榨取剩余价值，从而在最大程度上获得利润，它们在使用相对剩余价值榨取手段时，为提高生产效率，缩短自身的个别必要劳动时间，不可避免地导致了生产力的进步，从而导致社会上的商品在数量上和种类上都得到增加，由于社会贫富差距悬殊，必然导致商品销售市场的相对缩小，即导致了生产过剩的“瘟疫”。生产过剩现象是资本主义制度“生产社会化与生产资料资本主义私人占有制”之间矛盾发展的必然结果。资本主义世界经济危机的周期性爆发，且其爆发频率增加强度增大、影响范围拓展（空间上和涉及的经济领域），持续时间进一步延长。

马克思认为，在商品生产和商品交换有了进一步的发展、商业信用制度的建立以及生产与消费的矛盾扩展了以后，只要存在商品货币关系，就存在着生产相对过剩危机发生的可能性。

从经济表象来看，我国的生产过剩是各地一哄而起盲目投资，低水平重复建设、盲目引进、地区产业结构趋同的结果。我国地区之间产业结构的相似率在90%以上，乡镇企业与城市产业结构的重复率达80%，从而失去分工的效应和规模效益。中国国家宏观调控力度不足，对社会投资的监管不到位。以中国2008年的“4万亿”投资为例，“4万亿”投资的初衷是重点解决民生问题、基础设施问题和生态环保的问题，但是由于国家缺乏监管力度导致低水平重复建设严重，物价飞涨，甚至引发了通货膨胀。房价的持续高涨就是典型的例子。目前商品房闲置并不能说明国民对商品房的需求不足，他们只是没有能力购买，构不成有效需求，这就造成了人们对商品房的有效需求不足，商品房相对生产过剩。

需求包括国内消费需求、投资需求、政府购买需求和净出口。受欧债危机等全球经济疲软的影响，国际市场需求下降，导致广东省许多出口企业生存困难，同时也出现了部分企业倒闭、企业生产规模缩小，造成了一些在岗员工，尤其是没有职业技能的劳动力的失业。在这样的背景下，许多出口企业开始把目标市场转移到国内市场。然而，我国的消费需求一直呈现出严重不足的状态。根据国家统计局的资料，我国的消费率一直在呈现逐年下降的趋势。受2008年全球经济危机影响，2009年广东省居民消费价格涨跌幅度为－2.3%，创历年新低。2010年世界平均消费率为75%，而我国的消费率则为56.8%，大约低于世界平均水平的20%。近几年来，中国经济的高增长主要是靠高速的固定资产投资、政府支出来支撑的，消费需求严重不足。

外资企业来华投资，除了看好中国廉价的劳动力资源，还有广大的消费市场，然而，当由卖方主导的产品市场由于生产过剩和需求不足演变为买方市场时，外源型企业利润空间缩小。数据显示，2008年金融危机后，2009年广东省全年进出口总额为6111.18亿美元，比2008年下降10.8%。其中，出口3589.56亿美元，下降11.5%。外资企业为降低经营成本度过危机，在华开始大量裁员。例如，诺基亚西门子在华裁员350人，中国雅虎也大幅度裁员，甚至多个部门被整体裁撤。多数企业不提前30天通知裁员又不给代通知金，不支付或不足额支付经济补偿金，甚至拖欠员工工资。更有不少企业采取降薪或提高业绩计算标准，导致员工不得不主动辞职，公司借此逃避支付经济补偿金。不少被裁员工从一开始就没有与企业签订劳动合同或拿不到合同，致使他们在权益受损诉诸法律时遭遇重重困难，从而导致群体性事件层出不穷。

随着行业竞争的加剧和产品市场由卖方市场向买方市场的转变，企业利润空间逐步缩小。外源型企业的利润主要由外国资本所控制，国内工人的工资与管理人员的工资收入之间形成巨大差距，国内员工与国外员工的同工不同本酬，存在着尖锐矛盾。

四、金融危机与嵌入型劳资关系的困境

金融危机与经济危机的直接后果是工厂关门和工人失业，与内源型企业相比，金融危机对嵌入型企业的影响更大。外源型企业更加依靠国外市场，因而，无论是要素还是产品在金融危机时受到的冲击就会更大。

在经济全球化的国际背景下，我国的劳资关系不可避免地要受到世界强资本弱劳工格局日益深刻的影响。在改革开放初期或者前一个时期，我国因为劳动力资源过剩而资本极度短缺，需要采取多种措施来吸引资本促进本国经济的发展，招商引资便成了各级政府的重大使命，各种努力的直接成效便是形成和保持了对

国外资本的强势吸引力，直接带来了国家的繁荣与发展。然而，由于只注重招商引资、经济发展与经济增长，忽略了对劳动者的利益维护，进而日渐形成资本所有者的投资回报长期偏高甚至畸形偏高，劳动所有者的劳动所得长期偏低甚至畸形偏低的利益失衡格局，表现在不依法签订劳动合同或者签订有损劳工利益的劳动合同，损害劳动者的休息权、劳动报酬权、劳动保护权、社会保险权等多种正当权益的现象屡见不鲜，劳资关系和劳工权益保护问题成了社会各界关注的焦点。我国正处于发展方式转变、经济结构调整的关键时期，劳资利益失衡的格局毫无疑问损害着我国经济社会的协调发展。

金融危机引发了广东珠三角地区劳资关系紧张，资方特别是对外需依赖程度较高的中小企业，为了应对突如其来的危机，被迫使用各种“自救”手段削减成本，以度过困境。各种“自救”的措施必然侵害到劳方的利益，而一直处于相对弱势的劳方碍于外部社会的就业现状，不得已接受资方的各种苛刻条件。结果，劳资双方的矛盾与冲突日渐严重，主要体现在以下几个方面：

一是失业人数增加，就业形势更加严峻。金融危机中的失业问题是发生在我国就业压力本来就很大的背景下，数据显示，2009 年我国需要安排就业的人数达 2400 万人，其中包括 1300 万全国城镇新增劳动力和 800 万下岗失业人员，此外还有 300 多万其他人员需要等待就业安置。金融海啸登陆广东省后，企业倒闭像瘟疫一样在整个珠三角及周边地区扩散，并大规模制造着失业人口。在企业的“倒闭潮”当中，不少外资企业采取逃避责任的做法，造成大量工人上访，有的还直接酿成社会冲突。据东莞市劳动局披露，仅在 2008 年 9 月和 10 月两月，东莞欠薪企业关闭逃匿的多达 117 家，近 2 万名员工受到影响。

二是收入差距进一步扩大，职工生活水平下降。收入差距过大、两极分化的问题一直是困扰我国多年的体制痼疾。城乡之间、地区之间、行业之间、群体之间的收入悬殊，分配不公。受国际金融危机的不利影响，广东省居民收入增速放缓，职工生活水平和保障能力下降。对于主要依靠工资生活的广大职工特别是企业职工来说，收入减少也必然导致生活水平和自身保障能力的下降。

三是劳动纠纷明显增加，职工群体性事件呈攀升态势。最近，国际国内宏观环境变化所引发的矛盾和纠纷在劳资领域已明显反映，一些用人单位尤其是纺织、冶金等传统行业的企业经营出现困难，不少企业大量裁员或处于停产状态，一些传统国有企业甚至申请破产，从而引发了大量的解除劳动合同纠纷，包括群体讨薪纠纷、要求订立无固定期限劳动合同纠纷、要求支付解除劳动合同的经济补偿金纠纷、要求支付违法解除劳动合同的赔偿金纠纷等。2008 年 1 ~ 10 月，广东省因欠薪逃匿引发 30 人以上群体性事件 251 宗，同比增加 92%。之后陆续发生的有 2010 年出现的 iPhone 核心供应商劳资纠纷事件、广东南海本田汽车零部件制造有限公司因员工集体加薪诉求引起的罢工事件，以及震惊国人和学术界的富士康员工“跳楼”事件等。

第四节　外资企业劳资关系管理对策

一、实行平等协商谈判制度

通过推行集体协商或集体谈判签订集体合同制度，在企业内部建立劳动关系的协调与平衡机制，合理处理劳资双方的责、权、利关系。建立规范的协商制度，做到涉及职工利益的重大事情必须谈，如每年的工资调整、裁员；遇到问题随时谈，如加班加点、奖惩决定等。协商制度可以在多层次开展，如在车间、分厂、总厂，协商的内容可以从日常生活到企业经营活动，无所不包。这种经常进行交流、沟通式的协商，是融洽、稳定劳动关系的重要制度。推动外资企业工会的组建，培训谈判代表，切实提高工会在外资企业中的地位和作用。借鉴国际通行做法，着眼于建立企业内部自我调节机制，并在集体协商谈判制度的实体上和程序上加快立法，在职工和企业之间建立平等沟通与协调机制。

二、建立行业劳动关系调整体制

集体合同的实现形式是灵活多样的，在外资企业应大力推行区域性、行业性的集体合同制度。就本行业中劳资关系问题进行协调，如新技术发展中带来的工业污染治理、人体中毒预防、工作时间调整、工作地点机动及相关待遇；行业之间的工资收入攀比、福利待遇差别、高新技术含量等问题进行协调；健全行业规章制度和行业公约，加强行业自律。借鉴国外经验，帮助、指导基层工会签订集体合同，或者由上级工会派员代表基层工会与企业协商谈判、签订集体合同。对企业工会遇到的棘手问题，由上级工会直接参与协调或对企业协商予以指导。建立以工资为重点的协商制度，围绕工资增长问题搞调查，收集协商所需要的地区、行业、企业的人工成本，职工平均工资，企业实现利润的情况，发布信息、沟通情况，帮助企业拿出切实可行的方案。

三、妥善处理劳动争议

积极探索把劳动关系的无序调节引导到有序调节，从局部规范转入整体规范。一些地方从制度上探索处理劳动争议的方法，如平等协商法、预警防范法及有条件的停工、罢工，承认停工、罢工作为目前解决劳资纠纷的一种激烈方法的客观性与合法性，同时又对运用这种方法进行必要的限制和规范，如必须提前通知企业、工会和上级工会、劳动部门，并由这些部门先行调解，调处失败，才能采用这种激烈的方法。对劳动关系调整过程中的随意、盲目、无序现象，重在疏导，使之趋向合法有序。

四、探索三方协调机制

三方机制是国外的有益经验和国际通行的做法，国际劳工组织 2007 年通过了《关于跨国企业和社会政策的三方原则宣言》，要求各会员国政府、雇主组织和工人组织以及跨国企业，采取适合国情的措施，促进集体谈判机制，用集体合同来规定就业条件，同时要求雇主和工人按双方商定的内容，定期协商共同关心的问题。目前，外商还没有一个统一的有代表性和权威性的雇主组织，很多外资企业还未能建立工会，应明确雇主、工会和政府三方主体在劳动关系协调机制中的定位和角色，在各地逐步建立由地方总工会、外资企业协会（或雇主组织）、地方劳动保障行政部门及其他有关部门代表参加的、多层次的、多形式的三方协商制度，实行劳动关系主体双方自主协商、政府依法调整。促进以自主协商为基础，以劳动合同、集体合同制度为基本形式，以三方协商为指导的公平、和谐与稳定的劳动关系形成。

第十七章　城市化、劳资冲突与劳资关系的社会管理

广东省作为改革开放以来全国经济发展的排头兵，经济、社会发展取得了举世瞩目的成绩，其成就主要依靠外源型经济的发展。外源型经济大量利用外来资本和外来劳动力，在社会制度、权利保障不完善的情况下，对劳资关系产生了巨大的影响，造成了经济发展动力匮乏、社会建设矛盾突出等问题。广东省已经具备了建设和谐社会、幸福广东的经济基础，目前提出的建设新型城市的发展目标，正是为了使城市的社会关系更好地满足经济发展的需要。城乡一体化和统筹兼顾发展是新型城市化的核心任务，要求城市和农村均等发展，城市各阶层能共享改革发展的成果，这个目标能缓解目前外源型劳资关系的紧张关系，为广东省经济建设提供更多、更好的能以广东省为家的劳动者有着重要的积极意义。

第一节　新型城市化发展中的劳资关系

2011 年 12 月，中共中央政治局委员、广东省委书记汪洋在广东提高城市化发展水平工作会议上强调，广东省的城市化进程不能只求规模，不重质量。未来广东省要以人民的幸福作为城市发展的根本价值取向，走出一条符合广东省实际的文明、宜居、承载力和可持续发展能力强的新型城市化道路。

一、新型城市化的内涵及发展路径

新型城市化是科学的城市化，这是被一致认同的。但在具体理解上，有以下不同的观点：

（1）新型城市化是体现为政治、经济、文化、社会四位一体的城市化，集约发展、统筹发展、和谐发展的城市化，坚持以人为本的城市化（牛文元，2011）。与传统城市化不同，新型城市化特别注重以“七大坚持”为核心：一是坚持实现城乡的统筹发展，在区域的基础上思考大、中、小城市与乡村的协调发展，逐步达到减缓和消解城乡二元结构，达到共同富裕的城市化之路；二是坚持

实现城市的创新发展，在转变发展方式的基础上，提升城市发展的能级，创造更好、更快的财富积累，提供更多的就业机会；三是坚持实现城市的绿色发展，走可持续发展的生态文明之路，达到城乡人口、资源、环境、发展四位一体的互相统筹；四是坚持实现城市的均衡发展，统筹城市内部、城际之间和城乡之间的和谐发展与包容性增长，大力克服“城市病”带来的交通拥堵、环境恶劣等问题；五是坚持实现城市公共服务的均质化要求，对教育、医疗、住房、养老保险、社会保障等民生需求实施公平正义的国民待遇；六是坚持实现城市的宜居性和文化多样性，体现城乡居民的幸福感、安全感和有尊严的劳动与生活；七是坚持实现城市的现代化管理体系，对人口、就业、资源保障、产业布局、市政建设、城市安全、政策法规等进行科学的规划、设计与施行（张英洪，2012）。结合北京实际认为新型城市化应该如下：一是新型城市化是空间布局合理的城市化。未来十几年之内，北京市的人口数量可能突破3000万人，中国三大城市群的人口都将分别超过1亿人。北京的发展要从“大北京”的视野推进首都圈的发展，既要从行政区域上考虑首都的发展，又要从城市群战略上谋划首都圈的发展，在此基础上统筹调控人口增长，引导人口向首都城市群各大中小城市合理分布和相应集中。从“摊大饼”式扩张转向多中心城市布局。从战略上加快新城建设，建设成为有效承担与疏解中心城功能的现代化国际新城，使新城有产业、有服务，避免将新城建设成为功能单一的“睡城”。二是新型城市化是维护农民权益的城市化。新型城市化是切实维护农民权益的城市化，是让农民在自己的土地上富裕起来的城市化，是实现农民市民化的城市化。要充分发挥农民的主体作用，切实将土地的增值收益还给农民，有效保障农民带着集体资产进城。三是新型城市化是善待外来人口的城市化。构建公正的社会制度，实现外来流动人口的市民化，实现“同城同权同尊严”，逐步将流动人口纳入就业、教育、医疗、社保和住房等基本公共服务保障体系，使外来流动人口共享城市发展的成果。四是新型城市化是产业结构优化的城市化。城市化的过程本身也是产业结构不断优化升级的过程。强化大首都圈产业布局，推进都市型现代农业发展，大力发展民生产业，努力解决城市化中的农民就业问题。五是新型城市化是生态环境友好的城市化。新型城市化必须坚持全面、协调和可持续的原则，走资源节约型与环境友好型之路，不断提高生态文明水平，确保城市使人们的生活更加美好。六是新型城市化是发展民主法治的城市化。要以民主法治的方式推进城市化，以城市化来提升民主法治水平，使城市化与民主化相互促进，城市建设与法治建设交相辉映。

（2）新型城市化是人口向城市转移，使城市结构发生变化；在继续推进人口转移型城市化的同时，大力推进结构转型的城市化。因此，城市化包括三个内容：一是城镇人口在全国和区域总人口的比重不断上升，农村人口比重相应下降；二是城镇分布形态由各自独立状况变成联系密切的城镇系统；三是城市物质文明和精神文明不断扩散，农村居民的生活方式日益接近城市居民（程必定，2011）。新型城市化道路的核心是经济社会结构的城市化转型，在这个过程中，必然会发生人口由农村向城市的转移，但人口转移只是新型城市化道路的外延，它的内涵或实质是经济社会结构的城市化转型。从我国的国情看，经济社会结构的城市化转型应该包括四个方面：一是产业结构的城市化转型；二是就业结构的城市化转型；三是空间结构的城市化转型；四是文化与观念的城市化转型。可以说，上述四个方面的结构转型是新型城市化的一般规律，也是走新型城市化道路的基本途径。

（3）新型城市化应当是推动农村发展的城市化（杨重光，2010）。新型城市化是全面的、综合的经济社会发展的道路和战略，绝不单纯是城市人口机械地扩大，农村人口表面地减少。农村人口减少并不能像某些拉美国家那样迫使农村人口破产，被迫流入城市，成为城市的"贫民"。也不能像某些人所说的，把农村人口赶往城市，特别是大城市。我们的城市化，其本质是提升农民的经济地位，改善他们的生活状态，改变农民的身份，使农民享受与城市居民同样的经济权利和生活条件，获得同样的发展自己的机会。简言之，通过城市化让农民过上与城市居民一样的小康生活。所以，新型城市化与传统城市化的区别在于，新型城市化过程中，居民居住空间的转移并不是第一位的，而经济生活的改善、生活质量的提高是第一位的。应该说，目前关于新型城市化的观点，已经明显扬弃了以前关于城市化就是人口城市化这一观点。提出新型城市化的概念，体现出对城市化综合的、较为全面的理解，如有形城市化、无形城市化、外延城市化、内涵城市化和人口转移型城市化、结构转换型城市化等；考察城市化水平，不能单看城镇人口比重，更应该看城乡一体化。从城市化的本质来看，城市化不仅是城市人口比重不断提高的过程，更应该是产业结构转变、消费水平不断提高、城市文明不断发展并向广大农村渗透和传播、人的整体素质不断提高、农村人口城市化和城市现代化统筹发展的过程，因此从一定意义上说，缩小城乡差别是反映城市化进程的一个基础性指标。

二、广东省传统城市化发展中的劳资关系

1. 广东省传统城市化发展以嵌入式（外源型）劳资关系为主

外源型是一个生物学概念，医学中也经常用到。和内源型相对应，指一切非本体的因素，即来源于外部而能对本体发生作用的因素。如天气、土壤、水质是使种子发生变异的外源性因素。外源型劳资关系，是指因全球化所带来的中国资本领域和劳动领域的结构性变化，由于这种变化导致的政府、外来资本与劳工以

不同的角色构造起来的企业管理关系和经济社会关系。

2. 发达国家技术革命的兴起与广东省外源型经济的形成

广东省选择发展外源型经济是一种历史必然。外源型经济是伴随经济全球化在欠发达国家与地区出现的一种经济现象，是发达国家和地区及跨国企业通过经济资源在全球的有效配置，实现利益最大化的一种战略体现，同时也是欠发达国家和地区充分利用经济全球化这一历史机遇，实现区域经济快速增长的重要战略举措。在广东省经济与社会发展中，外源型经济做出了巨大贡献。

首先，外源型经济是推动广东省工业化的重要力量。在计划经济时代，广东省是一个典型的农业大省，工业基础薄弱，工业化水平低，1978 年广东省人均工业产值还低于全国平均水平，到 2004 年已经达到全国同期平均水平的 2.5 倍，其中外源型经济功不可没。如果除去外源型经济贡献的部分，广东省的人均工业产值现在仍然略低于全国水平。近年的统计数据进一步显示，在广东省的工业总产值中，外源型经济“三分天下有其二”，占据广东省工业化的主导地位。

其次，发展外源型经济是广东省对外开放的主要成就。广东省率先对外开放，积极发展外源型经济，在统筹利用国际、国内两个市场、两种资源上，在利用外部有利条件和发挥丰富劳动力资源的结合上，走在了全国的前列。通过外源型经济积极参与国际产业分工，不仅让广东省受益，也有力地带动了周边省（区）的发展，2004 年广东省吸纳周边省（区）外来人口超过 3000 万人。广货一度风靡全国与广东省外源型经济的发展同样关系密切。如果没有外源型经济的强有力支撑，广东省就无法成为全国改革开放的排头兵。

最后，外源型经济是广东省现代化建设的有力促进者（丁力，2005）。大量外源型企业的进入以及大量外来人口的集聚，为广东省充分利用土地、厂房与民宅等经济资源，完成原始资本积累创造了条件，外源型经济的发展同样为广东省提供了可观的税收来源。有关研究显示，正是通过外源型经济的发展，广东省才有全国最高的人均居民储蓄存款余额、最高的人均财政收入、最高的人均消费水平，发展外源型经济极大地刺激了广东省生活消费类服务的增长，推动了广东省第三产业的发展。此外，外源型经济对广东省缩小城乡差距、创造就业机会、转变思想观念、完善基础设施及对教育、科技、文化事业的发展等方面同样发挥了积极作用，加快了广东省现代化建设的步伐。

3. 嵌入型劳资关系的形成

经济发展阶段决定外来资本的主导地位，外来资本的主导地位决定了弱势劳工和文化冲突构成了外源型劳资关系的主要特征。

据资本—劳动替代的“拐点论”，经济发展的初期总是伴随着物质资本的积累，物质资本将在相当长的时期占据经济增长的主导地位；由于资本劳动的边际替代率递减，当物质资本积累处于一定阶段，产生对人力资本更多的需求，人力资本成为这个时期的主要资本；只有在经济持续发展，政治文明发展到一定程度，信任、规范、网络和社会公德等社会资本才有可能成为推动经济发展的主导力量（吴江、郑慧娟，2011）。不同资本形态占主导地位对于劳资关系产生不同影响。在经济增长具有明显投资驱动的经济中，资本明显处于强势主导地位，劳动处于弱势地位，劳动者工资在国民收入中的比例逐渐减少就是“强资本弱劳动”的分配格局的重要表现。由此导致劳资双方围绕利益分配产生的矛盾日益增多，这是经济发展的客观规律，也是处于物质资本主导阶段的经济中劳资关系问题的根本原因。当技术、创新和人力资本等成为经济发展的新的源泉，这些要素的形成会产生相应的收入分配和再分配模式，对改善劳资关系起到积极作用。目前，广东省经济处于明显地依靠外来资本投资驱动的发展阶段，也就决定了目前“强资本弱劳动”的分配格局。

为了维持持续的外来资本输入，必须依靠廉价劳工作为吸引外资和增加出口的战略优势，广东省各级地方政府自觉或不自觉地滋生出压抑劳工、取悦资本的施政风格（岳经纶，2007）。在中国，政府虽然强调通过劳动立法和建立社会保障制度以保护工人利益，却允许地方政府在劳资冲突时公开支持投资者。由于国家角色变得模糊，劳资利益和权力关系严重失衡，形成了“强资本弱劳动”的格局。在这一格局下，中国劳工权益受到严重挑战，导致劳动关系紧张。

陈佩华对中国外资企业内的劳动情况进行调查（Chan，2001）发现，外资工厂中的劳动条件近乎工业革命初时的苛刻，例如，工人的基本福利与工作条件往往得不到满足，许多工人在缺乏防范措施的高温、高噪声、高污染条件下进行长时间和超强度的工作，工伤事故频繁，报酬极低，对工人人身权利和自由的侵犯也经常发生。廉价的劳动力供给并不具有无限弹性，恶劣的用工环境和苛刻的工资待遇导致了连续几年来的“民工荒”现象，导致倒逼外源型企业不断提高用工成本，同时企业又面临激烈的国际市场竞争导致的劳动密集型产品价格下跌趋势，最终对广东省的外源型经济发展产生双向挤压效应，对广东省的经济发展潜力产生严重的制约。

广东省佛山本田零部件公司 2010 年 5 月 17 日发生罢工事件，罢工的起因很简单——待遇太低，无法维持基本生活。而这种不合理的薪酬体制形成的原因在哪里？从宏观经济角度来看，中国的加工业，多数依靠的是廉价劳动力。这种廉价劳动力，把劳动者推到了一个待遇只能维持简单的再生产的境地。

薪酬体制是罢工的直接原因，企业文化也是一个很重要的原因。在很多日资企业当中，日本人普遍对中国人缺乏信任感，这种信任感的缺乏导致中国人在企业中的职位，仅局限于中下层，在企业的决策中没有发言权，而中国人则是最了解员工想法的。另外，日本人自身等级非常严格，领导意志很强，这也导致中国人与日本人之间缺乏沟通。这样，整个企业的沟通体制似乎出现了问题。企业内部缺乏真诚有效的沟通，问题积压越来越严重，最终就导致罢工。

4. *由内源型劳资关系发展为外源型劳资关系居支配地位*

劳资关系的矛盾主要集中在外源型企业，倒逼政府进行行政体制和法律体系的改革（莫荣，2005）。中国的外资企业尽管其资本来源地不同、管理模式各异，但它们有两个共同的特点：其一是它们少受政府的干预，享有相当程度的自主权；其二是它们在招聘与确定工人待遇时，只对市场负责。外资企业（特别是劳动密集型的出口加工企业）所吸纳的绝大部分是中国的"内部移民"，即外来民工。在利润最大化的驱动下，在中国的外资企业以对外来工人的粗暴甚至野蛮的剥削与虐待而出名。结果，相当多的外资企业成为劳资冲突的主要场所，对中国的劳动管理体制带来了巨大冲击。尤其是在20世纪90年代中期，中国的劳动争议数量不断上升，集体劳动争议进入高发期。由于中国处理劳动争议的法律程序过于繁复和费时，许多劳动者以直接诉诸集体行动的方式进行抗争。劳工抗争已成为影响中国社会稳定与和谐的首要因素（乔健、姜颖，2005）。有学者更明确指出，劳资矛盾的激化主要是由于劳动者的基本权益受到侵害，却又长期找不到公正的解决办法。矛盾的累积导致劳动诉诸自发性的激烈方式（常凯，2004）。劳工利益得不到适当保护，不仅导致了劳动关系紧张，而且也带来了新的劳动问题，那就是在劳动力过剩的中国出现了劳工短缺现象——"民工荒"。2003年以来，珠三角出现了严重的劳工短缺，许多企业招不到足额的员工。同样的情况也出现在长三角和福建等地。

外源型经济使劳资关系成为国际贸易的博弈因素之一（杨观来，2010）。劳工标准与国际贸易挂钩，发达国家政府要求与其有贸易往来的发展中国家执行国际劳工标准（ILS），否则就要向其相关产品征收惩罚性关税或进行"反倾销"诉讼。国际劳工标准是国际劳工组织（ILO）制定的有关国际劳工公约书和建议书，以及其他达成国际协议的具有完备系统的关于处理劳动关系和与之相关联的一些关系的原则、规则（王家宠，1991）。所涉及的内容大致包括伦理道德和经济效益两个方面。前者主要指作为各国普遍认同和应普遍遵守的"核心劳工标准"（CLS，包括自由结社权、废除强迫劳动、消除就业歧视、消除利用童工四方面内容的八项基本劳工公约），后者包括与经济效益相关的社会福利待遇标准（李煊，2006）。国际劳工标准的正式制定和不断完善都是由国际劳工组织负责，但由于国际劳工标准是"软法"（董保华，2006），所以对利益主体没有多大的约束力，难以达到国际劳工组织的"维持世界持久和平、促进公平竞争和推进社会进步"的目的。发达工业化国家一直将"国际劳工标准"与"国际贸易"捆绑在一起，借“国际劳工标准”提高具有劳动力成本优势的后起工业化国家的企业生产成本。早在1919年，最先发家的英国为国际劳工组织《章程》起草的“草案”中就反映这一点。第二次世界大战后，逐渐取代英国国际贸易霸主地位的美国一直努力在国际贸易体系下建立国际劳工标准，欧洲的一些国家也企图将劳工标准的条款纳入GATT。

全球化加剧了外源型经济的劳资关系矛盾（肖文韬，2010）。针对全球化背景下的劳资关系问题的研究将逐步得到关注和重视。21世纪，全球化是雇佣关系或者劳资关系遭遇到的最主要的冲击之一。有人指出，全球化会减少对技术水平低的工人的需求。全球化水平的提高使得寻求替代劳动力资源问题更容易得到解决，从而削弱了劳方的谈判力量。因为国外直接投资使得国内雇员更容易被替代；此外，贸易也使得利用外部资源替代国内雇员变得更加容易、成本更低。同时，可能出现的一种情况是，低技术水平的雇员的“移民”将会扭曲雇佣环境，使其供给不断增加，从而导致其工资水平具有下调之势，并且导致工会组织面临更多的挑战。针对这种情况，有学者认为，劳资关系方面的经验研究应该持续关注全球化对雇佣结果造成的影响。着力探索全球化工作场所中如何寻求效率、公平和发言权三者之间的平衡，即全球工作场所如何治理应该是今后劳资关系研究的一个重点领域。

三、广东新型城市化发展中的劳资关系

新型城市化的概念这几年广泛出现于各级政府的发展理念和规划中，但从新型城市化发展的动力来看，发展需要一定的经济基础，没有达到一定的经济、社会、文化发展阶段，新型城市化发展只能是空谈。广东省自改革开放以来，经济、社会、文化发展取得了举世瞩目的成绩，经济总量居全国各省市之首，具备了提出新型城市化发展的基础。新型城市化发展与传统城市化发展主要存在以下三点不同。

（1）发展基本动力不同。产业发展特别是非农产业发展是城市化最基本的动力。传统城市化的基本动力来源于重物轻人、粗放发展的传统工业化，主要通过招商引资和工业园区、开发区建设推进工业产业发展，而现代服务业发展滞后，导致城镇化的推动力失衡。广东省新型城市化发展以新型工业化为基本支撑，按照资源集约高效利用的要求，注重产业的合理布局与配套集群发展，特别注重发挥具有配套优势的先进制造业、战略性新兴产业，以及现代服务业等主导性高端产业对城市化的驱动作用；注重生产方式和工艺流程创新升级，从而催生城市化的新理念和模式，推动城市向数字城、信息城、智能城、知识城方向发展。

（2）城市空间结构模式不同。传统的城市化在城市规模扩张上，往往盲目地拉大城市框架，"摊大饼"式无序蔓延，注重产业功能空间扩张，忽视生活功能空间配套和完善，导致空间布局不合理、城市功能缺失与紊乱、城市人口过度集中与分散并存、交通拥堵等"城市病"，现代城市社会的优越性难以得到充分体现。广东省新型城市化将更加强调居住和生活空间的营造和完善，以及城市功能提升。在空间布局上，按照精明增长理念，促使城镇地理空间优化、中心城市与卫星城镇共同繁荣，努力推动形成"多中心、组团式、网络型"，紧凑高效的城市空间格局。

（3）城乡关系不同。传统的城市化以重城轻乡为基本发展取向，城乡"二元"结构明显，矛盾突出，城乡居民收入以及享受的各项福利待遇差距依然悬殊，城市的成长繁荣与农村的落后衰败并存。大量农民工由于没有获得市民身份，无法在就业、教育、社会保障、公共服务、住房等诸多领域享受与城市居民同等的待遇。广东省新型城市化坚持统筹城乡发展，把城市化与新农村建设、促进农村人口转移以及发展农村经济结合起来，走城乡共同繁荣的路子。改变制约城乡统筹发展的体制性因素，实现城乡良性互动合作，促进城市基础设施向农村延伸、基本公共服务向农村覆盖、城市现代文明向农村辐射。更加重视农民工利益诉求，不断促进外来工市民化，使之充分分享现代城市文明成果，实现外来工与本地人口的大融合。

劳资关系和谐与否不仅攸关经济能否持续发展，而且是民生幸福的重要保障。然而，当前的经济形势不容乐观，经济增长阻力重重，就业和劳资关系紧张的局面可能同时出现。因此，破解劳资困局，构建和谐的劳资关系是广州省走新型城市化发展道路必须逾越的关卡。本书认为，破解广州劳资困境需处理好"四个关系"：一是市场调节和政府干预的关系。在"强资本弱劳动"的格局下，没有政府力量的干预，劳动者的权益保护无从谈起。此外，企业是市场主体，也必须发挥市场的调节作用。基本的干预格局应该是政府保障绝对权利，市场调节相对权利。政府干预应主要在政策制定和制度完善上下功夫，切实保障劳动者享有合理的劳动权益。具体的劳资调节，要通过市场的力量，或者由政府遵循市场原则来进行。二是政治解决和社会、法律解决的关系。如果劳资关系处理不好，将影响到政治稳定，因而应该将劳资冲突提高到政治高度来认识。然而，无论是资方压低工资的做法，还是劳方提高待遇的主张，都符合市场原则，因而，并不是明确的是非问题。因此，解决劳资纠纷的前提是要树立一种正确的思维理念，清楚地认知当前的劳资纠纷主要是经济利益纠纷，不是政治冲突。在解决问题上，要偏重社会和法律的手段，学会发展和利用社会组织来调解劳资纠纷。一方面要允许工人为了合理的经济诉求而适度抗争，同时要约束工人在尊重现有法律框架的精神下采取行动，避免发生暴力事件。三是发展经济与保护权益的关系。改革开放初期，资本的稀缺性使得资方必然在劳资关系中处于主导地位，劳动者的权益保障很难实现。然而，30 余年后的今天，经济发展的阶段和方式都已经发生了变化。资本的引进，不仅要考虑对生产的贡献，对环境和资源的破坏，也要斟酌其对劳动者的影响。抓住这一点，发展经济与劳动者权益保护才能适度统一，才会实现科学发展。因而，政府需要在对宏观经济准确把握的前提下，适时地出台提高劳动者待遇和权益的政策，以真正推动广东省的经济率先转型升级，将经济发展与民生幸福真正结合起来。四是保护本地利益与改善农民工待遇的关系。与珠三角其他城市一样，广东省的经济社会发展对农民工的依赖程度很高。广东省走新型城市化发展道路，不仅要处理好本地人的事，也要处理好农民工的事。从当前来看，需要率先解决与农民工切身利益紧密相关的突出问题：①农民工劳动报酬的提升和科学合理的工资增长机制的建立；②农民工劳动合同的签订和社会保障配套制度的完善；③农民工享有城市公共服务的权利的实现，包括享有保障性住房和子女享有义务教育的权利等。

第二节 劳资冲突产生的原因与化解

随着我国经济的增长，劳资冲突愈演愈烈。本节从宏观层面、中观层面和微观层面探究劳资冲突产生的原因，并指出相应的化解之路。

一、劳资冲突的产生

改革开放 30 多年来，我国经济持续高速增长，国家的经济实力和居民的生活水平发生了历史性巨变，创造了“中国奇迹”。经济增长的同时并没有带来劳资关系的改善，从“富士康”跳楼到 2011 年 6 月的潮州土巷事件，劳资关系的冲突愈演愈烈。对于劳资关系的冲突，笔者认为需要一分为二地看待。一方面，劳资关系的冲突是我国处于经济转型时期的必然现象。我国正处于转型的特殊时期，资本和劳动两大要素的市场化程度并不同步，我国的劳动者与资方相比，在经济实力和政治影响等多方面都存在着较大差异。这种差异使劳方处于十分被动的弱势地位，劳资冲突不可避免。另一方面，劳资关系的冲突又是暂时的，最终走向和解。从西方发达国家劳资关系的演化历程来看，普遍经历了从冲突到和解的演化路径。因此，劳资冲突的激化只是一定历史阶段的产物。

我国正处在转型时期，劳资关系的产生具有一定的复杂性。因此，考察劳资冲突除了从微观层面进行探究（多数学者的研究角度）以外，还要探寻宏观层面和中观层面的原因。

二、劳资冲突产生的原因

1. 宏观层面的原因：需求的总量结构失衡强化了资本的地位，劳动力处于相对弱势

需求的总量结构失衡，强化了资本的地位，劳动力处于相对弱势。我国传统经济发展方式的弊端很大程度上表现在需求的总量结构失衡，经济增长高度依赖投资和出口，消费对经济增长的拉动作用减弱，如表 17－1 所示。

表 17－1　2000～2009 年中国投资、出口、消费对经济增长的贡献率

指标＼年份	2000	2001	2002	2003	2004	2005	2006	2007	2008	2009
投资（%）	36.5	38.5	42.2	47.2	51.3	48.6	52.5	55.6	57.3	67.0
消费（%）	38.2	39.2	39.9	39.3	39.5	36.9	36.5	36.2	36.1	37.4
出口（%）	25.3	22.3	17.9	13.5	9.2	14.5	11.0	8.2	6.6	5.6

资料来源：倪春华等．对加快转变经济发展方式的定位思考［J］．经济研究导刊，2011（1）．

需求总量结构的失衡，强化了资本的地位，劳动力处于相对弱势。“资强劳弱”加剧了劳资关系的对抗。首先，高度依赖投资为主的需求结构，强化了重化工业等资本密集型产业在国民经济的主导作用。重化工业的发展模式强化了资本的地位，而同时抑制了服务业的发展和对就业的吸纳，贫富差距加大，导致劳动与资本的谈判地位恶化。其次，政府在追求 GDP 的总量和速度的目标下，强化资本的作用，弱化劳动者权益的保护。“在资本‘用脚投票’流动性压力下，一些地方政府为了寻求经济发展，争相提供税收优惠、政策倾斜，甚至弱化对劳动者利益的基本保护”。[①] 最后，高度依赖出口为导向的需求结构，导致我国出口导向型的工业模式，即通过用劳动密集型的工业制成品出口取代粗放的初级产品出口。我国的劳动力资源丰富，价格低廉，这是我国工业化的长期优势，出口导向型的经济发展模式的长期运行在很大程度上限制了劳动力价格的上涨，同时也限制了在劳资关系领域进行变革的步伐。当我国出口的工业制成品在国际市场上的可替代性非常强的情况下，劳动力价格的上涨，工业制品成本的上升，意味着我国出口的工业制成品的竞争力减弱，短期内将直接影响到我国经济的发展速度，同时也将使企业资方的利润减少。因此，提高劳动者工资水平将面临来自政

① 刘秦洪，杨焕城．转型条件下的劳资关系及其治理机制［J］．改革，2009（2）．

府与资方的压力，工资水平提高的步伐将比较缓慢，工资水平提高的程度也将十分有限。

2. 中观层面的原因：产业结构的失衡产生了较多的劳资关系

在我国的经济建设中，产业结构不断演进，但长期形成的结构性矛盾尚未根本改变。无论从产值对经济增长的贡献率，还是对就业的贡献率，第二产业都具有绝对优势，而第三产业发展相对滞后，如图 17－1 和图 17－2 所示。

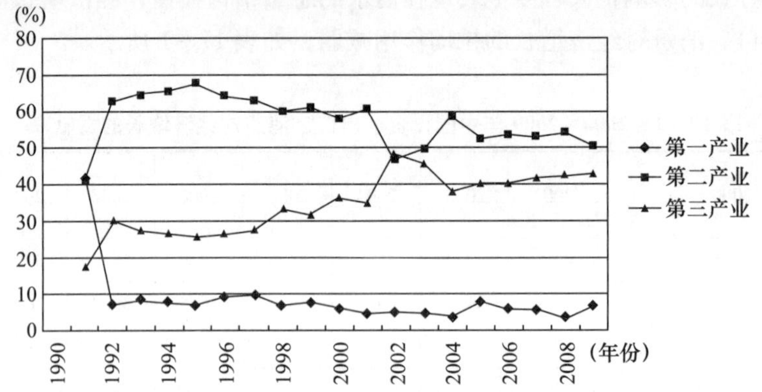

图 17－1 1990～2008 年三次产业对经济增长的贡献率

资料来源：任兴洲．我国服务经济发展的总体特征与制度障碍［J］．科学发展，2010（10）．

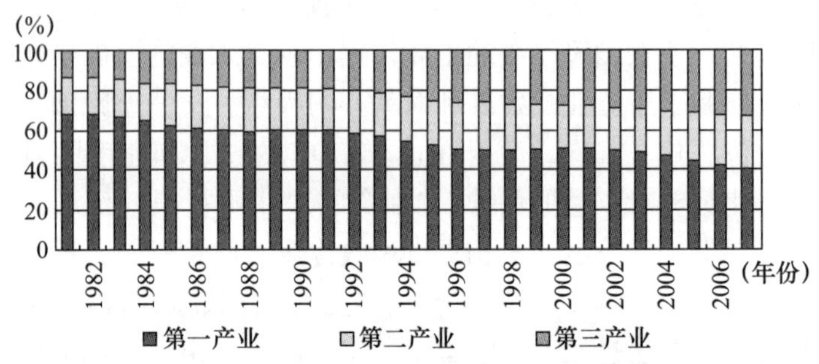

图 17－2 1982～2006 年三次产业就业结构

资料来源：任兴洲．我国服务经济发展的总体特征与制度障碍［J］．科学发展，2010（10）．

第二产业成为经济增长和吸纳就业的主体，对劳资关系影响表现在：一是服务业发展相对滞后，资本与劳动之间的收入分配更加恶化。二是我国大量低素质劳动力的存在与现实正好迎合和符合这种工业产业结构取向。劳动力的素质偏低，大多缺乏足够的文化教育和专业技能培训，主要从事简单的体力活。劳动力的价值较低，更谈不上对利润的分享。三是国家对涉及国计民生工业产业的强力

控制，对非主导工业的大量退出，必然培植出大量的民营经济与企业，这些企业最大可能地进入了这些劳动密集型产业。因此，国家在吸纳劳动力的同时，出现了较多的劳资关系，产生了劳资矛盾突出的劳动密集型企业，这必然将影响劳资关系的协调和劳资冲突的化解。

3. 微观层面的原因：资方垄断的劳动力市场结构压低了劳动力的工资和使用量

我国当前的劳动力市场结构可以近似为资方是买方垄断，劳方是完全竞争的市场结构。究其原因，一方面，在目前的劳动力市场上，由于人口禀赋的特殊性，导致劳动力供给长期大于需求，特别是那些劳动密集型产业对劳动力素质要求不高，劳动力的可替代性很强的情况下，资方有绝对的讨价还价谈判优势，是劳动力价格的制定者。另一方面，我国工会作为弱势群体的组织，在维护劳动者权益、代表劳动者以整体力量与资方谈判等方面并没有发挥实质性作用，因此，劳方不具备与资方垄断相抗衡的力量，劳方作为劳动力的供给者影响力较弱，与其他劳动者同质竞争，对价格控制程度低，近似于完全竞争的格局（见图 17－3）。

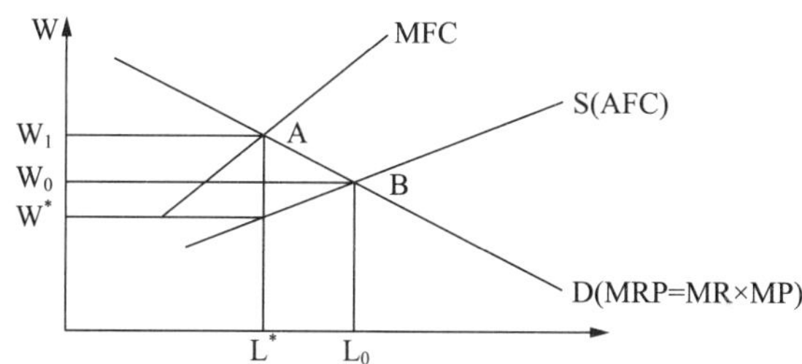

图 17－3　垄断资方的劳动力市场均衡

假设资方目标是利润最大化，均衡点由劳动力的边际要素成本和边际要素报酬决定。当 MRP = MR × MP 时，资方在 A 点实现利润最大化。此时，资方雇佣劳动力数量为 L^*。劳动者的工资由供给曲线而不是边际要素成本来决定，所以均衡的劳动力价格为 W^*（而非 W_1）。W^* 与 W_1 的差额为资方从劳方榨取的超额利润。如果是完全竞争市场，资方和劳方都作为价格的接受者进入劳动力市场，那么均衡点在 B 点，即 MRP = AFC（AFC = MC）。因此，由于资方的垄断，劳动力的工资和使用量（就业水平）都远不及完全竞争时的情况。

三、劳资冲突的化解

1. 以转变经济发展方式为契机，努力改善劳资关系

2007 年 6 月，胡锦涛同志在中央党校省部级干部进修班上发表的重要讲话，

首次提出转变经济发展方式。“经济发展方式”比“经济增长方式”内涵更丰富，这一点学术界已经达成共识。经济发展不仅包括经济增长，而且包括社会经济结构（需求结构、产业结构、要素投入结构等）的一系列转变。具体而言，第一个转变是要在需求结构上改变经济增长过度依赖投资和出口的状况，实现消费、出口、投资协调拉动，更多地发挥消费对经济增长的拉动作用。第二个转变是调整产业结构，改变经济增长过度依赖第二产业的局面，实现第一产业、第二产业、第三产业协同带动发展。第三个转变就是改变经济增长过度依赖能源资源消耗的局面，通过技术进步和创新发展，改善管理和提高劳动者素质来推动经济增长。经济发展方式的转变，要求创新经济的发展；要求劳动者工资水平的提高；要求企业转变发展的模式，依靠人力资本投入、提高劳动力素质、技术进步支撑其发展；要求政府改变其治理模式。这些都为改革现存的劳资关系和创造出和谐共享的劳资关系提供了最佳的契机。

2. 完善政府职能，切实保障劳动者合法权益

当前劳资关系中劳动者的弱势地位决定了劳动者和雇主权利义务的平衡只能建立在偏重对劳动者的权利保护上。否则，构建和谐劳资关系只能是一个美好的构想。完善政府职能，首要一步就是要扫除政府的思想障碍。政府在主观上不愿意打破在传统经济发展方式下形成的利益格局，不愿意舍弃眼前的既得利益，不愿意承担任何改革创新的风险。在劳资冲突的处理上就表现为对资方妥协，成为资方利益的单方保护者。因此，完善政府职能要求政府进一步提高思想认识，正确处理眼前利益和长远利益、全局利益与局部利益、国家利益与个人利益的关系，自觉增强贯彻落实科学发展观的能力。然后政府应增强在劳动立法、执法、监督等方面的主导作用，以建立、完善新的具有中国特色的产业关系系统。由于在目前的劳资关系中，劳动者处于明显的弱势地位，因此政府颁布法律、制定法规时向劳动者适度倾斜保护是一种职责，各级政府在协调劳资关系中应尽到监督协调职责。

3. 建立健全工会组织，维护劳动者的权益

在西方国家，协调劳资关系是不仅依靠政府，更重要的是依靠工会。由工人自愿组成的并争取劳动者经济权益的工会组织历史悠久，势力强大，组织严密，它们扮演了争取劳工权益的急先锋和生力军，是一支不可忽视的政治力量。由工会代表工人同企业谈判，资方单方垄断的局面不复存在。劳动者具备了与资方垄断相抗衡的力量，可以与资方共同决定劳动力的使用数量和工资水平。我国现实的工会组织与西方工会显然有很大的不同。我国工会在维护劳动者权益方面软弱无力，作用甚微。如何借鉴西方国家工会组织的有益经验，改革我国现有的工会组织，使之成为一支独立的全心全意为劳动者谋福利的民间团体和政治力量是摆

在我们面前迫切需要解决的一个重要课题。

第三节　珠三角劳动关系变化及社会管理对策

本节针对2009年下半年开始珠三角地区劳资事件集中爆发的现象，总结新时期珠三角劳动关系的变化，并结合产业转型、人口变化，从社会管理的角度挖掘劳动关系问题的根源，最后以社会服务管理为切入点，从政府职能定位转变、增加就业、优化人力资源配置和调动民间力量资源四个方面提出应对新时期劳动关系变化的社会管理建议。

在当前人口流动加剧、社会结构深刻变动的转型时期，户籍制度的门槛、用工制度的壁垒、利益呼声的沉没、讨薪历程的艰难、社会歧视的冷眼，有形无形地把“异乡人”推向城市生活的边缘地带，造成“社会拒人、权利亏人、心理贬人、文化伤人”的“社会排斥”现象。2009年起珠三角地区一些外资企业出现的工人罢工、怠工、要求加薪的劳资群体性事件成为社会关注的焦点，类似的群体性劳工事件正是对这些“社会排斥”现象的显性反映，珠三角劳动关系已然发生显著变化。

一、新时期珠三角地区劳动关系的变化

近年来是珠三角经济发展转型的关键时期，也是劳动关系领域发生深刻变化的特殊时期。在外部因素如中国率先在金融危机中复苏和近期国内相关重要法律法规颁布以及相关配套政策出台等叠加作用下，珠三角劳动关系加速进入深刻变革阶段。这些新变化主要体现在以下三大方面。

1. *劳动关系正由个别劳动关系向集体劳动关系转变*

近年来《中华人民共和国劳动合同法》、《中华人民共和国劳动争议调解仲裁法》和《中华人民共和国劳动合同法实施条例》等一系列重要法律法规密集出台，加上2009年国际金融危机爆发以及中国在危机中率先复苏、劳动力市场转入卖方市场等宏观政策和经济因素影响外，与珠三角大力实施产业结构优化升级战略等一系列政策的推进落实，交叠影响珠三角劳动关系的发展和走向。2009年至2010年上半年的若干停工协商事件表明，新生代农民工不仅意识到自身劳动权利的重要性，而且也意识到以实际行动去表达、主动与资方进行谈判商议，争取公平合理劳动待遇诉求的必要性。新生代农民工注重追求个人自由，对自己的人格和尊严很看重，也敢于捍卫自己的权益，因此他们能够更有效地组织或者实现自己停工的诉求。不同地区一系列类似停工协商事件的出现表明，新生代农

民工维权行动方式由分散被动转变为集中主动，这在一定程度上预示着今后我国劳动关系将由个别劳动关系向集体劳动关系转变。

2. 劳动者的劳动争议诉求发生新变化

经过一段劳动争议多发后，劳动者诉求日趋理性。2008 年《中华人民共和国劳动争议调解仲裁法》颁布，取消仲裁收费，劳动者诉求标的已日趋理性。劳资争议焦点相对集中，薪酬始终是核心问题。近年来，劳资争议绝大多数案件都同时涉及劳动报酬、经济补偿等多项请求。2010 年 5 月后，受富士康和南海本田事件的影响，珠三角地区密集发生了以要求加薪为主要诉求的集体停工事件。仅 2010 年 5 月 17 日至 6 月底，珠三角各地上报企业员工停工要求加薪事件就 33 宗，涉及劳动者超过 6500 人。这些事件均由劳动者主动提出增加工资福利待遇引发，主要采取停工、怠工、厂区静坐等理性方式来表达诉求。

从珠三角之前发生的多起集体性劳资事件都以“80 后”、“90 后”新生代产业工人为劳方主体的现实看，他们的特质将改变劳资关系的现状与未来。新生代农民工已成为劳动力的重要组成部分，普遍具备初中以上学历，从小生活的环境更为优裕，物质生活的逐渐丰富使他们的需要层次由生存型向发展型转变，对外出生活的追求从忽略向期盼精神、情感生活需求得到更好的满足转变，并形成多元的价值观与开放式的新思维。他们有比父辈更高的理想追求，对社会公平有更迫切的需求，并希望通过努力改变自己所处的环境。他们具有经济权益与精神权益双重诉求，诉求内容正从单纯谋生向追求幸福感与归属感转变，从忍耐坚持向追求平等转变，精神支柱也从承担家庭责任向实现自我价值、实现体面劳动转变。当与用人单位发生争议时，他们表现出了较强的维权意识，并注重通过合法、理性的手段维护自身权益。

3. 就业形式多样化，劳动关系复杂化

非全日制等灵活多样的用工方式，弹性就业、派遣就业、自营就业、家庭就业、社区就业等多种就业形式，对协调劳动关系提出了更高要求，要求建立与之相适应的劳动关系新形式。劳动力流动频率加快，劳动关系将更趋复杂、多变，民营企业、私营企业普遍存在劳动关系不稳定、劳动合同期限短的情况，造成劳动者转换工作单位频繁，短期失业人员多，管理服务跟踪难度增大。部分农民工因流动性较大不愿参保、不愿与企业签订劳动合同，增加了劳动关系管理难度。严峻的就业和再就业形势，影响到劳动关系的和谐稳定。

另外，随着产业升级转型的进一步推进，大量低技能、低学历、高年龄的劳动者面临失业，严峻的就业和再就业形势，使一些用人单位在劳动报酬、劳动条件等问题上降低标准，甚至侵害劳动者的合法权益，在很大程度上加剧了劳资双方矛盾，令珠三角劳动关系复杂化。

二、影响珠三角劳动关系的主要因素

珠三角劳动关系问题的复杂性，已远超劳资双方的范畴。近期的一系列集体劳动关系事件，实际上是多年来经济社会生活中长期累积的深层矛盾和问题不同程度地在劳动关系中的显性表现，是经济结构和就业结构积聚的内在矛盾爆发的缩影，更是社会管理水平严重滞后于经济市场化进程的必然产物，预示着珠三角地区劳动关系发展到现阶段遇到了深层次问题。目前，产业结构和人口转型导致劳动力市场供求发生变化是影响珠三角劳动关系变化的主要因素，而社会管理严重滞后于经济市场化进程则是影响劳动关系和谐的根源。

1. 社会管理程度严重滞后于经济市场化进程影响劳动关系和谐

原有的沿袭计划经济体制下的社会管理与公共服务职能已不能适应在空间上完全市场化的流动人口的管理，而劳动力市场中的农民工群体在作为城市的“异乡人”是最容易受到“社会排斥”的群体之一，因而将不可避免地产生利益冲突，引发劳资矛盾和社会冲突。

社会和经济之间、城乡之间、区域之间以及行业之间的发展不平衡，使各种矛盾错综复杂地交织在一起。当前，牢固的二元结构藩篱却使得公共资源无法实现一体化：城乡发展不协调，贫富差距悬殊；区域间发展不协调，公共资源配给偏颇严重。公共资源配置不均使得商品市场需求无法扩大，劳动力市场隔阂依旧。市场一体化与公共资源配置不均的矛盾随着经济发展不断凸显出来，严重影响和谐劳动关系的构建。

此外，提供服务、反映诉求、规范行为的社会民间组织、社团组织较少且作用没有充分发挥，无法弥补政府和市场的不足，提供公益服务和社会福利服务的力量不大，对促进经济社会协调发展、加强社会管理没有充分发挥作用。社会服务管理已经成为我国经济社会协调发展的“短板”。

2. 产业结构调整转型加速引致劳动力需求变化加快

金融危机后，珠三角产业结构优化升级步伐加速，在产业升级转型的过程中，一些高能耗、高污染、低收益的传统产业和劳动密集型企业，在竞争中将逐步丧失优势，尤其是劳动密集型企业利润率进一步降低。珠三角集中了大量劳动密集型企业，这些企业技术含量低且自主创新能力不足，只能依靠压低劳动成本来赚取利润，员工的薪酬福利待遇一直偏低，涨薪空间狭小。工资长期过低产生一系列的连锁反应和引致效应，使产业升级缺乏动力，而长期板结的落后产业结构又是引发劳动纠纷的温床。在近期珠三角地区集中爆发的劳动关系事件中，多发领域是工资过低和欠薪追讨等引发的群体事件。

3. 人口结构转型促使劳动力供给结构发生深刻变化

在全国 2.3 亿农民工中，广东省占了 1/10，而 20 世纪八九十年代后出生的新生代农民工占全省农民工总量的75%。珠三角地区新生代农民工数量庞大并且分布集中。广东省人力资源和社会保障厅于2010年进行的广东省新生代农民工调查报告显示，在广东省20世纪八九十年代后出生的新生代农民工有1978万人，其中高达92%的新生代农民工分布在珠三角地区，以深圳、东莞、广州、佛山四市最多。集体劳资事件之所以在当前集中出现，一个重要原因就是劳动力尤其是新生代农民工供给的结构性变化。随着城乡一体化和产业转型升级速度加快，农民工群体内部也出现了明显的结构性变化，新生代农民工已经成为农民工的主体并必将成为产业工人的主体，使新生代农民工的问题成为影响珠三角地区劳资双方力量对比的关键因素。劳动力供给结构已悄然发生变化，而劳动需求方却没有重视这种变化及其随之带来的各方面诉求的转变，结构性矛盾纵向加深，却无法得到应有的改善，必然引致新矛盾的出现乃至激化。

从2004年开始，珠三角等沿海地区反复出现民工短缺现象，农村剩余劳动力由无限供给向开始出现“刘易斯拐点”转变。在珠三角向资本和技术密集型产业升级转型的过程中，劳动力总量供给过剩与结构性短缺的并存问题成为劳动关系的重要特征，劳资矛盾呈现新的更为复杂的形式。近年来群体事件频发，外来农民工群体是高发群体之一。在社会服务管理缺失的情况下，他们为了维护自身的权益，往往采取对抗形式表现自身诉求，容易把社会矛盾激化。在新时期，群体事件表现出的群体性、对抗性、突发性、内容复杂性，原有的社会管理体制已难以从根本上解决社会矛盾。经过30多年的改革开放，社会矛盾已经累积到了关键节点，对建设和谐社会造成了极大阻碍。为使经济建设和社会文明发展共同快速发展，就必须加强社会服务管理，针对劳动关系问题实施治本之策。

三、社会管理对策建议

珠三角地区劳动关系发展到现阶段遇到了深层次问题，而这些问题的核心就在于原有社会管理与公共服务职能已不能适应在空间上完全市场化的流动人口的管理，因而将不可避免地产生利益冲突，引发社会矛盾和社会冲突。因此，以社会管理为切入点，加强和创新社会服务管理，是建立和谐劳动关系、维护和谐安定的社会秩序的关键。

1. 从“万能政府”向公共服务政府职能转变是构建和谐劳动关系的根本保证

在长期计划经济制度影响下，政府职能定位和社会管理长期受计划经济思维和传统体制的制约，造成流动劳动力合法权利长期得不到保障。改革开放和实行社会主义市场经济制度以来，原有管理体制受到严重冲击，社会管理工作从人口管理开始转向侧重人口服务，为流动劳动力提供更为完善和覆盖面广的公共服

务。通过鼓励基层自治、让渡社会管理权力、购买社会组织提供的服务、培养和培训社工、志愿者等，为社会组织和社会工作者提供空间，政府职能将朝着社会福利最大化、公共资源利用效率高的方向不断改变。

政府相关部门要正视劳动者的正当利益诉求，及时处理劳动者的各种权益问题。主要研究政府在就业、社会保障、子女教育、卫生保健、文化娱乐、其他方面等如何提供服务、投入多少，及如何保障外来农民工的合法权益。针对转型期存在的城乡差距、区域差距和贫富差距而造成的复杂的社会矛盾和社会问题，应该重视各种容易诱发社会矛盾的不和谐因素，特别是关注新生代农民工的生存和就业问题，作为化解社会矛盾的重点工作。加强社会服务，缩小不同群体之间在基本公共服务方面的差距，促进社会公平，共享改革发展的成果。

2. 扩大就业、改善劳动者就业条件是化解劳动关系矛盾的关键切入点

就业是社会管理的基础，努力增加就业机会，尤其关注流动人口的就业，解决他们在城市的基本生存问题。吸收就业和建立和谐的劳动关系二者协调统一，在制定发展经济目标时应该注重促进产业结构优化升级和增加就业机会并重，扩大就业渠道，构建社会稳定的基础。

产业结构调整升级带来经济结构的变化，而经济结构和就业机构又紧密相连，因此要通过增加社会服务管理，不断优化就业结构，有效引导劳动市场供求双方努力适应产业升级，帮助劳动者适应新经济新形势。

另外，在提供和创造大量的就业机会的同时，关注就业质量和就业稳定性，营造和谐的用工环境和良好的人文环境，对于劳动关系和谐的企业优先予以支持，实现持续稳定就业。

3. 优化人力资源配置，变社会不安因素为经济要素资源，是构建和谐劳动关系的重要支撑

人力资本是具有无穷创造力且收益最大的资本，政府应该通过加强服务管理，提高流动劳动力人口的技能水平，增强其就业竞争意识，充分利用这部分人力资源。通过改善服务状况，提高流动人口服务质量和效率，使各类人群获得均等的就业服务机会，可以在整体上实现人力资源的全面、深度开发，通过了解他们的职业诉求，引导他们的就业，化“不安”为“稳定”。

同时注重增强劳动者谈判能力，积极落实工资集体协商制度，构建劳资风险共担机制，把劳动者的切身利益与企业经营状况紧密地联系起来，从而调动职工的积极性，增强企业的活力和凝聚力，提高整体管理水平和经济效益。

4. 充分调动民间力量和资源参与社会服务管理是应对劳动关系变化的有效补充

社会组织是社会服务管理的重要力量，政府应转变“万能政府”为“有限政府”，购买社会组织提供的公共服务。充分发挥企业、协会、学校、非营利社会组织等团体和机构的作用，鼓励各种社会组织参与社会公共服务，推行政府向社会组织购买公益服务项目，支持社会组织为外来流动人员提供就业援助、养老助残、慈善帮困等服务。通过充分调动民间力量和资源，为社会组织和社会工作者提供空间，政府职能将朝着社会福利最大化、公共资源利用效率高的方向不断改变，实现和谐劳动关系指日可待。

第六部分 分享经济与嵌入型劳资关系的总体评价

第十八章　分享经济与和谐劳资关系构建

在我国当前劳资关系中，劳方利益受损严重，资方独享较为突出，劳资冲突显性化。和谐劳资关系实际上是劳资双方利益分配问题，在一个对立的利益格局中，资方必须要有合理盈利，而劳方则要能体面地工作。在现阶段，资本相对短缺而劳动力无差别大量供给，加剧了劳资力量失衡。因此，加快建立利益分享机制，推动劳资关系和谐，成为当务之急。本章立足于分享经济的视角观察和思考劳资关系问题，通过国外一些国家劳资关系治理方式的比较研究，揭示出政府在劳资关系形成中应发挥主导作用。从利益分享的角度平衡劳资关系，促进双方互利共赢。

党的十六届四中全会首次完整提出了“构建社会主义和谐社会”的概念，指出和谐社会应更加注重公平。但在中国和谐社会的构建过程中，却出现了一些劳动者连基本权益都无法得到应有保障的现象，这违背了和谐社会的构建理念。2010 年以来，广东省多家企业发生停工事件，有媒体甚至称，中国的劳资纠纷有扩散、蔓延的趋势。正如诺贝尔经济学奖得主保罗·萨缪尔森所说，劳动市场往往是利益争端、社会冲突和政治骚动的源泉。过去的一个世纪人们目睹了劳资双方在工资水平、工作条件和组织权力等方面的长期而又激烈的斗争。无疑，劳资矛盾是现代市场经济社会最基本的矛盾之一，在我国出现并不意外。从一定意义上说，这是经济社会转型的必经之痛。从国外来看，许多市场经济国家都经历了劳资纠纷高发到平和的过程。研究表明，劳资之间的矛盾和冲突多聚焦于薪酬与福利，这与我国的经济转型时期息息相关。一方面，社会的组织结构、人们的权力结构和身份地位结构在迅速地发生着分化；另一方面新的市场经济制度尚未健全，劳资之间利益分配差距逐步扩大。资方遵循着市场经济“见物不见人”的管理思想，通过利益独占追逐利润最大化；劳动者则还原为真正意义上的被雇佣者，追求工作安全性和稳定性的目标不断受到冲击，劳资之间利益分享短缺问题凸显。与此同时，我国大多数企业基于低工资、低成本的比较优势竞争策略，一方面遭受着“民工荒”的打击，另一方面又时常受到 SA8000 和国际劳工标准的制裁，贸易摩擦不断产生，企业竞争策略被迫面临转型。要实现竞争策略的转型，就必须协调劳资关系，进行经济利益分享，以激励大家齐心协力提升企业的竞争力。要顺利地实现劳资之间的经济利益分享，首要的是建构一种大家共同认可的价值理念。这种价值理念必须与原有的传统文化理念一脉相承，同时又要与未来的情势相适应。所以，本章认为有必要通过对我国传统文化分享理念和西方文化分享理念进行梳理，倡导一种新的价值理念——经济利益分享思想。

第一节　分享经济的内涵与发展

所谓分享经济是指劳动者（包括员工和经理人员）在一定程度上参与剩余的分配。分享的形式有多种，根据英国经济学家米德的研究，分享经济有员工持股计划、利润分享制或收益分享制、劳动管理的合作和有差别的劳动资本合伙制等形式。从历史的角度分析看，企业制度经历了由单一业主制到现代公司制演变的漫长过程。古典的单一业主制企业的剩余控制权和剩余索取权掌握在非人力资本所有者手中。随着工业革命和企业规模的扩张所伴随的技术与管理过程的复杂化，形成了所有权与经营权相分离的支薪经理制企业。钱德勒所描述的“经理人员资本主义的兴起和企业主资本主义的衰落”，实质上反映了人力资本在企业结构中的地位上升及非人力资本地位的下降。但是支薪经理制的制度安排仍有很大的局限性。支薪经理制中的雇佣关系对劳动者的激励严重不足，内部的监督成本隐含的内耗成本难以控制，成为影响企业绩效的重要因素。正是在这种背景下，20 世纪 60 年代，“民主的资本主义”者，美国著名的公司和投资金融律师路易斯·凯尔索对员工持股计划的理论和建议做了论述。他的《资本家宣言：如何通过借贷使 800 万工人变成资本家》和《两要素理论》两部著作，被公认为是关于员工持股理论的经典之作。其基本思路是：只有让员工成为企业的所有者，让每个员工都以其独到之处的贡献享有劳动与资本的两种收入，才能使社会财富分配趋于公平，才能真正协调其劳资关系，提高劳动生产率，使经济持续稳定发展。他的这一理论，在 20 世纪 70 年代被美国立法机构正式承认其合法性。从此以后，美国员工持股计划迅速发展起来。据统计，截至 1998 年，美国员工持股计划已超过 10000 例，约有 900 万员工参加，这些员工持有公司的股票已超过 2100 亿美元。近 20 多年来，以日本大公司为代表的利润分享制的成功，使利润分享制企业在英国、法国、德国、新加坡等市场经济国家蓬勃发展起来，并成为一种与传统的支薪制企业相竞争的企业组织形式。企业制度的这种自发性变迁过程，表明了人力资本价值提高对企业制度创新的需求。

第二节　分享经济是和谐劳资关系的基础

劳资关系的和谐是科学发展观的必然要求，是整个国民经济和谐、健康发展的基础和前提，是构建和谐社会的重要保证。尽管关于劳资关系改善对企业绩效的影响，理论界还没有达成普遍一致的意见，但是大多数实证研究者对此做出了肯定的回答，认为劳资关系改善对企业绩效具有积极的影响。在我国经济社会发展的新阶段，促进劳资之间分享经济形式的形成，实现劳资关系的和谐，具有重大的现实意义。

分享经济是对生产成果和产权共享的经济形式，既是国家、集体与个人之间的分享，也是劳动者内部个体之间的相互分享。它由多层次的分享共同组成，由多种分享方式组成。劳资之间的利益分享主要包括经济分享、权力分享和知识分享。经济分享更多的是通过促进效率来实现的，它通过劳资双方相互合作，形成一个更大的“经济租”。权力分享更多的是通过话语权来表现的，它通过让员工共同参与，来形成一个对称的信息流，以避免劳动者在利益分享中处于弱势地位或被边缘化。知识资源则既包括国家所提供的免费义务教育和自己所参与的高等教育，还包括企业为员工提供的就业能力培训。因为就业能力的提升是化解失业风险的有效手段之一，同时也有助于企业形成核心竞争力，形成组织性人力资源。经济资源、权力资源和知识资源三者共同的分享就构成本章的利益分享，本章的利益分享设计是基于公平、效率和发言权基础之上的。所以，利益分享绝不是某种平均主义“大锅饭”的机制，而是在法律允许的前提下，在按照个人能力和贡献分配个人消费品之后，国家通过再分配来实现社会公平的机制。即在面对一个“做大的蛋糕”，我们如何建立一个公平的分利机制。利益分享是劳资关系的核心，利益分享与劳资关系之间存在着密不可分的关系。利益分享契合了劳资关系的性质，有助于劳资关系的和谐。

一、统一劳资利益，构建劳资和谐

利益分享打破了传统的平均主义，是由注重效率的“分”与兼顾弱势群体利益的“享”组成。“分”是承认经济个体的差异性，肯定它们追求经济利益的权利。“分”考虑了每个劳动者和资方的贡献，有利于调动劳动者、经营者和所有者的积极性。“分”还考虑了效益的横向比和资金的纵向比，明显地激励以提高效率为主的内涵式发展。这种有效率的“分”，使传统平均主义下优秀人才外流的现象得到了遏制。“享”则弥补了弱势群体不能享受到经济进步所带来的经济成果的缺陷，是对整体利益的认可。“享”有助于调和劳动者之间的相互关系，增强企业的凝聚力和向心力。“分”基于契约原则，“享”则基于补偿原则。

利益分享的实施反映了劳资关系的性质。劳资关系从总体上来说是个体与整体的关系。无论是资方的利益，还是劳方的利益，从单方面而言，都是个体利益。不同的个体组合在一起，两者之间相互依存，形成一个整体利益。整体利益既是两者合作共存的基础，也是两者和谐相处的动力源，是一个更高层次的利益。为了实现整体利益，需要处理好个体利益。整体利益和个体利益是相互依存的。个体利益处理不好，整体利益也无法实现。利益分享注重个体权利下的“分”不仅满足了劳动者作为个体的利益，又注重整体利益的“享”，满足了劳资双方的整体性。“分”与“享”的结合实现了个体利益与整体利益的统一。

分享经济思想主动地把经济个体利益与整体利益有机地结合起来，建立了一种新的、协调的利益分配机制。共享的部分主要是补偿弱势群体，在补偿的基础上强调效率。在这个新机制中，经济个体与整体的利益分配与每一单位新增利益之间建立起新的比例变动关系。通过鼓励每一个经济个体去努力追求自己的经济利益，从而保证社会整体经济利益的不断增长。它以“鼓励个体，增强整体”的新的利益追求方式取代传统的“否定个体，保证整体”的利益追求方式。利益分享由于充分尊重了经济个体的经济利益要求，肯定了对自身经济利益的追求是经济个体最主要的经济动机，也就在实际经济生活中形成了一种各经济主体“各就各位，各得其所”的新的利益格局。

二、化解劳资矛盾，促进劳资和谐

利益分享有助于引导劳资冲突向劳资和谐转化。劳资关系是一种对立统一的关系。劳资双方在利益上不是没有冲突，而是冲突之后要建立和谐。资方和劳方在利益上既存在着共性，又存在着对立。但这种冲突和对立并非不可转换，并非全都是破坏性，有时也是建设性的，关键是我们如何引导和化解这种冲突。利益分享能够通过激励、公平和发言权机制的设计，识别冲突的来源以及是否具有建设性。利益分享通过肯定建设性冲突，否定破坏性冲突，引导竞争、冲突、矛盾达到新的和谐。目前世界各国利益分配不均衡是社会不稳定因素的主要来源。我国经济处于较快发展时期，收入差距更是在急剧地扩大。如何避免社会危机是我们不得不正视的一个问题。利益分享有助于缓冲这种危机。因为人们对来源合法的正常收入差距扩大是可以接受的，人们不能接受的是由于分配不公所产生的利益分配不均衡。利益分享的制度设计正是基于公正、效率和发言权的相互均衡制约下的一种分配。利益分享的“分”是在大家充分参与下的分享，它允许人们对自己的利益进行充分的阐述，并通过权力赋予和制度设计对弱势群体利益进行

保护。这种“分”虽可能造成收入差距，但在人们认可的范围内，并且还能起到示范和榜样的作用；利益分享的“享”则能为低收入群体提供一个托底的生活保障，可以促进他们消费的边际最大化，避免因为大量群体的收入过低而导致消费需求不足。利益分享机制对发言权的重视，既有助于决策水平的提高，也有助于科学的管理。这对企业的长远发展是极为有利的。劳动者也能从企业的长远发展获得更大的利益。

三、降低交易成本，明晰三方权责

随着人力资本专用性与互补性程度的提高，经济活动协调机制之所以会由市场调节转变为正式组织的科层调节，又从一种科层形式转移到另一种科层形式，乃是由于这种专用性与互补性的提高逐渐增加了交易成本，从而才使具有成本优势的最优调节机制也要相应地发生转变或换位。利益分享既有助于形成信息共享，又有助于共同目标的实现。共享的理念意味着对部分利益的让予，这将减少交易的成本。

人们不是为了活着而工作，而是为了工作而活着。这就需要资方为劳方提供体面的工作。体面的工作则要求工人能拥有自己的住房，具有将来享受由退休基金组织代他们管理的财富的前景，在银行或建房协社中拥有一定的存款余额。这些要求绝非资本独享利润所能实现的，只有通过利益分享的方式。对利益分享方式的充分探讨，有助于保护个体劳动者的权益。例如，当面临裁员冲突时，充分的探讨可以避免过多的群体被抛弃；在下岗分流时，充分的探讨会产生“从成员分享的利润中提供一部分资金建立新的企业”的更好建议，既减轻了国家负担，又保护了劳动者。

分享的目的是使人们的生活更为舒适，工作更为舒心，管理更为人性化，社会更加和谐。实行利益分享有助于形成各生产要素利益主体之间的相互制衡，有利于兼顾国家、企业、劳动者三方的利益。在传统体制下，企业的所有权、经营权和收益权是合三为一的，企业的利润要么归国家所有，要么归资本所有者所有。员工的积极性受到一定的抑制，人们对于企业的决策处于一种不关心的状态。在利益分享机制下，企业的所有权与经营权是分开的，在明晰资产权和劳权的同时，也就明确了各利益主体之间的责任和权益。

第三节　分享经济的短缺与我国转型期劳资冲突

当前我国经济社会已进入黄金发展期，这个时期同时又是社会矛盾凸显期。

我们面临就业方式多样化、经济全球化、农村城镇化以及经济结构调整等多方面的新变化。这些变化给各种社会关系带来较大影响，尤其是对劳资关系的影响不容忽视。劳资关系是最基本的社会关系之一，劳资关系和谐与否直接关系社会主义和谐社会的构建。从目前来看，社会不和谐、不稳定的因素大量地集中在劳资关系问题上，而劳资冲突与利益分享短缺直接相关。劳资双方有矛盾甚至发生争议不一定完全是坏事，在一定程度上，矛盾和争议反映了企业和职工依法自我保护意识的增强，这对劳资关系主体双方的行为具有一定的约束作用。但劳资争议中多表现为资方侵权，就会造成劳方利益受损。如果这种“资强劳弱”的格局呈常态化，并且不能得到及时调整，或处理不当就会对企业与社会产生较大的负面影响。

一、资强劳弱常态化，劳方利益分享短缺

劳资双方有矛盾甚至发生争议不一定完全是坏事，在一定程度上，矛盾和争议反映了企业和职工依法自我保护意识的增强，这对劳资关系主体双方的行为具有一定的约束作用。但劳资争议中多表现为资方侵权，就会造成劳方利益受损。如果这种资强劳弱的格局呈常态化，并且不能得到及时调整，或处理不当就会对企业与社会产生较大的负面影响。在我国现阶段，资强劳弱主要体现在以下六个方面：①从“工资侵蚀利润”到“利润侵蚀工资”；②劳方报酬的增长空间相对有限；③劳动者取得劳动报酬的权利受损——欠薪、克扣工资；④劳动者休息休假权益受损——工作时间过长；⑤社会保障权益受损——各类社会保险参保率低；⑥工作安全无保障——劳动者生存环境较差。

劳资纠纷是以利益分享短缺的形式表现出来的，如利益经济短缺，从“工资侵蚀利润”到“利润侵蚀工资”。权力分享短缺，劳动者取得劳动报酬的权利受损，导致欠薪和工资被克扣；劳动者休息休假权益受损，导致劳动者承受过长的工作时间；劳动安全卫生保护的权利受损，导致工作安全无保障等。隐藏在利益分享短缺背后的恰恰是权力配置的失衡。资方的权力过于强势，没有受到来自劳方和政府的权力制约。政府定位于低工资低劳动力成本的比较优势也是分享意识不足的表现。这种分享思想短缺导致劳动者自身人力资本投资不足，进而导致生产率提高缓慢，不利于增强劳动者的竞争力，这也进一步削弱了劳方的谈判能力。这些问题如果不能得到很好的解决，和谐劳资关系构建依旧会困难重重。

二、制约劳资利益分享经济形式的因素分析

利益分享短缺的产生是分享思想缺失的后果，同时也是一定制度环境的产物。利益分享短缺除了与权力配置不均衡、分配制度不合理有关，也与社会环境

中的内外部制约因素有关。

改革开放以来，我国经济增长取得了举世瞩目的成就。根据世界银行公布的数据，2012 年我国以 58786 万亿美元的 CDP 总量超过日本，一跃成为全球第二大经济体。但这种成就是在片面追求经济增长的发展方式下获得的，是以高能耗和严重的环境破坏为代价的。国家虽有心改变"以 GDP 为中心"的经济增长方式，但终究由于"绿色 GDP"的不可量化性而进展缓慢。这种"以 GDP 为中心"的经济增长方式使地方政府忽视劳动者权益的维护，注重资方的利益以及当地经济的利益，这加剧了劳资双方力量的不平衡。当劳动者付出劳动可获取相应工资这个最基本的权利都没有得到保障时，利益分享更是提不上议事日程。

1. 外部因素

就非正式制度而言，中国传统文化中重人治轻法制。传统的中国人一般认为不到万不得已，是不会在法庭上相见的。这种重人治轻法治的行为，也在一定程度助长了企业的独享行为。就正式制度而言，在不同政治制度中，人们拥有的权利是不一样的，进行制度变革的自由度也是不同的，这就决定了制度变革的主体为实施变革所付出的成本是不一样的。如果政治制度追求效率优先，兼顾公平，那么企业的发展就会优先于劳动者权益的保护。当公平的底线被突破时，各级地方政府不惜以牺牲劳动者的权益为代价来换取良好的经济发展环境时，资方利益独享就会出现。另外，我国现阶段在建设维护劳工利益的法制化方面也相当不健全，这也是一个重要的外部因素。

2. 内部因素

影响企业实施利益分享的因素除企业外部因素外，还有企业内部因素。影响企业实施利益分享的内部因素主要有企业制度、企业管理政策、企业生产特征以及企业所处的生命周期等。这些因素既对现行的利益分享产生制约，又孕育着利益分享的契机。

三、中国转型期劳资关系变化中孕育着分享经济的契机

转型期中国劳资双方及其内部的利益分化需要分享经济机制来弥合，个体人力资本向组织人力资本的转变以及社会技术进步都提出了利益分享问题，企业理论的变迁又为利益分享提供了理论支持。所以尽管存在着种种障碍，众多的发展趋势仍提示我们，利益独享已不符合潮流的发展趋势了，经济利益分享的多元化将成为时代的主流。

1. 解决劳资冲突需要利益分享

就职业经理人而言，按资本的雇佣属性划分属于劳方，但按其工作性质划分，又具有劳方的属性。即在社会学意义上，职业经理人属于劳方，但在劳动经

济学或法学意义上，职业经理人属于资方。在劳资关系冲突的研究中，一般都将这一群体归为资方。职业经理人身份的双重属性就决定了管理方利益目标的多样性和特殊性。职业经理人作为一个具体的个体，其自身会具有多维的需求，但其又必须根据环境的变化取舍自己的需求，这就形成了职业经营者角色的多样性和特殊性。作为被雇佣者，其需要保住工作，必须为资方的利益服务，追求利润最大化目标。作为劳方的属性，其追求自身利益的最大化。即追求高报酬、优越的保险保障，还注重自己的声誉、企业规模、在业界的地位、职位消费、带薪假期等。这种追求会引致职业经理人追求规模更大化。这就产生了与利润最大化的目标不一致的矛盾；经营者更多追求的是职业发展权、风险承担权，利润分享和权力分享。由此可见，资方内部多重目标的追求，使这一群体内部的利益逐渐分化。

2. 人力资本的转变呼唤利益分享

当企业组织所有的个体成员进行工作学习总结，或是团队经验进行不断的积累，表现为一种共同知识时，这种沉淀在未来就会形成企业相对独特的风格，给竞争对手的模仿造成极大的障碍。同时，由此所形成的人力资本具有团队的特征，一旦离开了团队，该人力资本也就消失了。对于企业来说，竞争合力的形成可以由相近的个体人力资本替代。企业所承担的风险大大减小，而个体在离开团队后，原有的人力资本弱化，故应得到一定程度的补偿。所以从这个角度来说，劳动者应该参与企业的利益分享。这种分享应该是在“分”的基础上，还有“享”。而这种“分”与“享”的平衡点，则取决于物力资本契约与人力资本契约的差异性，寻找到企业责任和利益分享的平衡点。

3. 企业理论假设的变迁暗含着利益分享的契机

从企业追求的目标假设演变可以看出，企业理论的发展是沿着“只见物不见人”的假设，走向“见物见人”，进而再走向“重视单个人，重视某一群体”，走向“重视不同的利益群体，考虑不同群体的利益均衡”，这种对不同利益群体的均衡促使企业从资方独享利润走向相关利益者进行利益分享。这种企业理论假设的变迁是对实践中出现问题的一种修正，是社会进步的表现，也为我国企业未来利益分享的实践提供了理论支持。

第四节　国外劳资关系演化的启示与借鉴

劳资关系是人与人的关系。由于人性在任何时代都是相通的，所以尽管劳资矛盾发生在不同的时代背景下，有着不同的经济、社会、政治和文化因素的影

响，但原来发生过的劳资矛盾在新的时期下，由于相似诱因的出现，仍有可能会发生。如美国在工业转型时期出现了高流动性、工作时间长和雇佣无保障的劳资关系，我国在市场经济转型期再次出现这一问题，所以对不同国家劳资关系从不和谐向和谐转变过程的比较，对于我国和谐劳资关系的构建将产生新的启示。

一、政府在劳资关系变化中发挥主导作用

1. 美国经济转型期劳资关系的变化

美国在由自由竞争资本主义时期转入垄断资本主义时期（简称经济转型期），产生了一系列社会问题，最为显著的是劳资关系的严重对抗。1890～1900年美国制造业工人平均周工时在59～60小时，高者达65小时。制造业工人工作条件也十分恶劣，大部分工厂通风差，空气污染严重，缺乏洗浴设施。劳资冲突经常以暴力的方式做出反应，流血事件层出不穷。面对日益激烈的冲突，美国的法律也经历了一个从压制工人到平衡劳资双方利益的过程。在劳资冲突早期（如19世纪早期），法院常将美国工会通过罢工等要求提高工资和改善工作条件的行动，判决为犯罪。后因社会舆论的谴责和陪审团的同情使罢工定性为刑事共谋罪的做法渐渐消失。到19世纪末，虽然美国各州法院常采取劳工禁令来压制工会行动，但随着有组织劳工的反抗、公开对法院禁令的蔑视及社会各界对法院歧视性法律适用的谴责和学理批判，法律的公平受到质疑。政府在此时介入劳资关系，通过联邦立法协调劳资关系管理，达到劳资关系的和谐稳定。

2. 新加坡产业转型期劳资关系的变化

新加坡也曾在1959～1978年经历经济发展战略转型，在此期间，产品成本居高不下，雇主限制工资上涨或裁员来降低成本，劳动力过剩，失业率高达8.9%，劳资冲突激烈。1979年后，新加坡又面临劳动力短缺和低工资陷阱的严峻局面，劳资关系再次面临考验。为了缓解这一切矛盾，新加坡政府采取了以下措施：①在解决就业问题上，政府发挥了主导作用；②政府通过立法对劳动力市场进行规制，制定了一系列稳定劳资关系、控制劳动成本的法律法规；③政府注重劳资双方的权力均衡；④新加坡的“中央公积金制度”有力地促进劳资关系的弹性化。

3. 美国和新加坡劳资关系变化的启示

从美国和新加坡的劳资关系发展历程可以看出，在国家面临经济结构转型或社会结构转型期，社会冲突会尖锐化。政府应通过经济调控策略缓解社会矛盾；通过制度法律规范劳资关系，对双方的权力进行相应的制衡和保障；通过环境改变，促进劳资双方认知改变。政府应在化解劳资矛盾冲突中发挥主导性作用。

二、政府对权利分享的不合理处置加深社会矛盾

1. 拉美劳资冲突与权利分享不对称相关

拉美频繁的社会冲突与劳资冲突与拉美国家官企权力交织，少数阶层享受特权、权力分享不均等密切相关。权力不均等导致贫富差距明显、社会不平等的局面进一步加剧，劳资冲突不断。传统财产占有制度孕育了拉美国家的贫困和不平等，导致工人和中产阶级不断以罢工、游行、武装起义的形式进行抗议。在城市化和社会转型期，由于国家没能对财富的垄断进行强有力的改革，导致后期国家的权利分配未能关注到新的社会阶层，又促发劳资矛盾和社会冲突。

2. 韩国对工会权力的限制加剧劳资冲突

传统上，韩国政府支持竞争性、大规模的公司，所以剥夺了工会在国家和在工作场所组织和谈判的自由，导致劳工的高工资，雇佣的安全性、劳工的福利项目逐步往下降。后随着民主化进程，韩国面对社会联系更紧的社团主义控制，进一步限制了工会政治活动。劳动力市场传统保护制度的倒退已降低了雇主在工资、福利、工作安全性和退休金等领域的法律义务，保护制度的缺乏留给了工会更小的谈判力量，即使劳动力市场是紧密团结的。结果，韩国的劳资关系一片混乱。

三、社会伙伴模式离不开政府对权力分享的配置与制衡

随着社会进程的加快，人们对劳资关系性质的理解逐渐由对抗转向合作。即使是竞争意识强烈的美国，在 20 世纪 80 年代，也出现了“新产业关系”文化，强调劳资关系中员工和工会的共同利益。欧洲劳资关系的主流趋势已出现提倡合作“双赢”、成果分享的社会伙伴模式。这一模式的产生也是劳、资、政三方协商、沟通、博弈、合作的结果。

从各个不同国家劳资关系的变化可以看出，当国家面临经济转型或产业结构转型时，政府在劳资关系的和谐中都应该发挥主导作用。政府一方面要保持自身廉洁高效，另一方面要注重权力的均衡。政府忽视权力的分享，保护特权以及对少数特权阶层的妥协将会导致社会冲突和劳资冲突不断。要促使劳资关系向和谐转化，向社会伙伴关系模式发展，政府仍应发挥不可替代的作用。

第五节　和谐劳资关系构建下的分享经济机制的总体原则

建立公平而富有效率的分享经济机制是形成和谐劳资关系的关键。无论是长

期以来所形成的中央集权制，还是劳资博弈和国际借鉴所推导出的政府的权力主导，都证明在我国和谐劳资关系的构建过程中，政府应发挥主导作用。但由于政府的行为也会受劳资双方制约，所以我国劳资利益分享机制的构建应从三方互惠互动理论系统性的角度来实施，以政府所主导的环境变化为实施的起点，建立政府推动型的系统性的利益分享框架。

一、促进环境变化，推进利益分享

尽管我国的利益分享机制建设面临着诸多的制约，但和谐社会的构建和企业社会责任、SA8000 标准的推行，为我们建立一个公平、效率而富有发言权的利益分享机制提供了良好的契机。政府巧妙利用外部环境的变化来推进内部环境的变化，有助于这一目标的实现。

二、注重权力培育，均衡劳资关系

一个相对公平的社会，总是建立在各个群体和阶层权力大体均衡的基础之上的。要实现利益分享，就必须保持各博弈方力量的均衡。从古代到现代的政治史告诉我们，凡是权力制衡机制贯彻得较好的国家，这个国家就比较稳定，发展就比较快。对劳资关系来说，也是如此。劳资之间的利益分享是通过不同权力束实现的；这种权力束的合理配置是动态变化的。从历史发展的整个趋势来看，“人力资本产权相对于非人力资本产权将发挥越来越重要的作用”，所以重视劳资之间的利益分享变得越来越重要。劳资关系的权力均衡是通过三个层面的相互制衡实现的。首先是在个体层面得以体现。劳动者个体的权力一方面是通过提升每个劳动者的就业能力，使其拥有生存权和发展权来实现的；另一方面是通过赋予劳动者集体谈判权实现的。其次是在企业层面得到体现的。劳资双方的利益分享谈判大多在这一层面实施，故企业权力设置的核心是在企业最高管理层面应有员工的参与，促进劳资之间信息的对称，形成劳资相互的制衡。要实现劳资之间的利益分享，一个合理的治理结构应是“让每个产权主体都有参与企业所有权分配的机会，但这是机会的均等，而不是权力的平均化”。最后是利益分享的实现必须在政府层面实现。政府通过主导和协调作用，促进权力的均衡，保证国家的安全。

三、构建系统的利益分享框架

人类社会文明的产生与进化，绝对不是资方单独前行的结果，而实际上是劳、资、政三方共同承担社会责任，共同进行创造性劳动的结果。利益分享的实施是劳、资、政三方博弈的结果。要实现劳资之间的利益分享，首要的是保证劳资双方谈判地位的均衡；其次是劳动者对企业的贡献应该大于劳动者从企业的索取。

从分享经济的视角来进行和谐劳资关系的构建，应从三方互惠互动理论出发，明晰三方认知的定位，通过权力分享均衡劳资关系，并实现利益分享。政府在这一过程中，应发挥主导性作用。系统性分享经济体系主要由两个层次和一个通道组成。这一体系包含了利益表达空间、员工自主谈判空间、冲突调解空间和制度创新空间。在系统性利益分享体制的构建过程中，劳、资、政三方应各司其职，各尽所能，促进利益分享的多元化建设，最终达到劳、资、政三方共赢。

第十九章　利益分享视角下的和谐劳资关系构建研究

利益分享思想在劳资关系领域中的运用，显著改善了劳动关系，促进了西方发达国家由工业革命时期的劳资关系的尖锐对立演变为当代劳资关系的相对和谐。当前中国劳资关系中，劳方利益受损严重，资方独享较为突出，劳资关系冲突显性化。本章在分析了制约我国利益分享机制建立的因素后，提出要抓住劳资关系转型期的契机，加快建立利益分享机制，推动劳资关系和谐，倡导劳动者并非只是作为一个劳动力要素的所有者和被雇佣者的身份出现，而应该通过利益引导机制来发挥其主动性和积极性，实现双方的合作和共赢。

第一节　文献综述

一、劳资关系现状分析

学者们对劳资关系现状分析的视角呈多元化，可大致概括为微观视角和宏观视角。

1. 微观视角

姚先国（2008）从隐性契约的角度，指出雇佣剩余是雇佣关系存续的基础，分割剩余是维系雇佣关系的内在要求。孟令军（2004）从企业管理的角度探寻了劳资关系发展趋势的动因、方式和取向，阐释了和谐劳资关系与和谐社会构建的联系（孟令军，2005）从经济理性的角度研究构建和谐劳资关系的具体路径和措施（孟令军，2007），涉及劳资之间互利以及分享。罗明忠（2005）从冲突管理的视角，将民营企业内部劳动关系中的冲突和不和谐问题分为破坏性冲突和建设性冲突。他提出的开发良性冲突与利益分享中的员工参与有相通之处。

2. 宏观视角

常凯、董保华从劳动权和法制化途径来实现利益分享，构建和谐劳动关系进行了系统研究。常凯是劳权论的坚定支持者和践行者。1995 年，他在《劳动关系·劳动者·劳权——当代中国的劳动问题》一书中，第一次将劳权问题放在劳动关系系统中提出和论述。该书认为，在社会劳动问题中，劳动关系是基础，劳动者是主体，劳权是核心。他认为劳动者在劳动力市场上是被动者、从属者、弱者，提出立法必须向劳动者倾斜。常凯考虑的是劳动者的权力分享平衡。但由于他的立论大多基于当期，没有考虑劳动关系的动态发展，过于强调赋予劳动者劳权。从当期来看有助于矫正现阶段资强劳弱常态化的格局，但从长远发展看，对于和谐劳动关系的发展是不利的，它将造成劳资关系新的不均衡。董保华认为要实现劳资关系利益分享平衡应倾斜立法，实行劳动者分层保护，立足于劳资双方地位的均衡，但对《中华人民共和国劳动合同法》，他提倡要雪中送炭，不要锦上添花。这种对高层次人才利益分享谈判能力的过高估计与现实生活不完全相符，同时，忽略了高层次人才的适度流动可能使整个社会获得更大的收益。《中华人民共和国劳动合同法》应提倡既要雪中送炭，又要锦上添花。姚先国（2004）从制度的角度研究了城乡户籍差异对中国劳资关系的影响，研究结果暗示劳资之间的利益分享仅关注工资差异是不够的，还必须从更全面的劳动力市场进行校正。这为我们从外部环境的改善入手研究利益分享提供了借鉴。李瑾等（2003）运用社会学方法展开多角度分析，从权力分享的不平衡中，指出由于行政权力的逐渐退出，劳动者与资本所有者的权利天平悄悄地出现了倾斜，资本所有者应当负担的成本被转嫁到劳动者的身上，利益分享有失公平。黑启明（2006）从经济社会视野、社会伦理视角分析了影响劳动关系和谐的各种因素，并从经济学、政治学、社会学、法学和管理学以及历史学等学科的多维视角，分析了产业（劳动）关系系统，对市场经济中劳动关系的政府规制，进行了全面系统的理论探讨。胡锋（2003）从文化的角度来审视劳动关系，探讨文化之于劳动关系的影响。王岳森（2006）从知识和技术在新经济的主导角度指出劳资关系将发生新的变化，劳资之间将通过合作和共享消除对立性。

二、对策研究

在对策研究中，学者分别从权力的均衡、人力资本的积累、行政力量的参与、外围环境的改善、工作分享等角度出发来探讨实现劳资双方利益分享中的权力分享、经济分享、环境分享以及工作分享等。汪向东（1998）、常凯（1994，1995）提出劳动者应该享有劳权，以实现利益分享的权力均衡；尹庆双（2003）提出应重视人力资源的资本化和其权益问题，这将促进劳动者的知识积累，明晰利益分享中的产权；赵曙明（2006）、马子富（2006）等诸多学者主张建立工会，开展集体谈判，以提高劳动者的权力均衡；邵晓寅（2003）指出，劳动行政管理部门、工商联、行业协会等机构应引导企业建立企业民主管理制度，鼓励工人参与企业管理；徐冠巨（2003）认为，“应视员工为有价值的重要资源而非成本，以人为本而非以事为本”，以开放的心态引进人才，以平等的观念用好人才，以共享共成长的理念留住人才；陈维政和李贵卿（2007）主张通过工作分享来减轻就业压力，达到大家利益共同分享；沈洪涛（2006）提出，在SA8000下，应提倡企业责任，对企业履行的责任作一个清晰的定位；姜启军和贺卫（2004）等通过对SA8000认证的可行性分析后，指出中国企业应把SA8000标准作为企业可持续发展的战略选择。佘云霞（2005）从分析全球国际劳工标准入手，系统研究了在全球地区性自由贸易协议谈判和部分发达国家与发展中国家的双边自由贸易谈判中附带劳工标准的谈判方式，得出一些有益的启示。

第二节　利益分享和劳资关系

利益分享思想作为人类文明的产物，在东西方都有悠久的发展历史，对国家、社会和个人的行为产生了深远影响。在我国传统文化中就蕴含着深厚的利益分享思想，《礼记·表记》揭示的周代文化的特点——“周人尊礼尚施，事鬼敬神而远之，近人而忠焉”——表明周人虽然尊“天”敬“神”，但更贴近人事，更重视人伦道德，注重以血缘关系为纽带的宗法制度；孔子认为人的本质是仁，他用“仁”来界定人性和建立伦常。孔子指出，“仁”就是“爱人”，即与他人分享之意。利益分享是对生产成果和产权的分享，是国家、集体与个人之间的分享，也是劳动者内部个体之间的相互分享。它由多层次的分享共同组成，由多种分享方式组成。

劳资之间的利益分享主要包括经济分享、权力分享和知识分享。经济分享更多的是通过促进效率来实现的，它通过劳资双方相互合作，形成一个更大的“经济组”。权力分享更多的是通过话语权来表现的，它通过让员工共同参与，来形成一个对称的信息流，以避免劳动者在利益分享中处于弱势地位或被边缘化。知识资源则既包括国家所提供的免费义务教育和自己所参与的高等教育，还包括企业为员工提供的就业能力培训。因为就业能力的提升是化解失业风险的有效手段之一，同时也有助于企业形成核心竞争力，形成组织性人力资源。利益分享绝不是某种平均主义“大锅饭”的机制，而是在法律允许的前提下，在按照个人能力和贡献分配个人消费品之后，国家通过再分配来实现社会公平的机制。即在面对一个“做大的蛋糕”，我们如何建立一个公平的分利机制。利益分享是劳资关系的核心，利益分享与劳资关系之间存在着密不可分的关系。利益分享契合了劳资关系的性质，有助于劳资关系的和谐。

第三节 转型期劳资冲突与利益分享短缺问题

当前我国经济社会已进入黄金发展期，这个时期同时又是社会矛盾凸显期。我们面临就业方式多样化、经济全球化、农村城镇化以及经济结构调整等多方面的新变化。这些变化给各种社会关系带来较大影响，尤其是对劳资关系的影响不容忽视。劳资关系是最基本的社会关系之一，劳资关系和谐与否直接关系社会主义和谐社会的构建。从目前来看，社会不和谐、不稳定的因素大量地集中在劳资关系问题上，而劳资冲突与利益分享短缺直接相关。

一、劳动争议和劳资纠纷急剧上升

2000 ~ 2008 年，全国劳动争议案件总数量一直呈上升趋势，2008 年以后虽稍有下降，但仍明显高于前几年的数量。2000 年劳动争议件数仅为 71739 件，到了 2008 年达到了 276793 件，到 2011 年，劳动争议处理件数在 200000 件左右。劳动争议案件的快速增长说明了劳资关系的显性化，也意味着劳资之间原有的和谐遭到破坏，公平、效率发生了偏离，利益分享缺失。

二、劳方胜诉率显著高于用人单位

根据图 19 - 1 和图 19 - 2 可以看出，争议案件的处理结果劳动者的胜诉数明显高于用人单位，并且基本上呈逐年上升趋势，双方部分胜诉率也始终保持上升趋势。劳动者胜诉率高意味着资方对劳方的侵权行为频发，资强劳弱格局明显，利益分享区域中，公平和发言权的价值取向受损，是资方过于关注效率所致，这

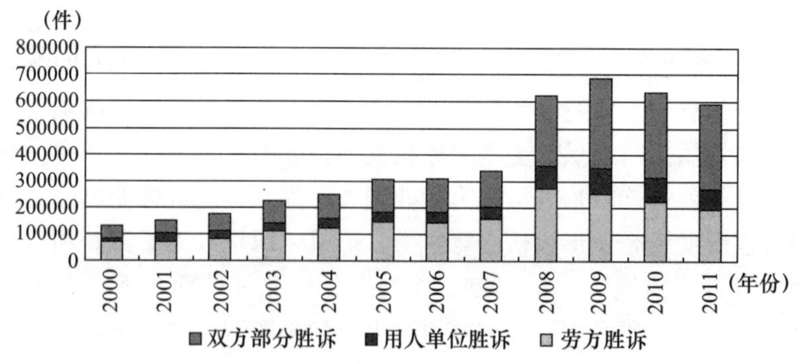

图 19 - 1 劳动争议处理结果数值（2000 ~ 2011 年）

资料来源：历年《中国统计年鉴》。

导致劳资冲突显性化，劳动者自我保护意识开始增强，社会如何因势利导，增加公平取向，劳资双方之间如何进行良好的沟通，是实现和谐劳资关系的关键。

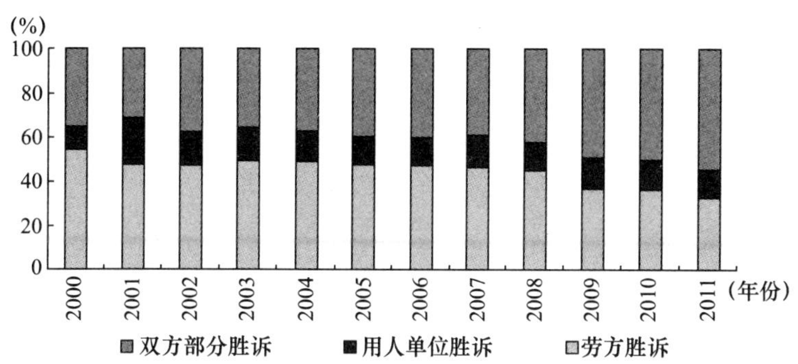

图 19－2 劳动争议处理结果百分比（2000～2011 年）

资料来源：历年《中国统计年鉴》。

三、资强劳弱常态化，劳方利益分享短缺

劳资双方有矛盾甚至发生争议不一定完全是坏事，在一定程度上，矛盾和争议反映了企业和职工依法自我保护意识的增强，这对劳资关系主体双方的行为具有一定的约束作用。劳资争议中多表现为资方侵权，就会造成劳方利益受损。如果这种资强劳弱的格局呈常态化，并且不能得到及时调整，或处理不当就会对企业与社会产生较大的负面影响。

1. 利润侵蚀工资

从宏观的角度，职工工资总额占 GDP 的比重可以表示一个国家在一定时期内新创造的财富价值以工资形式向劳动者分配的份额大小。职工工资总额占 GDP 比重下降，说明劳动者劳动收入在社会总收入中所占的份额变小；反之，则说明工资劳动者在增加值的分配中所占的份额增大。从表 19－1 中我们可以看出，职工工资总额占（GDP）的比重是以 1992 年为“分水岭”的，这也是计划经济与市场经济的分界点。1992 年前，我国劳动者工资总额在增加值的分配中一直处于一种较为稳定的地位，在 15%～16%。1992 年后，我国职工工资总额占 GDP 的比重逐年下滑，到 2000 年跌至较低点 11.04%后，然后缓慢上升。2002 年后再次下滑，到 2004 年跌至谷底 11.02%后反弹，后一直处于逐年上升趋势，但始终没有达到 1992 年前的比重。职工工资总额的逐年下滑，与中国经济改革开放所取得的巨大成就相比，形成极大的反差。这充分说明，社会财富并没有形成更多的劳动收入，而是转化为其他收入了。

表 19-1 我国职工工资总额占 GDP 的比重（1978~2011 年）

年份	工资总额（亿元）	GDP（亿元）	比重（%）	年份	工资总额（亿元）	GDP（亿元）	比重（%）
1978	568.9	3645.22	15.61	1995	8100.00	60793.70	13.32
1979	647	4062.58	15.93	1996	8964.40	71176.60	12.59
1980	772.4	4545.62	16.99	1997	9602.40	78973.00	12.16
1981	820	4891.56	16.76	1998	9540.20	84402.30	11.30
1982	882	5323.35	16.57	1999	10155.90	89677.10	11.32
1983	934.6	5962.65	15.67	2000	10954.70	99214.60	11.04
1984	1133.4	7208.05	15.72	2001	12205.40	109655.20	11.13
1985	1383	9016.04	15.34	2002	13638.10	120332.70	11.33
1986	1659.7	10275.18	16.15	2003	15329.60	135822.80	11.29
1987	1881.1	12058.62	15.60	2004	17615.00	159878.30	11.02
1988	2316.2	15042.82	15.40	2005	20627.10	184937.40	11.15
1989	2618.5	16992.32	15.41	2006	24262.32	216314.40	11.22
1990	2951.1	18667.80	15.81	2007	29471.51	265810.30	11.09
1991	3323.9	21781.50	15.26	2008	35289.50	314045.40	11.24
1992	3939.2	26923.50	14.63	2009	40288.16	340902.80	11.82
1993	4916.2	35333.90	13.91	2010	47269.89	401512.80	11.77
1994	6656.4	48197.90	13.81	2011	59954.66	472881.60	12.68

资料来源：历年《中国统计年鉴》。

2. 劳方报酬的增长空间相对有限

我国的劳动密集型产业，一直采用的是低劳动力成本的比较优势。这种比较优势是以牺牲劳动者的正常生存权益为代价的，从长期来看，这种比较优势终将被淘汰，因为它影响了人力资本的进一步提升，阻碍了劳动生产率的提高。我国人工成本的绝对水平与发达国家相比，有较大增长空间。但如果将各国工人的劳动生产率与人工成本的支付相比较，人工成本相对水平的增长空间有限。

3. 劳动者取得劳动报酬的权利受损——欠薪、克扣工资

在我国现阶段，劳资双方追求自身利益的能力呈失衡状态，这导致公平、发言权的取向弱化。这种现象在某种程度上是由于利益均衡机制的缺失引起的。在非公有制企业，工会组织的缺失，使集体谈判几乎不可能进行。单个工人在劳动

力市场供大于求的现实下，面对有组织的雇主集团，几乎失去了讨价还价的能力。这种利益均衡机制的缺失导致了一种高度不合理的利益分配格局。在非公有制企业中，用人单位对工资的发放呈两极状态。以农民工为例，有遵纪守法的企业不拖欠农民工工资的，也有对农民工的工资支付较为随意的。农民工的工资拖欠和克扣问题自2003年后引起了政府的重视，此后每年都出台了一定的制度解决和预防这一问题。政府对欠薪问题的干预，使这一问题得到明显缓解。但多方调查均显示农民工工资拖欠或克扣问题仍旧存在。国家统计局所做的一项调查显示，解决工资拖欠问题仍是进城就业农民工最迫切的要求。

此外，劳动者的劳动时间过长是一个不容忽视的重要问题，特别是在私营企业，这一现象比比皆是。劳动者的社会保障权益得不到应有的保障，各类社会保险参保率低。我国普通劳动者目前的生存环境较差，尤其是农民工，这种现象更为突出。农民工大多从事苦、脏、累、险的工作，有些企业生产生活条件恶劣。这些因素也进一步加大了劳资纠纷的发生率。劳资纠纷是以利益分享短缺的形式表现出来的，而隐藏在利益分享短缺背后的恰恰是权力配置的失衡。资方的权力过于强势，没有受到来自劳方和政府的权力制约。政府定位于低工资低劳动力成本的比较优势也是分享意识不足的表现。这种分享思想短缺导致劳动者自身人力资本投资不足，进而导致生产率提高缓慢，不利于增强劳动者的竞争力，这也进一步削弱了劳方的谈判能力。这些问题如果不能得到很好的解决，和谐劳资关系构建依旧会困难重重。

第四节　制约劳资利益分享的因素分析

一、不合理的政绩观

政府在追求经济发展与劳动者权益保护之间往往会选择前者，牺牲劳动者的权益保护而使投资者能继续投资于经济建设。从劳资关系的演变看，市场体制的转型使劳资关系从国家的背影中脱离出来而日益市场化，在劳动力市场供求不平衡的背景下，没有组织起来的劳动者由于本身的技能欠缺已无力与资本对抗，政府对资本的渴望使公正的天平向资方倾斜。不少地方政府为了引资上项目，为了完成经济指标，对资方损害员工利益的行为姑息纵容，对损害劳工健康甚至危及生命的安全问题置若罔闻。为了当地经济的快速增长，地方政府能获得更多的税收，民众利益安全已无足轻重。至于低工资廉价劳动力正是被当作招商引资的优势，以发展经济为中心变成了以维护投资者利益、讨投资者欢心为中心。对这种片面的经济增长来说，以牺牲劳工权益获得的经济增长，以牺牲现代文明和可持续发展的经济增长模式应引起反省。

二、法制不健全

法制建设落后，法治意识淡薄，法律实施成本过高，以致众多立法形同虚设，远远不能支撑一个规范的市场经济。2007 年，《中华人民共和国劳动合同法》、《中华人民共和国就业促进法》、《中华人民共和国劳动争议调解仲裁法》三部法律通过。但《中华人民共和国劳动合同法》一出台就引发了众多学者的争议。董保华认为，《中华人民共和国劳动合同法》将解雇保护的条件收得更紧，对“无固定期限劳动合同”规定得过于严格，不利于人才的正常流动，将导致劳、资、政三方皆输的局面。但常凯认为《中华人民共和国劳动合同法》只是增加了违法企业的违法成本。除了学者的争议外，法律实施过程中，也发生了许多始料未及的问题。华为大幅度裁员，台资、韩资撤退，企业变相炒人。劳资双方的博弈炽热化。2008 年成为劳动者并不开心的一年。当法律都不能保护劳动者最基本的权利，利益分享的实施将会更加艰难。

三、社会保障制度不健全

我国的社会保障制度由于呈现二元分割状态，社会保障资金的发放仅实现了省际统筹，有的省份连省际统筹都没有实现，这就使流动的劳动者不断地在缴纳社会保障费、退社会保障费之间循环。在退养老保险费的时候，劳动者只能拿到个人账户的那一部分，社会统筹部分留在工作当地。社会统筹部分大多不能转移，而且输出地也没有接受农民工养老保险的衔接措施。这使得农民工和企业都认为养老保险的缴纳只是为了弥补养老基金的缺口，劳动者，特别是农民工群体并没有享受到实惠，离开时退出还要办手续，费时费力不讨好。这使得企业和农民工都不愿意缴纳养老保险。如果社会任由这种状态自由发展，劳资双方就会处于一种资强劳弱的暂时和谐状态。当劳动者年老、疾病等风险事故出现时，这种和谐状态就会被打破。

第五节　中国转型期，利益分享解决劳资冲突的契机

转型期中国劳资双方及其内部的利益分化需要利益分享机制来弥合，个体人力资本向组织人力资本的转变以及社会技术进步都提出了利益分享问题，企业理论的变迁又为利益分享提供了理论支持。所以，尽管存在着种种障碍，众多的发

展趋势仍提示我们，利益独享已不符合潮流的发展趋势了，经济利益分享的多元化将成为时代的主流。

一、劳资冲突需要利益分享

在计划经济下，劳动者是企业的主人翁，劳动者与管理者的地位处于相对平等的状态。进入市场经济转型期后，劳动者还原为劳动经济学意义上的劳动者，是受雇佣的，靠工资维持生计的劳动者，没有剩余索取权，没有控制权。企业的剩余索取权大部分被经营者所控制，经营者除了工资收入，还有职位消费，并享有企业剩余，此外还有权力“寻租”的隐性收入。这种多元化的收入来源，在体制转型期加大劳资双方收入及能力差距，资强劳弱的不平等格局开始出现。与此同时，劳资双方内部追求的利益目标也开始分化。股东一般追求股东利益最大化，考虑更多的是经济分享权。经营者更多地追求职业发展权、风险承担权，利润分享和权力分享。劳动者成员的构成也在复杂化。不同劳动者群体所拥有的技能、社会资源、组织资源和文化资源是不同的，这决定他们在利益分享中所追求的社会目标也是不一致的。首先，技术优势作为一种资源，其稀缺程度是不同的。高级专业人员由于其技术优势具有无法替代性，在企业中拥有一定的地位，有着较强的谈判能力，所以他们不单纯追求利润分享权，更在乎发展机遇的分享和权力的分享。普通的专业技术人员技术优势弱化，则要价能力降低，他们通常追求工作分享权。希望有一份更安稳的工作，更好的工作环境，更好的技能学习氛围。其次，由办事人员所组成的群体中，部分年轻的大学生虽重视利润分享，但也不忽视个人职业发展机会。他们追求实利，关注自我发展，趋高拒低、随机灵活。农民工群体的目标则单纯些，他们追求职业安全、希望参与文化分享。具体表现在希望能按时拿到工钱，能够被城市所接纳，能够被人所尊重。最后，城市下岗人员群体在某些意义上来说，是一个比农民工还惨的群体。他们没有“一亩三分田”的退路，低保金应付每个月的生活已是捉襟见肘；想创业，缺乏技能和资本；与农民工干同样的活，心理关难过，体力也未必能支持。这一群体的目标就是能找到一份工作，解决温饱。劳资双方利益目标的多元化，为我们实施利益分享提供了契机。

二、人力资本和物质资本博弈力量的变化，为利益共享提供了契机

我国经济连续近 30 年来的高速增长归功于前期政策对资本的重视，但随着货币资本短缺的缓解，人力资源和创造性劳动的作用越来越大，后期政策应发生相应的转变。尤其是在当今，站在世界前沿的高技能的科技劳动者和经营管理劳

动者已为一种稀缺资源，成为各国纷纷争抢的对象。如果不重视利益分享、权力共享，将使我国在新一轮经济增长中失去最佳机会。

三、市场经济的发展需要利益共享机制

劳资契约一般由劳动契约和心理契约两部分组成。市场经济注重通过一系列劳动契约来明确各自的权利和义务，达到平等。但由于劳动契约较为刚性，发生冲突时回旋余地小，易引发劳资冲突。而心理契约恰是一个较柔性的概念，它取决于员工对企业文化的认同感。在发生冲突时，缓冲余地大。要使两者有机结合，刚柔并济，利益共享是一个很好的机制。

四、我国具有中国特色的政治制度有利于劳动成果共享机制的形成

构建社会主义和谐社会是我们执政党的目标，社会和谐的基本内容和重要特征是协调利益关系、实现公平正义。在劳资冲突加剧的今天，劳资利益的协调显得极为重要。

第六节　和谐劳资关系构建下的利益分享机制设计原则

建立公平而富有效率、发言权的利益分享机制是形成和谐劳资关系的关键。我国劳资利益分享机制的构建应从三方互惠互动理论系统性的角度来实施，以政府所主导的环境变化为实施的起点，建立政府推动型的系统性的利益分享框架。

一、利用经济全球化的趋势，促进利益分享机制的构建

经济全球化促进了资本没有国界的流动，形成了没有边界的企业组织。在这一变革中，信息和技术变得越来越重要。人们参与工作的方式正在悄然发生改变，不去公司上班，在家或在国外工作都成为可能。弹性就业吸引了越来越多的女性加入就业队伍。这一变化显著地影响了企业的管理模式。企业更注重员工的参与，在管理上更少地采用命令和监管，更多地强调合作、信息分享与交流以及其他的管理新方式。利用这些变化，有利于推进员工参与权的建设。经济全球化改变了企业仅注重低工资和自然条件竞争的做法，企业更关注产品的质量和企业的竞争力。企业通过改善产品差异性、降低产品价格、改进技术和促进创新等一系列的变革来缩短产品的生命周期、促进企业的竞争力。这一切的实现依赖于员

工自觉的承诺和积极的精神。这就决定着劳资之间不能是利益独占，而必须是利益分享。通过利益分享激发员工内心的承诺，产生礼物交换的合作意识；通过利益的诱导机制激发员工的创新意识。

二、注重权力培育，均衡劳资关系

一个相对公平的社会，总是建立在各个群体和阶层权力大体均衡的基础之上。要实现利益分享，就必须保持各博弈方力量的均衡。从古代到现代的政治史告诉我们，凡是权力制衡机制贯彻得较好的国家，这个国家就比较稳定，发展就比较快。对劳资关系来说，也是如此。劳资之间的利益分享是通过不同权力束实现的，这种权力束的合理配置是动态变化的。从历史发展的整个趋势来看，“人力资本产权相对于非人力资本产权将发挥越来越重要的作用”，所以重视劳资之间的利益分享变得越来越重要。劳资关系的权力均衡是通过三个层面的相互制衡实现的。首先，在个体层面得以体现。劳动者个体的权力一方面是通过提升每个劳动者的就业能力，使其拥有生存权和发展权来实现；另一方面是通过赋予劳动者集体谈判权实现。其次，在企业层面得以体现。劳资双方的利益分享谈判大多在这一层面实施，故企业权力设置的核心是在企业最高管理层面应有员工的参与，促进劳资之间信息的对称，形成劳资相互的制衡。要实现劳资之间的利益分享，一个合理的治理结构应是“让每个产权主体都有参与企业所有权分配的机会，但这是机会的均等，而不是权力的平均化”。最后，利益分享的实现必须在政府层面实现。政府通过主导和协调作用，促进权力的均衡，保证国家的安全。

三、构建系统的利益分享框架

劳资之间的利益分享是一个系统性工程，在这一系统性利益分享体系中，利益分享由劳方、资方和政府三方共同参与。和谐劳资关系是由公平、效率和发言权三个基本要素构成，这决定利益分享的各参与主体应各司其职，各尽所能，各得其所。利益分享在空间范围内分为三个层次：一是基于个人能力的具有交换性的分享；二是基于企业发展层面的具有交换性和福利性的分享或长期分享和短期分享；三是基于国家宏观层面具有利益反馈型的福利性分享。建立和谐劳动关系，实施利益分享，必须坚持三兼顾原则：一是兼顾雇主利益，使其受益，获得利润；二是兼顾员工利益，改善他们的工作条件，提高员工的生活水平，实现人们的社会平等；三是兼顾社会利益，达到促进经济和社会快速发展、协调发展的目的。

从利益分享的视角来进行和谐劳资关系的构建，应从三方互惠互动理论出发，明晰三方认知的定位，通过权力分享，均衡劳资关系，并实现利益分享。政府在这一过程中，应发挥主导性作用。在系统性利益分享体制的构建过程中，劳资政三方应各司其职，各尽所能，促进利益分享的多元化建设，最终达到劳、资、政三方共赢。

第二十章 嵌入型劳资关系的总体评价

市场经济迅猛发展以来，劳资关系在全世界范围内都有了新的发展和变化。作为中国改革开放的门户——广东省，也是因其独特的地理优势成为国内资本及国外资本的首选，这就促使了企业劳资关系从内源型向嵌入型转变。本章首先讨论了劳资关系的概念以及构建和谐劳资关系的要求，然后阐述了国内外关于劳资关系评价指标体系的理论，并在此基础上，结合广东省劳资关系的特点，初步研究了嵌入型劳资关系的评价指标体系，最后分析了嵌入型劳资关系和内源型劳资关系的异同点，并且提出了嵌入型劳资关系存在的问题。

第一节 劳资关系的评价指标

一、国外研究

企业要实现劳资关系的和谐运行，就要对其现状做一个准确、有效的评判，而评判的核心在于设立评判指标及评价标准。国外对劳资关系评价的研究起步较早，众多学者提出了各自的劳资关系评价指标体系，并在不同范围进行了实证研究。

Norsworthy（1990）以研究企业劳资关系对生产效率和生产成本的影响为目的，建立了以流失率、投诉数量、未解决投诉数量、未授权罢工数等指标构成的评价体系。Harry（1993）建立了由6个指标构成的评价体系，具体包括投诉率、员工受处分比例、合同数量、谈判时间、缺勤率和劳资双方态度，在此基础上深入研究了企业劳资关系与企业绩效之间的关系。Jeffrey（1994）采用包括决策权的分散程度、员工参与状况、管理者和工人的数量比、劳资冲突的解决、工资及其结构5个指标来评价企业劳资关系。Cutcher（2001）建立了由冲突频率、冲突的解决、投诉的正式及非正式的解决、工作自主性、工作的反馈5个指标构成的评价体系，在此基础上把劳动关系分为传统型、过渡型、变革型三类，并分别分析了三类劳资关系对企业成本和生产率的影响。Gittell（2004）在研究劳资关系如何影响企业绩效的过程中，建立了员工入会率、员工参与管理、工资水平等结构性指标和劳资冲突、工作场所氛围等劳资关系质量指标来考察劳资关系状况。Bob Gilson（2006）提出了可以从 10 个方面来评估企业劳资关系，具体包括工会的作用、管理者对员工的态度、组织变革、契约的直接和间接成本、中高层管理者对劳动争议处理的合理性、劳动契约的执行性、工作程序的改进、抱怨制度的建立、民主参与情况、相关制度制定的合理性。

综观国外学者构建劳资关系评价指标体系的特点，基本上都是基于某个研究目标或假设而设立的，并且多以研究劳资关系与企业绩效表现之间的关系为目的，劳资关系评价指标多作为中间变量来分析。另一个特点就是评价指标数量少，基本上都以劳资冲突与冲突解决情况等方面作为评价的重点。这和国内学者构建的指标体系有很大区别，国内建立的评价指标体系与国外相比更加全面，更具系统性。

二、国内研究

改革开放 30 余年来，国内经济体制经历了由计划经济向市场经济转变的巨大变革，劳资关系也发生了巨大变化。针对如何对新型的劳资关系进行科学合理的评估这个问题，自 20 世纪末以来，我国学者对劳资关系评价指标也进行了比较系统的研究与探索。国内对于劳资关系评价指标的研究主要沿着定性分析、定量研究两种研究方法进行。

四川省总工会发布了衡量和谐劳资关系企业的 10 条标准。主要涉及企业内部管理制度，劳动保障制度，劳动合同制度，劳动环境，工会制度，平等协商，集体合同，民主管理制度，劳动争议调解组织和制度，劳动纠纷，工资、职业技能和劳动安全培训等方面。姜颖、王向前和张冬梅（2006）根据各方面合理因素归纳出微观劳动关系（即企业层面的劳动关系）和谐度的评价指标由 7 个一级指标和 23 个二级指标构成。一级指标包括劳动合同制度、劳动标准制度、工会制度、集体合同制度、劳动纪律和规章制度、职工民主管理制度、劳动争议处理制度。詹婧（2006）根据指标选择和确定的原则（包括代表性、普适性、可操作性、有效性）确定了评价企业劳资关系的 6 个一级指标和 25 个二级指标，并对企业劳资关系进行了模糊综合评价。一级指标包括收入评价、对管理层的评价、对工会的评价、对岗位的评价、劳动合同签订情况、民主参与情况。赵海霞（2007）对企业劳资关系和谐度的评价指标进行了初步设计，共包括 4 个一级指标、17 个二级指标和 46 个三级指标。一级指标包括权力安排状况、劳资关系建立与调整状况、劳资关系主体行为方式状况、影响企业劳资关系和谐度的其他因素（包括企业利润增长率、员工对企业文化的认同度、主体各方主观维权愿望）。

汪泓和邱羚（2001）设计了劳资关系评价指标重要程度征询表，邀请了15位劳动关系方面的专家，对企业劳资关系测评指标体系中的6个二级指标和26个二级指标按重要程度打分。贺秋硕（2005）认为，劳资关系与其一级指标的关系可以表示为：H（LR）=f（W，C，D）。其中，H表示企业劳动关系的和谐度；W表示劳动者就业及工资状况；C表示劳动者就业环境及受保护程度；D表示劳动者民主程度及其发展前途。在此基础上，其构建了包含8个二级指标和30个三级指标的劳资关系和谐度评价指标体系。上海市劳资关系研究中心的课题组通过对与劳资关系和谐程度最密切的职工就业、工资收入、劳动保护与劳动安全、社会保障、劳资关系协调机制，以及收入保障、劳动环境、权益实现和技能发展等指标和指数，采用描述性分析和定量研究的指标体系评价相结合的方法，设计出一套对上海市劳资关系和谐状况指标评价的体系。

国内劳资关系评价指标体系最大的特点就是强调全面性、系统性，将劳资关系系统各个环节均考虑在内，与国外研究形成了鲜明对比。国内劳资关系评价指标体系的研究多为理论上的定性分析，定量研究、实证研究少，由于各地区发展不平衡，针对区域性企业劳资关系评价指标体系的研究也不多，没有对不同所有制企业进行单个评价指标体系设计研究。总之，因为上述这些研究是针对中国特色的劳资关系而进行的，因此，对于今后的理论研究具有重大的借鉴意义。

第二节　广东省经济转型时期劳资关系的特点

广东省经济发展模式是典型的出口导向外向型经济，其发展主要依靠海外资本、国际市场和内地低廉的劳动力。改革开放后，大量的港台地区企业、外资企业进入广东省，但这些企业更多是根据海外订单进行贴牌生产的“三来一补”型企业。这些劳动密集型产业大多是20世纪七八十年代从日本、韩国以及我国台湾和香港地区转移过来的，在国际产业链分工中处于最下游，控制劳动力成本、削减劳工福利成为这一类型企业利润的主要来源。吸引大量廉价劳动力进入生产线以及资方单边决定企业劳动条件等成为这些企业的基本特征。同时，在全球化背景下，资方力量单边增长打破了原有的劳资平衡状态。自20世纪末以来，新自由主义成为全球主导性理念，尤其是在一些国家，强调管理方权力受制于一些制度化因素，国家支持下的工会作用以及工人一系列所谓权利削弱了劳动力市场灵活性，而这是引起经济下滑的主要因素。所以，强调政府应消除任何影响劳动力市场灵活性的制度，降低企业用工成本，这是保持经济竞争力、提升就业最有效的途径。由此，政府总是在保护劳工与维持经济增长、降低失业率间徘徊，资方由此获得了超越以往的权力。

对我国而言，由于地方政府对 GDP 追求、资本强大以及工会缺位，使广东省劳资模式多以政府资方双边主义和资方单边主义出现。实践中，受资本所在国法律制度、历史文化传统、企业文化等多种因素影响，不同资本进入广东省市场后其劳资模式存在一定的差异。外资企业中，英美企业多以共决或集体谈判制出现，而日本、韩国及中国港台地区企业以政府资方双边主义为主，中小民营企业更多是资方单边主义。当然在劳资关系模式形成中，外资企业也会有一个本土化过程，而民营企业也会有一个向外资靠拢的过程。这种嵌入的过程就形成了广东省特有的嵌入型的劳资关系，这种嵌入型劳资关系的研究，既不能根据已有的一些评价指标照搬，也不能完全忽视现有的大环境，所以这就要求研究嵌入型劳资关系的评价指标时既要结合中国整个劳资关系的大特点，又要考虑广东省劳资关系独有的特点。研究这一劳资关系的评价指标对构建和谐广东有很大的战略意义。

第三节　嵌入型和谐劳资关系的评价指标

根据本章的目的和思路，在广泛参考相关方面资料、研究文献和问卷调查的基础上，本章初步拟定了嵌入型劳资关系的评价指标体系，在一级指标的选择上，参考了汪泓（2001）企业劳动关系定量评估模型中的指标，建立了企业就业状况、企业就业合同、工资及其分配、社会保障、工会组织和企业经济效益 6 个一级指标。但在二级指标的选取上，结合了广东省嵌入型劳资关系的特点。如表 20 - 1 所示。

对于这些指标的权重，采用专家赋值法。一级指标的权重比较单一，但是二级指标项下又有不同的情况，含有定量分析和定性分析。为了统一，将二级指标分成不同的标准，采用专家打分法，给予每个标准一定的分值，然后分发问卷，根据得到的情况，采用加权算法，就能算出总分。分值越高，嵌入型劳资关系越和谐。根据这种评价指标体系，可以横向比较不同的企业劳资关系和谐度，也可以纵向比较一个企业每一年的劳资关系和谐度，有利于企业对当前的劳资关系做出调整。

关于一级指标的权重，这里参照其他文献的专家赋值法，如表 20 - 2 所示。

表 20－1　嵌入型劳资关系评价指标

	一级指标	二级指标
嵌入型劳资关系	企业就业情况	工人占总职工的比例 外来打工者占总职工的比例 平均工作年限 劳动强度下岗率 工作环境满意度 培训经费
	企业就业合同	签约率 劳动合同期限 签订集体合同 集体合同覆盖率 签订方式
	工资及其分配	工资发放情况 工资增长情况 外来工作者和本土工作者工资差别 与行业工资相比情况
	社会保障	养老保险缴纳情况 医疗保险缴纳情况 公积金缴纳情况 失业保险缴纳情况 职工生育保险情况 参加其他商业保险情况
	工会组织	工会组织设立 工会专职干部配备 工会参与协商情况 职代会召开情况 劳动争议发生率 劳动争议解决情况
	企业经济效益	利润增长率 市场占有率

表 20－2　一级指标的权重

一级指标	权重
企业就业情况	0. 15
企业就业合同	0. 16

续表

一级指标	权重
工资及其分配	0.18
社会保障	0.17
工会组织	0.12
企业经济效益	0.22

注：这里专家对企业经济效益赋予的权重很大，而我们在考虑企业劳资关系的时候，往往忽视了企业经济效益这点，都只关注资方和劳方相互结合的过程。但是我们可想而知，一个企业有良好的经济效益，是有助于和谐的劳资关系的形成的。

二级指标的构成和标准如表20－3所示。

表20－3　二级指标的构成和标准

一级指标	二级指标构成	权重	标准和分值
企业就业情况	工人占总职工的比例	0.2	0～10%，8 10%～30%，6 30%～50%，10 50%～70%，4 70%和以上，0
	外来打工者占总职工的比例	0.08	0～10%，10 10%～30%，8 30%～60%，5 60%和以上，2
	平均工作年限	0.14	2 1～3.5 3～5.7 5和以上，10
	劳动强度	0.18	7～8小时，10 8～10小时，6 10～12小时，4 12小时和以上，0
	下岗率	0.15	0，10 0～8%，6 8%～20%，4 30%和以上，0

续表

一级指标	二级指标构成	权重	标准和分值
企业就业情况	工作环境满意度	0.15	很满意，10 满意，6 一般，4 有点不满意，2 很不满意，0
	培训经费	0.1	充足，10 一般，8 很少，5 没有，0
企业就业合同	签约率	0.3	100%，10 80%～100%，6 60%～80%，4 60%和以下，0
	劳动合同期限	0.2	5年和以上，10 3～5年，6 1～3年，2 1年和以下，0
	签订集体合同	0.15	是，8 否，4
	集体合同覆盖率	0.15	50%和以上，10 30%～50%，6 30%和以下，2
	签约方式	0.2	工会指导劳动者签订，10 企业拟定，劳动者适当修改，5 企业拟定，劳动者无权修改，1
工资及其分配	工资发放情况	0.3	从不拖欠，10 偶有拖欠，5 严重拖欠，0
	工资增长情况	0.3	有一定增长，10 偶有增长，8 没有增长，4 下降，0
	外来工作者与本土工作者工资情况	0.2	合理分配，没有差别，10 基本合理，差别很小，5 不合理分配，差别很大，0
	与行业工资相比情况	0.2	较高于，10 略高于，8 持平，5 略低，2

续表

一级指标	二级指标构成	权重	标准和分值
社会保障	养老保险缴纳情况	0.2	按时缴纳，10 偶有拖欠，5 不缴纳，0
	医疗保险缴纳情况	0.2	按时缴纳，10 偶有拖欠，5 不缴纳，0
	公积金缴纳情况	0.15	按时缴纳，10 偶有拖欠，5 不缴纳，0
	职工生育保险缴纳情况	0.15	按时缴纳，10 偶有拖欠，5 不缴纳，0
	失业保险缴纳情况	0.15	按时缴纳，10 偶有拖欠，5 不缴纳，0
	工伤保险缴纳情况	0.1	按时缴纳，10 偶有拖欠，5 不缴纳，0
	其他商业保险参与情况	0.1	有参与，8 没有参与，2
工会组织	工会组织的设立	0.25	有，6 无，2
	工会专职干部配备	0.1	有，6 无，2
	工会参与协商情况	0.15	必须参与，10 偶尔参与，6 从不参与，2
	职代会召开情况	0.1	定期召开，10 不定期召开，6 基本不召开，2 没有职代会，0

续表

一级指标	二级指标构成	权重	标准和分值
工会组织	劳动争议发生率	0.2	0～0.2%，10 0.2%～0.5%，6 0.5%～0.8%，3 0.8%和以上，0
	劳动争议解决情况	0.2	很满意，10 基本满意，5 不满意，0
企业经济效益	利润增长率	0.6	有增长，10 持平，5 下降，0
	市场占有率	0.4	有增长，10 持平，5 下降，0

注：这些指标和权重都是初步设定，还需要进一步的研究。

第四节 嵌入型劳资关系与内源型劳资关系的异同

不管是嵌入型劳资关系还是内源型劳资关系，它们都处在同样的一个社会环境下，面对同样的法律制度、同样的文化制度、同样的用工环境，在具体的一个企业中，它们也不可避免地面临着同样的劳资问题，都会有劳动纠纷。

嵌入型劳资关系和内源型劳资关系也存在着很大的不同。

首先，在资本的来源上。嵌入型企业的资本一般来自国外，也有部分来自国内，部分来自国外。嵌入的资本和本土的资本就不可避免地有一个竞争的过程。内源型企业资本一般来自国内，甚至是本地。所以不存在资本的竞争问题。

其次，在劳动者的来源上。嵌入型企业的劳动者部分是本地，部分来自外地，也有部分来自国外。不同地区的劳动者在一起共事，就不可避免地会产生思想上、做事方式上的差异，沟通起来就会有很大的难度。内源型企业的劳动者都是来自国内，有些甚至都是同一个地区，有着相同的思想、相同的工作方式，彼此之间更容易沟通，更有利于企业和谐劳资关系的形成。

再次，嵌入型企业多是劳动密集型企业，它们利用中国廉价的劳动力市场在中国开设工厂。这样的企业中一线劳动者的比例很高，他们文化程度低，技术技能也不是很过硬，就可能面临资方的一些侵权行为，在这些企业劳资关系会更加紧张。内源型企业中劳动密集型企业和资本、技术密集型企业都存在。在招工方式上，也存在着很大的不同。嵌入型企业主要是通过广泛的社会招聘来招聘员工，它们不存在地缘性优势。内源型企业部分通过社会招聘，大部分通过社会关系招聘员工，通过亲戚的引荐、朋友的推荐或是地区同乡的带动，很容易招聘到一些基层职工。但同时，这样也可能面临一些问题。一个员工不干了，很可能引发很多同乡都会离职，这样对企业来说，也会产生不好的影响。

最后，在文化融合上，嵌入型企业内部掺杂着很多不同的地区文化，国内的、国外的、南方的、北方的等，这些不同的文化必须很好地融合，企业才能在一个和谐的氛围中运转。内源型企业很少存在这种文化的差异，就不需要为文化冲突付出成本。

第五节　嵌入型劳资关系存在的问题

一、劳动合同

劳动合同是指劳动者与用人单位建立劳动关系、明确双方权利与义务的书面协议，是否签订劳动合同关系到劳资关系的存在与否及其合法性的问题。据调查，目前嵌入型企业在劳动合同上存在的主要问题如下：第一，忽视签订劳动合同。在生产类型的企业中，或是存在非法用工的行为，如非法招收外地打工者或雇佣童工；或是劳动强度太大严重侵害员工的休息权利；或是逃避社会保险等必须履行的义务，故意拒绝签订劳动合同。在那些技术含量较高的企业如高科技公司，企业为了压低工资，短期使用员工的技术而故意以口头约定试用期而拖延或者拒绝签订劳动合同。第二，合同条款模糊或残缺。一些外资企业的职工尽管与企业主签订了劳动合同，但是这些合同有的条款是模糊的，有的关于职工权利的条款根本没有写进劳动合同。第三，是不平等的劳动合同。一些企业主为了转嫁成本或风险，迫使打工者签订所谓的“生死合同”，这些合同是违背劳动法及相应法规的。

二、工资分配

嵌入型企业在工资分配制度上存在如下问题：一是部分企业薪资偏低。尽管多数企业薪资水平都能高于当地同行业平均工资，但仍有相当数量的企业支付的薪资水平相当低，有的甚至低于当地最低工资标准。二是克扣工资和拖欠员工工资现象严重。三是频繁地加班，员工却得不到合理的报酬。尤其是实行计时、计件工资的企业员工，在这方面的问题比较严重。四是企业停产和解除合同，不发给职工停工工资和补偿金，国家法定节日和其他假期也不给职工薪金。

三、社会保障

嵌入型企业招聘了相当数量的外地工（或劳务工、或离土不离乡的农民工），他们在工资上与正式合同工同工同酬，但不能享受养老保险、个人与家属的医疗保险等社会保障。而他们却正是从事苦、累、脏、险、工作多、加班加点多的工人，在健康上隐忧甚多。同时，很多嵌入型企业的员工都存在就业危机。裁员和工人下岗待业的情况已在少数企业开始出现。随着同行业企业之间的竞争有可能加剧，这种现象会增加，程度会加深。工人因此会因为缺乏就业安全而不安。

四、文化差异

嵌入型企业的文化建设是构建和谐劳资关系很重要的一个因素。但现在的情况是，很多企业并没有重视企业的文化建设。在面临文化差异、地区差异时，没有很好地处理。不同的国家和地区在处理劳资关系上都有不同的做法。如在劳资关系的处理上，北美鼓励个人主义和高绩效；欧洲则偏重于强调社会责任；日本强调忠诚和“以厂为家”，实行终身雇用制度、年功序列的工资制度、考核评分制度和职工持股的利益共享制度，将年龄和为公司服务时间的长短作为薪酬的主要决定因素；在韩国企业和我国大量的港台地区企业中，则比较盛行“家长制”，强调绝对服从。又如集体谈判方面，美国通常将其理解为地方工会和管理者之间的协商，而德国和瑞典则常常是指雇主组织和工会在产业水平上的谈判。许多西欧国家把集体谈判作为劳动者和管理者之间的一种持续的阶级斗争意识而存在，而在美国则更多地从经济角度来考虑。因此，不同文化背景下员工在工作方式、工作的理解和生活方式等方面存在的差异，导致对工作的意义、价值以及所采取的相应方式的不同，这样显然会造成中外职员在行动上的不一致，反过来影响彼此之间的评判、认识，以致影响他们之间的信任，于是就造成互动上的障碍，导致分歧和冲突。这样，就要求企业在自己国家文化的基础上，结合中国的文化特点，形成企业良好的文化，减少冲突，凝聚员工力量。

五、政府态度

政府在协调劳资关系中处于很重要的地位。它不应该有利益倾向，既不代表劳动者，也不代表资本。但是现在的情况是，很多嵌入型的企业拥有政府的政策优惠。有些地方政府和部门将吸引资本作为政绩目标，往往对一些合资企业、外资企业实施超国民待遇，这种重引进、轻管理，姑息了资方的侵权行为。在现阶段，把招商引资、发展经济作为地方政府工作重点，本无可厚非，但不能以牺牲职工权益为代价，对资方的某些侵权行为以及广大职工在权益保护方面的呼声置若罔闻，纵容企业的侵权行为，导致员工无法维护正当权益以及劳资冲突的爆发甚至升级。中小企业的投资商，往往由于成本的原因在选址时大多考虑处于较为落后或相对偏离城市中心地区，而这些地区的政府部门对于送上门来的投资视为“摇钱树”、“聚宝盆”。因此，对于这些企业的违规视而不见，导致劳资矛盾更进一步升级，甚至成为地方不稳定因素。就目前而言，确立合资企业、外资企业与中国企业的平等地位以及建立针对合资企业、外资企业的劳动立法无疑是当务之急。对已有的法规执行不力、劳动者争议处理范围较小、处理难度较大等问题，要尽快建立起比较完备的劳动关系调整法律体系，为建立新型劳动关系调整体制提供法律支持。

第七部分　实证研究与规范嵌入劳资关系的政策建议

第二十一章　基于主成分分析与神经网络方法的珠三角民营企业劳资关系预警研究

随着市场经济的发展，非公有制经济对珠三角地区经济的贡献日渐增加，大量民营企业的发展壮大为社会产出、就业等方面起到良好的作用。但在民营企业吸纳大量社会劳动力的同时，民营企业的劳资关系问题也逐渐浮出水面，引起了各方面的关注。由于民营企业相对于国有企业来讲，大多数成立年限较短，企业管理制度不够成熟，成为劳资矛盾、劳资纠纷高发区。因此，促进珠三角地区民营企业劳资关系的和谐，是民营企业健康有序发展的重要任务。本章将结合主成分分析与神经网络方法针对民营企业劳资关系建立起一套预警机制。

本章在梳理劳资关系影响因素及预警机制相关研究现状的基础上，根据劳资关系系统理论模型，以珠三角地区 9 个城市（广州、佛山、深圳、东莞、惠州、中山、珠海、肇庆、江门）为实地调研范围，对这 9 个城市的 32 个民营企业劳资关系的现状进行深刻调查与研究，分别设计针对员工、专家的两份调查问卷并结合访谈得到第一手数据。结合民营企业劳资关系特点，深入分析珠三角地区民营企业影响劳资关系的因素，结合主成分分析以及神经网络方法，设计出适用于民营企业劳资关系的预警模型。该预警模型中，将珠三角地区民营企业劳资关系风险等级分为 0（无警）、1（轻警）、2（重警）。对于劳资关系警示级别为重警级企业予以风险警示，提醒其提前做出整改措施，降低劳资双方的矛盾冲突，尽量减少由此带来的损失。

第一节　文献综述

章辉美和洪泸敏（2011）分析了宏观环境下劳动关系问题产生的根本原因在于对劳动者利益的忽视和对劳动者的不支持两个方面。张军（2010）构建了包括契约指标和综合指标的企业劳动关系预警机制，根据劳动合同、集体合同、劳动争议和规章制度四方面对劳动关系进行了和谐稳定（绿灯）、基本稳定（黄灯）、极不稳定（红灯）三级预警，提倡企业在劳动关系表现出和谐稳定时进行管理创新，通过员工参与管理、消除部门界限、员工董事与监事等形式把劳动者与企业紧密联系在一起。李恩平和卞永峰（2013）在分析现状的基础上，构建了中小企业新生代农民工劳动关系预警组织架构，得出中小企业应设立与劳动关系预警相关的独立机构，同时在其他部门内部增加预警职能。当新生代农民工劳动关系发生重大危机时，应建立非常规预警流程，及时化解矛盾，解决危机，促进中小企业构建和谐的劳动关系。

综上所述，本章将研究对象具体到民营企业的劳资关系状况，研究内容也不再局限于劳资关系的理论与事后处理分析，而是对民营企业劳资关系发展状况进行深入分析，对劳资关系的事前状态进行解剖，寻找出影响劳资关系的各种因素，结合主成分分析与神经网络方法建立起针对民营企业劳资关系的风险预警模型，对可能出现劳资问题的企业进行提前的警示。

第二节　理论分析与指标构建

一、理论分析

因民营企业劳资关系状态具有不稳定性，所以需要对民营企业劳资关系进行预警研究，本章将从现状和基于成本与收益的经济学角度两个方面对珠三角地区民营企业劳资关系预警机制进行理论分析。重点讨论珠三角地区民营企业建立劳资关系预警机制的必要性。从理论上证明民营企业可以通过建立劳资关系预警机制预防及解决劳资矛盾、劳资纠纷等相关问题以及获取更大的经济收益，从而鼓励民营企业建立劳资关系预警机制。

本章建立两个假设：一是假设以调查问卷的形式获取的 20 个指标满意度呈现，1（非常不满意）、2（不满意）、3（不确定）、4（满意）、5（非常满意）。二是定义样本数据中的劳资关系风险等级为两级，标准是计算 32 个企业样本 20 个指标数据的平均值，如果平均值 <2，即员工对企业劳资关系的平均满意度为不满意，则定义其为劳资关系表现高危企业。最终判断 32 家企业劳资关系表现高危的共 5 家，定义预警类型为 1，表现良好的共 27 家，定义预警类型为 0。

1. 现状分析

本章共选取了珠三角地区 9 个城市 32 家民营企业作为调研对象，对 32 家民营企业的员工使用随机抽样调查方式发放问卷，运用 2013 年 10 月至 2014 年 5 月发放的 935 份调查问卷所获得的相关调研数据分析珠三角地区民营企业劳资关

系现状。通过实地调研发现，珠三角地区民营企业劳资关系主要存在以下几点问题：

（1）企业职工工资水平不够高。我们的调查结果表明，职工工资收入增长与经济发展不相适应。有的企业不执行最低工资制度，有的不能按时足额发放职工工资，有的经常安排职工加班，不按规定向职工支付加班费。同时普通职工工资收入增长缓慢，职工收入与管理人员收入差距明显拉大，低收入群体比重较大且20.78%的企业依旧存在拖欠工资的行为。

（2）企业劳动用工不规范。目前，珠三角地区32家民营企业中仍有17.65%的被调查者与企业没有签订劳动合同，5.88%的被调查者表示不清楚是否已经签订劳动合同。而且劳动合同短期化问题比较突出，其中，劳动合同年限在1~3年的占50%，1年以下的短期合同占到24.57%，而5年以上的中期合同只占到6.86%。在签订劳动合同时，有的用人单位不与职工协商签订；有的合同文本不规范，合同内容太简单；有的企业随意规定劳动标准条件，随意解雇职工，使职工缺乏职业安全感。

（3）企业职工的休息休假权没有切实执行。17.65%的被调查者表示在国家规定假期，企业有按照国家规定休假，但会要求加班补回；10.78%的被调查者表示有休假，但会缩短假期时间；18.63%的被调查者表示并没有按照规定给予员工应有的假期。对于在国家规定假期要求员工加班的企业中，45.1%的被调查者所在企业并没有按照规定给予员工3倍工资作为补偿。

（4）企业职工社会保险参保率不高。我们的调查数据显示，少部分企业不为职工办理社会保险，大部分员工没有被纳入城市社会保障体系，不能享受最低生活保障。企业在为员工缴纳的社会保险中，医疗保险占比最高，达到了79.41%，其次是工伤保险与失业保险都在56%以上，紧随其后的是养老保险占到46.43%，有13.73%的员工没有任何社会保险。

（5）劳动争议协调机制不健全，争议没有得到有效解决，数据显示，仅有38.24%的被调查者所在企业在发生劳资矛盾的时候情况得到有效解决。

通过珠三角地区民营企业劳资关系的现状分析可以看出，现有民营企业在劳资关系方面存在很多问题，严重制约了珠三角地区劳资关系的和谐稳定发展，使企业本身也形成了很多负面影响，降低了企业的生产效率，损害了企业的社会声誉。所以，建立一个可行的企业劳资关系预警机制是非常必要的。

2. 经济学分析——成本收益角度

珠三角地区民营企业要实现和谐稳定发展，就应不断提高自身的竞争力，而劳资关系的和谐稳定是这一目标实现的根本保障。建立劳资关系预警机制是为了降低企业劳资关系中不稳定性导致的风险，减少企业的不确定性损失或者使企业不损失，从而获得更多的收益。企业建立劳资关系预警机制的驱动力在于实现其经济利益，具体以成本收益的比较分析作为判断的标准，当企业估算出建立劳资关系预警系统的收益大于成本时，才会采取行动建立该系统。

建立劳资关系预警机制的成本主要包括人力资源成本、培训教育费用、公共关系费用等。直接成本包括收集信息、处理信息、实施成本、设备投入等。建立劳资关系预警机制的产出主要包括直接产出（即通过预警机制带来的直接经营绩效的提升）和间接产出（即通过预警机制提高劳动者的积极性从而间接促进生产效率的提高）。经济收益等于产出减去成本，分析本章建立的预警模型，其所需的人力资源成本、实施成本和设备投入成本都较低，只需一位熟练应用 Matlab 工具且熟悉本操作系统的专业人士即可。所以，我们得出该劳资关系预警机制可以产生预期的经济收益。且企业劳资关系预警机制有利于树立良好的企业形象以及提高企业的社会知名度。

通过成本与收益的经济学分析，当劳资关系预警机制可以产生预期的经济收益时企业就会建立预警机制，而本章的预警模型可以为企业带来收益，所以从理论上说明了企业建立劳资关系预警机制的必要性。

二、指标体系的构建

本章在文献分析、理论研究的基础上，具体根据劳动关系系统理论桑德沃模型（常凯，2005）及珠三角民营企业实际情况，对影响民营企业劳资关系和谐度的各种因素进行整合。同时，在参考现有关于劳资关系评价指标体系和现代化指标体系的研究基础上，构建关于民营企业劳资关系预警指标体系框架。

1. 一级指标与二级指标

对民营企业劳资关系预警展开研究，关键在于企业劳资关系稳定与和谐的程度。所以要在挖掘企业内部影响劳资关系质量相关因素的基础上，建立有效的劳资关系预警指标体系。通过对目前企业劳资关系的研究发现，通常导致劳资关系不和谐主要集中在合同签订情况、劳动争议调解、工作环境、工资福利四个方面，这就为劳资关系预警指标体系的建立奠定了理论基础。同时，根据劳动关系系统理论桑德沃模型及珠三角民营企业实际情况建立劳资关系预警模型的 4 个一级指标，分别是劳动合同、劳动争议、工作环境、收入保障以及 20 个细化的二级指标，如表 21 – 1 所示。

2. 二级指标的最终确定

预警指标在应用之前，应该对其数据进行预处理以确定较好地分析，在预处理环节使用的数据为选取的 32 家民营企业随机抽样调查的员工样本，依据其 20 个二级指标平均值计算所得数据。

表 21-1 珠三角地区民营企业劳资关系预警指标体系

一级指标	二级指标	编号
劳动合同	劳动合同签约情况	X1
	劳动合同履约情况	X2
	劳动合同期限	X3
	集体合同签约情况	X4
	集体合同履约情况	X5
劳动争议	劳动争议发生情况	X6
	劳动争议调解情况	X7
工作环境	工作强度	X8
	平均工作年限	X9
	休息休假情况	X10
	下岗情况	X11
	工作环境满意度	X12
收入保障	最低工资比	X13
	加班工资的合法支付情况	X14
	养老保险缴纳情况	X15
	医疗保险缴纳情况	X16
	工伤保险缴纳情况	X17
	生育保险缴纳情况	X18
	失业保险缴纳情况	X19
	住房公积金缴纳情况	X20

（1）指标数据的正态分布检验。为了筛选出民营企业劳资关系表现高危企业和良好企业间存在显著性差异的指标，应该进行配对T检验。在进行T检验之前要求对样本进行正态分布检验。本书采用单样本的K-S检验来验证所选取的20个原始指标数据在总体上是否服从联合正态分布。

表21-2给出了预警指标样本数据正态分布检验的结果。在选取的20个原始预警指标中，有4个预警指标的伴随概率P值小于给定的显著性水平 $\alpha=0.05$。也就是说，这4个预警指标的样本总体分布不符合正态分布；剩余的16个样本总体服从正态分布。根据K-S检验要求，判定初选的20个预警指标变量总体上不符合联合正态分布。因此不能进行T检验，而要采用非参数检验法。

表 21－2　预警指标样本数据正态分布检验

预警指标	Z 统计量	伴随概率 P
X1	1. 0420	0. 2276
X2	1. 3676	0. 0475
X3	1. 0833	0. 1911
X4	0. 9777	0. 2947
X5	1. 0291	0. 2401
X6	0. 9881	0. 2829
X7	1. 3898	0. 0420
X8	0. 0420	0. 1799
X9	0. 9935	0. 2770
X10	1. 4809	0. 0249
X11	1. 1324	0. 1538
X12	1. 1212	0. 1618
X13	0. 9172	0. 3695
X14	1. 2011	0. 1116
X15	0. 9449	0. 3338
X16	1. 2887	0. 0722
X17	1. 1595	0. 1359
X18	1. 2931	0. 0706
X19	0. 9751	0. 2977
X20	1. 6238	0. 0103

（2）指标数据的显著性差异检验。显著性检验是为了剔除掉那些劳资关系表现高危企业和良好企业之间不存在显著性差异的指标，使其对预警模型准确率的影响降到最低。我们采用非参数检验方法——Wilcoxon 符号秩检验。本章的两组变量分别为劳资关系表现良好企业的预警指标变量和劳资关系表现高危企业的预警指标变量。

表 21－3 给出了预警指标变量的显著性差异检验结果。我们可以看出，在给定的 10% 的水平上存在显著性差异的指标变量有 X4、X5、X6、X7、X11、X12、X13、X15、X16、X17、X18、X19，因此应将这 12 个指标纳入模型中进行进一步分析，其他指标剔除。

表 21－3　指标变量的显著性差异检验结果

预警指标	Z 统计量	伴随概率 P
X1	－2. 0604	0. 1088
X2	－1. 6036	0. 1394
X3	－1. 2888	0. 1975
X4	－1. 8411	0. 0656
X5	－1. 8411	0. 0656
X6	－1. 8411	0. 0656
X7	－1. 8570	0. 0633
X8	－1. 6330	0. 1422
X9	－2. 0319	0. 1025
X10	－1. 1339	0. 2568
X11	－2. 0702	0. 0384
X12	－1. 6330	0. 0025
X13	－2. 1213	0. 0339
X14	－0. 9482	0. 3430
X15	－2. 0412	0. 0412
X16	－1. 8411	0. 0656
X17	－1. 6036	0. 0988
X18	－2. 0604	0. 0394
X19	－1. 4832	0. 0656
X20	－1. 8411	0. 1380

第三节　实证研究

实证部分首先要利用主成分分析对民营企业劳资关系影响因素进行降维，简化输入信息的表达空间维数、减小神经网络构成系统的复杂性，提高容错及抗干扰的能力，确定神经网络的输入层（蔡炜华、陈翔、王秋红、张慧玲，2006）；其次构建民营企业劳资关系综合得分值，并基于原始劳资关系分类标准对民营企业劳资关系风险程度进行重新分类，分为 2（重警）、1（轻警）、0（无警）以确定神经网络的输出层（纪娟，2011）；最后运用神经网络对民营企业劳资关系建立风险预警模型。

一、主成分分析

首先判断本章的样本变量是否适合采用主成分分析。求得经过显著性差异检验处理的12个指标变量的相关系数矩阵，如表21－4所示。表21－4的上半部分是变量的相关系数矩阵，其中全部数值都大于0.3，大部分大于0.5；下半部分是相关系数显著性差异检验的伴随概率P值，基本小于0.1，因此，说明变量之间存在一定的相关性，进行主成分分析是十分必要的。

表21－4　指标数据相关系数矩阵

		X4	X5	X6	X7	X11	X12	X13	X15	X16	X17	X18	X19
相关	X4	1.000	0.854	0.587	0.673	0.588	0.456	0.401	0.436	0.454	0.514	0.462	0.520
	X5	0.854	1.000	0.642	0.705	0.682	0.510	0.468	0.566	0.579	0.656	0.604	0.622
	X6	0.587	0.642	1.000	0.705	0.582	0.755	0.742	0.618	0.617	0.494	0.646	0.431
	X7	0.673	0.705	0.705	1.000	0.558	0.546	0.524	0.364	0.384	0.427	0.396	0.341
	X11	0.588	0.682	0.582	0.558	1.000	0.496	0.566	0.639	0.699	0.819	0.760	0.695
	X12	0.456	0.510	0.755	0.546	0.496	1.000	0.699	0.593	0.601	0.482	0.714	0.549
	X13	0.401	0.468	0.742	0.524	0.566	0.699	1.000	0.651	0.619	0.488	0.659	0.372
	X15	0.436	0.566	0.618	0.364	0.639	0.593	0.651	1.000	0.932	0.781	0.848	0.693
	X16	0.454	0.579	0.617	0.384	0.699	0.601	0.619	0.932	1.000	0.883	0.826	0.753
	X17	0.514	0.656	0.494	0.427	0.819	0.482	0.488	0.781	0.883	1.000	0.793	0.841
	X18	0.462	0.604	0.646	0.396	0.760	0.714	0.659	0.848	0.826	0.793	1.000	0.761
	X19	0.520	0.622	0.431	0.341	0.695	0.549	0.372	0.693	0.753	0.841	0.761	1.000
Sig.	X4		0.000	0.000	0.000	0.000	0.003	0.009	0.005	0.003	0.001	0.003	0.001
	X5	0.000		0.000	0.000	0.000	0.001	0.003	0.000	0.000	0.000	0.000	0.000
	X6	0.000	0.000		0.000	0.000	0.000	0.000	0.000	0.000	0.001	0.000	0.005
	X7	0.000	0.000	0.000		0.000	0.000	0.001	0.017	0.012	0.006	0.010	0.024
	X11	0.000	0.000	0.000	0.000		0.001	0.000	0.000	0.000	0.000	0.000	0.000
	X12	0.003	0.001	0.000	0.000	0.001		0.000	0.000	0.000	0.002	0.000	0.000
	X13	0.009	0.003	0.000	0.001	0.000	0.000		0.000	0.000	0.002	0.000	0.015
	X15	0.005	0.000	0.000	0.017	0.000	0.000	0.000		0.000	0.000	0.000	0.000
	X16	0.003	0.000	0.000	0.012	0.000	0.000	0.000	0.000		0.000	0.000	0.000
	X17	0.001	0.000	0.001	0.006	0.000	0.002	0.002	0.000	0.000		0.000	0.000
	X18	0.003	0.000	0.000	0.010	0.000	0.000	0.000	0.000	0.000	0.000		0.000
	X19	0.001	0.000	0.005	0.024	0.000	0.000	0.015	0.000	0.000	0.000	0.000	

表21-5给出了KMO检验值和Bartlett球形检验值。KMO检验值为0.859，大于0.5，而且渐近的χ^2值很大，显著性概率P值为0，十分显著，因此应该对指标变量进行主成分分析。表21-6给出了用于劳资关系风险预警的指标变量相关系数矩阵的特征值、方差贡献率、累计方差贡献率。累计方差贡献率即所提取的成分对原始变量方差的解释能力，累计方差贡献率越大，对总体的解释能力越强。由表21-6可知，累计方差贡献率已经达到85.178%，包含了大部分的信息。

表21-5 指标数据的KMO检验值和Bartlett球形检验值

取样足够度的 Kaiser-Meyer-Olkin 度量		0.859
Bartlett 的球形度检验	近似卡方	410.819
	Sig.	0.000

表21-6 指标变量相关系数矩阵的特征值、方差贡献率、累计方差贡献率

成分	初始特征值			提取平方和载入			旋转平方和载入		
	合计	方差贡献率（%）	累计方差贡献率（%）	合计	方差贡献率（%）	累计方差贡献率（%）	合计	方差贡献率（%）	累计方差贡献率（%）
1	7.766	64.719	64.719	7.766	64.719	64.719	4.461	37.176	37.176
2	1.397	11.643	76.362	1.397	11.643	76.362	2.937	24.479	61.655
3	1.058	8.816	85.178	1.058	8.816	85.178	2.823	23.524	85.178
4	0.435	3.629	88.807						
5	0.371	3.088	91.896						
6	0.280	2.331	94.227						
7	0.196	1.631	95.859						
8	0.155	1.295	97.154						
9	0.131	1.089	98.242						
10	0.110	0.916	99.159						
11	0.073	0.608	99.766						
12	0.028	0.234	100.000						

表 21 -7 指标旋转成分矩阵

	成分		
	G1	G2	G3
集体合同签约情况 X4	0. 290	0. 158	0. 867
集体合同履约情况 X5	0. 441	0. 209	0. 809
建议申诉渠道 X6	0. 245	0. 467	0. 770
劳动争议调解情况 X7	0. 064	0. 458	0. 787
下岗补助 X11	0. 682	0. 258	0. 477
工作环境满意度 X12	0. 334	0. 777	0. 252
最低工资 X13	0. 304	0. 838	0. 184
养老保险缴纳情况 X15	0. 787	0. 481	0. 108
医疗保险缴纳情况 X16	0. 841	0. 419	0. 148
工伤保险缴纳情况 X17	0. 891	0. 166	0. 312
生育保险缴纳情况 X18	0. 776	0. 499	0. 177
失业保险缴纳情况 X19	0. 852	0. 103	0. 304

从表 21 -7 可以看出，G1 主要受 X15 养老保险缴纳情况、X16 医疗保险缴纳情况、X17 工伤保险缴纳情况、X18 生育保险缴纳情况、X19 失业保险缴纳情况影响，因此把第一个公因子命名为“收入保障因子”；G2 主要受 X12 工作环境满意度、X13 最低工资影响，因此把 G2 命名为“工作环境因子”；G3 主要受 X4 集体合同签约情况、X5 集体合同履约情况、X6 建议申诉渠道、X7 劳动争议调解情况影响，因此把 G3 命名为“劳动合同—争议因子”。各因子的命名及其系数矩阵如表 21 -8 所示。

表 21 -8 指标成分得分系数矩阵

	成分		
	收入保障因子	工作环境因子	劳动合同—争议因子
集体合同签约情况 X4	-0. 060	-0. 180	0. 466
集体合同履约情况 X5	0. 005	-0. 170	0. 391
建议申诉渠道 X6	-0. 171	0. 065	0. 362
劳动争议调解情况 X7	-0. 225	0. 109	0. 378
下岗补助 X11	0. 155	-0. 115	0. 125
工作环境满意度 X12	-0. 097	0. 398	-0. 090

续表

	成分		
	收入保障因子	工作环境因子	劳动合同—争议因子
最低工资 X13	-0.114	0.466	-0.143
养老保险缴纳情况 X15	0.207	0.107	-0.185
医疗保险缴纳情况 X16	0.240	0.039	-0.153
工伤保险缴纳情况 X17	0.300	-0.193	0.007
生育保险缴纳情况 X18	0.185	0.106	-0.144
失业保险缴纳情况 X19	0.301	-0.225	0.024

由表21-8中的成分得分系数，就可以计算出每个原始变量的主成分得分。综合主成分得分的评价方法为：以每个主成分对应的贡献率为权数，对三个主成分进行加权平均，可以得到综合主成分值，即可构建所选样本劳资关系综合主成分评价函数如下：

$G=0.6472G1+0.1164G2+0.0882G3$

其中，$G1=-0.060X4+0.005X5-0.171X6-0.225X7+0.155X11-0.097X12-0.114X13+0.207X15+0.24X16+0.3X17-0.185X18+0.301X19$

$G2=0.18X4-0.17X5+0.065X6+0.109X7-0.115X11+0.398X12+0.466X13+0.107X15+0.039X16-0.193X17+0.106X18-0.225X19$

$G3=0.466X4+0.391X5+0.362X6+0.378X7+0.125X11-0.09X12-0.143X13-0.185X15-0.153X16+0.007X17-0.144X18+0.024X19$

利用上述公式计算出所选样本的劳资关系综合的分值，与我们对民营企业劳资关系风险的原始分类进行对比，可以发现，预警类型为1的企业，劳资关系表现高危的企业G值都小于6.5，而预警类型为0的企业，劳资关系表现良好的企业其G值基本都大于6.5。为了对民营企业劳资关系进行更严格和详细的分类，结合主成分分析法得出的劳资关系综合得分值，我们定义G值小于6.5为重警（2），G值在6.5~6.8为轻警（1），G值大于6.8为无警（0）。可以判定32家民营企业中6家劳资关系表现为重警，19家劳资关系表现为轻警，7家劳资关系表现为无警（见表21-9）。

二、主成分—神经网络预警模型的建立

1. 模型简介

本章采用三层反馈型神经网络，网络拓扑结构为3×2×3，输入层的节点数（神经元个数）由主成分分析确定的主成分个数决定，输出层的节点数（神经元个数）由劳资关系综合的分值决定，本章将输出层定为3个节点，即输出企业劳

表 21-9 劳资关系综合得分值与分类

民营企业	G值	原始风险分类	G风险分类	民营企业	G值	原始风险分类	G风险分类
1	6.718801	0	1	17	6.597993	0	1
2	6.603696	0	1	18	6.446675	1	2
3	6.733161	0	1	19	6.832881	0	0
4	6.637744	0	1	20	6.865449	0	0
5	6.616103	0	1	21	6.700407	0	1
6	6.729352	0	1	22	6.863534	0	0
7	6.385775	1	2	23	7.047763	0	0
8	6.781587	0	1	24	6.687214	0	1
9	6.643455	0	1	25	6.580584	0	1
10	6.658607	0	1	26	6.621	0	1
11	6.452934	1	2	27	6.367644	1	2
12	6.495081	0	2	28	6.891533	0	0
13	6.622098	0	1	29	6.950611	0	0
14	6.748933	0	1	30	6.74696	0	1
15	6.381819	1	2	31	6.610552	0	1
16	6.632067	0	1	32	6.808848	0	0

资关系表现为重警、轻警和无警，为便于表示，将企业劳资关系表现为重警的期望输出设为2，表现为轻警的期望输出设为1，表现为无警的期望输出设为0。隐藏层的节点数是根据反复试验后得到的最佳结果。运用BP算法对模型进行计算，BP算法是误差反向传播算法的学习过程，由信息的正向传播和误差的反向传播两个过程组成。输入层各神经元接收到外界信息后传递给隐藏层各神经元，隐藏层负责信息变换，最后将信息传递到输出层各神经元完成一次学习的正向传播处理过程。当实际输出与期望输出不符时，进入误差的反向传播阶段。周而复始的信息正向传播和误差反向传播以确定权值不断调整，此过程一直进行到网络输出的误差减小到可以接受的程度，或者预先设定的学习次数为止。

2. 模型计算

运用Matlab编程进行反复试验，参数设定情况如下：循环间隔数32，目标误差0.0001，最大循环次数2000，训练集占70%，测试集占30%，输出层激活函数为Softmax，隐藏层激活函数为双曲正切。劳资关系预警系统训练及测试拟合图结果如图21-1与图21-2所示。

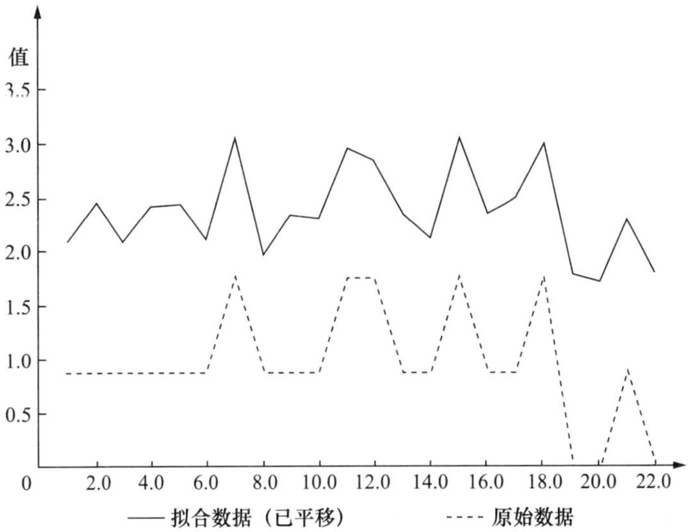

图 21－1 劳资关系预警训练拟合

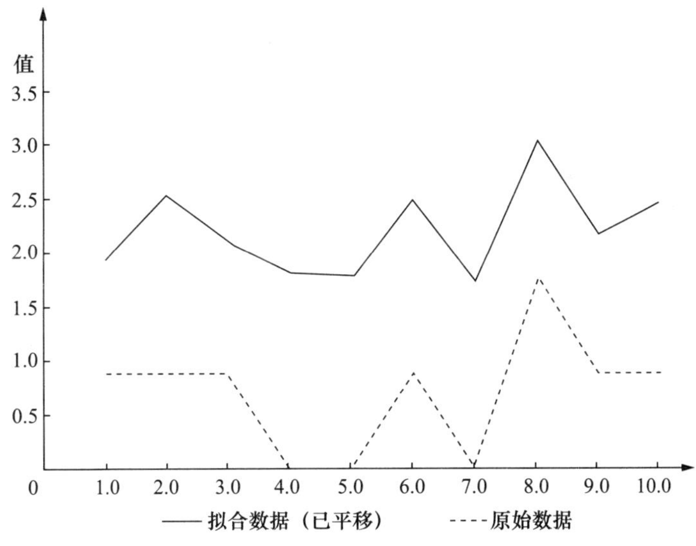

图 21－2 劳资关系预警测试拟合

在网络训练和误差逼近过程中，权值最终调整结果如表 21－10 所示。

表 21－10　参数估计

预测值		已预测				
		隐藏层		输出层		
		H（1:1）	H（1:2）	0	1	2
输入层	（偏差）	－1.647	－1.309			
	G1	1.638	－2.330			
	G2	0.984	－1.281			
	G3	1.518	－1.393			
隐藏层 1	（偏差）			－1.191	0.346	0.837
	H（1:1）			1.037	－2.203	0.123
	H（1:2）			－3.074	－1.550	3.572

训练及测试样本集的检验结果如表 21－11、表 21－12 与表 21－13 所示。

表 21－11　训练集检验结果

企业	实际输出	期望输出	企业	实际输出	期望输出
1	0.7857	1	12	1.6453	2
2	1.2037	1	13	1.0867	1
3	0.7661	1	14	0.8326	1
4	1.1583	1	15	1.8678	2
5	1.1876	1	16	1.0817	1
6	0.8065	1	17	1.2462	1
7	1.8728	2	18	1.8068	2
8	0.6529	1	19	0.3407	0
9	1.0599	1	20	0.2635	0
10	0.0298	0	21	1.0053	1
11	1.7675	2	22	0.2407	0

表 21－12　测试集检验结果

企业	实际输出	期望输出	企业	实际输出	期望输出
1	0.6075	1	6	1.2351	1
2	1.2848	1	7	0.3803	0
3	0.7988	1	8	1.8706	2
4	0.2695	0	9	0.8770	1
5	0.2303	0	10	1.2167	1

表 21 - 13　样本集检验正确度

样本	已观测	已预测			
		0	1	2	正确百分比（%）
训练	0	3	1	0	75.0
	1	1	12	0	92.3
	2	0	1	4	80.0
	总计百分比（%）	18.2	59.1	22.7	86.4
测试	0	2	1	0	66.7
	1	1	5	0	83.3
	2	0	0	1	100.0
	总计百分比（%）	30	60	10	80.0

本章在以往的研究基础上，定义输出值大于 1.7，认为输出为 2；输出值在 0.7 ~1.3，认为输出为 1；输出值小于 0.3，认为输出为 0；输出值在 0.3 ~0.7 和 1.3 ~1.7 认为该输出为模型失效。结果显示训练样本中，有 3 家企业的实际输出结果失效，正确率达到 86.4%。测试样本中，有 2 家企业的实际输出结果失效，正确率为 80.0%。训练样本和测试样本的准确率都较高，所以本章中运用主成分—神经网络的劳资关系预警模型的构建是有效的。

三、实证结果分析

本章对珠三角地区 9 个城市 32 家民营企业的员工采用调查问卷的形式进行抽样调查，以获得珠三角地区民营企业劳资关系满意度数据，分析数据可以得到有 5 家企业分别为 FS - NH（广东省南海食品进出口有限公司）、FS - WJL（广东万家乐燃气具有限公司）、FS - KQ（广东康乾机床有限公司）、FS - XB（广东新宝电器股份有限公司）、GZ - ST（广东申通物流有限公司）满意度较低，在此基础上建立预警模型，实证结果显示，32 家民营企业中劳资关系表现为重警 6 家、轻警 19 家、无警 7 家，其中，重警的 6 家企业分别为 FS - NH、FS - WJL、FS - KQ、FS - XB、GZ - ST、FS - HP（广东华普电器实业集团有限公司）。训练样本正确率为 86.4%，测试样本正确率为 80.0%，其中的失效样本基本为 0（无警）、1（轻警）判断失误。也就是说，模型对于重警企业的判断非常准确。且模型对于输出结果的设计限制较严格，很多文章对于有效样本的界定区间都设计为左右波动 0.5，而本章采用了 0.3 为有效样本的界定区间，得出的预警模型是有效且具有说服力的。

本章所建立的基于主成分—神经网络的珠三角地区民营企业劳资关系预警模

型应用价值比较高，只需要选定所检测企业的12个劳资关系预警指标作为输入矩阵，利用Matlab工具即可实现对企业劳资关系的预警，若得出企业为劳资关系表现为重警企业，则应该马上查找原因，采取及时、适当、有效的措施改善劳资关系现状，提高企业竞争力。

第四节　研究结论与不足

上述的实证检验结果表明，本章选取的结合主成分分析与神经网络的珠三角地区民营企业劳资关系预警模型具有一定的应用价值，其对劳资关系表现高危企业的预警能力准确性较高。应用本章中的劳资关系预警模型，对选取的32家民营企业进行预警，结果显示，其中6家民营企业属于重级预警，对其进行分析发现，6家民营企业多数都在佛山地区，且大部分都是制造业，以广东新宝电器股份有限公司为例，该企业平均满意度为1.7525（1为非常不满意，2为不满意），其中满意度较低的是劳动合同期限、劳动争议调解情况、工作强度、下岗补助以及各社会保险缴纳情况。

本章的研究结论针对不同的应用主体具有不同的价值：民营企业可以发现自己在劳资关系实践中的不足和缺陷，规范自身的劳资关系行为，避免劳资关系方面的风险，同时可以不断提高本企业的劳资关系和谐度，增强企业的凝聚力和可持续发展能力。工会可以从整体上更加有效地维护劳动者的合法权益。政府可以准确地把握本地区民营企业劳资关系状况，有针对性地采取立法、司法、行政措施加强对劳资关系的政府干预。同时也希望能为珠三角地区民营企业的劳资关系纠纷提供一些技术支持，且本章的研究结果对于其他地区、其他经营模式的企业同样适用，同样具有借鉴意义。

由于在实际研究中各种条件的限制，本章存在以下一些不足之处：①模型的准确性是建立在样本数据的准确性基础之上的，本章的数据主要来源于针对民营企业员工的调研数据，由于调研数据本身就存在一定的误差，所以会对预警模型的准确性产生无法避免的影响。②为满足样本量的需求而将研究对象放宽到整个珠三角地区的民营企业，而未严格限制具体行业，由于不同行业的指标数据表现可能有所不同，就可能会给模型带来误差。③在运用主成分分析法对样本企业劳资关系预警类别进行再次分类时，为了保证研究结果的显著性，不排除其中的人为主观因素对该分类的影响。在以后的研究中，可以尝试增加样本企业的数量，将样本企业进行详细的行业分类后再对劳资关系预警进行研究，对比性可能会更加明显，以减少主观因素影响。

第二十二章　珠三角地区经济增长对劳资关系影响的实证研究

在珠三角地区经济快速增长的过程中，劳资关系却日趋紧张。本章利用珠三角地区的面板数据，采用混合估计模型、固定效应模型和广义矩估计实证检验了经济增长水平对劳资关系的影响，得到的结果是显著且稳健的，表明珠三角地区劳资关系变化趋势遵循发达国家的演化路径，即随着经济增长从冲突走向和解，且从2002年起已经越过拐点，进入缓和阶段。此外，工资增长率和对外开放水平对劳资关系也有一定影响，而物质资本水平对劳资关系的影响不显著。本章据此提出要严格推行最低工资制度、完善社会保险制度、加强对企业的监督等政策建议。

第一节　研究背景

随着中国经济体制由计划经济向市场经济转型，非公有制经济不断发展和壮大，劳资关系变得更为复杂，劳资双方的利益冲突更为直接和尖锐。以广东省为例，城镇国有、集体、其他单位从业人员从1991年的827.58万人增加到2011年的1238.22万人，增长率仅为49.6%；而城镇私营企业和个体从业人员人数则从1991年的141.21万人增加到2011年的1222.64万人，增长率达到765.8%。广东省的人均地区生产总值在1991~2011年年均增长率达到81.4%。珠三角作为广东省经济最为活跃的地区，其地区生产总值在2010年占全省的比重为79.3%。但是据有关资料显示，2008年修订后的《中华人民共和国劳动合同法》实施以来，广东劳动争议案件出现“井喷”，从过去每年10多万件增至2011年的30多万件，增长了2.7倍。并且这些案件九成以上集中在珠三角，七成以上集中在私营企业和港澳台地区企业、外资企业。

由此可见，一方面是经济规模在迅速地扩张，另一方面却是劳资关系日趋紧张。那么经济增长是否带来了劳资矛盾的加剧？从西方发达国家的经验来看，劳资关系随着经济增长普遍经历了从冲突到和解的演化路径。从国内关于劳资关系和经济增长的研究来看，探讨经济增长对劳资关系影响的文献并不是很多。郭金兴（2005）采用了1999~2004年各省区的数据，以劳动争议案件作为代表劳资关系状况的一个综合性指标，对劳动争议案件的主要影响因素进行了定量分析，发现劳动争议案件发生的数量和频率与经济发展水平呈显著的正相关关系。徐晓红（2009）通过计量模型实证检验了中国劳资关系从趋紧到缓和的趋势已经出现，并发现这一趋势不仅受到经济增长因素的影响，还受工资增长速度、全球化程度以及社会保障制度的影响。此外，对劳资关系影响因素的研究发现，工作时间长、劳动强度大、工资水平低、工作环境恶劣、工人无劳动保护、社会保障欠缺、待遇分配不平衡、劳动合同管理不合理、劳资双方谈判地位不对称、契约不完全和工会力量薄弱等都是导致劳资矛盾的重要原因（常凯、陶文忠，2006；李桦、牛卫平，2007；曹超，2008；薛凤伟、郑鹏飞，2008；陈淑妮、陈贵壹，2010）。

在现实的劳资关系中，资方和劳方的地位很不对等，特别是在以外向型经济为主的珠三角地区，政府注重招商引资，虽然带来了地区的繁荣与发展，但是却忽略了对劳动者的利益保护，导致了强资本弱劳工的格局。本章拟通过利用珠三角地区的数据，实证检验经济增长对劳资关系的影响，考察珠三角劳资关系变化趋势是否遵循发达国家的演化路径，同时找出其他影响劳资关系的因素。在计量方法上，采用了混合估计模型、固定效应模型以及广义矩估计（GMM）来进行估计，所得到的结果是显著且稳健的。

本章接下来的结构如下：第二节是对珠三角劳资关系和经济增长数据的统计描述，第三节实证检验经济增长以及其他因素对劳资关系的影响，第四节是研究结论与政策建议。

第二节　基本数据描述

珠三角地区的城市包括广州、深圳、佛山、珠海、东莞、中山、惠州、江门和肇庆，这些城市的经济发展位于全省的前列。考虑数据的可得性，同时考虑工资薪酬是劳资关系的核心元素，本章以员工工资总额占地区生产总值的比重来衡量劳资关系①，该比值越大，说明劳资关系越缓和，比值越小，则说明劳资关系越紧张。1990~2011年②各城市的劳资关系走势如图22-1所示。

① 此处采用了与吴江和郑慧娟（2011）相同的处理方法。

② 由于在下文的实证分析中，部分指标的数据从1990年才开始统计，因而所有指标均选取1990~2011年的数据。

观察图 22－1 可以发现，珠海的劳资关系虽然波动较大，但呈现上升态势；广州、深圳、中山、惠州和江门都是先经历了一个下降的过程，然后再回升，其中，广州、中山和江门劳资关系的改善是近几年才出现的，深圳和惠州的拐点则出现得较早；其他城市劳资关系都呈现下降态势，佛山的下降幅度最大，从 1990 年的 13.81% 下降到 2011 年的 3.83%，幅度达到 72.27%。除了珠海和惠州，其他城市 2011 年劳资关系都达不到 1990 年的水平。总体来看，珠三角地区劳资关系现状虽有改善的迹象，但仍不容乐观。

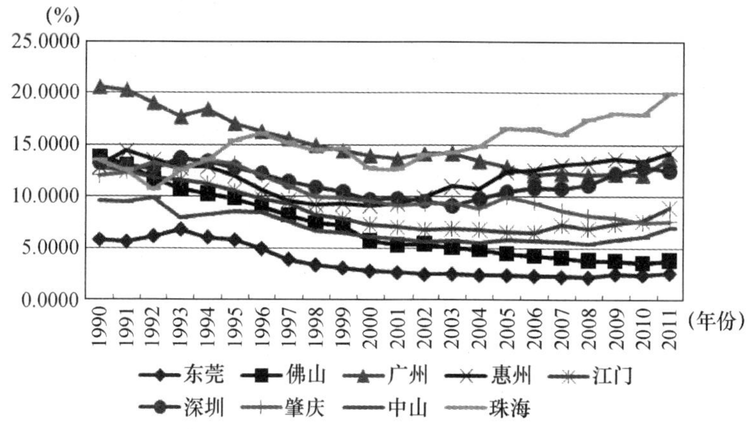

图 22－1　1990～2011 年珠三角城市劳资关系走势

资料来源：对各城市统计年鉴进行计算整理。

图 22－2 是珠三角各城市人均 GDP 的走势，与劳资关系的走势不同，各城市均显示出快速的经济增长速度。

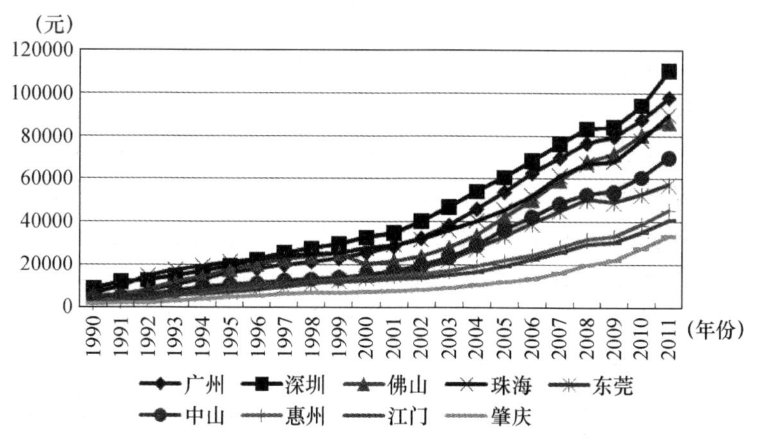

图 22－2　1990～2011 年珠三角城市人均 GDP 走势

资料来源：各城市统计年鉴。

此外，从表22-1劳资关系和人均GDP年均增长率来看，与全省水平相比，一些城市的这两个增长率保持一致（广州、东莞、惠州和肇庆），即当人均GDP年均增长率高于全省水平时，劳资关系年均增长率也高于全省水平；反之亦然。其他城市的这两个增长率与全省水平相比时，则刚好相反。因此，单从这些统计数据来看，经济增长对劳资关系的影响并不确定，需要通过计量方法进行检验。

表22-1　1990~2011年珠三角城市劳资关系与人均GDP年均增长率

指标 \ 地区	全省	广州	深圳	佛山	珠海	东莞	中山	惠州	江门	肇庆
劳资关系增长率（%）	-1.52	-1.81	-0.15	-5.79	2.23	-3.40	-1.24	0.70	-1.51	-2.01
人均GDP增长率（%）	15.71	15.02	13.04	15.81	13.75	11.63	14.19	16.20	13.90	15.29

资料来源：对《广东统计年鉴》和各城市统计年鉴进行计算整理。

第三节　实证分析

一、建立模型与变量说明

为了检验珠三角劳资关系变化趋势是否遵循发达国家的演化路径，首先建立模型如式（22-1）所示：

$$lzr_{ij} = \beta_0 + \beta_1 lnpgdp_{ij} + \beta_2 (lnpgdp_{ij})^2 \qquad (22-1)$$

式中，lzr_{ij}表示i时期j城市劳资关系水平，用职工工资总额占地区生产总值的比重来衡量；$lnpgdp_{ij}$表示i时期j城市人均GDP的对数值，用来衡量经济增长水平；$(lnpgdp_{ij})^2$是经济增长变量的二次项，若$\beta_1 < 0$，而$\beta_2 > 0$，则说明珠三角劳资关系变化趋势遵循发达国家的演化路径。

除了上述劳资关系和人均GDP两个指标外，为检验其他因素对劳资关系的影响，同时考虑数据可得性，本章选取了工资增长率、外贸依存度、物质资本以及上一期的劳资关系四个指标，建立的模型如式（22-2）所示：

$$lzr_{ij} = \beta_0 + \beta_1 lnpgdp_{ij} + \beta_2 (lnpgdp_{ij})^2 + \beta_3 rpwage_{ij} + \beta_4 open_{ij} + \beta_5 inv_{ij} + \beta_6 lzr(-1)_{ij} \qquad (22-2)$$

式中，$rpwage_{ij}$表示i时期j城市人均工资的增长率，通过对在岗职工年平均工资或城镇职工年平均工资①计算得到。一般来说，较高的工资水平有助于缓和

① 广州、深圳、佛山、惠州、江门、肇庆使用的是在岗职工年平均工资；珠海使用的是城镇职工年平均工资；东莞、中山2000年前使用的是城镇职工年平均工资，从2000年起统计口径改为在岗职工年平均工资。

劳资关系，因此预期其系数为正。$open_{ij}$表示i时期j城市的外贸依存度，用进出口总额与地区生产总值的比值来衡量，进出口总额通过名义汇率调整，采用人民币计量。珠三角的产业以制造业为主，其处于国际产业分工的底端，大多是以贴牌加工为主的劳动密集型企业，低成本、低价格是其生存的基本策略，出口产品的真实附加值并不高。因此，压低、克扣、拖欠劳动力工资成为珠三角企业的普遍现象，导致劳资关系趋于紧张，出现了“民工荒”、农民工讨薪、轰动一时的“富士康”事件等，不过这也让一些企业主动提高工人薪酬、改善劳动条件。因此，外贸依存度的系数是正还是负尚不能确定。inv_{ij}表示i时期j城市的物质资本水平，用固定资产投资占地区生产总值的比重来衡量。吴江和郑慧娟（2011）认为，珠三角地区城市大部分处于物质资本对劳资关系占支配地位的阶段，资本明显处于强势主导地位，劳动处于弱势地位，因此导致劳资双方产生的矛盾增多。本章采纳这种观点，预期物质资本水平的系数为负。$lzr(-1)_{ij}$表示上一期的劳资关系水平。引入这一变量是为了控制劳资关系自身的影响，预期其系数为正。

上述变量所涉及的数据均来源于各年《广东统计年鉴》以及各城市统计年鉴，除了人均GDP，其他变量因为都是比率或增长率，因此并未取对数。

二、单位根检验

面板数据是时间序列数据和截面数据的结合，虽然减轻了数据的非平稳，使变量的相关性降低，但是时间序列在很多情况下并不稳定，为了避免出现“伪回归”问题，需要对各变量进行平稳性检验。这里采用了LLC和IPS两种检验方法，如表22－2所示，LLC检验适用于面板中不同个体有相同单位根，IPS检验则允许不同个体的单位根不同。从表22－2可以看出，各变量都是平稳的，因此可以直接建立模型进行估计。

表22－2　单位根检验结果

检验方法 / 指标	LLC检验			IPS检验		
变量	t值	p值	是否平稳	t值	p值	是否平稳
lzr	－7.860	0.002	平稳	－2.587*	0.078	平稳
lnpgdp	－8.005	0.000	平稳	－2.842	0.000	平稳
$(lnpgdp)^2$	－7.092	0.001	平稳	－2.425	0.002	平稳
rpwage	－6.883**	0.031	平稳	－2.311	0.005	平稳
open	－7.821	0.007	平稳	－2.777	0.000	平稳
inv	－7.757	0.001	平稳	－2.921	0.005	平稳

注：**、*分别表示在5%、10%水平上显著，其他在1%水平上显著。

三、模型估计与结果

本章使用 1990 ~ 2011 年的珠三角面板数据，通过 Stata12.0 软件，首先对模型（22 - 1）进行估计。开始的时候采用固定效应模型和随机效应模型估计模型（22 - 1），但由于无法进行 Hausman 检验，于是改为采用混合估计模型进行粗略估计，结果显示在表 22 - 3 的第二列中。

模型（22 - 1）由于变量过少，拟合优度并不高，但是 F 值和 P 值表明模型整体在统计上是显著的，且 lnpgdp 和（lnpgdp)^2 均在 1% 的水平上显著。lnpgdp 的系数为负，而（lnpgdp)^2 的系数为正，表明珠三角劳资关系变化趋势遵循发达国家的演化路径。通过计算，曲线的拐点出现在当人均 GDP 为 23381 元时，珠三角地区 2001 年的人均 GDP 为 22065 元，2002 年为 24928 元，说明劳资关系自 2002 年起随着经济增长趋于缓和。

对模型（22 - 2）进行估计时，首先采用固定效应模型和随机效应模型，根据 Hausman 检验结果，表明应该采用固定效应模型，估计结果显示在表 22 - 3 第三列中。为了得到稳健性的结果，本章进一步采用 GMM 方法对模型（22 - 2）进行估计。在模型（22 - 2）中，由于解释变量中存在 lzr 的滞后项，因此是动态面板数据模型，解释变量有可能与随机扰动项相关。传统的计量经济学估计方法中，参数估计量必须在满足某些假设时，才是可靠的估计量，因此，传统的估计方法对动态面板数据模型进行估计时会产生参数估计的有偏性和非一致性，从而使根据参数而推断的经济学含义发生扭曲。GMM 不需要知道随机误差项的准确分布信息，允许随机误差项存在异方差和序列相关，因而所得到的参数估计量比其他参数估计方法更有效。该模型的估计结果显示在第四列。Sargan 检验结果表明接受原假设，即模型工具变量的选取是有效的，各解释变量对劳资关系水平的联合作用显著。

表 22 - 3 面板数据回归结果

lzr	模型（22 - 1）	模型（22 - 2）	
	混合估计模型	固定效应模型	GMM 模型
lnpgdp	-15.512***	-3.513***	-3.493***
(lnpgdp)^2	0.771***	0.195***	0.195***
rpwage		0.039***	0.045***
open		0.002**	0.002*
inv		-0.007	-0.010
lzr（-1）		0.898***	0.888***

续表

lzr	模型（22-1）	模型（22-2）	
	混合估计模型	固定效应模型	GMM 模型
C	87.334***	15.782***	15.688***
R^2	0.0457	0.9225	
F	4.67	345.29	
P>F	0.0104	0.0000	
Hausman test		49.13 (0.0000)	
Wald Chi^2			1942.33
$P>Chi^2$			0.0000
Sargan test			155.66 (0.2216)

注：***、**、*分别表示在1%、5%和10%水平上显著。

对比第三列、第四列的结果，各变量的系数符号均符合预期，除了物质资本，其他变量都通过了显著性检验，且模型整体统计上显著，因此，估计结果是稳健有效的。首先，工资增长率的系数符号为正，表明提高工资增长率有助于改善劳资关系。这是显而易见的，当今社会中很多劳资纠纷都是由于劳动者的工资太低或者企业老板拖欠工资造成的。其次，外贸依存度的系数符号为正，这可能是因为，尽管许多出口企业为保持在外国市场的竞争力，随意压低工人工资、侵犯工人权益，但是，这些企业创造了大量的就业岗位，使工资总额获得较快的增长。而且近年来，随着相关保护劳动者的法律法规的出台、劳动争议增多，也使一些企业主动提高了工人待遇。最后，物质资本的系数符号为负，但是并未通过显著性检验，与吴江和郑慧娟（2011）的研究结果不同，珠三角地区物质资本对劳资关系的影响并不显著。

第四节 结论与政策建议

实证研究表明，1990~2011年，珠三角地区的劳资关系随着经济增长水平，经历了从紧张到缓和的过程。目前，快速的经济增长并不是劳资冲突的根源，相反，它能够通过增加劳动者就业岗位的作用缓和劳资关系，因此，应该继续保持适当的经济增长速度。但是，这并不说明我们不需要担心劳资矛盾的加剧。近年来，随着各种针对保护劳动者合法权益的法律法规的出台，以及越来越多的劳动者懂得利用法律的武器来为自己争取权益，劳资纠纷层出不穷，表明了劳资双方仍然处于对立的阶段。

一方面，在相当一段时间内，珠三角地区保持较低的劳动成本仍然是吸引外资和留住内资的重要条件。另一方面，尽管增加对外开放水平有利于提供更多的就业岗位，从而增加总体的劳动收入，但如果不关注劳工的权益，目前的某些态势已经揭示出劳资之间的对抗将不断强化，最终容易导致严重的社会危机。因此，需要考虑的是如何在实现经济目标与维护社会公平及劳工福利保障权益之间求得适当平衡。

首先，在维护珠三角地区劳动成本较低的比较优势的同时，企业应该严格推行最低工资制度，这是保护劳动者的最低界限。政府也应当根据物价变动及时调整最低工资水平，让工人工资获得合理的增长。实证研究也表明，适当的工资增长率有利于劳资关系的改善。如果工人长期得到的都是低工资、低福利待遇，那么他们除了必要的生活消费之外，无力进行人力资本的投资，知识和技能就不可能得到提高，这对于企业的长远发展是没有好处的。其次，要严格执行相关法律法规，完善社会保险制度，加大社会保险覆盖率，不能让劳动者负担过重，允许保险金的跨区域转移，避免再出现2008年出现的农民工“退保潮”。西方发达国家劳资关系从激烈对抗到走向缓和乃至和谐的过程中，不断完善的立法体系、健全的社会保障制度以及不断提高的福利水平，都为协调劳资关系创造了有利条件，珠三角地区也应走一条体现以人为本价值观的现代民主法治道路。最后，对于劳动者而言，在强资本弱劳工的大格局下，要明确自己的法定权益并懂得如何维护自己的权益，如在就业时要求与雇主签订合法的劳动合同，在从事有害健康的职业时有权要求雇主提供相应的劳动保护，遇到权益受到损失时懂得用法律来维护自己的正当权益，或者通过工会来争取自己的权益。政府也应加强对企业的监督，相关部门要加大执法力度，切实维护劳动者的合法权益。

第二十三章　基于适合度景观模型的区域劳资关系实证分析

改革开放以来，中国经济发生了翻天覆地的变化。然而，我们在为国家取得如此成绩感到骄傲的同时，也不得不冷静下来客观看待我们为此而付出的代价。环境污染、资源过度浪费、收入差距不断扩大、劳资纠纷等社会问题也不断见诸报端。2015 年 5 月 4 日，德国火车司机工会（GDL）发起一次创纪录的为期 7 天的长期罢工，这也是德国火车司机针对提高收入和改善工作条件举行的第 8 次罢工，引起全球普遍关注。2014 年 4 月，发生在广东省东莞市的裕元大罢工事件也吸引了人们的眼球，成为迄今为止中国国内发生的罢工人数规模最大的事件。2014 年 10 月，出租车司机罢工事件又再一次为人们敲响了警钟。可见，国内外劳资关系问题依旧相当严峻。本章从生物进化理论的自适应性角度出发，探究我国区域经济社会各个主要方面的逐步发展与劳资关系之间的联系，多角度、分层次、分区域对我国劳资关系的发展进程进行剖析，针对各地区经济发展与劳资关系的实证结果提出适应性的路径选择，从而为我国和谐劳资关系的构建提供有针对性、适应性的政策建议。

第一节　理论回顾

一、早期劳资关系研究

在研究劳资关系的早期理论中，马克思、亚当·斯密、韦伯夫妇、康芒斯等学者从政治、经济、社会和法律等角度对此进行了阐述。主要理论如表 23 - 1 所示。

二、劳资关系经典模型——桑德沃模型

美国学者桑德沃在其 1987 年出版的《劳动关系：过程与结果》一书中构建的桑德沃模型，阐释了影响劳资关系的各种因素，以及劳资冲突的产生、调节及后果。

表 23－1 早期学者对劳资关系的理论研究

学者	理论研究
马克思	以契约为前提的雇佣关系
亚当·斯密	工资是劳资博弈的筹码
韦伯夫妇	工会在处理劳资争议中的重要性
康芒斯	法律在处理劳资争议中的重要性
泰勒	科学管理是和谐劳资关系的基础

桑德沃模型认为，导致劳资冲突产生的基本因素包括外部环境因素、工作场所以及个人需要（见图 23－1）。其中，外部环境因素包括经济因素、技术因素、政治和法律因素以及思想意识因素等。工作场所因素包括企业生产类型、生产性质与生产规模的技术水平；约束与市场力量；企业的性质及管理水平。个人需要包括经济、安全与保障需要、社会交往与权利需要、公平与平等需要、价值观与信仰。

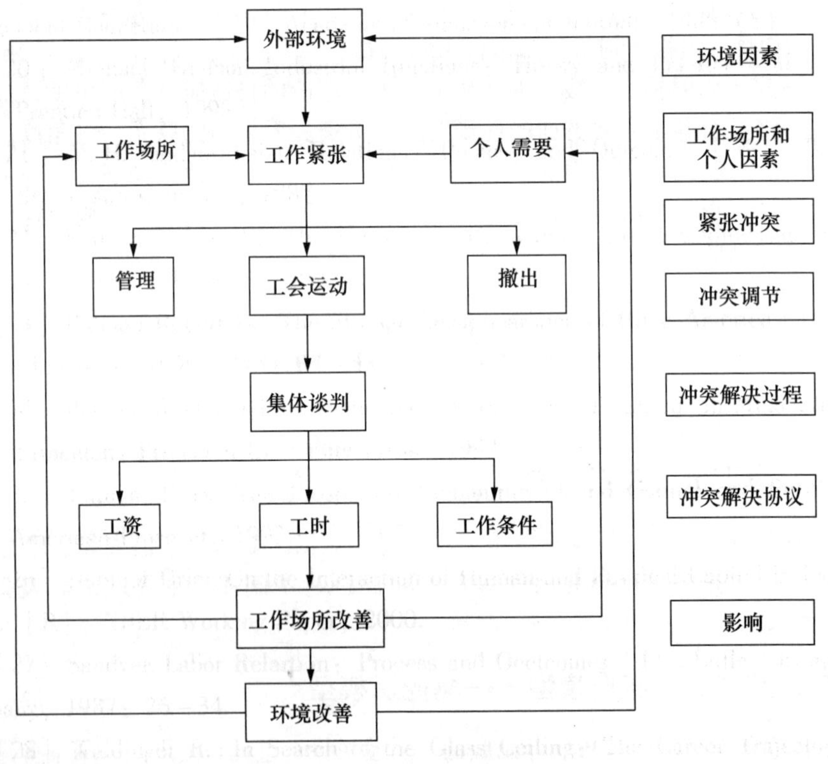

图 23－1 桑德沃模型

第二节 文献综述

一、国外研究文献综述

马克思从剩余价值理论出发，认为资本主义劳资关系本质上是一种阶级利益关系，具备对立和对抗性质，直接表现为资本对劳动的占有、剥削和强制。美国冲突理论的代表学者刘易斯·科塞认为，相对剥夺感在任何社会都存在，只有当被剥夺者不再认同现存制度合法性时，冲突才会发生，并将冲突产生的根源归结为物质性与非物质性两大根源，其中，资源分配不公是物质性冲突的主要方面，价值观念、偏见与歧视则构成了非物质性冲突的主要方面。诺贝尔经济学奖得主托马斯·谢林提出了一个重要博弈思想，即“可信承诺（Credible Commitment）在冲突或博弈中的重要作用”。他认为，导致冲突产生的根本原因是劳资双方势力的不均衡，在没有立法和契约约束与限制的情况下，一个强大、处于垄断地位的资方无法做出可信的承诺，并容易招致工人采取不忠诚、“磨洋工”、集体拖延工作等报复措施。

针对具体的劳动争议、罢工等劳动市场摩擦现象与经济增长之间的关系，国外已经展开了相对深入的研究。Weisskopf 等（1983）将美国在 20 世纪 60 年代中期以及 70 年代生产率下降的原因归结为劳资摩擦上升所导致的劳动强度下降和企业短期投资行为所导致的创新滞后。Buchele 和 Christiansen（1999）首次编制了工人权利指数，通过对 15 个发达国家的实证分析，验证了维护工人权益对生产率增长的促进作用，并指出合作的劳资关系通过激励工人对技术和组织创新做出积极贡献从而提高生产率的作用机理。随着全球经济一体化，竞争环境全球化，劳资谈判分散化，工资、劳动配置和工场组织更加灵活化，发达国家劳资关系也出现了多样化，学者们在关注发达国家劳资关系转变的同时，也开始向全球化程度越来越高的亚洲发展中国家投来了目光。Kuruvilla（2002）以日本、韩国、新加坡、马来西亚、菲律宾、印度和中国亚洲七国 20 世纪 90 年代劳资关系为研究对象，发现虽然亚洲各国劳资关系的制度安排和解决劳资纠纷的机制不同，但是都将劳资冲突视为经济增长的障碍，全球化竞争的压力正推动着发展中国家劳资关系向西方发达国家的方向转变。通过对比日本与美国劳资关系，发现日本与美国“集体谈判几乎已被个体争议代替”的特点非常类似，在内容上经历了从劳动报酬、劳动条件到劳动合同的过程，在形式上经历了从集体争议到个体争议的过程。

二、国内研究文献综述

国内学者对劳资争议的问题也进行了相关的研究，但是由于我国劳动市场数据比较匮乏，对于特定劳动者群体的调查数据又往往缺少连续性与普遍性，因此，现有研究主要是集中在定性分析角度。

在定性研究方面，韩金华和孙殿明（2008）从公平与效率的关系出发，认为公平与效率的并重统一是现代市场经济社会劳资关系的基础。刘涛（2007）认为，在博弈论的分析框架下，劳资关系可被理解为一种博弈关系，即劳方与资方在权力责任上的合作与对抗，即合作博弈与非合作博弈。吴江（2008）运用马克思主义的观点和方法，以广东省非公有制企业劳资关系为研究对象，从理论和实践两个方面对我国现阶段非公有制企业劳资关系存在的问题进行了深入分析，探索了劳资关系存在的问题及其深刻的经济、社会根源。舒建玲和余丞薇（2008）基于低人力资本灵活就业者的分析，认为低人力资本的灵活就业者具有社会资本贫乏、工资低、被动就业、主要通过个人的社会关系网络获得就业岗位等特点，这些特点又进一步决定了低人力资本灵活就业者和谐劳动关系的构建障碍，研究有针对性地提出了促进灵活就业劳动关系和谐的对策。吕景春和李永杰（2008）从文化认同的角度分析我国和谐劳资关系构建之路，他们认为，劳动关系作为一种社会关系，不仅是经济关系和契约关系，而且从传统文化、企业文化和劳动者文化的核心理念出发，也是一种文化关系。

在定量研究方面，徐晓红（2009）假设中国劳资关系变化趋势遵循发达国家的演化路径，同时将影响劳动争议的因素分为经济增长因素和社会保障因素，借助经济发展理论中的库兹涅茨曲线，通过面板数据研究了我国劳动争议与经济增长的关系。姚先国和郭东杰（2004）从企业改制的角度对劳资关系进行了研究，论文通过对10家改制企业进行实地走访调研，认为工资奖金、股份、职位、工龄、职工对管理层和工会的评价等因素都与劳动关系呈显著的正相关关系。在新近改制的企业里，对协会的信任程度、对改制方案的态度和对企业长远发展是否有信心等因素也是影响劳动关系的重要因素。王湘红和范志勇利用面板数据对我国的劳资关系进行研究，认为在假设中国劳动争议与经济发展之间存在倒“U”形关系情况下，目前我国正处于倒“U”形曲线的左边，认为在目前阶段随着经济发展，劳动争议将会继续增加。并且2008年劳动争议增加的主要省区来自产业结构更为先进的省区，同时2008年新的劳动合同法的出台，降低了维权的成本，使劳动争议的数量出现了快速的增长。徐晓红等（2007）以工资和劳动生产率作为劳资之间经济利益关系的考察变量，运用自回归分布滞后模型，实证分析了我国特定劳动力市场条件下的第二产业和建筑业工资与劳动生产率之间的关

系，发现工资增长促进劳动生产率提高的效应在建筑业存在比第二产业更显著的经济意义。郭金兴（2009）比较了各省、市、地区之间发生劳动争议案件的数量和频率的差异，并通过省际面板数据对影响劳动争议的主要因素做了定性分析，发现劳动争议案件发生的数量和频率与经济转型程度和经济发展水平呈显著的正相关关系，各个省份之间在经济转型、经济发展、劳动力市场状况等方面的差距能够解释劳动争议案件的省际差异。张颖（2014）通过建立我国面板数据的固定效应模型对我国的劳资关系转折点进行实证检验，检验结果显示，我国劳资冲突确实具有先上升后下降的趋势。

以上国内外学者对劳资关系的研究，主要是对劳资关系的成因以及影响因素进行了一定的分析，并对和谐劳资关系的构建提出了一些政策建议，但是都没有对路径选择进行研究，尤其是我国经济总量大，不同省份经济体之间差异较大，更需要根据不同省份的个体因素及所处状态进行更有针对性的研究。

第三节　我国劳资关系现状

一、劳资纠纷的总量特征

随着我国经济的发展，我国的经济总量逐年上升，但是与此同时，我国的劳动争议案件数量也大体呈现逐年上升的趋势。从图 23－2 中我们可以看出，1996～2007 年，我国的劳动争议案件数呈平稳上升趋势，但是 2008 年急剧上升，应该是受到金融危机的影响，就业环境的恶化使劳资关系恶化，从而劳动争议案件数量有显著上升。2008 年之后，劳动争议案件数量虽略有起伏，但幅度不大。劳资关系问题依旧相当严峻。

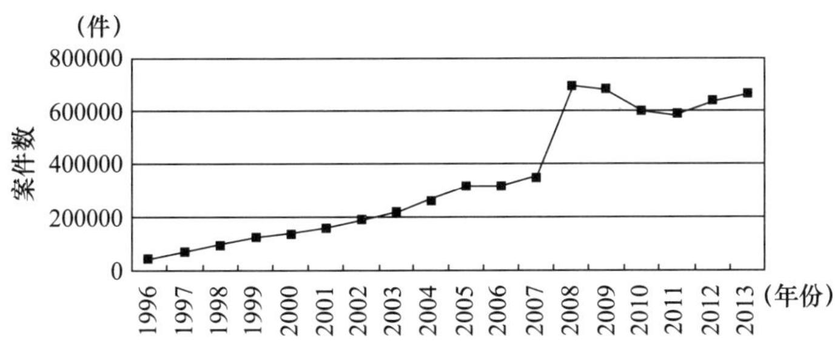

图 23－2　1996～2013 年中国劳动争议案件数量

二、劳资纠纷的地区特征

我国不同省份经济发展水平不一致，地区劳动争议案件数量也有较大差异。我们可以从图 23－3 中看出，北京、上海、广东、江苏、浙江等经济较发达地区劳动争议案件数量也名列前茅，六省市劳动争议案件数量 2012 年合计已超过全国总量的一半，其中尤以广东省最多，占 16%。2000 年我国这六个省市劳动争议所占比例合计达到 64.52%，其中，江苏、广东均以接近 20% 的高数位居榜首。从纵向来看，虽然这六个省市地区的劳动争议案件数依旧居高不下，但是相对其他省份而言，已有所下降，其他省份的劳动争议案件数量也有缓慢上升的趋势。地区因素的不同，对劳动争议的影响也不尽相同。

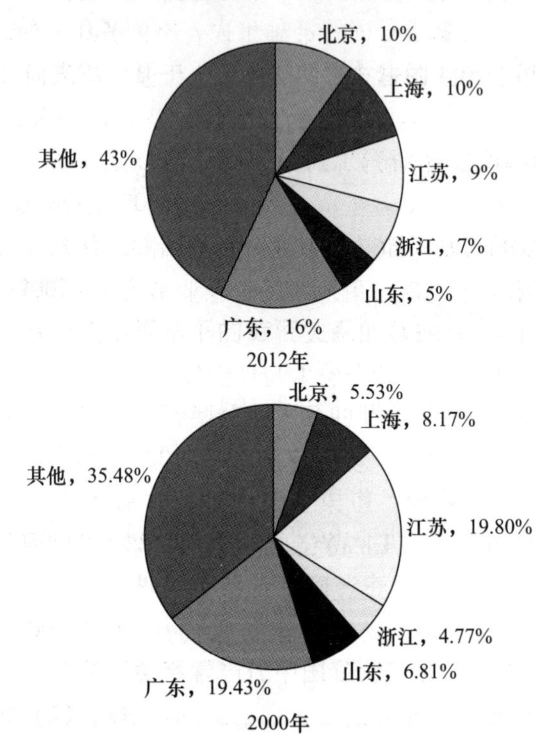

图 23－3　2012 年和 2000 年地区劳动争议案件数比例

第四节　经济社会现状对劳资关系的 NK 模型分析

通过前面的分析，我们可以看出我国劳资关系的严峻程度，在本节中，我们

根据第三节分析结果以及已有的桑德沃理论模型，借鉴生物适应性的适应度景观模型，进行具体的阐述。

一、NK 模型的设立和研究

经过前文桑德沃模型的介绍，我们得出导致劳资冲突产生的三个主要因素：外部环境、工作场所及个人需要。我们以桑德沃模型为依托，并参照中国数据的可取得性，我们将以上三个方面的因素做适当调整来进行模型的建立。同时，从国内其他学者的定量研究中我们只能看出变量对劳资关系的线性影响或者库兹涅茨式影响，但是经济运行是一个系统，彼此之间相互渗透，作用更加复杂。要想全面系统地了解我国经济社会各个指标对劳资关系的影响，还需要建立一个新的模型将所有主要变量都包含进去，并且不设定固定的函数形式，以反映我国经济社会对劳资关系的适应程度。基于适合度景观理论的 NK 模型，恰恰是对系统整体自组织、自适应以及动态演进的检验过程。将生物学的适合度景观模型引入到经济领域，以反映我国劳资关系对经济社会的适应程度以及发展路径，也就具有一定的理论基础及现实意义。

Wright（1932）首次提出适合度景观理论（Fitness Landscape），并把它引入研究生物基因的过程中。适合度景观是一种山谷和高峰相间的崎岖地貌。每一种基因组合都对应于景观中的一个点，这个点代表着基因型（Genotype）的适合度值。基因型的适合度值越高，点的高度就越大，对应着景观中的高峰；基因型的适合度值越低，点的高度就越小，对应着景观中的山谷。进化过程就是物种为了达到高的适合度值，在景观中的适应性行走或适应性跳跃的过程。

在 Wright 的研究基础上，Kauffman 于 1993 年提出了 NK 模型。在 NK 模型中，适合度景观被描述成不同系统的适合度，通过研究系统中不同元素的相互关系及其对该系统适合度的影响，来寻找更高适合度的系统构成。

NK 模型有物种的基因总数 N、基因间的互动程度或上位互动数 K、等位基因数量 A、相关物种的数量 S、与相关物种基因的联系 C 5 个主要的参数。对于一个有 N 个基因、K 个相互关系及 A 个状态的物种，其基因组合的数量是 AN。一个基因对该物种适合度值的贡献取决于 K。该物种的适合度值为其包含的所有基因适合度值的平均值。

$$F_j = \frac{1}{N}\sum_{i=1}^{N} X_{ij}, \forall j = 1, 2, \cdots, j$$

式中，F_j 代表物种或基因 j 的总适合度值；j 代表总的物种或基因数量；N 代表模型中结构变量的数量；X_{ij} 代表结构变量对物种或基因 j 的总适合度值的贡献。

二、指标选取和数据来源

现代经济的快速发展以及经济全球化的冲击，使劳资关系也随着经济升温而发酵。近年来，我国的劳资冲突在复杂多变的社会因素刺激之下，也越发复杂化、多样化。劳资关系对经济社会的不断适应调整过程，也非常契合复杂适应性景观理论的模型特点。根据 NK 模型，我们以全国各个地区的劳资冲突在不同的经济社会发展指标下的表现形式的演化过程来模拟在生态系统中的演化过程。对于不同省、市、地区而言，其经济发展水平、人力资本存量、对外开放程度等指标也不尽相同，经济发展结构、发展进度也有差异，经济社会指标对劳资关系的适应度的高低也就体现在本地区劳资争议的产均劳动争议数量上，是各个推动因子相互作用的反映。因此在增长极理论的指导之下，劳资关系就是在不同因子相互推动、相互作用的过程中，与经济社会不断契合，寻求更加高效、更加和谐的经济发展状态的因子组合过程。

通过前文的分析，桑德沃模型认为，导致劳资冲突产生的基本因素包括外部环境因素、工作场所以及个人需要，在本节中我们以桑德沃模型为理论基础，结合数据的可得性，对桑德沃模型的三个因素做适当改变，从经济环境、社会环境以及个人素质三个方面对模型进行定性分析，从而得出经济、社会、个人三个方面相互作用，共同影响劳资关系的演化进程（见图 23 -4）。

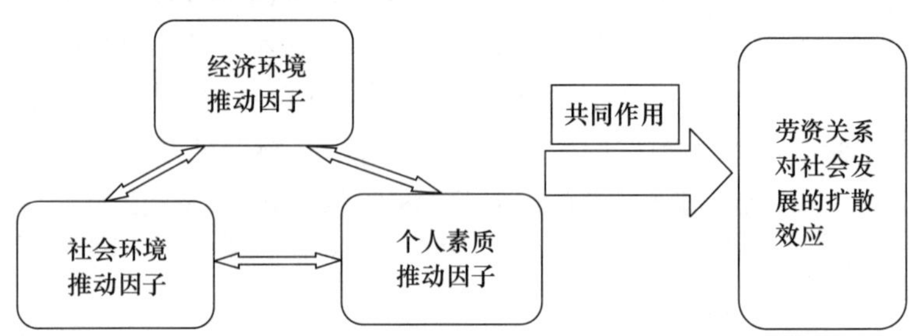

图 23 -4　三因子共同作用示意

根据以上分析结果，本章选取的主要指标如表 23 -2 所示。

表 23 -2　本章选取的主要指标

社会因素及适合度	指标
经济环境	居民消费价格指数、货物进出口总额
社会环境	社会保障支出占公共财政支出比例、基层工会组织数
个人素质	城镇居民平均工资、大专及以上受教育人数
适合度	地区 GDP/地区受理劳动争议案件数

模型所用到的数据主要来自历年《中国统计年鉴》、《中国劳动统计年鉴》、《中国社会统计年鉴》等。本章所用原始数据如表23－3所示。

表23－3　本章所用原始数据

省份	居民消费价格指数	货物进出口总额（万美元）	社会保障与就业支出（亿元）	地方公共财政支出（亿元）	基层工会组织数（个）	城镇居民平均工资（元）	大专及以上受教育数（人）	地区GDP（亿元）	地区受理劳动争议案件数量（件）
北京	103.3	40810732	424.31	3685.31	29260	84742	6143	17879.40	66463
天津	102.7	11563427	201.17	2143.21	25384	61514	2553	12893.88	13988
河北	102.6	5056306	470.21	4079.44	127281	38658	3232	26575.01	16410
山西	102.5	1504311	354.61	2759.46	59368	44236	2707	12112.83	4686
内蒙古	103.1	1125898	435.47	3425.99	69735	46557	2364	15880.58	4316
辽宁	102.8	10409000	727.71	4558.59	93971	41858	6519	24846.43	24231
吉林	102.5	2456301	304.00	2471.20	47518	38407	1955	11939.24	5376
黑龙江	103.2	3759029	458.20	3171.52	69289	36406	3093	13691.58	7577
上海	102.8	43658695	443.01	4184.02	55762	78673	4392	20181.72	65670
江苏	102.6	54796149	557.77	7027.67	136123	50639	8373	54058.22	56062
浙江	102.2	31240136	345.44	4161.88	143885	50197	6473	34665.33	44632
安徽	102.3	3928454	459.19	3961.01	104452	44601	4721	17212.05	11776
福建	102.4	15593796	205.28	2607.50	120946	44525	2262	19701.78	12518
江西	102.7	3341383	323.06	3019.22	73715	38512	2846	12948.88	6589
山东	102.1	24554432	596.48	5904.52	202435	41904	7367	50013.24	34903
河南	102.5	5173881	631.61	5006.40	194186	37338	4798	29599.31	18855
湖北	102.9	3196375	501.13	3759.79	120561	39846	5514	22250.45	19398
湖南	102.0	2194873	525.71	4119.00	114123	38971	3749	22154.23	14625
广东	102.8	98402046	611.04	7387.86	232330	50278	8027	57067.92	100329
广西	103.2	2948446	282.33	2985.23	87373	36386	2281	13035.10	11710
海南	103.2	1432210	106.15	911.67	16485	39485	694	2855.54	3251
重庆	102.6	5320358	403.05	3046.36	57881	44498	2299	11409.60	29600
四川	102.5	5914360	680.21	5450.99	149786	42339	6258	23872.80	26671
贵州	102.7	663156	235.40	2755.68	59046	41156	1749	6852.20	10914
云南	102.7	2101373	439.06	3572.66	96742	37629	2438	10309.47	5452
西藏	103.5	342414	65.54	905.34	3751	51705	99	701.03	467
陕西	102.8	1479903	421.16	3323.80	87665	43073	3150	14453.68	7175

续表

省份	居民消费价格指数	货物进出口总额（万美元）	社会保障与就业支出（亿元）	地方公共财政支出（亿元）	基层工会组织数（个）	城镇居民平均工资（元）	大专及以上受教育数（人）	地区GDP（亿元）	地区受理劳动争议案件数量（件）
甘肃	102.7	890075	294.64	2059.56	33196	37679	1790	5650.20	2831
青海	103.1	115747	179.51	1159.05	14549	46483	423	1893.54	1106
宁夏	102.0	221671	89.60	864.36	13136	47436	452	2341.29	2587
新疆	103.8	2517006	227.79	2720.07	22682	44576	2272	7505.31	10233
全国	102.6	12474579	387.09	3457.69	85917	46769	3580	16716.60	20658

三、模型分析与结果

（1）根据各个地区的每个推动因子的具体分指标原始值，计算部分比例指标的数据结果，得到模型所需的初步数据。

（2）对各指标数据进行标准化处理。公式如下：

$$Z_i = \frac{Y_j - \min Y_j}{\max Y_j - \min Y_j}$$

（3）确定各地区推动因子的状态。将各地区各要素标准化处理后的指标与全国平均值进行比较，如果大于全国平均值，则该地区该要素的状态设定为1，表示该地区该要素高于全国平均水平；反之设定为0。这里三个要素都是用两个指标来衡量的，权重设定为1/2。

我们对2012年全国各个省市地区的相关指标进行了数据处理，得到的结果如表23－4所示。

表23－4　2012年全国指标数据处理结果

省份	经济因子得分	经济因子状态	社会因子得分	社会因子状态	个人素质得分	个人素质状态	适应度
北京	0.5518	1	0.3008	0	0.8652	1	0.0000
天津	0.2561	1	0.1704	0	0.4081	1	0.1914
河北	0.1872	0	0.5160	1	0.2128	0	0.3960
山西	0.1420	0	0.4434	1	0.2388	0	0.6790
内蒙古	0.3069	1	0.4580	1	0.2420	0	1.0000
辽宁	0.2823	1	0.6973	1	0.4445	1	0.2218
吉林	0.1441	0	0.3860	0	0.1331	0	0.5723
黑龙江	0.3410	1	0.5566	1	0.1811	0	0.4510

续表

省份	经济因子得分	经济因子状态	社会因子得分	社会因子状态	个人素质得分	个人素质状态	适应度
上海	0.4493	1	0.3058	0	0.6967	1	0.0112
江苏	0.4317	1	0.3295	0	0.6474	1	0.2039
浙江	0.2063	0	0.3673	0	0.5280	1	0.1489
安徽	0.0887	0	0.4699	1	0.3643	1	0.3497
福建	0.1949	0	0.2926	0	0.2149	0	0.3826
江西	0.2204	0	0.3514	0	0.1880	0	0.4974
山东	0.1501	0	0.5987	1	0.4963	1	0.3413
河南	0.1734	0	0.7248	1	0.2938	0	0.3814
湖北	0.2629	1	0.6046	1	0.3630	1	0.2575
湖南	0.0111	0	0.5581	1	0.2473	0	0.3653
广东	0.7218	1	0.5591	1	0.6227	1	0.0879
广西	0.3527	1	0.3101	0	0.1319	0	0.2475
海南	0.3370	1	0.2803	0	0.0680	0	0.1787
重庆	0.1851	0	0.4619	1	0.2168	0	0.0341
四川	0.1744	0	0.6198	1	0.4337	1	0.1836
贵州	0.1971	0	0.1956	0	0.1490	0	0.1052
云南	0.2101	0	0.4930	1	0.1542	0	0.4756
西藏	0.4148	1	0.0000	0	0.1584	0	0.3613
陕西	0.2220	0	0.4950	1	0.2535	0	0.5118
甘肃	0.1927	0	0.4696	1	0.1156	0	0.5063
青海	0.2902	1	0.4965	1	0.1240	0	0.4231
宁夏	0.0074	0	0.1998	0	0.1356	0	0.1865
新疆	0.5139	1	0.1065	0	0.2160	0	0.1362

（4）计算各要素在状态 1 和状态 0 下对适应度值的贡献。先对各个省市地区的产均劳动争议做标准化处理，选取扩散因子状态为 1 的该部分数据，计算出其平均值，就是该要素 1 状态下对经济指标适应度的贡献值；同理得到该要素状态 0 下对劳资关系的贡献值。

（5）计算各个组合状态的适合度值。本章中扩散因子共有 3 个，则可能的组合状态就有 $2^3=8$ 种。全国各个省市地区扩散因子组合状态的适应度值即为该组合状态下各要素对劳资关系发展贡献的平均值。

根据以上步骤，所得结果如表 23－5 所示。

表 23-5 各组合状态适应度值结果

组合状态	经济环境因子	社会环境因子	个人素质因子	适合度值
000	0.1528	0.2851	0.1641	0.3486
100	0.4046	0.1742	0.1436	0.2307
010	0.1654	0.5202	0.2166	0.4185
001	0.2063	0.3673	0.5280	0.1486
110	0.3127	0.5037	0.1824	0.6245
101	0.4222	0.2766	0.6544	0.1013
011	0.1377	0.5628	0.4314	0.2913
111	0.4223	0.6204	0.4768	0.1888

根据以上结果，我们得出社会发展因子对劳资关系综合效应的汇总，如表 23-6 所示。

表 23-6 社会发展因子对劳资关系综合效应结果

组合状态	省份
000	吉林 福建 江西 贵州 宁夏
100	广西 海南 西藏 新疆
010	河北 山西 河南 湖南 重庆 云南 陕西 甘肃
001	浙江
110	内蒙古 黑龙江 青海
101	北京 天津 上海 江苏
011	安徽 山东 四川
111	辽宁 湖北 广东

四、模型结果分析

根据适应度景观模型对适应度值高低的定义，以及模型计算的结果对各个省份的状态进行分析，根据适应度景观模型从局部最优到全局最优的逐步进化路径，进而对不同省份劳资关系的逐步优化路径做出更科学的判断和选择。

以河南省为例，其在 NK 模型中的组合状态为 010，说明其经济因素与个人素质因素均低于全国平均水平，只有社会因子方面超过全国平均水平。河南省作为我国中部地区的一个农业大省，经济发展与教育水平均比较落后，从而对产均劳动争议的抑制作用不够大。在社会因子方面，虽然河南省的社保支出占财政支

出比例略微超过全国平均水平，但是其工会组织数量却远远超过全国平均水平。河南省在构建和谐劳资关系的路径上，是选择110的优先发展经济因素，还是选择011的优先发展个人素质因素，我们从表23－5数据中也可以得出相应的结论，110组合状态的适应度值为0.6245，而011组合状态的适应度值为0.2913，因此，结合实际因素，我们可以得出在构建和谐劳资关系的路途上，河南省应相对着力发展经济水平，从而在更好的经济发展水平基础之上，大力发展教育。

以北京市为例，其在NK模型中的组合状态为101，说明经济因素与个人素质均超过全国平均水平，但是社会因子方面低于全国平均水平，这从表23－5数据中也可以看出。众所周知，北京作为全国的经济、政治、文化中心，其经济发展因素与个人素质均有较高的水平，从而在对产均劳动争议方面具有较好的抑制作用，但是北京市在对社会因子方面，不及全国平均水平。根据现有的研究成果，工会对促进和谐劳资关系的构建具有重要的意义，因此在北京市和谐劳资关系的构建中，我们建议能够更加注重工会的组建与作用，从而在推动地区经济发展的同时，更大限度地减少劳动争议案件的数量。

以广东省为例，其在NK模型中的组合状态为111，说明经济因素、社会保障以及个人素质方面，都对产均劳动争议有较好的抑制作用。也就是说，这些因素在促进地区经济发展的同时，也相对地对劳动争议案件数量有抑制作用。虽然广东省近几年来也发生一定规模和数量的劳动争议，但是劳动争议的数量必然会随着地区经济的发展而增加，随着人们自我意识的增强而增加，但是经济增长的速率远超过劳动争议增长的速率，从而在整体表现上，经济因素、社会保障因素以及个人素质三方面的综合作用下，广东省的劳动争议与经济发展具有较好的相对关系。但是从理想结果来讲，经济发展水平越高，劳动争议数量越少，才是更和谐的劳资关系，因此，广东省的劳资关系依然有较大的改进空间。

第五节　本章结论及进一步研究方向

不同省市地区的劳动争议与经济发展之间呈现着不同的关系，表现出较大的差异性，这也就意味着不同的省市要根据自身的实际情况因地制宜，因势利导，选择出更适宜的构建和谐劳资关系的路径，从而使地区经济在快速发展的同时，劳动争议数量能够相对减少，地区发展更为和谐。

（1）从政府角度上看，政府代表着当地宏观的经济环境与社会环境。当地政府要为和谐劳资关系的构建搭建好的平台，要从政策、制度上鼓励工会的健康独立发展，使工会能真正发挥其相对独立的作用，而不依赖于企业；要着力宣传并提高人们的自我维权意识，倡导法治，积极健康地维护自己的合法权益；要关注民生，使社会保障支出与就业基金的支出能更好地发挥其应有的作用，努力维护社会稳定，促进和谐劳资关系早日形成。

（2）从个人角度上看，个人代表着个人素质需求。随着经济的发展，人们的法治意识也在逐步增强，劳资双方固有的利益矛盾使劳资冲突不可避免，因此就需要我们努力提高自己的维权意识，运用法律武器维护自身的合法权益，而不至于产生激烈的劳资冲突。

本章只是将区域劳资关系与适合度景观理论结合，对学科结构结合进行了初步研究，许多深层次的问题有待进一步去探索。主要表现在以下几点：

（1）探究更好地反映劳资关系的综合性指标。本章所使用的劳动争议案件仅是本书在研究中所能找到的最合适的指标，并不能全面地衡量劳资关系。例如，考虑申请调解和仲裁的成本，一些程度较轻的劳资纠纷可能并没有形成劳动争议，而一些严重的劳资冲突可能采取了更为激烈的解决方式。

（2）本章借用适应度景观模型为框架，该模型在我国的研究相对较少，经济方面的更为缺乏，因此本章技术分析相对不足。同时在该模型的几个因子方面，还需要以更科学的数据和指标来充实本章的研究。本章虽然借鉴了一些其他学者的指标选取，但是仍然具有一定的随意性。同时，一些数据的缺失也对本章的研究造成一定的影响。

（3）研究各项因子对劳资关系产生影响的作用机制。本章列举了一些可能会对劳资关系产生影响的重要因子，但是并未从理论上对这些因子的作用机制给予充分的说明。只有更深入地研究这些因素的作用机制，才能更全面地了解劳资关系的现状与发展，并为构建更和谐的劳资关系指明方向。

（4）该模型将各因子状态通过与均值比较，对于某些与均值差距较小的因子（如略低于或略高于均值的因子）和某些与均值有显著差异的因子，它们对适应度的贡献应该是可以再进一步加以区别的，而该模型只是仅仅将其划分为1和0，有一定的粗略性。在后期的研究中，可以针对这一点，尝试性进行细分与深化。

第二十四章　规范嵌入劳资关系的政策建议

经济全球化浪潮推动中国不断融入世界分工体系，纷至沓来的外资企业为中国带来了新的管理理念、企业文化和处事规则等，它们在为中国创造出巨大物质财富的同时，形成了新型的劳资关系即嵌入型劳资关系（孙妍、吴江，2012）。由于法律法规的不完善、工会职能的缺失、文化背景的差异等诸多因素，造成外资企业雇主与雇员之间劳资纠纷不断（席群、吕佳，2008）。近几年来，中国社会的劳资矛盾比较突出，屡屡爆发群体性的劳资冲突事件。仅在2010年，就相继出现了重庆出租车司机因运价低等原因举行的全城罢工事件、广东南海本田汽车零部件制造有限公司因员工集体加薪诉求引起的罢工事件，特别是从2010年初到5月底，富士康员工“十五连跳”的悲剧，引起整个社会的强烈反响和深刻的反思，这也是当前我国社会转型时期劳资关系的一个缩影。因此，正确处理嵌入型劳资关系关乎合理利用外资与保障我国劳动者的合法权益，这对于我国的经济发展和完善劳动力市场具有重大的现实意义。劳资关系是社会关系的基石，是社会和谐程度的“晴雨表”。科学认识和准确把握我国现阶段劳资关系，是坚持科学发展观、构建社会主义和谐社会的需要，也是工会服从、服务于党和国家大局，不断提高新形势下群众工作能力的前提和基础。本章就当前我国劳资关系的现状及成因进行分析，并对如何构建和谐劳资关系提出一些对策建议。

第一节　我国劳资关系中存在的突出问题

一、讨薪与规范劳动力市场

随着我国农村剩余劳动力大量向中心城市转移，一方面以其廉价的劳动力降低了企业的用工成本推动了经济的增长，但另一方面引发了劳动者与资本所有者之间紧张的劳资关系，尤其是与外来资本所有者之间的劳资关系。由于我国农村劳动力的素质并不高，文化传统和生活习惯与外资企业的治理理念不相符而更容易造成紧张的劳资关系。近几年，相继出现了大量的农民工讨薪事件：杨立学讨薪记、农民工讨薪遭到殴打等。农民工讨薪难已成为一个持续多年的社会痼疾。2003 年 10 月，温家宝亲自为农妇熊德明讨薪的举动在全国卷起了一场讨薪风暴。然而尽管有温家宝的亲自过问和带动、尽管有政府的三令五申，“讨薪难”这个顽疾仍然未能清除甚至愈演愈烈。到底是什么原因使农民工“讨薪难”成为一个难以攻克的碉堡呢?

从体制上看，有几大问题亟待解决：一是层层包工的体制。建筑业的利益链条很长很复杂，行业主导是开发商，而开发商上面是政府招标，开发商之后是建筑公司，而大的建筑公司又可以将工程再次承包给下面的若干个建筑商，建筑商下面是包工头，通过层层转包之后才是农民工。有专业调查显示，从发包方到工人层层转包有的竟然多达六七层，在这个复杂的利益链条中，民工处于最底层，任何一个环节出现的风险最后都得由民工埋单。二是可怕的“潜规则”。种种“潜规则”之所以能生存，究其根本还是体制的缺陷原因。有圈内人士表示，虽然国家对承揽工程有一套严格的招投标制度，但“潜规则”的盛行使资质的“门槛”作用无法发挥，形成了“大企业出牌子、私人老板出钱、农民工干活”的不正常现象。三是“先干活后付钱”的工程建设体制问题。某媒体记者郑凤田撰文指出，我国目前不少的工程项目，尤其是政府工程，一般采取先建后补，也就是先把路、楼等工程修好了，然后钱才给施工方。施工方先垫付制度属于目前的财政拨款制度问题。这个制度不改，农民工欠薪估计永远解决不了。

从法律层面上分析，也有多方面的缺失：一是法律法规的缺陷。我国目前还没有专门保护农民工权益的法律，同时劳动立法不完善，配套的法律法规不健全，如《中华人民共和国劳动法》、《工资支付暂行规定》和《工伤保险条例》等虽然都有农民工权益保障的相关规定，但是以上规定比较宽泛，对于劳动者的保护已显得力不从心，对农民工权益保护更是如此。二是建筑业法律合同的欠缺。不少农民工与建筑商、承包商之间根本没有签订合同。这些承包商利用自己的强势、利用农民工法律意识的薄弱拒绝与签合同，这直接导致农民工讨薪难。三是相关部门的执法力度和监管力度不够。每当有农民工讨薪事故——或者违法堵路、或者杀人惨案、或者“群体性事件”——发生时，相关管理部门总是会说“重视”、“肯定切实解决农民工讨薪难的问题”，可实际上又有多少人能够真正去执行呢?农民工没有一个行之有效的维权体系，而一些民间自发形成的维权组织却因为没有权利而处于尴尬的地位，稍有不慎就被归为“群体性事件”

从农民工自身的角度看，讨薪难也有其根源：首先是农民工由于文化素质相对低下、法律意识薄弱，不懂得用法律来保护自己。其次在与对方确立劳务关系的过程中没有经过必要的法律程序，没有签订有效的合同，更没有留下有利的法律依据，这导致其后来讨薪完全占据不利的地位。最后在被拖欠工资以后，没有采取理智的办法。

二、工资标准与最低工资

我国于1993年11月颁布了《企业最低工资规定》，1994年7月颁布了《中华人民共和国劳动法》，进一步明确了最低工资标准的法律地位——“国家实行最低工资保障制度。最低工资的具体标准由省、自治区、直辖市人民政府规定，报国务院备案。用人单位支付劳动者的工资不得低于当地最低工资标准”。2004年1月，国家劳动和社会保障部颁布了《最低工资规定》，取代此前的《企业最低工资规定》，从以下四个方面对最低工资标准进行了规范：明确界定最低工资标准、规定最低工资标准的扣除项目、规定最低工资标准的调整频率、提出最低工资标准的测算方法。但现实情况却不容乐观。与最低工资上涨有“规律”、能与物价相挂钩所对应的是，职工工资并没有实现同步上涨，很多地方已经甚至出现了最低工资标准正在接近甚至是超过“工资标准”的怪现象。最低工资不断上涨，可同期职工涨“工资”的“频率”却大大低于前者。最低工资标准是劳动者报酬的底线，而不是“工资标准线”。一旦最低标准线与“工资标准线”接近重合乃至超越，就充分意味着，劳动者的权利空间逐步受到了挤压，最低的权利保障正异化为普遍的权利保障——失去了“倒逼效应”的最低工资制度，就会异化为权利束缚的“紧箍咒”，成为普通劳动者的不堪承受之重。

三、罢工与群体性事件

罢工与群体性事件的实质是劳资纠纷：在我国大部分的群体事件是和罢工联系在一起的，群体事件的导火索是劳资纠纷，是劳动者为了维护自己的合法权益而采取罢工的形式进而成为群体性的事件。最近这些年的群体事件突发频率越来越高，富士康基本上是一年一次，近年来有日本本田、韩国三星和LG等。这些罢工活动的发生表明我国的劳动者在嵌入型企业的合法权益得不到保障，而群体性事件表明我国没有合理的保障劳动者的权益的渠道，只能通过罢工方式来引起社会和政府的注意。我国目前的法律没有关于公民享有罢工权的明确规定，但我国法律从来也没有关于禁止罢工的规定。依照基本的法理规则“法无禁止即许可”，对于公民而言，只要法律没有明文禁止，便是可以作为的。所以，首先需要明确的是：中国没有禁止罢工的法律规定，所以在中国罢工并不违法。或者说，中国没有罢工罪。通过上面的分析，我们知道罢工在国内是不违法的，那么处理罢工的原则和要求就目前的实践经验从政府角度来看应该是“理性对待，法治解决”。2010年5月27日，因为对薪酬制度表示不满，200多名身着白衣白裤、头戴印有Honda字样红色帽子的工人或站或坐，在佛山南海狮山工业园的广东南海本田汽车零部件制造有限公司操场及大门集合，人群中不时响起“团结就是力量”的歌声。南海本田罢工，既有权利争议的成分，主要涉及工人的要求成立代表自己利益工会的权利，也有利益争议的成分，主要涉及在法定最低工资基础上提高工资水平的要求。对此，广东及南海区政府的认识就非常明确。他们认为，南海本田的罢工就是劳资纠纷，这种纠纷不涉及政治问题，对此政府不能强力介入，解决的办法就是让劳资双方协商解决。那么政府应该在何时介入呢？只有当罢工引起下面三个后果的情况下政府应视情况介入：危害公共安全；损害正常的社会经济秩序和市民生活秩序；其他严重危害公共利益的后果。

第二节　成因分析

当前，我国劳资关系领域存在的问题，既有国内因素，也有国际影响，是一个多种因素复合作用的结果。经济全球化加剧了劳资关系的不平衡，对各国劳动法带来了新的挑战，削弱了工会的地位和作用。全球化还分化了劳工，引发各国工会的利益冲突。此外，还出现了以人力资源管理理论批判劳动法、以公司社会责任取代劳动法的现象。来自国内的因素主要是，建立市场经济体制以后，在改制企业中，过去那种职工都是主人翁的平衡态势和以平均主义为特征的利益分配格局被打破；非公有制企业中，雇主在劳动关系中一开始就处于优势和主动地位，大多数企业没有工会组织或工会不发挥作用，劳动关系双方力量对比极端不平衡。劳动力供大于求的状况进一步加剧了劳动者的弱势地位，劳动合同签订率低且不规范；工资分配制度不健全，分配不合理现象日趋严重。如何通过工会组织的努力来更好地维护劳动者合法权益，已经成为摆在工会面前的一个十分紧迫的社会问题。来自内部的挑战还有：劳动法制建设滞后，导致社会保障体系不健全，覆盖面小、保障性差；安全生产形势严峻，劳动保护工作基础薄弱；政府干预不到位，劳动监察严重乏力，劳动争议频发，维权成本过高。综上所述，我们从劳资关系主体三方，即政府、用人单位和劳动者（工会）在劳动关系发展进程中的表现和作为，来深入分析我国劳资关系不稳定的体制性根源。

一、用人单位对社会责任的漠视

（1）企业以人为本经营理念的缺失。构建和谐社会，一个很重要的理念就是以人为本。很多企业经营者和管理人员却缺乏人本管理理念，不把改善员工的工作条件和安全保障当作企业的社会责任，而一味地压低劳动力价格、延长劳动

时间，极易造成劳动关系紧张。非公有制企业，特别是在一些加工生产企业里，只注重产品、利润，而忽视生产安全，在这些企业老板的眼里，产品和利润远远高于工人的价值和人身安全。

（2）用人单位违反和规避劳动法律法规。有的企业是因为经营管理者缺乏劳动法方面的知识而导致执法不力，而多数企业却是经营管理者故意不执行或变相降低法定最低劳动标准。有的企业主漠视国家劳动法律，根本不与劳动者签订劳动合同，或者钻法律的空子，以劳务关系为名规避与劳动者签订劳动合同，从而逃避承担为劳动者购买各项社会保险的义务；许多企业规章制度本身与国家法律法规相抵触，如有的企业以当地最低工资标准作为员工工资标准，更有许多用人单位在招工过程收取劳动者证件、押金，拖欠劳动者工资成为一种经常性的现象；有的企业主阻挠劳动者组建工会，通过使用亲信或者由自己的亲属担任工会主席，从而达到控制工会的目的。

（3）雇主组织发育不健全。雇主组织是私营企业主自愿加入、在劳资关系谈判机制中代表雇主利益的组织。然而，从内在动机看，我国长期实行计划经济体制，私营经济发展时间短、规模小，没有或者缺乏组建雇主组织的内在动力；从劳动力供求关系看，这些私营企业主面对的又是分散的、无组织的劳工群体，劳动力供大于求、“强资本弱劳工”的格局决定着雇主主导劳动力市场的局面将长期存在；从社会环境看，我国劳动法制不健全，加上一些地方政府偏离公共管理目标的管理政策等因素的作用，资本持有者更为骄横。这就决定了在劳资博弈过程中，雇主缺乏强大的对手，既没有组织起来的内在动力，也缺乏组织起来的外部压力。从而导致我国雇主组织职能很不到位，没有能发挥“对内自律，对外代表”的作用，协调劳动关系的内部机制还处于缺失状态。

二、劳动者维权与工会作为乏力

（1）职工依法维权和自我保护意识的缺失。从对调研和职工来信、来访中掌握的材料进行分析后发现，发生劳动争议、前来投诉的职工缺少基本的法律知识，缺乏证据意识，常常要花费很多口舌向他们介绍法律知识和法律程序，查处的难度也很大。很多职工缺乏基本的自我保护意识，如根本不了解职业中毒和职业病的识别与危害，所以，都是在超过了投诉时间期限的范围才报案，有些甚至在一两年之后才意识到自己中毒或得了职业病，造成严重后果。职工是创建和谐劳动关系的重要参与者，缺乏自我保护意识也是他们权益易受侵犯的重要原因之一。

（2）企业工会组建遇阻、发挥作用更难。现状是，许多非公有制企业没有组建工会，自然也就谈不上企业工会作为。即使成立了工会，有些却成为“老板工会”或企业的管理机构，而没有真正成为代表职工利益的组织，使企业行政与员工缺少沟通的载体。这主要是由于当前的工会管理体制决定了企业工会的经费、人员都受制于企业，在劳动力严重供大于求的状况下，劳动者一旦与企业发生矛盾，企业工会干部往往不得不更多地考虑自己的饭碗、工会组织的利益，使工会在表达和维护劳动者利益上处于两难处境。

（3）工会目标和作为扭曲。我国建立了产业与地方相结合、全国统一的工会体制，但长期实行的计划经济体制导致工会组织的独立性和职能的完整性都受到很大削弱，工会工作往往局限于处理一些事务，在许多企业也就是“打球、照相、发电影票，年终搞点福利”，而工会作为集体劳动权表达者和维护者的职能却没有很好地得到落实，工会与用人单位通过平等协商、签订集体合同这个最基本的手段却在实践中流于形式。工会维权对象的主体——职工群众生活在基层，这就决定了工会工作的重点在企业。企业工会作为基层组织，了解用人单位和劳动者的情况，在协调劳资关系方面，尤其是处理集体劳资关资方面，具有不可替代的作用。现实情况是，企业工会客观上虽然做了大量工作，但近年来我国企业劳动争议却持续大幅度上升。根据国家统计局的数字，1994～2003 年，劳动争议总数量由 1.91 万件增长为 22.6 万件，参与劳动争议的总人数由 7.78 万人增长为 80 万人。需要关注的是，集体争议件数只占劳动争议总数量的 6% 左右，但集体争议人数却占劳动争议总人数的 2/3 左右。然而，这些集体争议大都并非由工会代表劳动者提起的，而是由劳动者自发提起的。这一数字很具体地说明了目前工会与劳动者之间的关系状况，也说明了中国工会在劳资关系中的作为发生了严重扭曲。

三、政府干预不到位或不作为

（1）政府转型后的“失控”。实行社会主义市场经济体制以后，政府对劳资关系的管理模式由计划经济条件下形成的统包统配式的直接管理转变为政府宏观调控式的间接管理。政府管理模式转变以后，既扩大了劳动者与用人单位双方协商空间，也带来了当前劳动力市场的严重失控无序状态。其原因有二：一是中国政府提供公共服务、维护社会公平缺少传统经验，甚至连这样的意识还在形成之中；二是对政府在劳资关系中的角色、职责认识不清，对干预劳资关系准备不足，面对纷繁复杂的劳动关系问题，往往缺少有力措施和手段。原有的在计划经济时期的工作方法失灵了，而适应市场经济条件下的干预模式还在摸索之中，导致政府在劳资关系中不知所措、无所作为。试想，如果各级政府积极作为，何至于出现由日理万机的共和国总理出面帮农民工熊德明讨要欠薪的情况。

（2）政府与资本的合谋。更为严重的情况是一些政府部门在推动发展的过

程中，关注更多的是稀缺资源，如资本、土地等，但对于供大于求的劳动力资源，却没有给予足够的重视。某些政府机构经受不住市场的诱惑，将手中的行政权力作为一种资源，通过与资本的交换，为部门或个人谋取私利，这就从根本上扭曲了公权力的性质。“权钱交易”是政府与资本合谋最为极端的表现形式。在处理与劳动者的关系上，政府与资本似乎总是最容易达成共识，因为企业可以为社会带来 GDP，从而为政府制造政绩；政府可以为企业提供优惠与保护，从而为企业带来实际利益。为了同样的目标，政府与企业往往一拍即合，其直接结果就是劳动者的权益受到打压，劳动者的处境更加恶劣和艰难。

（3）政府劳动监察工作不到位。在强资本弱劳工的劳动关系态势下，少数地方政府常常以牺牲劳动者利益来维护资本的利益，如把不参加社会保险、不组建工会等作为招商引资的优惠条件，并规定非经地方党委同意任何部门不得进入企业进行《中华人民共和国劳动法》、《中华人民共和国工会法》及相关法规的执法检查。地方政府放松对企业监督管理，客观上就是放松对企业履行社会责任的监管，纵容了企业违法行为的发生。一是许多企业还大量存在着违反法律、侵犯劳动者合法权益的现象。二是对于用人单位克扣、拖欠加班工资且隐瞒相关证据时，政府行使法律所赋予的调查取证权的力度不够。三是对于那些资不抵债、经营困难的企业，或者故意搞“两块牌子、一套班子”，通过变换企业名称来逃避监察的企业，政府劳动行政部门干涉不力，甚至听之任之。

（4）劳动争议处理制度严重滞后。我国现行的劳动争议处理实行“一调一裁两审”的制度，很难体现程序正义和实体正义。一是劳动争议调解在企业内部进行，而企业内的劳动争议调解委员会成员受雇于企业主，调解工作很难公正开展，协调作用几近丧失，调解的公正性也难以保证。劳动者与企业出现纠纷的苗头或者发生争议后，很少主动找企业内部调解委员会来解决。二是劳动争议仲裁虽由三方组成，但基本上是由劳动行政部门主导，仲裁结果与诉讼严重脱节，仲裁前置程序的设置，实际上限制甚至是剥夺了当事人就劳动争议案件直接向法院起诉的权利。三是劳动争议诉讼不规范，没有导入“三方机制”（即由政府代表、工会代表和雇主代表参加陪审）来平衡劳动争议双方当事人的利益冲突，实际上就排斥了政府、工会、雇主组织在劳动争议案件中的特殊影响力和长期积累的工作经验，导致法官的独断专行。由于我国没有建立专门的劳动法庭，而由民庭负责审理劳动争议案件，容易产生适用程序和法律的混乱。在我国，任何一种诉讼都不可能像劳动争议诉讼这样会使当事人遭受很多诉讼之外的不利后果。对于劳动者特别是尚未与用人单位解除劳动关系的劳动者而言，诉讼可能意味着一连串的打击报复，如岗位调整、职务下降、工资降低以至劳动关系解除等。“赢了官司，丢了饭碗”就是对劳动争议处理结果最形象的概括。

以上我们从劳资关系主体的不同侧面，分析研究了我国劳资关系中存在的突出问题及其成因。这些突出问题，有的成因复杂，并非工会或者职工单方面所能解决，但这些问题却是劳动者权益实现的最大障碍。所以说，这些问题是我国工会维护劳动者合法权益所面临的严峻挑战，也是今后工会工作必须着力推动解决的问题。我们认为，“强资本、弱劳工”的基本格局将伴随我国社会主义初级阶段而长期存在，这既是工会存在、发展的现实依据，也是工会为平衡劳资双方力量，追求协调、稳定、合作、共赢的劳资关系的逻辑起点。

第三节　完善和谐劳资关系的制度保障

劳资关系是社会关系的基石，是社会和谐程度的“晴雨表”。所谓新型资动关系的和谐，主要体现在三个方面，即与市场经济体制的和谐，与政治和社会制度的和谐，与科学发展观指导下经济社会持续快速健康发展的需求的和谐。这种和谐稳定的劳资关系是劳资双方对立统一的辩证关系。我们建立和谐稳定的新型劳资关系，不是要消灭矛盾，矛盾是普遍的、永恒的，经济社会的发展是矛盾运动的结果。我们的目的是要找到一条使矛盾双方在对立基础上不断实现和谐统一的道路。当前和今后一个时期重点是要构建好四项制度。

一、协商谈判制度

在社会管理层面，要建立起劳资关系三方协调机制和劳资双方对等协商谈判机制，努力解决三方不到位和缺乏公信力问题，定期或不定期举行协商谈判，就工资水平、劳动保障等涉及劳动关系的敏感问题达成共识，确保劳资关系的和谐发展。工资集体协商谈判问题要特别注意几点：①必须遵循三大法则，即市场法则，主要是社会平均利润率和平均工资率；劳资两利法则，主要是利润分配领域的两个再生产比例、股本红利比例、劳动者奖金或红利比例；社会发展成果共享法则。②重点抓住三大环节：一是平等、协商、合同，要讲究方法，善于发现协商谈判的平衡点，讲究协商谈判艺术；二是积极探索和建立区域性和行业性工资协商谈判体制，只有行业性、区域性协商谈判，才能从根本上解决劳资关系双方的普遍矛盾；三是要特别关注进城务工的农民群众的利益表达和维护问题。

二、成果共享制度

和谐稳定的社会是每个社会成员都能够分享经济发展和社会进步成果的社会。问题在于，在劳资关系范畴，体现成果共享原则我们目前尚缺乏较完备的制度保障。在协调劳资关系中建设成果共享制度，需从两个层面入手：①在企事业等微观经济组织层面，要在集体协商谈判中注重对劳动贡献率的分析，推进探索首席工人制度等一系列反映劳动贡献报酬的制度创新，使集体合同充分反映劳动贡献在企业利润分配中的权益保障；②在宏观经济和社会管理层面，要在工会联席会议和三方协商机制中，突出对不同行业职工和不同区域职工收入差距、工资收入与非工资收入差距的科学分析，使财政和税收等公共政策更加体现劳动者利益的保障。

三、民主管理制度

要把民主管理制度和法人治理结构作为现代企业制度的“车之两轮”和“鸟之两翼”对待，使之同步并重建设起来。首先是职代会制度，应严格执行职代会审议重大改革议案的规定和涉及企业员工利益的决策提交职代会讨论通过的决定；其次要坚持和完善职工董事、职工监事制度；最后要大力推行厂务公开制度。

四、调节监督制度

首先是加强执法检查。人大、政协等的执法检查涉及贯彻《中华人民共和国劳动法》和《中华人民共和国工会法》内容的，政府行政执法体系涉及劳动关系矛盾内容的，都构成劳动关系调节监督的依据，工会组织要积极主动参与。对社会“潜规则”使企业抵制劳动法规、公然侵犯职工法定权益的现象，必须以坚决的态度维护劳动法规和集体合同的严肃性和权威性。其次是进一步完善劳动争议调解仲裁和司法审判程序。最后是建立劳资关系听证制度，以利于政府做出公正科学的决策。

第四节 规范嵌入劳资关系的政策建议

一、讨薪与规范劳动力市场方面

（1）讨薪需要依法维权。一些农民工讨薪采取过激的方式，不但使自己陷入违法的境地，问题始终得不到解决。因此，农民工在讨薪时要有法律意识，当碰到拖欠工资等权益受到侵害的情况时，一定要依靠法律途径来解决，不能感情用事。

（2）向政府寻求帮助。劳动用工关系比较复杂，要弄清谁是欠薪主体，否则就会延误讨薪。一般来说，在用人单位拖欠工资的情况下，农民工首先要和用人单位协商，协商不成时可以通过求助于政府、当地劳动监察机构等突进解决。

（3）工程建设体制改革。我国目前的不少工程项目，尤其是政府工程，一般采取先建后补，就是你先把路、楼等工程修好了，然后钱才给施工方。往往最后工程完结，却没钱给。

（4）自身法律意识的提高。很多农民工兄弟在接工程之前，根本不知道要签劳动合同，甚至很多人不知道《中华人民共和国劳动合同法》为何物。

（5）应建工资保证金制。建立农民工工资保证金制度，切实解决企业尤其是建筑行业领域拖欠农民工工资问题。一旦出现拖欠，应该由项目的最初承包人负责，严惩各级承包转让人，这样才能真正保护农民工的合法权益。

二、工资标准与最低工资方面

正确对待最低工资标准应充分做到以下几点：

（1）完善最低工资标准的核算方法。最低工资标准的制定是确立最低工资制度的关键，完善的最低工资标准应全面参考以下一些要素：首先，最低工资标准应能满足城镇居民基本的生活保障。其次，最低工资标准的制定还要保障劳动者有足够的养老、医疗和社会保障支付能力，从而在因生病、年老而丧失劳动能力时依然能够获得生存的权利。最后，最低工资标准的制定需要考虑一些社会问题，如就业情况、地区差异、平均工资水平等。最低工资制的出发点是为了保护处于弱势地位的就业者，实施最低工资制应当考虑地区差距和发展阶段的差异，防止过高的最低工资标准将这些弱势劳动者挤出劳动市场。

（2）通过公共选择制定最低工资标准。在市场经济中，工资是由劳动力市场的供求关系决定的，是公共政策和公共意志的体现。我国的基本国情是还没有完全形成雇员联盟，企业在最低工资标准制度过程中还处于强势地位。因此，政府和工会需要加强对工人的组织和领导，提高他们在劳资关系谈判中的地位。

（3）加强对企业执行最低工资制度的监督检查，健全职工维权体系。应对劳动者加强宣传，使其了解最低工资保障制度并学会如何合法有效维权，提高工人在劳资关系中的地位。

完善我国最低工资制度的执行环境，提高相关企业经营者的法律意识，增加企业的重视程度，对于一些变相的违规行为，要加大处罚力度，并通过宣传或培训使企业经营者认识到遵守最低工资制度的重要性。此外，也要使企业认识到，良好的劳资关系将有利于企业的长远发展。

（4）加强对企业工会组织的建设，发挥工会联系政府、企业和职工的重要纽带和桥梁作用，正确调整劳动关系、稳定社会，竭诚为职工群众服务，并起到

强有力的监督作用。

（5）最低工资制度要加强对某些特殊工种劳动者的权益保障，如应进一步对计件制、提成制等特殊工资形式做出明确规定。此外，“合理的劳动定员定额标准是在一定时期内、一定生产力条件下，某一行业管理水平、技术水平、劳动生产率水平等因素的综合反应”。确定的劳动定员定额水平，应该是在正常生产条件下，正常工作时间内，绝大多数劳动者可以达到或超过的水平。

三、罢工与群体事件方面

政府应该主动采取一些行动来未雨绸缪以防群体性事件的持续发生。

第一，在立法层面上，应进一步推动适应社会主义市场经济劳动关系调整要求的法治建设。首先，及时修订已不能适应市场经济利益主体分化的工会法。修改法案时，应该突出和强化工会维护劳动者权益的职能，尤其要对基层工会组织的法律规范进行明确的法律规定。例如，明确工会作为劳动者利益的代表者、维护者的角色，划清与管理方的界限；明确在企业劳动关系层面上工会的平等性、独立性和代表性；突出在涉及劳动者权益的决策和管理上工会与资方的协商共决的特征。我国工会法中对企业工会的多项规定，都迫切需要根据工会平衡劳动关系的新要求做出修订调整。其次，对我国工会在平衡劳动关系中发挥重要作用的两个机制，即基层民主管理机制和平等协商机制应当尽快纳入立法程序。应该将这两项机制上升到国家法律层面，使其在调整劳动关系中具有更权威的法律依据。尤其是在市场经济条件下，要尽快将保证劳动关系平稳运行的集体合同制度提上立法议程。最后，对目前还没有明确法律规范的劳动关系中的集体行为（如罢工、怠工、集体上访等），应在内容、目的和程序上有明确的法律规范和限制性要求。这样可以避免将劳动关系矛盾引发的经济行为转化为政治行为，并且可以避免基层产业秩序陷于无序的状态，维护基层社会和政治的稳定。

第二，在政策层面上，应该做好三个方面的工作。首先，明确工会作为劳动关系调整机制的重要角色。无论是在我国产业民主化的进程中，还是在分配制度改革中，工会是通过市场经济运行方式解决劳动关系中权利主体诉求表达和利益分配平衡问题的关键。应抓紧落实中央领导关于加强工会工作的指示精神，使其及时转化为可操作、能发挥作用的制度化措施。其次，理顺企业内党组织、行政管理组织与工会组织之间的关系。我们认为，在处理工会自觉接受党的领导与同企业行政管理体系保持平等关系问题上，应当在非公企业中不容许“党政一体化”，只可以“党工一体化”；在国企还没有改变“党政一体化”的情况下，应实现工会内党组织的垂直领导。这样既能保证党对工会的领导，又可以使工会真正成为具有平等地位的劳动关系主体。最后，赋予工会发挥职能的资源和手段。

要使工会真正发挥其作用，就应该为工会创造有利的环境和条件，这些都应当有明确的政策要求和制度规定。同时，各级党组织和政府组织在决定涉及职工利益的问题时，必须尊重工会的意见，赋予工会一票否决权，使工会在解决劳动关系运行中的主体、规则、内容（约定标准）等问题时能够拥有足够的资源与手段。

第三，在培训宣传层面上，应加大力度。目前，我国的劳动关系调整体系和对劳动者权益的维护，实行的是党政主导下的工会运作以及社会各方协作的模式。为使党领导下的工会得到全社会的重视和认可、充分发挥其作用，党和政府的各级领导应当了解工会的基本知识，熟知工会的性质、地位、职能以及作用。为此，应加强党政干部在这方面的培训，建议各级党校和行政管理学院都要开设这方面的课程，这是执政能力不可缺少的重要组成部分。同时，应加大对中国特色社会主义工会发展道路和维权观的社会宣传力度，通过工会的声音和维权行动，树立工会是劳动者利益代表者和维护者的社会形象。

参考文献

[1] Barro, Sala - i - Martin. Economic Growth [M] . 北京：中国社会科学出版社，2003：167.

[2] Bruce E. Kaufman. The Future of Employment Relations：Insights from Theory [J] . Working Paper，2010：8.

[3] Bruce E. Kaufman. The Origins and Evolution of the Field of Industrial Relations in the United States [M] . Ithaca：ILR Press，1993.

[4] Buchele Robert，Christiansen Jens. Labor Relations and Productivity Growth in Advanced Capitalist Economies [J] . Review of Radical Political Economics，1999 (31)：87 - 110.

[5] Cleman J. S. . Social Capital in the Greation of Human Capital [J] . The American Journal of Sociology，1988.

[6] Cohen W. M. , Levinthel D. A. . Innovation and Learning：The Two Faces of R&D [J] . Economic Journal , 1989 (99)：569 - 596.

[7] Craig Albert. A Model for the Analysis of Industrial Relations Systems. Proceeding of the Annual Meeting of the Canadian Political Science Association [M] . Ottawa：CPSA，1967.

[8] Daniel Nelson. Managers & Workers：Origins of the Twentieth Century Factory System in the United States，1880 - 1920 [M] . Madison University of Wisconsin Press，1975.

[9] Dunlop J. . Industrial Relations Systems [M] . New York：Holt，1958.

[10] Freeman，Richard，James Medoff. What Do Unions Do? [M] . New York：Free Press，1984.

[11] Grier R. G. . On the Interaction of Human and Physical Capital in Latin America [J] . Economic Developmentand Cultural Change，2002，50 (4)：891 - 913.

[12] Irmen A. , R. Klump. Factor Substitution，Income Distribution and Growth in a Generalized Neoclassical Model [J] . German Economics Review，2009.

[13] Jang - Ting Guo，Kevin J. Lansing. Capital - Labor Substitution，Equilibri-

um Indeterminacy, and the Cyclical Behavior of Labor Income [J] . Journal of Economic Dynamics and Control, 2008 (4): 4.

[14] Jose Agustin Aleman. Protest and Social Concentration After The Third Wave [D] . A Dissertation Presented to the Faculty of Princeton University in Candidacy for the Degree of Doctor of Philosophy, 2005.

[15] Kauffman S. A.. At Home in the Universe [M] . New York: Oxford University Press, 1995.

[16] Kochan T. , Katz H. , R. McKersie. The Transformation of Industrial Relations [M] . New York: Basic Books, 1986.

[17] Kuruvilla S. , Erickson C. L.. Change and Transformation in Asian Industrial Relation [J] . Industrial Relations, 2002 (41): 171 -227.

[18] Linus Yamane. The Insider - outsider Model and Janpanese Labor Unions [J] . Janpan and the World Economy, 1988 (10): 157 -171.

[19] Mark S. Plovnick. Relationship between Concession Bargaining and Labor Management Cooperation [J] . Academy of Management Journal, 1985 (8) .

[20] Michael Salamon. Industrial Relations: Theory and Practice [M] . New York: Prentice Hall, 1998.

[21] M. H. Sandver. Labor Relations: Process and Outcomes [M] . Boston: Little, Brown and Company, 1987.

[22] Putnam Robert D.. The Prosperous Community Social Capital and Public Life [J] . American Prospect, 1993 (13): 35 -42.

[23] Putnam Robert D.. The Strange Disappearance of Civic America [J] . American Prospect, 1996 (24): 34 -48.

[24] Putnam R. D.. Making Democracy Work: Civic Traditions in Mmodern Italy [D] . Princeton: Princeton University Press, 1993.

[25] Putnam R. D.. The Prosperous Community Social Capital and Public Life [J] . American Prospect, 1993.

[26] RobinM Grier. On the Interaction of Human and Physical Capital in Latin America [R] . NBER Working Paper, 2000.

[27] Sandver. Labor Relartion: Process and Occtcomes [J] . Little, Brown and Company, 1987: 26 -34.

[28] Waldinger R.. In Search of the Glass Ceiling: The Career Trajectories of Immigrant and Native - bom Engineers [EB/OL] . http: //escholar - ship. org/uc/item/3pj3psb3.

[29] Weisskopf Thomas, Bowles Samuel , Gordon David, Baily Martin, Rees Albert. Hearts and Minds: A Social Model of U. S. Productivity Growth [J]. Brookings Papers on Economic Activity, 1983 (2): 381-450.

[30] Wood Stephen, et al. The Industrial Relations System's Concept as a Basic of Theory in Industrial Relations [J]. British Journal of Industrial Relations, 1975, 13 (3).

[31] 埃米尔·迪尔凯姆. 自杀论 [M]. 冯韵文译. 北京: 商务印书馆, 1966.

[32] 贝克尔 (Beeker G. S.). 人力资本: 特别是关于教育的理论与经验分析 [M]. 北京: 北京大学出版社, 1985.

[33] 彼罗·斯拉法. 李嘉图著作与通信集 (第一卷) [M]. 北京: 商务印书馆, 1981.

[34] 边燕杰. 城市居民社会资本的来源及作用: 网络观点与调查发现 [J]. 中国社会科学, 2004 (3).

[35] 布阿吉尔贝尔. 谷物论、论财富、货币和赋税的性质 [M]. 北京: 商务印书馆, 1979.

[36] 布利斯. 资本理论与收入分配 [M] //伊特韦尔. 新帕尔格雷夫经济辞典. 经济科学出版社, 1996.

[37] 蔡昉, 万广华. 中国转轨时期收入分配差距与贫困 [M]. 北京: 社会科学文献出版社, 2006: 84.

[38] 蔡昉. 人口转变、人口红利与刘易斯拐点 [J]. 经济研究, 2010 (4): 4-13.

[39] 蔡禾. 从"底线型"利益到"增长型"利益——农民工利益诉求的转变与劳资关系秩序 [J]. 开放时代, 2010 (9).

[40] 蔡炜华, 陈翔, 王秋红, 张慧玲. 基于主成分—神经网络风险预警模型研究 [J]. 中国科技信息, 2006 (2).

[41] 曹超. 分析当前非公有制经济中劳资关系的现状及趋势 [J]. 理论界, 2008 (2).

[42] 曹德骏, 唐文军, 李勤. 雇佣关系研究: 演进与启示 [J]. 财经科学, 2006 (10).

[43] 曹荣湘. 走出囚徒困境: 社会资本与制度分析 [M]. 上海: 上海三联书店出版社, 2003.

[44] 曹绪红. 论转型时期的劳动关系 [J]. 中国劳动关系学院学报, 2005 (19).

［45］常凯，陶文忠．人力资源管理与劳动关系调整［J］．中国人力资源开发，2006（8）：4－9.

［46］常凯．关于我国劳动关系中的劳动者的界定与特点［J］．中国劳动关系学院学报，1997（2）．

［47］常凯．劳动关系·劳动者·劳权——当代中国的劳动问题［M］．北京：中国劳动社会保障出版社，1995.

［48］常凯．劳动关系学［M］．北京：中国劳动社会保障出版社，2005.

［49］陈斌开，张鹏飞，杨岱．政府教育投入、人力资本投资与中国城乡收入差距［J］．管理世界，2010（1）．

［50］陈大柴．西方市场经济国家劳资关系的历史发展及其趋势［J］．中共南京市委党校南京市行政学院学报，2004（5）．

［51］陈大柴．西方市场经济国家劳资关系走向和谐的历史演变及其启示［J］．厦门特区党校学报，2005（6）：6－10.

［52］陈海涛．浅谈金融危机下劳资关系的危机处理［J］．内江科技，2009，30（12）．

［53］陈淑妮，陈贵壹．金融危机下企业劳资关系影响因素的实证研究——以珠三角地区企业员工为例［J］．企业经济，2010（11）：69－73.

［54］陈恕祥，杨培雷．当代西方发达国家劳资关系研究［M］．武汉：武汉大学出版社，1998.

［55］陈微波．构建利益分享型劳动关系的理论基础实践模式与路径选择［J］．现代经济探讨，2012（5）．

［56］陈微波．人力资本产权视角下的我国企业劳资冲突［J］．经济论坛，2010（4）．

［57］陈维政，李贵卿．实施工作分享破解就业难题［M］．北京：中国经济出版社，2007.

［58］陈维政等．劳动关系管理［M］．北京：科学出版社，2010：23－27.

［59］陈曦．浅析贴牌生产对我国企业的影响［J］．法制与经济，2010（5）．

［60］谌新民，李艳．珠三角劳动关系隐忧与人力资源应对策略［J］．中国人力资源开发，2010（11）．

［61］谌新民．农民工转移就业风险与防范［J］．中国社会科学（内部文稿），2009（6）．

［62］程必定．中国新型城市化道路的选择［J］．青岛科技大学学报，2011，27（3）．

［63］程启军．阶段定位：劳资关系研究的前提［J］．江淮论坛，2009（4）．

［64］程延园．劳动关系［M］．北京：中国人民大学出版社，2002.

［65］程延园．外资企业劳动关系存在的问题及对策［J］．中国人力资源开发，2002（1）．

［66］储小平．不同企业产权制度中的劳动关系［J］．汕头大学学报，1996（6）．

［67］崔彩周．试论中国经济体制转轨时期的社会参与［J］．广东社会科学，2002（6）．

［68］崔宏义．国有企业劳动关系存在的问题与对策［J］．山西师范大学学报，2002（1）：51－53.

［69］崔玲．试析劳资关系对经济增长的影响［J］．商场现代化，2009（23）：91－92.

［70］大卫·休谟．休谟经济论文选［M］．北京：商务印书馆，1984.

［71］戴建中．私营企业雇工及劳资关系调查报告［J］．社会学研究，1996（6）．

［72］戴圆晨，黎汉明．工资侵蚀利润——中国经济体制改革中的潜在危险［J］．经济研究，1988（6）．

［73］丹尼尔·奎因·米尔斯．劳工关系（中文版）［M］．北京：机械工业出版社，2000：3.

［74］邓国取．香港雇员援助计划［J］．中外企业文化，2005（3）：60－62.

［75］丁力．广东经济隐患巨大政府宜未雨绸缪［J］．经济，2005（5）．

［76］丁霞萍．从阶级到阶层理论的当代解读——对转型期中国劳资关系“返祖现象”的评析［J］．东华大学学报（社会科学版），2002（3）．

［77］董保华．和谐劳动关系的思辨［J］．上海师范大学学报，2007（3）．

［78］董金移，李程．广州市民营企业的劳资关系存在问题及调整政策［J］．当代经济，2012（17）．

［79］杜阁．关于财富的形成和分配的考察［M］．北京：商务印书馆，1978.

［80］杜海燕．现阶段我国私营企业劳动关系研究［D］．东北师范大学博士学位论文，2012.

［81］杜两省．人力资本投资必须与物质资本相适应［J］．学习与探索，1996（6）．

[82] 樊怀洪. 美国政府对社会经济的调控及其启示 [J]. 学习论坛，2001 (3).

[83] 范黎波，杨震宁. 新国际分工体系下跨国公司的战略演进与转型 [J]. 国外社会科学，2010 (6).

[84] 方竹兰. 从人力资本到社会资本 [J]. 学术月刊，2003 (2).

[85] 方竹兰. 人力资本产权论 [J]. 经济理论与经济管理，1999 (1): 36-39.

[86] 方竹兰. 人力资本所有者拥有企业所有权是一个趋势 [J]. 经济研究，1997 (6).

[87] 费孝通. 乡土中国 [M]. 北京：生活·读书·新知三联书店，1985.

[88] 丰坤武. 论私营企业和谐劳资关系的构建 [J]. 云南行政学院院报，2006 (2): 133-137.

[89] 弗里德里希·李斯特. 政治经济学的国民体系 [M]. 北京：商务印书馆，1961.

[90] 傅李琦. 生产过剩和消费不足的辩证分析 [J]. 今日南国，2010 (8).

[91] 盖骁敏. 企业人力资本产权研究 [M]. 北京：经济科学出版社，2005: 54-56.

[92] 葛伶俊，张磊. 近年来国内劳资关系研究述评 [J]. 当代社科视野，2008 (12).

[93] 葛玉辉，孙伟年. 转型期我国新型劳资关系的构建 [J]. 商业时代，2006 (31).

[94] 龚基云. 转型中的中国劳动关系对劳动关系内部构成因素的影响 [J]. 经济理论与经济管理，2005 (6).

[95] 龚基云. 转型期中国劳动关系研究 [M]. 合肥：安徽人民出版社，2006.

[96] 桂莉，孙文沛. 东亚企业和合文化与全球文化共存 [J]. 江汉论坛，2010 (2): 30-34.

[97] 郭金兴. 经济转型、经济发展与劳资关系——劳动争议案件的省际差异及其解释 [A]. 第一届中国政治经济学年会应征论文集，2007: 114-129.

[98] 郭军. 和谐劳动关系与和谐社会的契合 [J]. 经济经纬，2006 (6).

[99] 郭淑贞. 新生代农民工的劳资关系研究综述 [J]. 农民问题，2011 (4).

[100] 郭咸纲. 贡献利益分享模式 [M]. 北京：清华大学出版社，2005.

［101］郭哲民．正确处理外资企业的劳资关系［J］．特区理论与实践，1998（9）：38－40.

［102］国务院发展研究中心课题组．转变经济发展方式的战略重点［M］．北京：中国发展出版社，2010.

［103］韩春．经济转型期我国劳资关系治理机制探析［J］．前沿，2012（16）．

［104］韩金华，孙殿明．协调公平与效率关系构建和谐劳资关系［J］．中央财经大学学报，2008（2）．

［105］韩金华．马克思劳资关系理论的主要特征及其实现价值［J］．当代经济研究，2009（12）：6－10.

［106］韩兆洲，黎伟．最低工资调整的经济分析［J］．南方农村，2005（5）．

［107］何勤．北京中小企业劳动关系评价研究［D］．首都经济贸易大学博士学位论文，2011.

［108］何燕珍，林永基．劳动关系调整模式的比较及启示［J］．当代经济管理，2005（4）．

［109］何亦名，姜荣萍．变革与转型：广东民营企业劳资关系［J］．中国人口科学，2010（S1）．

［110］黑启明，彭文民．论影响劳动关系系统的政治法律环境因素［J］．兰州学刊，2006（6）．

［111］黑启明．劳动关系理论研究的经济社会视野［J］．工会论坛，2006（2）．

［112］黑启明．劳动关系理论研究的社会伦理视角［J］．道德与文明，2006（3）．

［113］黑启明．政府规制的劳动关系理论与策略研究［D］．天津师范大学博士学位论文，2005.

［114］胡锋．企业劳动关系之文化因素影响分析——兼论跨国公司的跨文化管理［J］．兰州学刊，2003（1）．

［115］胡汉辉，沈群红．西方知识资本理论及其应用［J］．经济学动态，1998（7）．

［116］胡浩志，卢现祥．企业专用性人力资本与员工工资——基于CGSS的实证研究［J］．北京师范大学学报（社会科学版），2011（2）：126－132.

［117］胡建明．最低工资制度现存的主要问题及对策探析［J］．特区经济，2008（3）．

[118] 胡永远，刘永呈．中国省际间人力资本和物质资本的相互关系分析［J］．人口与经济，2005（5）．

[119] 户晓坤．《剩余价值学说史》中的资本逻辑——马克思对资本主义物质生产的前提性批判［J］．现代哲学，2012（3）．

[120] 黄海标，李俊．产业结构优化升级评价指标体系构建［J］．商业时代，2008（3）：81－82.

[121] 黄河涛，赵健杰．经济全球化与中国劳动关系重建［M］．北京：社会科学文献出版社，2007.

[122] 纪娟．神经网络模型在财务风险预警中的应用［J］．网络安全技术与应用，2011（1）．

[123] 加里·S. 贝克尔．人类行为的经济分析［M］．上海：上海人民出版社，1993.

[124] 姜启军，贺卫．SA8000 认证与中国企业发展［J］．中国工业经济，2004（10）．

[125] 姜瑞瑞，葛玉辉．一种劳资关系理论的新探索：劳资关系周期理论［J］．经济与管理，2009（5）．

[126] 姜作培，陈峰燕．论构建和谐的私营企业劳资关系［J］．中州学刊，2006（1）．

[127] 金松哲．韩国企业的人力资源管理简单脉络与特点［J］．经营管理者，2008（12）．

[128] 卡尔·马克思．资本论（第一卷）［M］．北京：人民出版社，1975.

[129] 凯恩斯．就业利息和货币通论［M］．北京：商务印书馆，1983.

[130] 康伟，周建波，齐中英．欧美跨国公司在华企业文化战略研究［J］．中国软科学，2005（10）：125－131.

[131] 柯军．产业结构升级与经济增长的关系［J］．统计与决策，2008（11）：83－84.

[132] 科斯．企业的性质［M］//盛洪．现代制度经济学．北京：北京大学出版社，2003.

[133] 科斯等．财产权利与制度变迁［M］．上海：上海三联书店，1994：204.

[134] 孔令锋，黄乾．人力资本产权理论研究述评［J］．学术论坛，2003（5）．

[135] 雷辉．我国资本存量测算及投资效率的研究［J］．经济学家，2009（6）．

［136］黎秀蓉，刘光岭．论构建和谐社会的博弈论基础［J］．经济问题，2007（9）．

［137］黎永泰，杨世铭．跨文化结合模式及其成功原因探讨［J］．四川大学学报，2005（5）．

［138］李爱梅，肖胜．员工激励与企业创富［M］．北京：中国纺织出版社，2003：120－130.

［139］李炳炎．公有制分享经济观：中国经济体制改革新思维［J］．华东船舶工业学院学报，2001（3）．

［140］李稻葵．我国现阶段初次分配中劳动收入下降分析［J］．经济理论与经济管理，2010（2）：13－19.

［141］李恩平，卞永峰．中小企业新生代农民工劳动关系预警组织架构研究［J］．经济体制改革，2013（6）．

［142］李红松．资本—劳动替代的技术特征及其对扩大就业的启示［J］．武汉科技大学学报（社会科学版），2010（1）．

［143］李洪坚．提升劳动者工资收入的影响因素和对策分析［J］．中国劳动关系学院学报，2011（6）：56－60.

［144］李桦，牛卫平．珠三角地区民营企业劳资关系调查［J］．中国人力资源开发，2007（7）：81－84.

［145］李惠斌，杨雪冬．社会资本与社会发展［M］．北京：社会科学文献出版社，2000.

［146］李瑾，沈刚，郑莉．多角透视新时期劳动关系［J］．时代潮，2003（9）．

［147］李敏，张彤．西方劳资关系冲突管理研究综述［J］．华南理工大学学报，2002，4（3）：45－49.

［148］李楠．马克思剩余价值理论与当代社会［J］．马克思主义研究，2003（2）．

［149］李平，宫旭红，张庆昌．工资上涨助推经济增长方式转变［J］．经济评论，2011（7）：72.

［150］李向民．新加坡劳资关系发展研究［J］．南洋问题研究，2007（4）．

［151］李小燕．中国非公企业劳资关系状况研究［D］．山东大学硕士学位论文，2010.

［152］李亚玲．利益分享视角下的劳资关系［J］．商业经济，2011（9）．

［153］李志国，周铁军．中国私营企业劳资关系研究——温州私营经济实证

分析［J］．社会科学战线，2004（3）．

［154］梁宏中．外资企业和谐劳资关系的构建——基于转型时期劳动力市场演变的视角［J］．现代经济探讨，2012（12）．

［155］梁辉，吴江．双产权制度下劳资关系研究——基于人力资本对劳资关系的影响［J］．商业时代，2012（18）．

［156］林磊．人力资本与社会资本的转化机制研究［J］．边疆经济与文化，2006（7）．

［157］凌云，杨河清．经济危机下对劳动关系管理的影响及对策研究［J］．经济与管理研究，2010（3）．

［158］刘长生，简玉峰．社会资本、人力资本与内生经济增长［J］．财贸研究，2009（2）．

［159］刘洪，何光军．基于人工神经网络方法的上市公司经营失败预警研究［J］．会计研究，2004（2）．

［160］刘军胜，苏海南．当前我国最低工资标准变动趋势分析及政策思考［J］．中国人力资源开发，2006（1）．

［161］刘俊杰．现阶段我国私营企业构建和谐劳动关系研究［D］．山西大学硕士学位论文，2007.

［162］刘恋．社会资本视角下的劳资关系的新探索［J］．经管空间，2012（9）．

［163］刘林平，崔凤国．转型社会关系的劳资关系：特征与走向［J］．中山大学学报（社会科学版），2012，52（3）．

［164］刘士杰．人力资本、职业搜寻渠道、职业流动对农民工工资的影响——基于分位数回归和 OLS 回归的实证分析［J］．人口学刊，2011（5）．

［165］刘涛．在经济学框架下透析我国劳资关系以及解决劳资矛盾的思路［J］．工会论坛，2007（3）．

［166］刘秀华．从劳资关系看当代中国私营经济的基本性质［J］．山西财经大学学报，2000（5）：14.

［167］刘艳艳．从富士康事件看新生代农民工的劳动权益保护［J］．山东省青年管理干部学院学报，2010（6）．

［168］刘易斯·科塞．社会冲突的功能［M］．北京：华夏出版社，1989：264.

［169］刘银锁．基于路径依赖理论的加工贸易产业困境分析［J］．北方经济，2010（6）：36.

［170］刘永新．论劳资冲突的理论根源及对策［J］．经济纵横，2006

(12).

[171] 卢福财. 构建基于和谐劳动关系的我国人力资源管理新体系[J]. 经济管理, 2006 (20).

[172] 卢燕平. 社会资本与我国经济的和谐发展[J]. 统计研究, 2007 (10).

[173] 鲁银俊. 民营经济劳资关系三方协调机制中存在的问题研究[D]. 安徽大学硕士学位论文, 2007.

[174] 吕景春, 李永杰. 论和谐劳动关系的文化机制与路径选择[J]. 经济问题, 2008 (4).

[175] 吕小柏, 李红松. 资本替代劳动与产业特征的关联机理与测试分析[J]. 经济经纬, 2010 (2).

[176] 罗明忠. 基于冲突管理视角的民企和谐劳动关系构建[J]. 中国人力资源开发, 2005 (11).

[177] 罗宁, 李萍. 劳资关系研究的理论脉络与进展[J]. 当代财经, 2011 (4).

[178] 罗宁. 中国转轨期劳资关系冲突与合作研究——基于合作博弈的比较制度分析[M]. 北京: 经济科学出版社, 2010.

[179] 罗忆源. 从劳资关系的不对称谈农民工维权艰辛的原因[J]. 广州大学学报, 2006 (2).

[180] 罗源. 最低工资制度研究[J]. 经济与管理科学, 2010 (6).

[181] 马克思. 资本论(第一卷)[M]. 北京: 人民出版社, 1975.

[182] 马克思. 资本论(第二卷)[M]. 北京: 人民出版社, 1975.

[183] 马克思. 资本论(第三卷)[M]. 北京: 人民出版社, 1975.

[184] 中共中央马克思恩格斯列宁斯大林著作编译局. 马克思恩格斯全集, (第23卷)[M]. 北京: 人民出版社, 2001.

[185] 马歇尔. 经济学原理(下卷)[M]. 北京: 商务印书馆, 1981: 460-467.

[186] 马子富. 劳动关系的协调与和谐社会的构建[J]. 当代世界与社会主义, 2006 (1).

[187] 孟凡强. 劳资关系系统理论综述[J]. 商业时代, 2012 (6).

[188] 孟令军. 从管理革命勃兴看劳资关系走向[J]. 工会理论与实践, 2004 (6).

[189] 孟令军. 经济理性与劳资关系[J]. 中国劳动关系学院学报, 2007 (5).

[190] 孟令军. 劳资和谐是社会和谐的基石[J]. 中国劳动关系学院学报,

2005（3）.

［191］孟晓晨．中国主要省区物质资本与人力资本利用效率及投资取向［J］．经济地理，2005（7）.

［192］纳索·威廉·西尼尔．政治经济学大纲［M］．北京：商务印书馆，1986.

［193］牛文元．中国新型城市化报告 2011［M］．北京：科学出版社，2011.

［194］庞巴维克．资本实证论［M］．北京：商务印书馆，1981.

［195］钱昌照．马克思劳资关系理论与当代社会［J］．上海行政学院学报，2009（5）.

［196］乔治·拉姆赛．论财富的分配［M］．北京：商务印书馆，1984.

［197］秦静，魏新颖．社会资本理论研究的发展趋势［J］．经济研究导刊，2008：（4）.

［198］卿涛，郭志刚．社会合作伙伴关系：内涵及模式［J］．经济体制改革，2006（6）.

［199］权衡，徐琤．资本理论与和谐劳动关系构建［J］．上海财经大学学报，2008，10（2）：12.

［200］萨伊．政治经济学概论［M］．北京：商务印书馆，1982.

［201］邵洁笙，吴江．协调非公企业劳资关系中政府的对策选择［J］．中国人力资源开发，2005（12）.

［202］邵晓寅．私营企业劳资冲突的现状和对策［J］．晋阳学刊，2003（2）.

［203］佘云霞．国际劳工标准：演变与争议［D］．外交学院博士学位论文，2005.

［204］申小军，尹凤婷．化解劳资矛盾首先要转变思维方式［J］．北京社会科学，2008（1）：32－36.

［205］沈洪涛．21 世纪的公司社会责任思想主流——公司公民研究综述［J］．外国经济与管理，2006（8）.

［206］沈建明．建构利益与权利分享机制求和谐发展［J］．当代经济研究，2006（4）.

［207］抒点晴．贴牌生产不利于提高自主创新能力［N］．中国改革报，2005.

［208］舒建玲，余丞薇．灵活就业和谐劳动关系的构建障碍及对策——基于低人力资本灵活就业者的分析［J］．经济问题，2008（6）.

［209］宋喜燕．本田在华四厂均“被迫停产”［N］．新京报，2010－05－28（A01）．

［210］朱中英．论社会资本的概念的分类及其意义［J］．齐鲁学刊，2001（1）．

［211］苏海南，刘军胜．最低工资标准之变［J］．中国改革，2006（1）．

［212］孙敬水，董亚娟．人力资本、物质资本与经济增长——基于中国数据的经验研究［J］．山西财经大学学报，2007（4）．

［213］孙立平．维稳重在建立利益均衡机制［J］．农村工作通迅，2010（22）．

［214］孙亚忠．生产过剩形成的一般机理和我国的特殊机理［J］．生产力研究，2002（3）．

［215］孙妍，吴江．在华跨国公司嵌入型劳资关系比较［J］．中国流通经济，2012（10）．

［216］孙英浩．中国社会转型期的劳资关系及解决路径［J］．经济问题探索，2010（7）．

［217］塔尔科特·帕森斯，尼尔·斯梅尔瑟．经济与社会［M］．北京：华夏出版社，1989.

［218］唐国华．资本有机构成、劳动收入占比与经济增长方式转变［J］．经济论坛，2011（3）．

［219］唐海燕，张会清．中国在新型国际分工体系中的地位——基于价值链视角的分析［J］．经贸论坛，2009（2）．

［220］唐绍欣，刘文．西方知识资本理论述评［J］．经济科学，1999（2）．

［221］涂敏霞．从“生存”到“发展”——广东新生代农民工的利益诉求［J］．中国青年研究，2012（8）：51－55.

［222］托克维尔．论美国的民主［M］．董果良译．北京：商务印书馆，1988.

［223］托马斯·谢林．冲突的战略［M］．北京：华夏出版社，2006：2.

［224］万俊毅，秦佳．社会资本的内涵、测量、功能及应用［J］．商业研究，2011（4）．

［225］汪泓，邱羚．企业劳动关系定量评估模型［J］．上海企业，2001（7）．

［226］王长城．我国劳动关系发展中的问题与改进措施［J］．中国人力资源开发，2006（9）．

[227] 王春超，张呈磊．社会网的教育溢出、个体教育回报与农民工工资——基于代际的比较研究［J］．产经评论，2014（3）．

[228] 王德明．和谐劳动关系的特征与劳资博弈的探析［J］．天津市工会管理干部学院学报，2006，14（1）．

[229] 王佃凯．比较优势陷阱与中国贸易战略选择［J］．经济评论，2002（2）：28.

[230] 王海杰．人力资本理论研究——企业权利来源与配置的视角［D］．厦门大学博士学位论文，2006（4）．

[231] 王宏．理顺企业内部分配关系全面调动各类员工积极性［R］．调研参考，2006（5）．

[232] 王明亮．技术进步与劳资关系优化研究［J］．商业研究，2012（9）．

[233] 王清海．企业劳资关系的变易性及其政策意义［J］．江汉论坛，2010（1）．

[234] 王湘红，范志勇．中国劳资纠纷的影响因素分析——什么因素导致劳动争议上升？［EB/OL］．百度文库，https：//wenku.baidu.com/view/a3fb601755270722192ef7fa，html.

[235] 王岳森．知识经济时代的劳资关系及和谐社会的构建［J］．社会科学研究，2006（6）．

[236] 王正中．“民工荒”现象与新生代农民工的理性选择［J］．理论学刊，2006（9）．

[237] 威茨曼．分享经济学［M］．林青松译．北京：中国经济出版社，1986：62.

[238] 威廉·配第．配第经济著作选集［M］．北京：商务印书馆，1981.

[239] 翁杰．基于雇佣关系稳定性的人力资本投资研究［D］．浙江大学博士学位论文，2006.

[240] 翁天真．利润分享与劳动分红［M］．北京：中国劳动社会保障出版社，1995.

[241] 吴斐丹，张草纫．魁奈经济著作集［M］．北京：商务印书馆，1981.

[242] 吴宏洛．劳资关系新论［M］．北京：社会科学文献出版社，2011.

[243] 吴宏洛．转型期的和谐劳动关系［M］．北京：社会科学文献出版社，2007.

[244] 吴江，陈谊．非公有制企业劳资关系研究述评［J］．经济学动态，

2004（1）.

［245］吴江，陈谊．我国非公有制企业劳资冲突的现状、根源与走向[J]．甘肃社会科学，2003（3）.

［246］吴江，黄晶．社会资本理论剖析［J］．理论学刊，2004（5）.

［247］吴江，刘行前．劳资关系与经济发展［J］．西北师范大学学报（社会科学版），2005（3）.

［248］吴江，彭婷接．嵌入型劳资关系的评价体系探讨［J］．特区经济，2013（12）：97－98.

［249］吴江，郑慧娟．珠三角地区资本结构与劳资关系的实证研究［J］．产经评论，2009（9）.

［250］吴江．劳资关系与经济发展［J］．西北师范大学学报，2005（5）.

［251］吴江．非公有制企业劳资关系研究：以广东为例［M］．北京：经济科学出版社，2008.

［252］吴江．劳动力资源配置的理论与实践［M］．广州：暨南大学出版社，2010.

［253］吴清军，许晓军．劳资群体性事件与工会利益均衡及表达机制的建立［J］．当代世界与社会主义，2010（5）.

［254］武汉大学社会学系“中外合资企业劳资关系研究”课题组．关于中外合资企业劳资关系的调查［J］．社会科学研究，2010（2）.

［255］武玉芳．国际金融危机下劳资关系利益均衡路径分析［J］．工会管理，2010，16（5）.

［256］西奥多·W. 舒尔茨．论人力资本投资［M］．北京：北京经济学院出版社，1990.

［257］西奥多·W. 舒尔茨．人力资本投资——教育和研究的作用［M］．北京：商务印书馆，1990.

［258］西斯蒙第．政治经济学研究（第二卷）［M］．北京：商务印书馆，1989.

［259］西斯蒙第．政治经济学原理［M］．北京：商务印书馆，1981.

［260］希克斯．价值与资本：对经济理论某些基本原理的探讨［M］．北京：商务印书馆，1982.

［261］席群，吕佳．外资企业劳资关系冲突的成因及对策［J］．中国人力资源开发，2008（8）.

［262］夏小林．私营部门：劳资关系及协调机制［J］．管理世界，2004（6）.

［263］肖文韬．劳资关系协调理论综述［J］．中南民族大学学报，2010，30（5）．

［264］谢海东．社会责任对中国企业劳资关系的影响力［J］．企业研究，2006（6）．

［265］新生代农民工的利益诉求与应对策略——以南海本田停工事件为例［J］．中国人力资源开发，2011（4）．

［266］熊薇．论社会主义和谐社会的劳资关系［D］．暨南大学硕士学位论文，2006.

［267］徐冠巨．“新集体主义”——私企劳资关系新模式［EB/OL］．新浪网，http：//book. sina. com. cn/2003 – 07 – 17/3/12233. shtml，2003 – 07 – 17.

［268］徐茂华，娜仁．论我国最低工资制度现状及对策探析［J］．产业科技论坛，2011（10）．

［269］徐伟，王仲孝．经济转型期企业劳动关系运行特点及趋势［J］．商业时代，2006（10）．

［270］徐现祥，舒元．物质资本、人力资本与中国地区的双峰趋同［J］．世界经济，2005（1）．

［271］徐晓红，荣兆梓，张治栋．包含劳动力市场条件的劳资关系模型及实证分析［J］．经济学家，2007（5）．

［272］徐晓红．劳资关系与经济增长——基于中国劳资关系库兹涅茨曲线的实证检验［J］．经济学家，2009（10）．

［273］许彬，罗卫东．人力资本增长模型与经济增长方式的转变［J］．浙江大学学报，1999（1）．

［274］薛凤伟，郑鹏飞．论外资企业和谐劳资关系的构建［J］．工会论坛，2008（1）：21 – 22.

［275］薛晓燕，黄种杰．外资企业的劳资关系管理［J］．企业管理，2008（7）．

［276］雅各布·明塞尔．人力资本研究［M］．北京：中国经济出版社，2001.

［277］亚当·斯密．国民财富的性质和原因研究（上、下卷）［M］．北京：商务印书馆，2002.

［278］杨冬梅．外商投资企业立法及劳动关系的特征［J］．公会理论与实践，2001（15）：7 – 8.

［279］杨风寿，施巍巍．劳资关系格局及其对我国经济的影响［J］．华商，2008（18）：1 – 3.

［280］杨观来．劳工标准全球化对中国私营企业劳资关系的影响［J］．经济经纬，2010（2）．

［281］杨观来．欧美企业劳资关系管理演变及对我国的启示［J］．广西经济管理干部学院学报，2012（4）．

［282］杨建辉．当前群体性事件激增的诱因分析及化解机制思考［J］．岭南学刊，2009（6）．

［283］杨锦英，吴君槐．利益共享：构建企业和谐劳资关系的基础和发展方向［R］．全国马克思列宁主义经济学说史学会理事会暨学术讨论会，2007.

［284］杨琳．劳资“转型”之痛［J］．瞭望，2010（25）：20.

［285］杨淑娥，黄礼．基于BP神经网络的上市公司财务预警模型［J］．系统工程理论与实践，2005（1）．

［286］杨新芳．山西中小企业劳资关系研究［D］．山西财经大学硕士学位论文，2013.

［287］杨赞．企业劳资关系与人力资本产权安排研究［D］．吉林大学硕士学位论文，2010（4）．

［288］杨正喜．转型时期我国劳资冲突的特点——以珠三角农民工为例［J］．工会理论研究，2008（3）．

［289］杨正喜，杨敏．转型期广东劳资关系模式研究［J］．广东社会科学，2011（6）．

［290］杨重光．新型城市化是必由之路［J］．中国房地产业，2009（11）．

［291］姚先国，郭东杰．改制企业劳动关系的实证分析［J］．管理世界，2004（5）．

［292］姚先国，郭东杰．论劳动制度与政策对转型国家宏观经济的影响［J］．经济学家，2004（2）．

［293］姚先国，赖普清．中国劳资关系的城乡户籍差异［J］．经济研究，2004（7）．

［294］姚先国．雇佣关系、剩余分割与企业雇用效率［J］．财经研究，2007（3）．

［295］姚先国．中国劳资关系的城乡户籍差异［J］．经济研究，2004，（7）．

［296］伊特韦尔．新帕尔格雷夫经济学大辞典（第2卷）［M］．北京：经济科学出版社，1996：736、872.

［297］易重华．改革开放后中国劳资关系的形成与演进［J］．经济研究导刊，2013（19）．

[298] 于建嵘．新生代农民工：梦想如何照进现实［J］．廉政瞭望，2010（3）．

[299] 余传贵．西方人力资本理论评析［J］．财经理论与实践（双月刊），2001，22（5）．

[300] 余勇．西方国家协调劳资关系的主要做法及发展［J］．当代经济，2007（4）：94－95.

[301] 袁东振．对拉美国家社会冲突的初步分析［J］．拉丁美洲研究，2005（12）．

[302] 袁国敏．基于合作共赢视角下的中国劳资关系研究［J］．国有经济评论，2011（9）．

[303] 袁凌，李健．中国企业劳资关系内在属性与冲突处理研究［J］．华东经济管理，2010（2）．

[304] 袁凌，许丹．中国企业劳动关系评价指标体系［J］．统计与决策，2012（4）．

[305] 远朋等．经济利益关系通论：社会主义市场经济的利益通论［M］．上海：复旦大学出版社，1998.

[306] 约·雷·麦克库洛赫．政治经济学原理［M］．北京：商务印书馆，1981.

[307] 约翰·S. 穆勒．政治经济学原理及其在社会哲学上的若干应用（上、下卷）［M］．北京：商务印书馆，1991.

[308] 约瑟夫·斯蒂格利茨．正式和非正式制度［J］．经济社会体制比较，2003（1）．

[309] 詹姆斯·科尔曼．社会理论的基础［M］．北京：社会科学文献出版社，1990.

[310] 张帆．中国的物质资本和人力资本估算［J］．经济研究，2000（8）．

[311] 张凤林．西方资本理论研究［M］．沈阳：辽宁大学出版社，1995.

[312] 张金平．日韩两国在协调劳资关系中的定位［J］．工会理论研究，2005（1）：46－47.

[313] 张军．构建劳动关系预警机制［J］．企业管理，2010（7）．

[314] 张军．中国省际物质资本存量估算：1952～2000年［J］．经济研究，2004（10）．

[315] 张克中．社会资本：中国经济转型与发展的新视角［M］．北京：人民出版社，2010.

［316］张其仔．社会资本论［M］．北京：社会科学文献出版社，2002.

［317］张其仔．新经济社会学［M］．北京：中国社会科学出版社，2001.

［318］张秋惠，于桂兰．劳资关系的产权理论演化研究［J］．南京农业大学学报（社会科学版），2010，10（2）：47－52.

［319］张司平．嵌入型劳资关系的分析纬度探讨［J］．特区经济，2013（12）：205－206.

［320］张维迎．企业的企业家——契约理论［M］．上海：上海人民出版社，1995.

［321］张英洪．走新型城市化道路是必由之路［J］．农业工程，2012.

［322］张颖．我国劳资关系转折点的实证分析［J］．商业时代，2014（26）.

［323］张玉堂．利益论：关于利益冲突与协调问题的研究［M］．武汉：武汉大学出版社，2001.

［324］张兆国，宋丽梦等．试论知识资本的涵义［J］．武汉大学学报（人文社会科学版），2000，53（6）.

［325］章辉美，邓子纲．转型期外企劳资关系研究［J］．求索，2011（8）.

［326］章辉美，洪泸敏．劳动关系的现状、困境与影响因素分析［J］．社会科学战线，2011（7）.

［327］章铮．民工供给量的统计分析——兼论“民工荒”［J］．中国农村经济，2005（1）：17－25.

［328］赵辉．论人力资本理论和知识经济的关系——寻找知识经济的理论基础［J］．经济问题探索，2000（2）.

［329］赵曙明，赵薇．美、德、日劳资关系管理比较研究［J］．外国经济与管理，2006（1）.

［330］赵薇．西方劳资关系理论、实践及借鉴意义［J］．生产力研究，2007（15）.

［331］赵小仕．转轨期中国劳动关系调节机制研究［M］．北京：经济科学出版社，2009.

［332］赵学增．劳动与资本［M］//伊特韦尔．北京：经济科学出版社，2009.

［333］赵早．劳资冲突的经济学分析［D］．中共中央党校博士学位论文，2010.

［334］郑凌燕．民营企业构建和谐劳资关系的实证研究［J］．中国劳动关

系学院学报，2007（6）.

[335] 郑桥．从丹麦模式看经济结构调整中的工会［J］．中国劳动关系学院学报，2006（8）.

[336] 郑桥．全球化对劳资关系研究的基本问题［J］．当代世界社会主义问题，2001（1）：75－80.

[337] 郑双雨．中国劳资关系模式的选择［J］．中南财经政法大学研究生学报，2011（1）：67.

[338] 郑兴山．企业所有权安排与人力资本产权博弈分析［J］．学术月刊，2001（5）.

[339] 中共中央马克思恩格斯列宁斯大林著作编译局．马克思恩格斯全集（第26卷）［M］．北京：人民出版社，1972：421－422.

[340] 中共中央马克思恩格斯列宁斯大林著作编译局．马克思恩格斯选集（第1卷）［M］．北京：人民出版社，1972：363－364.

[341] 中共中央马克思恩格斯列宁斯大林著作编译局．马克思恩格斯全集（第44卷）［M］．北京：人民出版社，2001：60、54、208－211/269－270、272、297、304、306、332、344、384、385、387、487、878.

[342] 中共中央马克思恩格斯列宁斯大林著作编译局．马克思恩格斯全集（第46卷·上）［M］．北京：人民出版社，1979.

[343] 中共中央马克思恩格斯列宁斯大林著作编译局．马克思恩格斯选集（第2卷）［M］．北京：人民出版社，1972：269.

[344] 周长城．西方劳资关系研究的基本问题［J］．学术研究，1997（5）：38.

[345] 周明宝，张波，唐霞．“工荒”背景下的青年民工组织化与劳资关系管理［J］．山东青年干部管理学院学报，2009（4）.

[346] 周新军．社会主义社会的劳资关系研究［J］．经济评论，1999（1）.

[347] 朱美芳．建和谐劳资关系，促社会和谐发展［J］．青海师专学报，2008（5）.

[348] 朱芝洲，俞位增．冲突到稳定：私营企业劳资关系协调机制研究［M］．北京：经济科学出版社，2011.